高等学校教材

机械基础

下 册

（机械传动与液压、气压传动）

王文中　杨洪林　袁国兴　编

孟庆东　主审

机械工业出版社

本书是根据教育部制订的机械基础课程教学基本要求，为适应当前教学改革发展的需要而编写，突出了对非机械类专业高等教育的学生应掌握、了解必要的机械基础知识的特点，反映了编者多年的教学经验，并贯彻了最新国家标准。本书是已出版的《机械基础》上册（工程力学与工程材料）的续集。

本书共二篇 13 章，内容包括：机构分析基本知识、平面四连杆机构、凸轮机构、间歇运动机构、带传动和链传动、齿轮传动和减速器、螺纹联接与螺旋传动、轴、轴承、联轴器和离合器、弹簧；液压传动基本知识、液压元件、液压基本回路及液压系统、气压传动。每章后均附有复习题。

本书可作为高等院校本、专科、成人高校等非机械类专业，如化工、高分子材料加工成形工艺、工业企业电气化、制冷与空调、电子技术应用、工业自动化及仪表、精密机械及仪器等专业，以及近机械类专业的教学用书，还可供有关工程技术人员和管理人员参考。

图书在版编目（CIP）数据

机械基础. 下册，机械传动与液压、气压传动/王文中等编. —北京：机械工业出版社，2005.11（2025.8 重印）
高等学校教材
ISBN 978-7-111-17621-3

Ⅰ. 机... Ⅱ. 王... Ⅲ.①机械学-高等学校-教材②机械传动-高等学校-教材③液压传动-高等学校-教材④气压传动-高等学校-教材 Ⅳ. TH11

中国版本图书馆 CIP 数据核字（2005）第 122856 号

机械工业出版社（北京市百万庄大街 22 号　邮政编码 100037）
责任编辑：刘小慧　版式设计：冉晓华　责任校对：李秋荣
封面设计：陈　沛　责任印制：常天培
河北虎彩印刷有限公司印刷
2025 年 8 月第 1 版第 11 次印刷
184mm×260mm・15.75 印张・388 千字
标准书号：ISBN 978-7-111-17621-3
定价：39.00 元

电话服务	网络服务
客服电话：010-88361066	机 工 官 网：www.cmpbook.com
010-88379833	机 工 官 博：weibo.com/cmp1952
010-68326294	金　书　网：www.golden-book.com
封底无防伪标均为盗版	机工教育服务网：www.cmpedu.com

前　言

机械基础是众多非机械类专业应开设的一门综合性技术基础课程。该课程的开设，将改善学生的知识结构，提高学生的技术应用能力，更好地为社会服务，更广泛地适应人才市场的需求。我们对本课程的教学改革已探索多年，在教学内容和教学方式上都进行了一系列的改革尝试。

为了加强教与学的联系，避免相关课程内容的重复，充分利用日趋紧张的课时，就要解决好教材的配套问题。为此，我们结合多年的教学经验，在试用多年的《机械基础》讲义的基础上，针对人才培养目标和要求，较广泛地吸收了许多院校的意见，现由多所院校参加，对原讲义进行了充实和较大的修改，集体编写成本书，因而本书是集思广益、教学改革的产物。

本课程的目的是使学生获得必要的机械基础理论知识，具体要求就是初步掌握有关工程力学、工程材料、机构和机械传动及液、气压传动等方面的基础知识。这些基础内容对于工程类非机械专业的工程技术人员是必须掌握的。因此，本书包括了上述四部分的基础内容。对这四部分内容，我们在既要尊重它们原学科体系，保证相对的独立性，同时又在分析这几部分内容内在联系的基础上，探讨改变某些传统讲法、力求更贴近实际应用，为使本课程逐步形成自己的课程体系方面作为了初步的尝试。

本书编写以精选内容、保证基础、加强实践、重在应用、讲究教学方法为原则。考虑到某些读者（如函授、夜大等成人教育）的特点和学习要求，又考虑到这门课程涉及的内容较广泛，学习本课程的学生先修的与之相关的基础课一般较少，并且各校本、专科各专业对这门课的教学要求差异比较大等特点，我们在编写时有针对性地考虑了三条：

1) 内容的选取着眼于加强实践和学以致用。

2) 讲述方法要适应非机类专业学生的特点。在内容上力求做到由浅入深，循序渐进，实例较多，分析步骤较详尽，并且有相当部分适应于自学。

3) 不同的层次、不同的专业对本课程的深度和广度要求有较大差异，即教学要求有较大的弹性。为了适应这一特点，使学时数在90～120学时之间均可使用本教材，所以本书采编的内容较广泛，分为基本、基础部分和选学部分。书中标有*号的章节，一般为加深加宽或根据专业不同的要求，供选择使用。

本书可以作为化工、电子、电气、自动控制、轻纺、食品、医药、采矿等工程、工艺类非机类本、专科专业的教材，也可供其他专业和工程技术人员参考。

考虑到本书内容较多及本课程的特点，为了教与学的方便，将本书分为两册出版，即《机械基础》上册（工程力学与工程材料）、《机械基础》下册（机械传动与液压、气压传动）。两册之间既有紧密联系和配合，又有相对独立性，各独立编章，自成体系，因而可根据不同的教学要求和安排，配套采用两册，亦可采用其中的一册。

本书编写分工如下：杨洪林：绪论、第一、二、三、四、五章；袁国兴：第六、七、八章；崔琳：第九章；王文中：第十、十一、十二、十三章。王莺负责书中部分插图和表格的设计描绘工作。

本书由王文中、杨洪林负责统稿。

参加本书审稿的有：孟庆东教授、王守成教授、石广岩副教授。全书由孟庆东教授主审。吴宗泽教授、彭熙伟教授也审阅了部分书稿，并提出很多宝贵的建议和修改意见，在此深表谢意。

本书在编写过程中曾参阅了多本同类教材和习题集，采用了其中部分插图；得到有关院校教学主管部门的协助和支持。在此一并致谢。

限于编者水平和经验，疏漏不妥及缺点恐有不少，敬请读者提出宝贵意见，不胜感激。

编 者

目 录

前言
绪论 ……………………………………………………………………………………………… 1

第一篇　机构及机械零件基础

第一章　机构分析的基本知识 …………… 5
 第一节　运动副及其分类 ………………… 5
 第二节　平面机构运动简图及其绘制 …… 6
 第三节　平面机构具有确定运动的条件 … 8
 复习题 …………………………………… 12

第二章　平面连杆机构 …………………… 15
 第一节　平面四杆机构的分类及其应用 … 15
 第二节　四杆机构的演化——其他常见的四杆机构 …………………………… 18
 *第三节　铰链四杆机构存在曲柄的条件 … 19
 第四节　平面四杆机构的特性 …………… 20
 *第五节　平面四杆机构的运动设计简介 … 23
 复习题 …………………………………… 26

第三章　凸轮机构和间歇运动机构 ……… 28
 第一节　凸轮机构的应用和分类 ………… 28
 第二节　从动件常用的运动规律及其选择 …………………………………… 29
 第三节　用作图法设计盘形凸轮的轮廓曲线 …………………………………… 33
 第四节　凸轮机构基本尺寸的确定 ……… 36
 第五节　间歇运动机构 …………………… 40
 复习题 …………………………………… 43

第四章　带传动和链传动 ………………… 44
 第一节　带传动概述 ……………………… 44
 第二节　V带传动的基本结构 …………… 45
 第三节　带传动的工作原理及工作情况分析 …………………………………… 50
 第四节　V带传动的设计计算 …………… 53
 第五节　带传动的张紧、安装和维护 …… 61
 第六节　链传动概述 ……………………… 62
 *第七节　链传动的运动特性及设计计算概述 …………………………………… 65

 第八节　链传动的布置和润滑 …………… 66
 复习题 …………………………………… 68

第五章　齿轮传动 ………………………… 69
 第一节　齿轮传动概述 …………………… 69
 第二节　齿廓啮合的基本定律 …………… 70
 第三节　渐开线标准直齿圆柱齿轮各部分的名称和基本尺寸 …………… 72
 第四节　渐开线齿轮的啮合 ……………… 74
 *第五节　渐开线齿轮的加工 ……………… 77
 第六节　渐开线圆柱齿轮的精度及标准 … 80
 第七节　齿轮轮齿的失效和齿轮常用材料 … 81
 *第八节　直齿圆柱齿轮的强度计算 ……… 84
 第九节　斜齿圆柱齿轮传动 ……………… 93
 *第十节　锥齿转传动的概念 ……………… 96
 第十一节　蜗杆传动 ……………………… 98
 第十二节　几种传动形式的比较 ………… 102
 *第十三节　轮系及减速器 ………………… 103
 复习题 …………………………………… 107

第六章　螺纹联接与螺旋传动 …………… 109
 第一节　螺纹的基本知识 ………………… 109
 第二节　螺纹联接的基本类型和螺纹联接件 ……………………………… 114
 第三节　螺纹联接的预紧和防松 ………… 116
 第四节　螺栓联接的强度计算 …………… 117
 第五节　螺旋传动 ………………………… 121
 复习题 …………………………………… 123

第七章　轴及轴毂联接 …………………… 124
 第一节　概述 ……………………………… 124
 第二节　轴的材料 ………………………… 126
 第三节　轴结构的选择设计 ……………… 127
 第四节　轴的强度计算 …………………… 130
 第五节　轴的刚度校核 …………………… 136

| 第六节 | 轴毂联接 | 136 |
| 复习题 | | 139 |

第八章　轴承 … 141
第一节　滑动轴承的类型与构造 … 141
第二节　轴瓦的材料与结构 … 143
第三节　滑动轴承的润滑与润滑装置 … 145
第四节　滚动轴承的基本构造和类型 … 147
第五节　滚动轴承的受力分析和失效
　　　　形式 … 152
第六节　滚动轴承的润滑与密封 … 152
第七节　轴承的选择与设计方法 … 154
*第八节　滚动轴承的组合结构设计 … 156
复习题 … 160

第九章　其他常见的零、部件 … 161
第一节　联轴器 … 161
第二节　离合器 … 166
第三节　制动器 … 168
第四节　联轴器、离合器、制动器的使用和
　　　　维护 … 170
第五节　销联接 … 170
第六节　弹簧 … 171
复习题 … 173

第二篇　液压与气压传动

第十章　液压传动基本知识 … 175
第一节　液压传动的基本概念 … 175
第二节　液压油 … 177
第三节　液压传动的基本参数及压力
　　　　损失 … 181
复习题 … 187

第十一章　液压元件 … 189
第一节　液压泵 … 189
第二节　液压缸和液压马达 … 195
第三节　液压控制阀 … 203
第四节　液压辅助元件 … 214
复习题 … 216

第十二章　液压基本回路及液压
　　　　　系统 … 217
第一节　液压基本回路 … 217
第二节　液压传动系统应用实例 … 221
第三节　液压系统的使用维护和保养 … 222
复习题 … 223

*第十三章　气压传动 … 224
第一节　气压传动基本知识 … 224
第二节　气压传动系统的元件及装置 … 226
第三节　气压传动基本回路 … 234
第四节　气动系统实例 … 237
第五节　气动系统的故障分析与排除 … 239
复习题 … 242

参考文献 … 244
信息反馈表

绪 论

人类通过长期的生产实践活动，创造了各种劳动工具和机械，增强了同大自然斗争的本领，发展了生产力，推进了社会进步。

迄今为止，各行各业以及国防和科学研究中都离不开机械设备。或者说，用机械设备进行生产是现代化生产的主要方式。可靠的、高效能的机械设备是保证生产实施和确保产品质量的必要条件。因此，在生产、科研实际活动中，各行各业的工程技术人员和管理人员不可避免地会遇到许多机械设备方面的问题，如机械设备的选用、安装、调试、使用、维护以至对机械设备进行必要的改造、革新等。要想妥善地解决这些问题，就应了解和掌握必要的机械方面的知识。因此，各类专业技术、管理人员不仅需要掌握足够的专业知识，还必须掌握一定的机械基础知识，才能适应现代化工业生产的要求。

作为高等工科院校，应培养出掌握机械基础知识的、适应社会发展需要的人才。但是，由于专业要求不同及学时数的限制，在非机械类专业的教学中，不可能设置有关机械方面的一系列课程。因此，把有关机械方面必要的基础知识和技术理论结合起来，培养学生进行简单的机械设计和选择设备的初步能力，就由机械基础这门课程来完成。

对机械的研究是以力学理论为基础的，工程材料是制造机械的物质基础，常用的机构、机械零件是机械基础的基本部分。另外，液压与气压传动是近几十年来的一类较新的传动方式，在现代化生产中，液、气压装置的应用日益广泛，具备这方面的知识对很多专业也是很必要的。考虑到这些情况，并照顾到有关学科的传统体系和便于组织教学，本书共由四部分内容组成。

1）工程力学：主要介绍物体的受力分析和计算，构件在外力作用下的变形和破坏规律，以及强度和刚度的计算方法及相关知识。

2）工程材料：主要介绍工程中常用的金属和非金属材料的性能、特点、应用场合等基础知识。

3）机构及机械零件基础：主要叙述机械中常用的机构和通用零件的工作原理、结构特点和设计计算方法，为选择、使用和维护机械设备中常用的机械传动装置提供必要的基础知识。

4）液压传动与气压传动：主要介绍液压传动与气压传动的原理，常用元件的工作原理、特点和应用，基本液压传动与气压回路等基本内容。

机械基础是一门包含广泛内容的技术基础课，学生不仅要学会必要的机械基础知识，而且还需要受到一定的基础技能（如正确运算、查阅手册、图文表达等）训练，为以后顺利学习专业课和从事技术工作、管理工作奠定基础。

本书旨在对机械方面的一般知识作一较系统的介绍，而并不要求读者通过本书学习而具备复杂设计计算的能力。但是，本书在内容和作业编排上又具有一定的广度和深度，以便读者掌握必要的基本理论、基本知识和基本方法。

应指出，本书所介绍的许多设计计算方法是尽可能简化了的。用它们可以解决一些简单的生产实际问题,但对于重要的复杂机械,则应采用更加精确和完善的设计方法。这类方法一般都比较复杂,牵涉因素较多,需要较为深厚的理论作基础和完成较大的计算工作量,需参阅有关专著,本书一般仅提示解决方向,不做具体研究。

关于学习方法,应该注意到本书是属于应用性质的课程,具有综合性和实践性较强的特点。在学习时,不仅要注重理论性内容的学习,通过解题来提高运用基本理论去分析和解决问题的能力;还应注意实践能力的培养,并考虑通过实验以及对生活和生产中的现有机械观察、分析和比较,逐步掌握设计的基本方法。因此,学习时应做到理论与实践并重。

第一篇　机构及机械零件基础

人类在长期生产实践中为满足自身生活和生产需要而创造出类型繁多、功能各异的机器。机器是由零件组成的执行机械运动的装置，用来完成所赋予的功能，如变换和传递能量、变换和传递运动及传递物料与信息。机械的种类很多，如内燃机、电动机、洗衣机、机床、汽车、起重机、各种食品机械等，它们的用途、性能、构造、工作原理各不相同。通常一台完整的机器包括三个基本部分：

1) 原动部分。其功能是将其他形式的能量转换为机械能（如内燃机和电动机分别将热能和电能转换为机械能）。原动部分是驱动整部机器以完成预定功能的动力源。

2) 工作部分（或执行部分）。其功能是利用机械能去变换或传递能量、物料、信号，如发电机把机械能转换成为电能，轧钢机转换物料的外形等。

3) 传动部分。其功能是把原动部分的运动形式、运动和动力参数转变为工作部分所需的运动形式、运动和动力参数。

以上三部分都必须安装在支承部件上。为了使三个基本部分协调工作，并准确、可靠地完成整体功能，必须有控制部分和辅助部分。

所有的机器都是由许多机械零件组合而成的。机械零件可分为两大类：一类是在各种机器中经常都能用到的零件，如齿轮、链轮、蜗轮、螺栓、螺母等，称为通用零件。另一类则是在特定类型的机器中才能用到的零件，如内燃机的曲轴、汽轮机叶片等，称为专用零件。根据机器功能、结构要求，某些零件需固连成没有相对运动的刚性组合，成为机器中独立运动的单元，通常称为构件。构件与零件的区别在于：构件是运动的基本单元，而零件是加工单元。如图 0-1a 所示内燃机的曲轴是制造的单元，称为零件。而图 0-1b 所示的连杆由四个零件组成，形成一个运动整体，称为构件。

机器与其他装置的本质区别在于，机器一定要做机械运动，并且通过它实现功、能量或信息转变。机器由机构组成，而机构又由若干构件组成，各构件之间具有确定的相对运动。若单从运动的观点来观察，机器和机构并无区别。因此在机械工程中，通常用"机械"一词作为机构和机器的总称。

一部机器可以包含一个机构（如电动机），也可以包含几个机构，如图 0-2 所示的单缸四冲程内燃机，包含由齿轮 9、齿轮 10 组成的齿轮机构；由曲轴 6、连杆 5、活塞 2 组成的曲柄滑块机构；由凸轮 7、从动杆 8 组成的凸轮机构等。

各种机械中普遍使用的机构有连杆机构、凸轮机构、间歇运动机构和齿轮机构等。

本篇以常用机构和通用零件为研究对象，讨论其工作原理、受力分析以及使用和选用中的一些共性问题，同时研究通用零件的结构、刚度、寿命、强度和选用方法，以便提高正确选择、设计这些零件的能力。为便于叙述，下面先讨论常用机构（第一～三章），再研究通用零件（第四～九章），其中齿轮（第五章）是将齿轮机构和齿轮零件结合起来叙述。

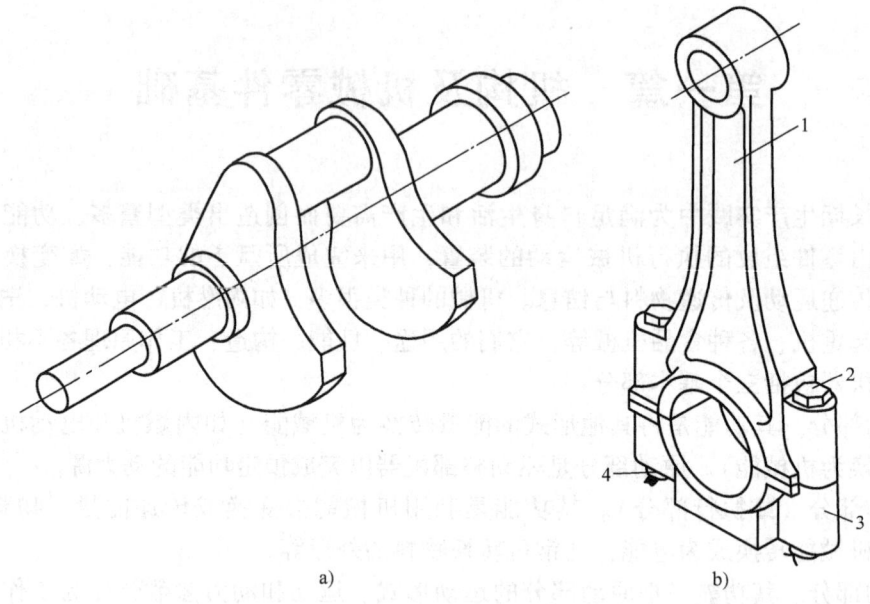

图 0-1 构件与零件
1—连杆体 2—螺栓 3—连杆盖 4—螺母

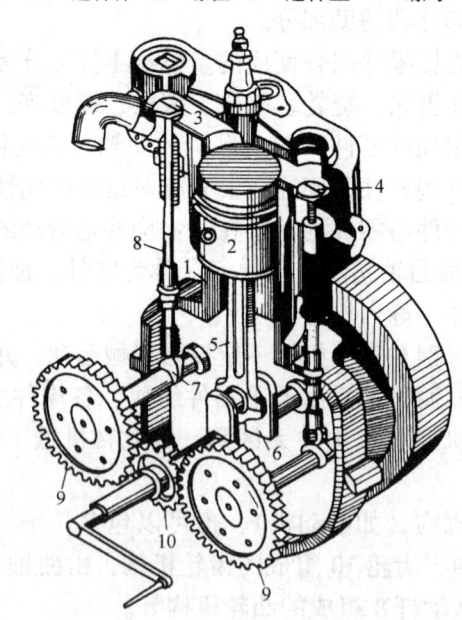

图 0-2 单缸四冲程内燃机
1—气缸 2—活塞 3—进气阀 4—排气阀 5—连杆
6—曲轴 7—凸轮 8—从动杆 9、10—齿轮

第一章 机构分析的基本知识

第一节 运动副及其分类

一个作平面运动的自由构件有三个独立运动的可能性。如图 1-1 所示。在 Oxy 直角坐标系中，构件 S 可随其上任一点 A 沿 x、y 轴方向移动和绕该点（即绕垂直于 Oxy 平面的 z 轴）转动。这种可能出现的独立运动称为构件的自由度。所以，一个作平面运动的自由构件有三个自由度。同理，一个作空间运动的自由构件有六个自由度。

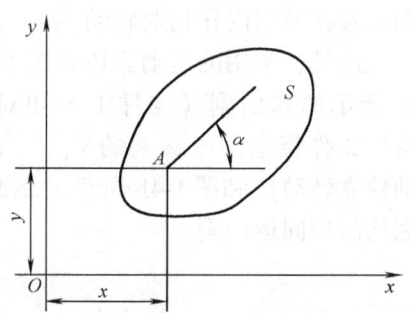

图 1-1 平面运动构件的自由度

为了使构件组成具有确定运动的机构，构件之间彼此需要用某种方式连接起来，这种连接应保证构件之间有一定的相对运动。由两个构件直接接触，并能产生一定相对运动的连接称为运动副。例如图 0-2 中的活塞 2 与连杆 5、活塞 2 与气缸体 4、凸轮 7 和顶杆 8 之间的连接都是运动副。构件组成运动副后，它们的独立运动受到约束，但都保留一定的自由度。构件间的接触方式不外乎点、线、面三种。平面机构中常见的运动副有下列两类：

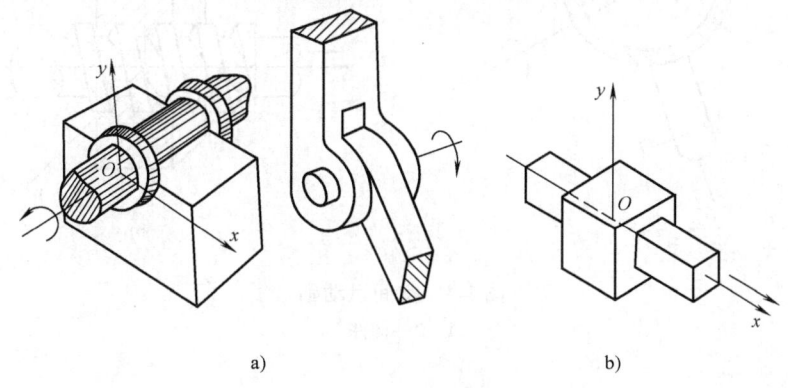

图 1-2 转动副和移动副
a) 转动副　b) 移动副

1. 低副

两构件以面接触组成的运动副称为低副。根据两构件相对运动的形式，低副又分为两种：

1）若组成运动副的两个构件只能作相对转动，这种运动副称为转动副或回转副（相当于在转轴垂直面内的圆柱铰链），如图 1-2a 所示。

2）若组成运动副的两个构件以面接触，且沿某一固定直线或曲线（如圆弧）作相对移动，这种运动副称为移动副，如图 1-2b 所示。

2. 高副

两个构件通过点或线接触组成的运动副称为高副。它们之间的相对运动是转动和沿切线方向 $t\text{-}t$ 的移动。如图 1-3a 所示的火车车轮与钢轨之间、图 1-3b 的凸轮 1 与从动件 2 之间、图 1-3c 的两齿轮之间分别在接触部位形成高副。组成高副的两构件之间可以沿接触处的公切线 $t\text{-}t$ 方向作相对移动以及在平面内作相对转动。

此外，常用的运动副还有图 1-4a 所示的球面副（构件 1 可相对构件 2 作绕空间坐标系的 x、y、z 轴独立转动）和图 1-4b 所示的螺旋副（其两个构件的相对运动是螺旋运动）。这两种运动副均属空间运动副。

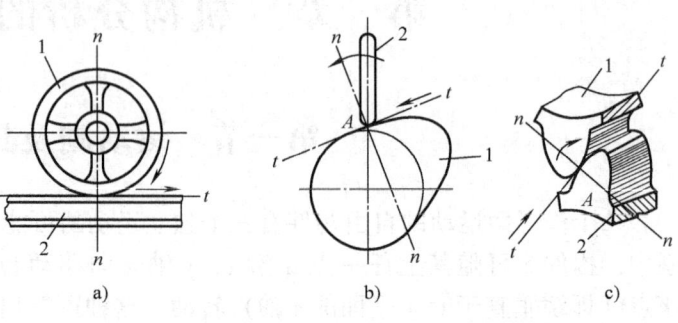

图 1-3 高副机构
1、2—构件

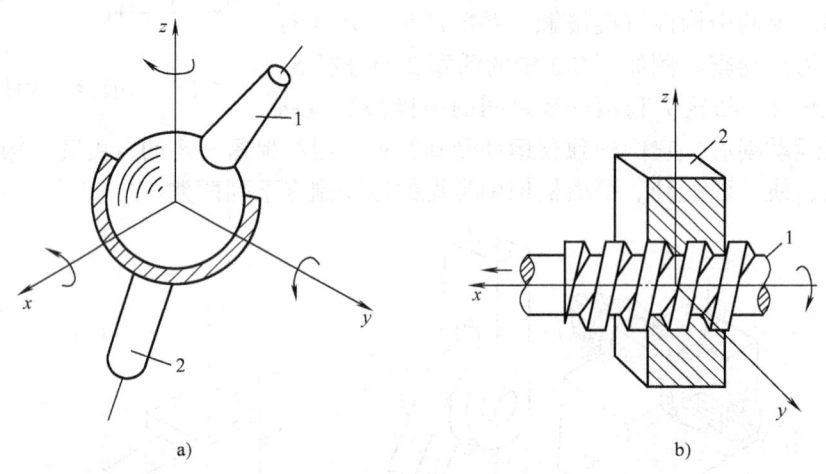

图 1-4 空间运动副
1、2—构件

第二节 平面机构运动简图及其绘制

一、平面机构运动简图及其作用

所有构件都在同一平面（或相互平行平面）内运动的机构称为平面机构，否则称为空间机构。在平面机构中，运动副均为平面运动副。

研究机构运动时，为使问题简化，可不考虑那些与运动无关的因素（如构件形状、组成构件的零件数目、运动副的具体构造等），用一些简单的线条和符号表示构件和运动副（如图 1-5、图 1-6、图 1-7），并按一定比例定出各运动副位置，以说明机构中各构件之间相对运动的关系。这样绘制的图形称为机构运动简图。

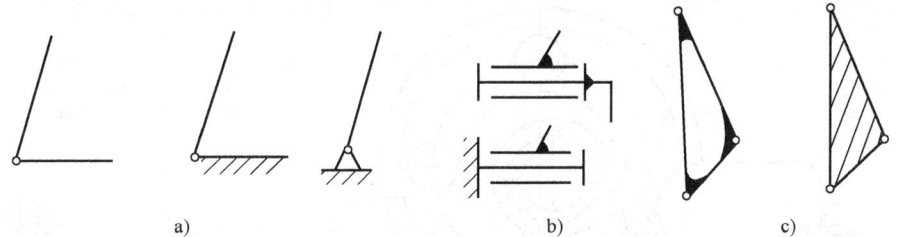

图 1-5 转动副的表示方法

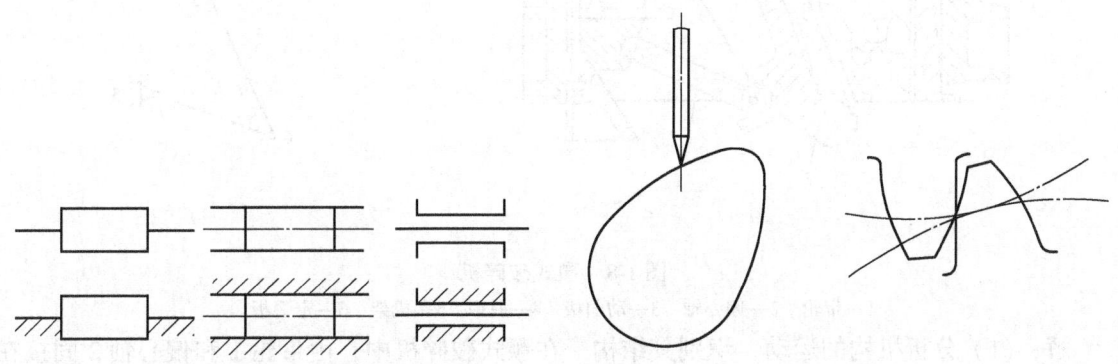

图 1-6 移动副的表示方法　　　　　　图 1-7 平面高副的表示方法

研究已有的机械和设计新的机械时，都需要画出相应的机构运动简图，以便进行运动分析和受力分析，找出它们之间相互运动的规律。

二、绘制机构运动简图的要求

1) 简图上应按规定符号画出全部构件，并标明主动件。必要时将各构件编号并注明。

2) 简图上应按规定符号画出全部运动副。

3) 简图上应按比例表示出机构的各运动尺寸，如转动副间的中心距、移动副轴线（即导路）的方向和位置、转动副到导路的距离等。必要时应标注出尺寸。

*三、机构运动简图的绘制步骤

掌握了构件和运动副的简化画法后，即可进行平面机构运动简图的绘制。通常，绘制平面机构运动简图的步骤如下：

1) 仔细分析机构的运动情况，认清固定构件、原动件和从动件，从而判定该机构含有多少个活动构件。如果包含多个机构，则应按顺序，分别对每个机构仔细分析，并应注意各个机构间的运动传递情况。

2) 仔细观察各构件间的相对运动关系，从而判定机构中包含的运动副数目与类型。

3) 合理选择投影面。

4) 选择适当的比例尺，测定各运动副间的相对位置和尺寸。

5) 从原动件开始，按照活动构件运动传递的顺序，用选定的比例尺和规定的构件与运动副的表示符号（按 GB/T4460—1984），选择适当的投影面绘制出平面机构运动简图。

下面以图 1-8a 所示为例加以说明。

例 1-1 绘制图 1-8a 所示的颚式破碎机主体机构运动简图。

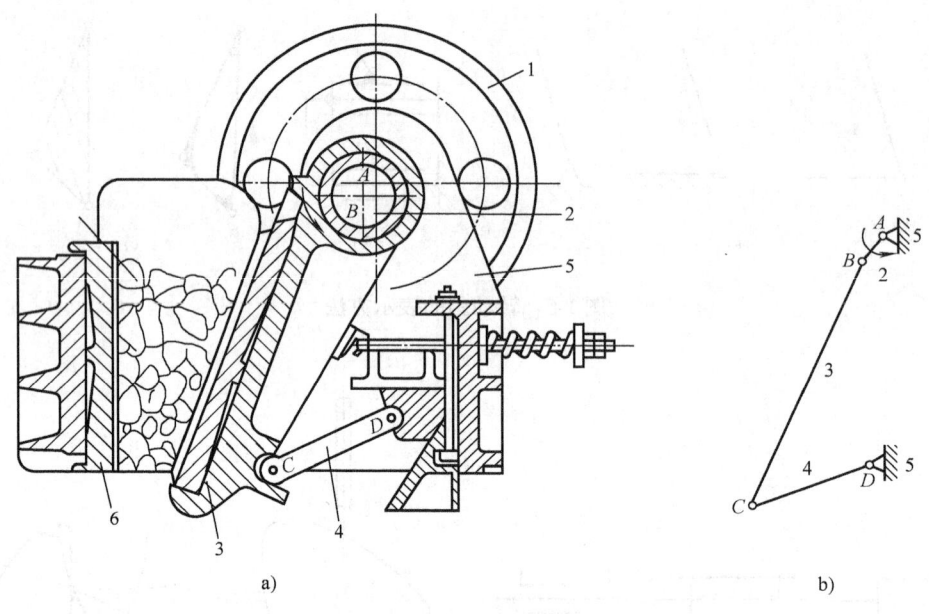

图 1-8 颚式破碎机
1—带轮 2—偏心轴 3—动颚板 4—肘板 5—机架 6—定颚板

解：（1）分析机构的运动，识别其结构　在颚式破碎机中，由带轮 1 和偏心轴 2 固接在一起绕轴心 A 转动，偏心轴 2 带动动颚板 3，动颚板与机架 5 之间装有肘板 4，动颚板作平面运动时可将矿石破碎。经分析可知，该机器是由机架 5、原动件（偏心轴）2、从动件（动颚板 3 与肘板 4）组成，相互之间分别在 A、B、C、D 四个位置上以转动副相连。

（2）选择投影面、比例尺，绘制机构运动简图　通常是选择机构中多数构件的运动平面为投影面。如果机构比较复杂，一个视图不能表达清楚时，可增补视图或局部视图。确定了投影面后，选择一合适位置（构件都能看清楚，尽可能不要重叠），然后选择合适的长度比例尺 μ_l（μ_l = 实际尺寸（m）/图示尺寸（mm））定出各运动副的相对位置，按规定的线条和符号绘制出机构运动简图。最后，从原动件开始，按传动顺序标出构件的编号和运动副的代号，标出机架（画出斜线）、原动件（画上指示运动方向的箭头）以及长度比例尺 μ_l。颚式破碎机主体机构运动简图 1-8b 所示。

机构运动简图是按比例尺绘制的。如果不按比例尺绘制、类似于机构运动简图的图形则称为机构原理图或机构示意图。

在机构运动简图绘制完成后，还应注意对较复杂的机构需要校核其机构的自由度（见下一节），以判定它是否具有确定的相对运动和所绘制的简图是否正确。

第三节　平面机构具有确定运动的条件

一、平面机构的自由度

由前述已知，一个作平面运动的自由构件具有三个自由度。因此，在平面机构中，每一个活动构件在未用运动副连接之前，都有三个自由度，即沿着 x 和 y 轴的移动，以及在 Oxy 平面内的转动（坐标系 Oxy 与固定件固联，并且平行于运动平面）。当两个构件组成运动副之后,它们的相对运动就受到约束,相应的自由度数目随之减少。不同种类的运动副,由于引入的约束数目不同,保留的自由度也不相同。如转动副(图1-2a)约束了沿 x、y 轴线的两个移动的自由度,只保留一个转动的自由度;而移动副(见图1-2b)约束了沿一根轴线的移动和在平面内转动的两个自由度,只保留沿另一轴线移动的自由度;高副(见图1-3)则只约束了沿接触处公法线 nn 方向移动的自由度,保留了绕接触处的转动和沿接触处公切线 tt 方向移动的两个自由度。也可以说,在平面机构中,每个低副引入两个约束,使构件丧失两个自由度;每个高副引入一个约束,使构件丧失一个自由度。

若一个平面机构共有 N 个构件。除去固定件,则机构中的活动构件数为 $n=N-1$。在未用运动副联接之前,这些活动构件的自由度总数应为 $3n$。当用运动副将构件联接起来组成机构之后,机构中各构件具有的自由度数就减少了。若该机构中低副的数目为 P_L 个,高副的数目为 P_H 个,则机构中全部运动副所引入的约束总数为 $2P_L+P_H$。因此,活动构件的自由度总数减去运动副引入的约束总数就是该机构相对于固定件的自由度数,以 F 表示,即

$$F=3n-2P_L-P_H \tag{1-1}$$

这就是判断平面机构自由度的公式。由公式可知,机构活动度 F 取决于活动构件的数目以及运动副的性质(低副或高副)和数目。

另外由式(1-1)可知,机构要能够动,它的活动度必须大于零。要使机构具有确定的运动,则当机构活动度等于1时,需要有一个原动件;当机构活动度等于2时,就需要有两个原动件。即机构具有确定运动的条件是:机构的原动件数目必须等于机构的自由度。

对于机构而言,由于其原动件的运动是由外界给定的,是已知条件,所以只需算出该机构的活动度,就可以判断它的运动是否确定。

例1-2 试计算图1-8b所示颚式破碎机主体机构的自由度(2为原动件)。

解:在颚式破碎机的主体机构中,有三个活动构件,即 $n=3$;组成的运动副是四个回转副,$P_L=4$;没有高副,$P_H=0$。所以由式(1-1)可得机构的活动度为

$$F=3n-2P_L-P_H=3\times3-2\times4=1$$

即此机构只有一个活动度。此机构原动件是偏心轴2,原动件的数目与机构的自由度相等,故此机构的运动是确定的。当偏心轴绕轴线 A 转动时,动颚3与肘板4就能按照一定的规律运动。

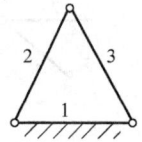

图1-9 桁架
1、2、3—构件

如果算得的活动度等于零,则表明活动构件的自由度总数等于运动副引入的约束总数,各活动构件都失去了全部自由度,构件之间不再有相对运动。

如图1-9所示,构件1、2和3用三个转动副分别相联,构件1是固定件,该机构的自由度 $F=0$,形成的是一个静定桁架,而不是机构。

计算图1-10所示的五杆铰链机构的自由度,则自由度 $F=3\times4-2\times5=2$,因此它需要两个主动件才具有确定的相对运动。按同样方法计算图1-11所示的曲柄滑块机构,自由度 $F=1$,因此它只需要一个原动件便有确定的相对运动。

通过上面的计算分析可知:在分析现有机构或设计新机构时,可利用计算机构的活动度来判断、检验或确定该机构的原动件数。

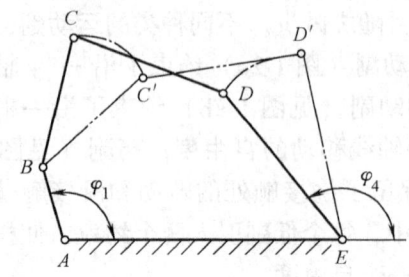
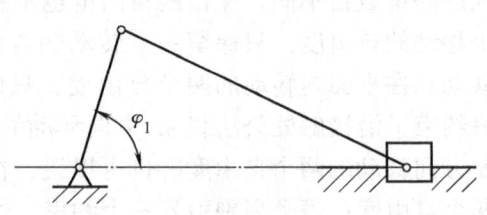

图1-10 五杆铰链机构　　　　　图1-11 曲柄滑块机构

二、计算平面机构自由度时应注意的事项

应用式（1-1）计算平面机构自由度时，对下述几种情况必须加以注意。

1. 复合铰链

两个以上的构件同时在一处用转动副相连就构成复合铰链。如图1-12a所示是三个构件在一起构成的复合铰链。由图1-12b可知，它们共组成两个回转副。同理当 K 个构件用复合铰链相联接时，其组成的转动副数目应等于 $K-1$ 个。在计算机构的活动度时，应注意是否存在复合铰链，以免把运动副的数目搞错。

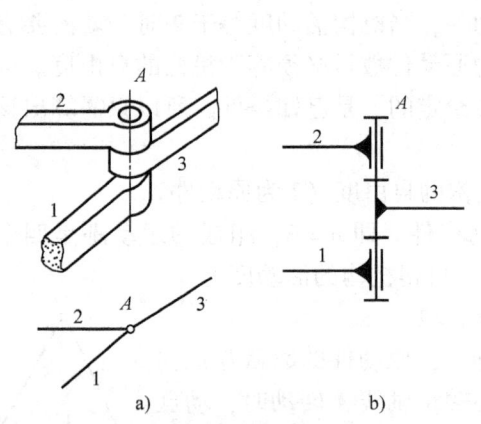
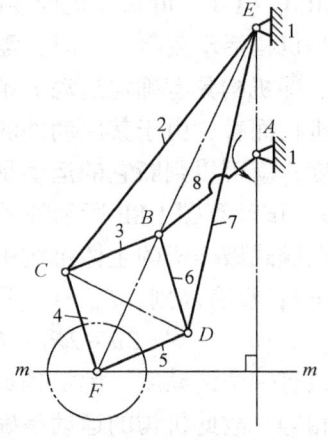

图1-12 复合铰链　　　　　　　图1-13 具有复合铰链的平面机构
　1、2、3—构件　　　　　　　　1~7—构件　8—原动件

例1-3 图1-13所示为一直线机构的运动简图，试计算该机构的活动度。

解：机构中有七个活动构件，即 $n=7$；B、C、D 和 E 处都是由三个构件组成的复合铰链，各有两个回转副，所以共有十个回转副，$P_L=10$；没有高副，$P_H=0$。由式（1-1）得

$$F = 3n - 2P_L - P_H = 3 \times 7 - 2 \times 10 = 1$$

即此机构具有一个活动度。若构件8是原动件，则此机构具有确定的运动，当构件的长度为 $l_{AB}=l_{AE}$、$l_{CE}=l_{DE}$、$l_{BC}=l_{CF}=l_{DF}=l_{BD}$ 时，F 点将沿垂直于 AE 的延长线 $m-m$ 作直线移动。如果在 F 点安装一圆盘锯（图中双点画线），则圆盘锯将随 F 点移动，锯削物料。

2. 局部自由度

机构中常常出现一种与整个机构运动无关的自由度，称为局部自由度或多余自由度，在计算机构活动度时应予除去。

例 1-4 图 1-14a 所示为一滚子从动件凸轮机构，试计算该机构的活动度。

解：原动件为凸轮 1，当它以一定的运动规律绕轴线 A 转动时，通过滚子 3 使从动件 2 沿机架 4 按一定运动规律作往复直线移动。机构中有 3 个活动构件，即 $n=3$；两个回转副，一个移动副，$P_L=3$；一个高副，$P_H=1$。按式（1-1）得机构的活动度为

$$F = 3n - 2P_L - P_H = 3\times 3 - 2\times 3 - 1 = 2$$

此机构有两个活动度，而原动件只有一个凸轮。根据上述原则，从动件 2 不能保证具有确定的运动。然而实际上这个机构的运动是确定的。进一步分析可以发现，其中一个活动度是滚子 3 绕其轴线 C 的自由转动，而滚子转动与否不影响从动件的运动规律。这种与整个机构运动无关的自

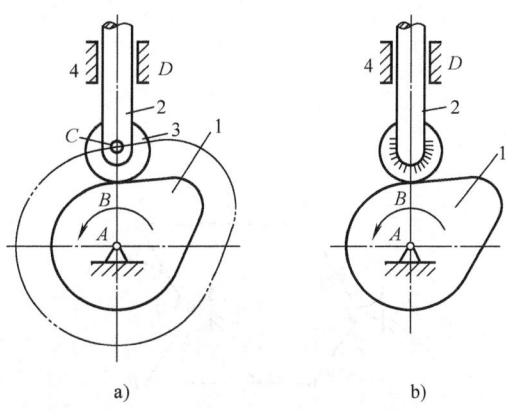

图 1-14 具有局部自由度的平面机构
1—凸轮 2—从动件 3—滚子 4—机架

由度，称为局部自由度，在计算机构的活动度时应除去不计。或如图 1-14b 所示，将滚子 3 与从动件 2 固联在一起作为一个构件来考虑，按 $n=2$、$P_L=2$、$P_H=1$ 计算，由式（1-1）得

$$F = 3n - 2P_L - P_H = 3\times 2 - 2\times 2 - 1 = 1$$

即此凸轮机构只有一个自由度，是符合实际情况的。

3. 虚约束

如图 1-15 所示为机车车轮联动机构。在机构运动简图中，$l_{AB} = l_{EF} = l_{CD}$，$l_{BE} = l_{AF}$，$l_{EC} = l_{FD}$。在此机构中，$n=4$，$P_L=6$，$P_H=0$，所以其活动度为

$$F = 3n - 2P_L - P_H = 3\times 4 - 2\times 6 = 0$$

表明此机构是不能运动的，这显然与实际情况不相符。进一步分析后可知，机构中的运动轨迹有重迭现象。如果去掉构件 4，回转副 E、F 也就不存在，但构件 2 上 E 点相对 F 点的轨迹，仍然是以 F 点为圆心，以 l_{EF} 为半径的圆。这表明构件 4 和回转副 E、F 存在与否，对整个机构的运动并无影响，也即构件 4 是不起限制运动作用的虚约束，因此计算自由度时，应该除去。在此机构中应按 $n=3$，$P_L=4$，$P_H=0$，用式（1-1）计算自由度，即

$$F = 3\times 3 - 2\times 4 = 1$$

此结果与实际情况相符。

由此，在机构中，对运动不起独立限制作用的约束称为虚约束。在计算自由度时应先去除虚约束。虚约束常发生在下列情况下：

1）机构运动时，如果两构件上两点间的距离始终保持不变，将此两点用构件和运动副联接，则会带进虚约束，如图 1-16a 所示的构件 5。

2）如果两构件组成多个移动方向一致的移动副（见图 1-16b），或两构件组成多个轴线重合的转动副（见图 1-16c）时，只需考虑其中一处的虚约束，其

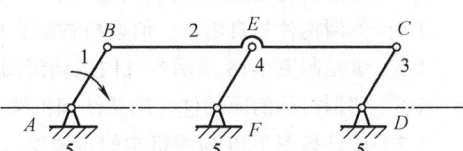

图 1-15 机车车轮联动机构
1—原动件 2—连杆 3、4—连架杆 5—机架

余各处带进的约束均为虚约束。

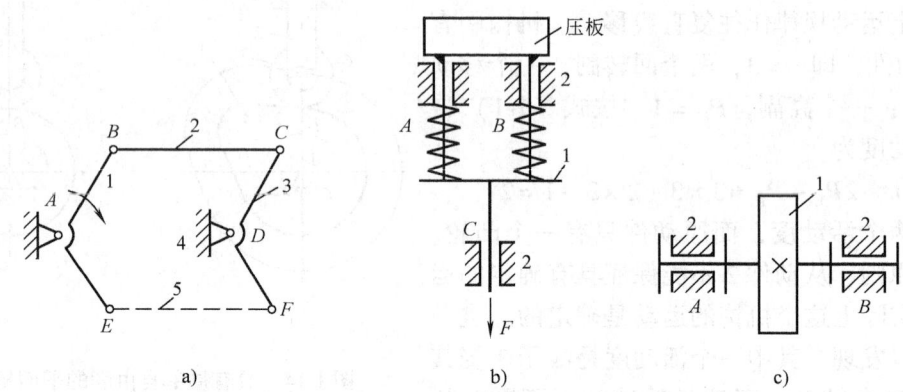

图 1-16 几种常用的虚约束
a) 两点间距离不变引入的虚约束 b) 移动方向一致引入的虚约束 c) 轴线重合引入的虚约束

虚约束虽不影响机构的运动,但能增加机构的刚性,改善其受力状况,因而被广泛采用。但是虚约束对机构的几何条件要求较高,因此,对机构的加工和装配精度提出了较高的要求。在选择机构和考虑机构结构时要注意。

例 1-4 计算图 1-17 所示机构的自由度,并判断其运动是否确定?

解: 首先分析机构的结构,可知 C 处为复合铰链,F 处为局部自由度,E 或 E' 处为虚约束。将滚子与构件 3 视为一体,再除去 E 处的虚约束,这时 $n=7$,$P_L=9$,$P_H=1$,由式(1-1)可得机构的自由度为

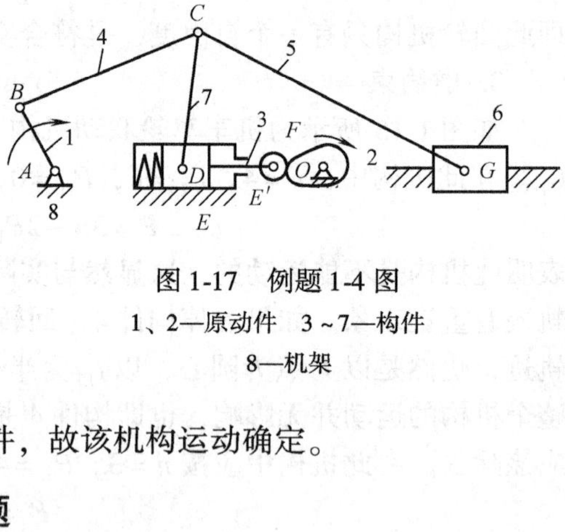

图 1-17 例题 1-4 图
1、2—原动件 3~7—构件
8—机架

$$F = 3n - 2P_L - P_H = 3 \times 7 - 2 \times 9 - 1 = 2$$

该机构有两个自由度,机构中已给出两个原动件,故该机构运动确定。

复 习 题

1-1 什么叫运动副?何谓低副和高副?

1-2 平面机构中的高副和低副各引入几个约束?

1-3 何谓机构的运动简图?为什么要画机构运动简图?

1-4 何谓构件的自由度?何谓机构的自由度?计算机构的自由度应注意哪些问题?

1-5 试绘制图 1-18 所示各机构运动简图(尺寸在图上量取),并计算各机构自由度。

1-6 何谓机构的原动件、从动件和机架?机构具有确定相对运动的条件是什么?

1-7 试计算图 1-19 所示机构的自由度,并判定它们是否具有确定的相对运动(图中画有箭头构件为原动件)。

1-8 试问图 1-20 所示机构在组成上是否合理?如不合理,请针对错误提出修改方案。

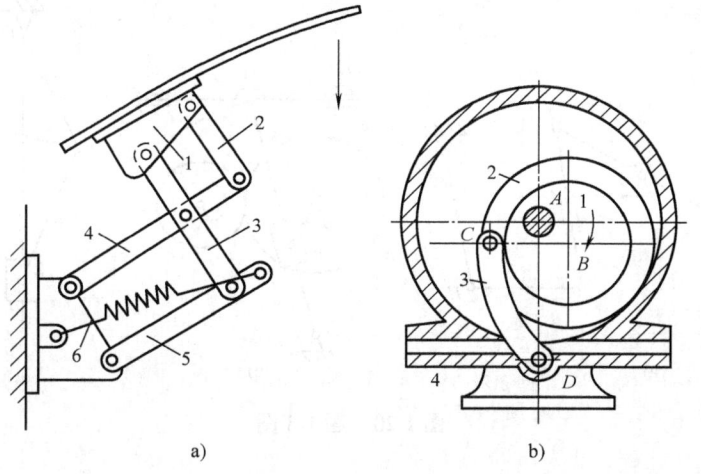

图 1-18 题 1-5 图

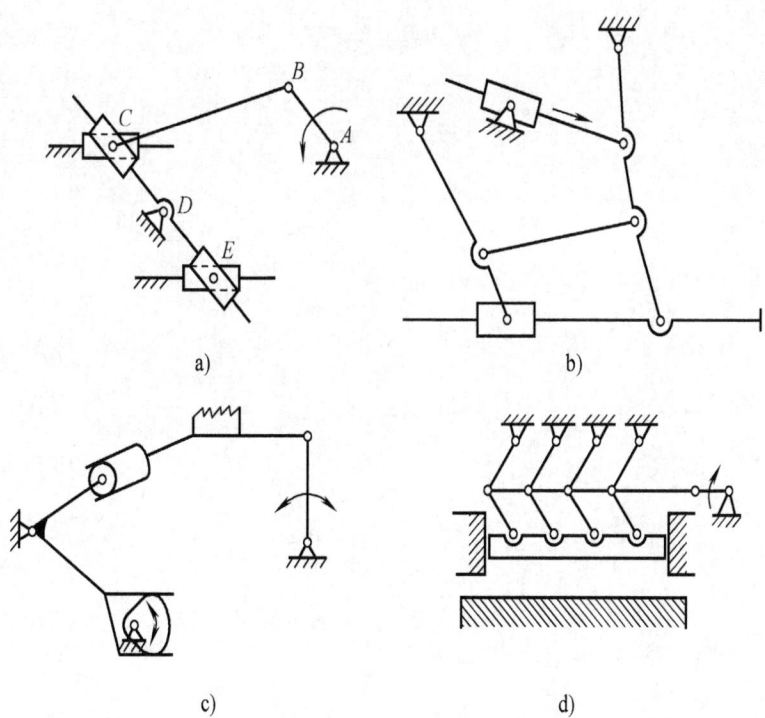

图 1-19 题 1-7 图

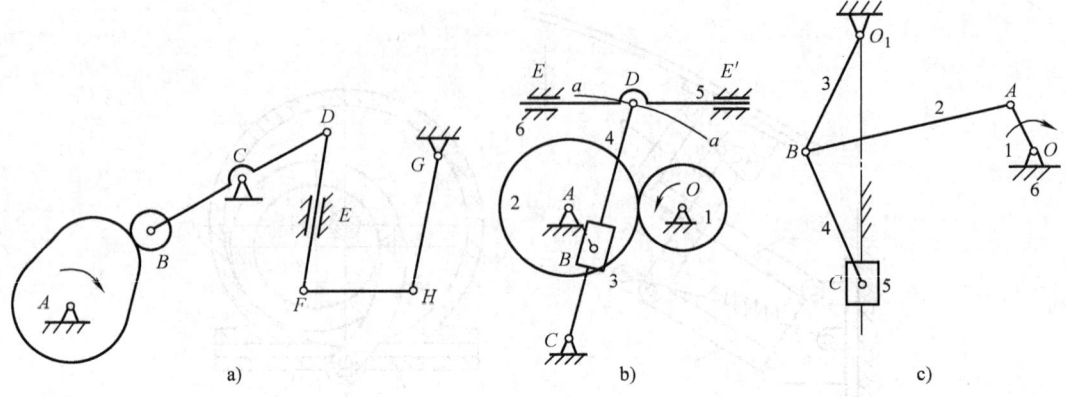

图 1-20 题 1-8 图

第二章　平面连杆机构

平面连杆机构由若干刚性构件用低副联接而成，也可称为平面低副机构。在连杆机构中被广泛应用的构件常呈杆状，即使其实际外形不呈杆状，但在绘制机构运动简图时，一般仍可抽象为杆状，故可简称为杆。因此，由四构件组成的机构为四杆机构；由六构件组成的机构称为六杆机构等等。图2-1所示为插床中的平面六杆机构。

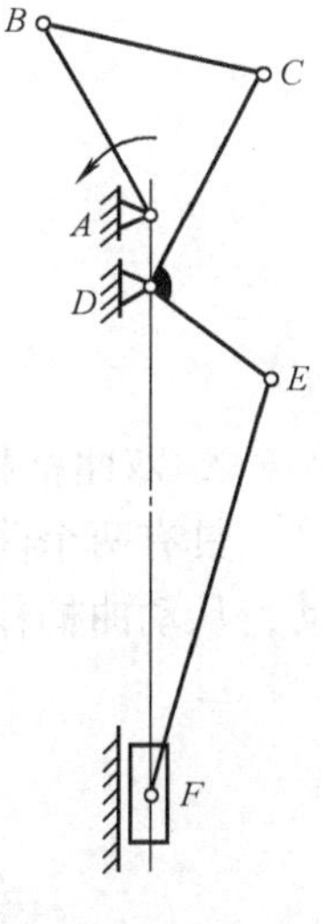

平面连杆机构的优点是：由于机构中各构件之间的运动副都是低副，制造比较简单，承载能力大；原动件等速转动时，通过改变各杆的相对位置和尺寸，可使从动件得到多种不同的运动规律；连杆上各点的轨迹是各种不同形状的曲线，可利用这些曲线实现轨迹设计。因此，平面连杆机构广泛应用于各种机械中。

平面连杆机构的缺点是：为实现复杂运动规律或运动轨迹设计的平面连杆机构一般比较繁琐，且多数只能近似满足设计要求；机构构件较多时，有较大的积累误差。

在实际机械中，应用最多的平面连杆机构是平面四杆机构，而且一般的多杆机构也是在平面四杆机构的基础上发展而成的。因此，本章主要研究平面四杆机构。

图2-1　插床中的平面连杆机构

第一节　平面四杆机构的分类及其应用

平面四杆机构的类型很多，按机构中所含低副的类型不同，可以分为全转动副的平面四杆机构和含有移动副的平面四杆机构两大类。

一、全转动副的四杆机构（又称铰链四杆机构）

图2-2所示为一铰链四杆机构。图中AD（杆4）为机架，直接与机架相连的杆1和3称为连架杆；与两连架杆相连的杆2称为连杆。在连架杆中能绕固定轴线作整周回转的称为曲柄，只能在某一角度范围内摆动的称为摇杆。铰链四杆机构是平面四杆机构的基本形态。根据铰链四杆机构的运动形式不同，铰链四杆机构可分为曲柄摇杆机构、双曲柄机构、双摇杆机构三种。

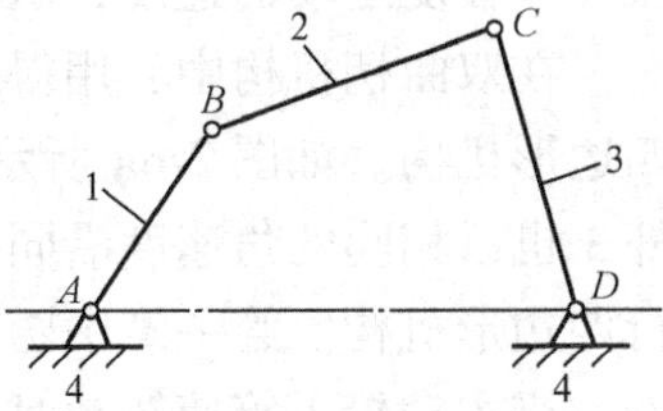

1. 曲柄摇杆机构

具有一个曲柄和一个摇杆的铰链四杆机构称为曲柄摇杆机构。曲柄摇杆机构一般以曲柄为主动件作等速转动，摇杆为从动件作往复摆动。图2-3所示的搅拌机是一个应用实例。也有以摇杆为主动件，曲柄为从动件的情况，如图2-4所示的脚踏驱动砂轮机构。

图2-2　铰链四杆机构
1、3—连架杆　2—连杆　4—机架

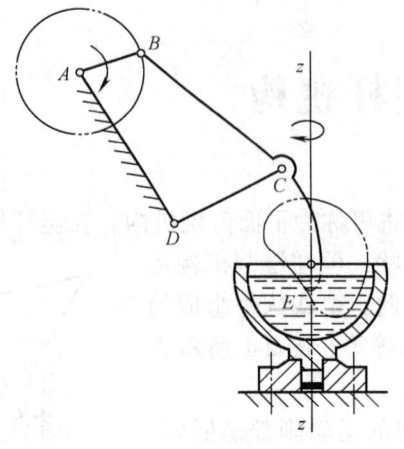
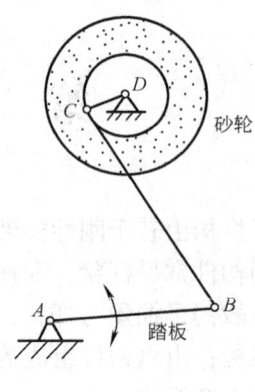

图 2-3 搅拌机图　　　　　　　　图 2-4 脚踏砂轮机

2. 双曲柄机构

具有两个曲柄的铰链四杆机构称为双曲柄机构。双曲柄机构中，通常主动曲柄作等速转动，从动曲柄作变速转动。如图 2-5 所示惯性筛机构中的 ABCD 即为一双曲柄机构。当主动

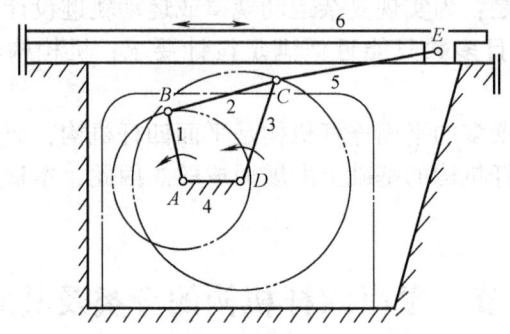

图 2-5 惯性筛机构
1—主动曲柄　2—连杆　3—从动曲柄
4—机架　5—杆　6—滑块

曲柄 1 等速转动时，从动曲柄 3 作变速转动时，通过杆 5 带动滑块 6 上的筛子，使其具有所需要作往复运动的速度，从而使筛子中的细粒物料因惯性作用而达到筛分的目的。

在双曲柄机构中，用得最多的是对边两杆长度分别相等的平行双曲柄机构，或称为平行四边形机构。如图 2-6a 所示的机构，其四杆形成一个平行四边形。当杆 1 作等速转动时，杆 3 也以相同的角速度沿同一方向转动，连杆 2 作平行移动。这种平行四边形机构称为正平行四边形机构。第一章中图 1-17 所示的机车车轮联动装置就是正平行四边形机构的应用实例。当主动轮 1 等速转动时，通过连杆使从动轮 3 和 4 得到与主动轮相同的运动。正平行四边形机构不仅能保持等传动比，而且连杆作平移运动，所以在机械中应用十分广泛。

图 2-6b 所示的机构虽然两曲柄的杆长相等，但不平行，称为反平行四边形机构。当杆 1 作顺时针转动时，杆 3 作逆时针转动。图 2-7 所示为用反平行四边形机构设计的一种车门启闭机构。当主动曲柄 2 转动时，通过连杆 3 使从动曲柄 4 沿相反方向转动，从而保证两扇门同时开启或关闭。

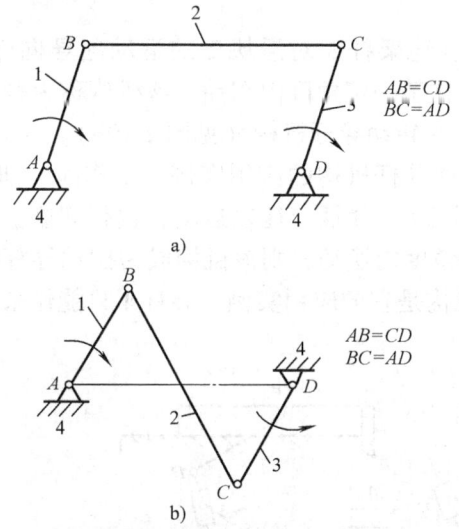
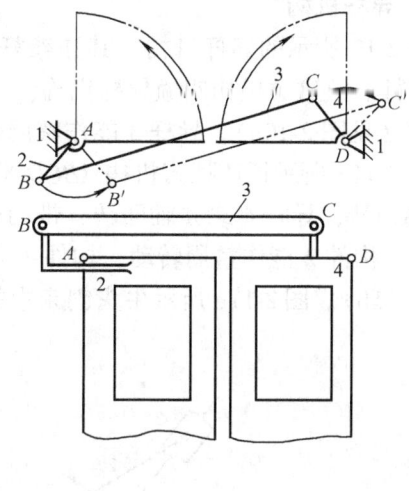

图 2-6 平行四边形机构
1—主动曲柄 2—连杆 3—从动曲柄 4—机架

图 2-7 车门启闭机构
1—机架 2—主动曲柄 3—连杆 4—从动曲柄

3. 双摇杆机构

两连架杆均为摇杆的四杆机构称为双摇杆机构，图 2-8 所示的鹤式起重机即为双摇杆机构。当 CD 杆摆动时，连杆 CB 上悬挂重物的点 M 在近似水平直线上移动，以免重物作不必要的升降而损耗能量。

二、含有移动副的四杆机构

1. 曲柄滑块机构

当四杆机构中有一连架杆为曲柄，另一连架杆相对于机架往复移动而成为滑块时，则这个四杆机构称为曲柄滑块机构，如图 2-9 所示。根据滑块位移线是否与曲柄转动中心共线，而分为对心曲柄滑块机构（见图 2-9a）和偏置曲柄滑块机构（见图 2-9b）。它广泛应用于冲床、内燃机、往复式油泵、空气压缩机中。

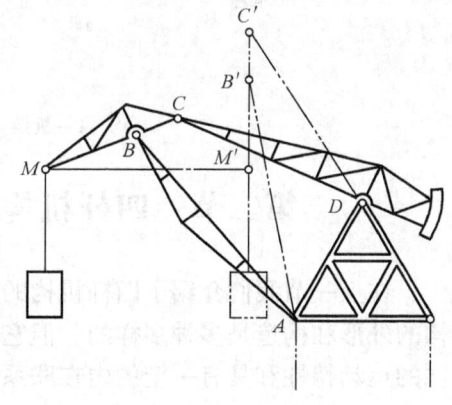

图 2-8 鹤式起重机

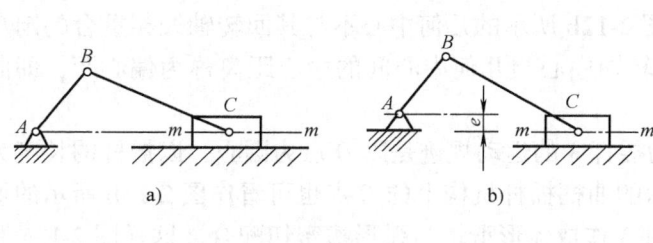

图 2-9 曲柄滑块机构
a) 对心曲柄滑块机构 b) 偏置曲柄滑块机构

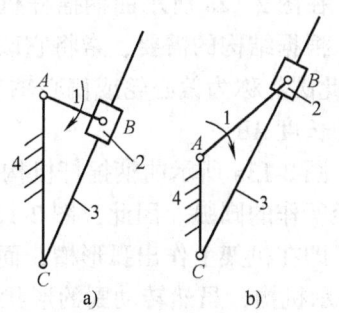

图 2-10 导杆机构
1—曲柄 2—滑块 3—导杆 4—机架

2. 导杆机构

图 2-10 所示的四杆机构、其连架杆 1 为曲柄，连架杆 3 对滑块 2 的运动起导向作用，称为导杆。故这类机构叫做导杆机构，导杆 3 只能在某一定角度内摆动，该机构称为摆动导杆机构（见图 2-10a）。导杆 3 能作整周转动的，称为转动导杆机构（见图 2-10b）。

图 2-11a 所示插床插刀机构 ABCD 部分，是转动导杆机构的应用实例。工作时，曲柄 2 绕 B 轴回转，导杆 4 绕 A 轴回转，带动构件 5 及插刀 6，使插刀往复运动，进行切削。当 l_1 > l_2 时，构件 2 能作整周转动，构件 4 只能在某一角度内摆动，则该机构成为摆动导杆机构（图 2-11b）。图 2-11c 所示牛头刨床中的主运动机构是它的应用实例。导杆 4 只能作来回摆动。

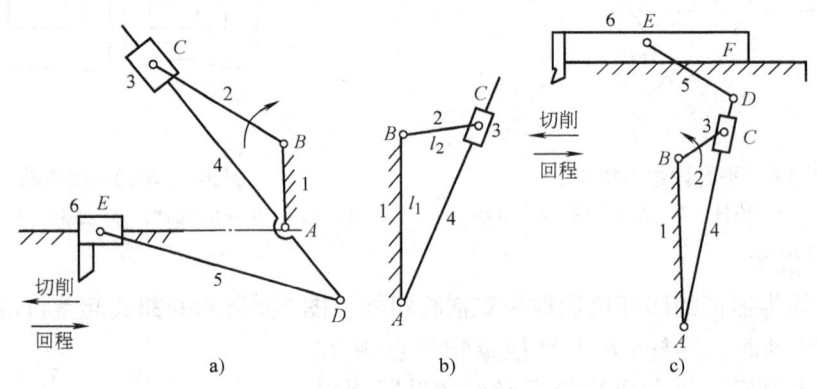

图 2-11 导杆机构
1—机架 2、4、5—构件 6—插刀及刨刀

第二节 四杆机构的演化——其他常见的四杆机构

在上一节我们介绍了四杆机构的基本类型。在实际机器中，由于各种工作需要，连杆机构的外形和构造是多种多样的，但它们与前述几种基本型式的铰链四杆机构之间往往具有相同的运动特性和具有一定的内在联系。下面通过一些四杆机构的实例来说明它们和铰链四杆机构之间的内在联系和演化。

一、扩大转动副

在图 2-12a 所示曲柄摇杆机构中，当曲柄 AB 的长度较小，而销轴上又要承受较大载荷时，根据结构的需要，常将它改作成图 2-12b 所示的几何中心不与其回转轴线相重合的圆盘 1，此圆盘称为偏心轮或偏心轴。其回转轴中心与几何中心间的中心距离称为偏心距，即曲柄的长度 AB。

图 2-13a 所示曲柄摇杆机构，因为摇杆 3 的运动规迹是以 D 点为圆心，以摇杆的长度为半径所作的圆弧。因此，图 2-13a 所示的曲柄摇杆机构上的 C 点也可看作图 2-13b 所示的形式，即在机架上作出弧形槽，而把构件 3 作成弧形滑块与弧形槽密切配合。这样图 2-13a 和 b 所示机构，虽然转动副的形状不同，但机构运动的特性却完全相同。又若将弧形槽的半径增加至无穷大，转动副 D 的中心移至无穷远处，则弧形槽变成了直槽，而转动副也就转化成移动副；构件 3 由摇杆变成了滑块 C。此时曲柄摇杆机构即演化成了前面提到的曲柄滑块

机构,如图 2-9 所示。

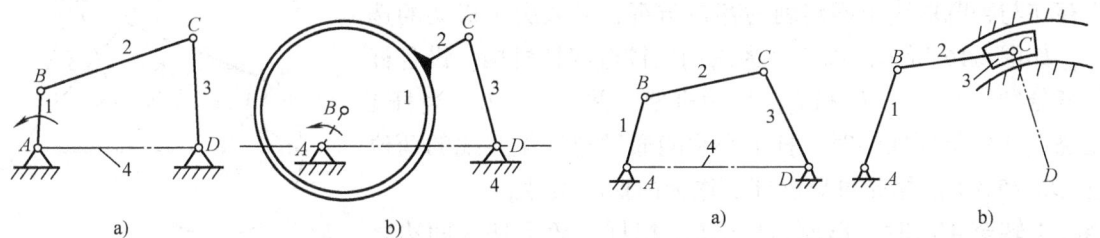

图 2-12　曲柄摇杆机构　　　　　图 2-13　曲柄摇杆机构的演化

*二、取不同构件为机架

图 2-14 所示曲柄摇杆机构中,杆 1 为曲柄,因此杆 1 相对于机架 4 可作整周转动,同时,杆 1 相对于杆 2 也可作整周转动。对于后者,可以从相对运动的观点来加以说明。取杆 2 为相对固定的杆,当杆 AB 与 BC 重叠为一直线,机构处于 AB_1C_1D 的位置时,杆 1 与杆 2 的夹角 $\beta = 0°$；当机构由 AB_1C_1D 的位置向 AB_2C_2D 的位置运动时,β 角由 $0°$ 逐渐增大,直到机构处于 AB_2C_2D 位置时,AB 与 BC 被拉成一直线,$\beta = 180°$；此后,当机构由 AB_2C_2D 的位置继续按相同转向又转到 AB_1C_1D 的位置时,β 角则由 $180°$ 逐渐增大到 $360°$。这说明,当曲柄转一周时,杆 1 相对于杆 2 可作整周转动。摇杆 3 相对于机架 AD 的转角 ψ 小于 $360°$。相对于杆 2 的转角 δ 也小于 $360°$。因此,对于图 2-15a 所示曲柄摇杆机构,当取不同的构件为机架时,则可得到不同形式的机构。

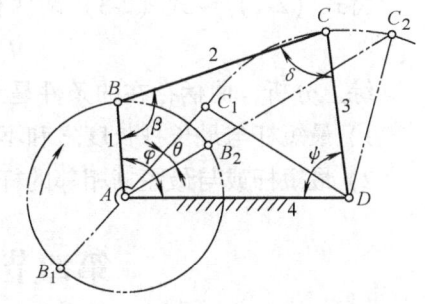

图 2-14　曲柄摇杆机构的运动关系
1—曲柄　2—杆　3—摇杆　4—机架

例如取杆 1 为机架,如图 2-15b,因杆 4 相对于杆 1 以及杆 2 相对于杆 1 都可作整周转动,故成为双曲柄机构；若取杆 2 为机架,如图 2-15c,则因 $\beta = 0° \sim 360°$,$0° < \delta < 360°$(见图 2-14),故仍为曲柄摇杆机构；若取杆 3 为机架,如图 2-15d,则因杆 4 和杆 3 的角位移均小于 $360°$,故为双摇杆机构。通过改变铰链四杆机构中各杆的长度及改变固定件,还可以得到四杆机构的其他演化形式。在选择时可参考其他文献,这里不再介绍。

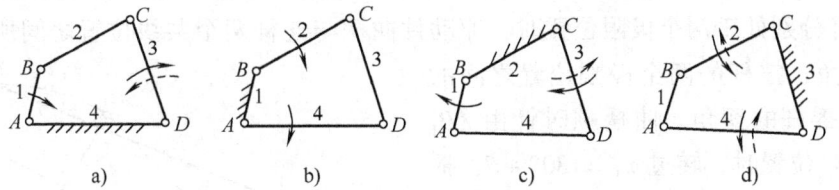

图 2-15　四杆机构取不同构件为机架
a) 曲柄摇杆机构　b) 双曲柄机构　c) 曲柄摇杆机构　d) 双摇杆机构

*第三节　铰链四杆机构存在曲柄的条件

由上述可知,铰链四杆机构有三种基本形式。它们的区别在于有无曲柄和有几个曲柄。

前已述及，曲柄是指相对于机架可作整周回转的连架杆。曲柄存在与否既取决于回转副的存在与否，又取决于机架的选择，如图2-16所示，以杆1为曲柄的铰链四杆机构。设各杆长度分别为l_1、l_2、l_3和l_4，l_4为机架，并取$l_1 < l_4$。当杆1能绕点A作整周回转时，杆1必须能通过与杆4共线的两位置AB_1和AB_2。据此可导出杆1作为曲柄的条件。

当杆1转至AB_1时，形成$\triangle B_1C_1D$。根据三角形任意两边之和必大于第三边的长度，可得

$$l_1 + l_4 \leq l_2 + l_3 \tag{2-1}$$

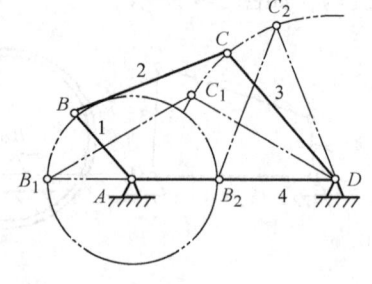

图2-16 整转副存在的条件分析
1—曲柄 2、3、4—杆

当杆1转至AB_2位置时，形成$\triangle B_2C_2D$，同理可得

$$l_2 \leq (l_4 - l_1) + l_3 \quad 即 \quad l_1 + l_2 \leq l_3 + l_4 \tag{2-2}$$

$$l_3 \leq (l_4 - l_1) + l_2 \quad 即 \quad l_1 + l_3 \leq l_2 + l_4 \tag{2-3}$$

将式（2-1）~式（2-3）两两相加可得

$$l_1 \leq l_2 \quad l_1 \leq l_3 \quad l_1 \leq l_4 \tag{2-4}$$

综上分析，曲柄存在的条件是

1) 最短杆与最长杆长度之和不大于其余两杆长度之和（必要条件）。
2) 最短杆或与最短杆相邻的杆是机架（充分条件）。

第四节 平面四杆机构的特性

和其他机构一样，平面四杆机构有它的一些特殊性质。这些性质决定了设计平面四杆机构时所必须遵循的一些原则。现以铰链四杆机构中最常见的曲柄摇杆机构为例，分析它们具有的特性。

一、急回特性

在图2-17所示的曲柄摇杆机构的曲柄AB作等速回转时，从动件摇杆CD作往复摆动。曲柄到达AB_1位置时，曲柄与连杆BC重叠，C点距A点最近，摇杆处于左极限位置C_1D；当曲柄转到AB_2位置时，曲柄同连杆成一直线，C点距A点最远，摇杆处于右极限位置C_2D。当摇杆分别处于两个极限位置时，原动件曲柄与连杆两个共线位置之间所夹的锐角θ称为极位夹角，摇杆的两个极限位置之间的夹角ψ称为摇杆的摆角。曲柄顺时针由AB_1位置转到AB_2位置时，转过$\varphi_1 = 180° + \theta$，摇杆自$C_1D$位置摆至$C_2D$位置，转过$\psi$角，设所需时间为$t_1$，$C$点平均推进速度为$v_1$。当曲柄由$AB_2$位置转到$AB_1$位置时，转过$\varphi_2 = 180° - \theta$，摇杆自$C_2D$位置摆回到$C_1D$位置，转过$\psi$角，设所需时间为$t_2$，$C$点平均返回速度为$v_2$。因为$\varphi_1 > \varphi_2$，故$t_1 > t_2$，$v_2$

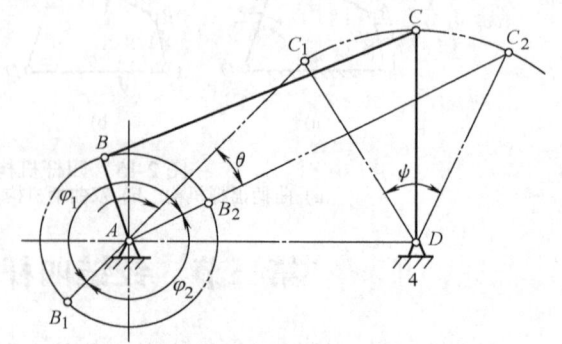

图2-17 曲柄摇杆机构的急回特性

$> v_1$。由此可见，当曲柄等速回转时，摇杆在极限位置间的往复摆动的平均速度不同，机构的这种特性叫急回特性。它能满足某些机械的工作要求，如牛头刨床和插床，工作行程要求速度缓慢而均匀以提高加工质量，空回行程要求速度快以缩短非工作时间，提高工作效率。v_2 和 v_1 的比值称为机构的行程速比系数，用 k 表示，则

$$k = \frac{v_2}{v_1} = \frac{\varphi_1}{\varphi_2} = \frac{180° + \theta}{180° - \theta} \tag{2-5}$$

k 值的大小表示机构急回特性的程度。若给定行程速比系数 k，机构的极位夹角 θ 可以由下式求出。

$$\theta = \frac{180° \times (k-1)}{k+1} \tag{2-6}$$

因此，除曲柄摇杆机构外，偏置曲柄滑块机构、摆动导杆机构等四杆机构也具有急回特性。

二、四杆机构的压力角和传动角

1. 压力角

如图 2-18 所示的曲柄摇杆机构中，曲柄 AB 为主动件。AB 杆经过连杆 BC 作用于 CD 杆上 C 点的力为 F，F 可分解为沿点 C 速度方向的分力 F_t 及沿 CD 方向的分力 F_n；分力 F_n 经 CD 杆作用在铰链 D 上，它不仅无助于从动件的转动，反而增加了从动杆的摩擦阻力矩，F_n 为无效分力。而 F_t 才是推动从动杆 CD 运动的有效分力。由图可知 $F_t = F\cos\alpha$，α 是作用在从动件上力的方向和从动件受力点的速度方向之间所夹锐角，称为机构的压力角。从上式可见，压力角 α 越小，有效分力 F_t 越大，而 F_n 越小，对机构越有利。因此压力角是衡量一个机构力传递性能好坏的主要标志。

2. 传动角

为了度量的方便，令 $\gamma = 90° - \alpha$。γ 是压力角的余角，称为传动角。显然，压力角 α 越小，或者传动角 γ 越大，使从动杆运动的有效分力就越大，对机构传动越有利。α 和 γ 是反映机构传动性能的重要指标，由于 γ 角便于观察和测量，工程上常以 γ 角来衡量连杆机构的传动性能。机构运转时其传动角是变化的，为了保证机构传动性能良好，设计时一般应使 $\gamma_{min} \geq 40°$，对于高速大功率机械应使 $\gamma_{min} \geq 50°$。为此，必须确定 $\gamma = \gamma_{min}$ 时机构的位置并检验 γ_{min} 的值是否大于等于上述的许用值。

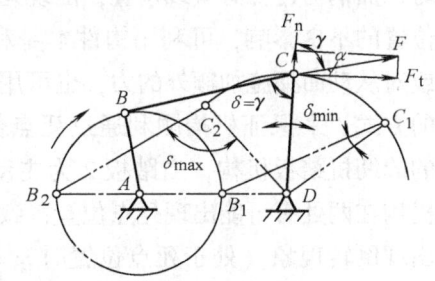

图 2-18 压力角和传动角

铰链四杆机构运转时，其最小传动角出现的位置可由下述方法求得。如图 2-18 所示，当连杆与从动件的夹角 δ 为锐角时，则 $\gamma = \delta$；若 δ 为钝角时，则 $\gamma = 180° - \delta$。因此，这两种情况下分别出现 δ_{min} 及 δ_{max} 的位置，即为可能出现 γ_{min} 的位置。又由图可知，在 $\triangle BCD$ 中，BC 和 CD 为定长，BD 随 δ 而变化，当 $\delta = \delta_{max}$ 时，$BD = BD_{max}$；当 $\delta = \delta_{min}$ 时，$BD = BD_{min}$。对于图 2-18 所示的机构，$BD_{max} = AD + AB_2$，$BD_{min} = AD - AB_1$，即此机构在曲柄与机架共线的两位置之一处出现最小传动角。

在图 2-19a 所示的偏置曲柄滑块机构中，当曲柄为主动件时，传动角 γ 为连杆 BC 与导路垂线的夹角。当曲柄处于垂直于导路方向位置且 B 点距导路中心位置最大时，可得到最

小传动角 γ_{min}。对于对心曲柄滑块机构，其最小传动角 γ_{min} 也可同样确定。在图 2-19b 所示的导杆机构中，当曲柄为主动件且不考虑摩擦时，滑块 2 对导杆 3 的作用力方向始终垂直于导杆，而导杆上力作用点速度方向也总是垂直于导杆，因此，压力角始终等于零，传动角恒等于 90°，所以导杆机构的传力性能好。

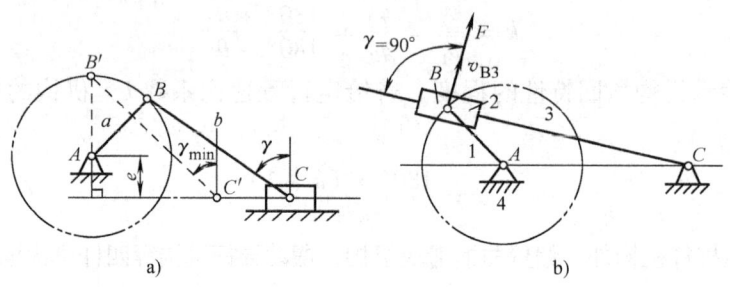

图 2-19 曲柄滑动机构、导杆机构的最小传动角 γ_{min} 的位置

3. 死点位置

如图 2-20 所示的曲柄摇杆机构，当摇杆 CD 为主动件时，在曲柄与连杆共线的位置出现传动角等于 0° 的情况，这时不论连杆 BC 对曲柄 AB 的作用力有多大，都不能使曲柄 AB 转动，机构的这种位置（图中虚线所示位置）称为死点。四杆机构中是否存在死点，取决于从动件（此处是曲柄）是否可能与连杆共线。可见，对曲柄摇杆机构而言，当曲柄为主动件时，摇杆与连杆无共线位置，不出现死点；当以摇杆为主动件时，曲柄与连杆有共线位置，出现死点。为了消除死点位置的不良影响，可利用构件本身和飞轮的惯性作用，或对从动曲柄施加额外的力，也可用几个四杆机构组合的方式，来保证机构顺利通过死点位置。图 2-21 所示的缝纫机踏板机构，当踏板 2 为主动并作往复摆动时，机构在两处有可能出现死点位置，致使曲柄 4 不动，或出现倒转现象（处于死点位置时 $\gamma=0°$）。为了保证机构正常运转，在曲柄轴上装一飞轮，可利用其惯性作用使机构顺利通过死点位置。

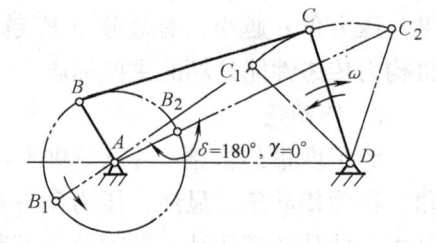

图 2-20 死点的位置

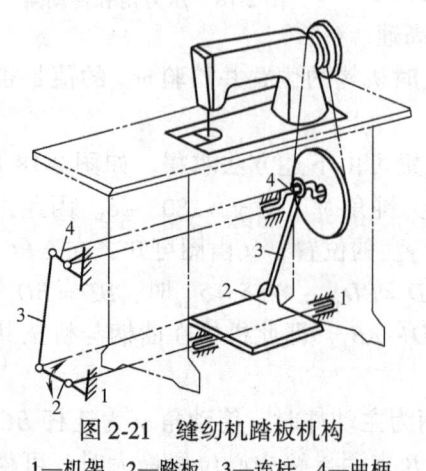

图 2-21 缝纫机踏板机构
1—机架 2—踏板 3—连杆 4—曲柄

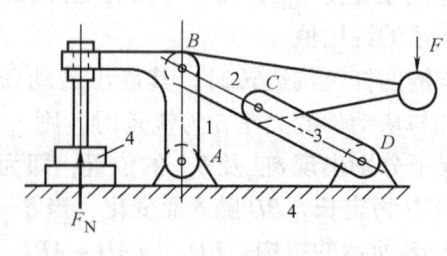

图 2-22 夹紧机构
1、2、3—杆 4—工件

机构存在死点位置，对于传动来说是有害的。但在工程上有时也利用死点位置的性质来实现某些要求。例如图 2-22 所示的工件夹紧机构，是利用机构的死点进行工作的。当在手柄（连杆 2）上加力 F 夹紧工件时，杆 2、杆 3 的三个铰链 B、C、D 处于同一直线位置。而在去掉力 F 后工件作用于直角杆 1 上的反力经杆 2 传给杆 3，并通过铰链中心 D（即铰链 B、C、D 的反力均在同一直线上），所以杆 3 不会转动，从而使工件仍处于夹紧状态，这样便可进行加工。当要取出工件时，只需向上扳动手柄即可。这种夹具在工程中广泛采用。

*第五节 平面四杆机构的运动设计简介

平面四杆机构的运动设计，主要是根据给定的运动条件，确定机构运动简图的尺寸参数。为了使设计的机构可靠、合理，有时还应考虑几何条件和动力条件（最小传动角 γ_{min}）等。生产实践中的要求是多种多样的，给定的条件也各不相同，常碰到的是下面两类问题：

1) 按照给定从动件的位置设计四杆机构，称为位置设计。

2) 按照给定点的轨迹设计四杆机构，称为轨迹设计。

设计机构的方法有解析法、几何法和实验法。设计时采用哪种方法，取决于所给定的条件和机构的实际工作要求。本节主要介绍比较直观、简便的几何法进行位置设计问题。

设计四杆机构的几何法即几何作图法，又称图解法。一般情况下设计包括三个步骤，即

1) 选取恰当的机构型式。

2) 确定机构尺寸，也就是确定那些与机构运动有关的几何量。如机构各转动副中心之间的距离，转动副中心至移动副导轨间的距离，以及构件上描画给定轨迹的点的位置等。

3) 画出机构简图。

一、按给定行程速比系数 k 设计四杆机构

依据要求的行程速比系数 k 设计四杆机构，需要根据机构在极限位置时的几何关系，结合辅助条件进行。下面介绍两个四杆机构的设计。

1. 设计曲柄摇杆机构（图 2-23）

已知摇杆 CD 的长度 c、摆角 ψ 及行程速比系数 k。欲在满足 k 值前提下，设计曲柄摇杆机构，即确定曲柄 AB、连杆 BC 和机架 AD 的长度 a、b 和 d。

确定固定铰链中心 A 是这类设计问题的关键。具体步骤是：

1) 按公式 $\theta = 180°(k-1/k+1)$ 算出极位夹角。

2) 选取作图比例尺 μ_l，任取一点 D，按 c 和 ψ 作出摇杆的两个极限位置 C_1D 和 C_2D，如图 2-23 所示。

3) 连接 C_1C_2，作角 $\angle C_1C_2O = \angle C_2C_1O = 90° - \theta$。以 O 为圆心、OC_1 为半径作圆 η，圆弧 C_1C_2 所对的圆心角 $\angle C_1OC_2 = 2\theta$。

4) 在圆 η 上，圆弧 C_1C_2 所对的圆周角为 θ，因此在圆周上适当的选取 A 点，使角 $\angle C_1AC_2 = \theta$，则 AC_1、AC_2 即为曲柄与连杆共线的两个位置。已设曲柄与连杆的长度分别为 a、b，则

$$\mu_l AC_1 = b - a, \quad \mu_l AC_2 = b + a$$

于是曲柄长度 $\qquad a = \mu_l [AC_2 - AC_1]/2$

连杆长度
$$b = \mu_1 [AC_2 + AC_1]/2$$

2. 设计导杆机构

已知曲柄摆动导杆机构的机架长度为 $AD = d$，行程速比系数为 k，试设计该机构。

取比例尺 μ_1，作 $AD = d/\mu_1$。由 k 算出极位夹角 θ，由图 2-24 可知，极位夹角 θ 等于角 ψ，因此作 $\angle ADB_1 = \angle ADB_2 = \theta/2$，作 AB_1（或 AB_2）垂直于 B_1D（或 B_2D），则 AB 就是曲柄，其长度 $a = \mu_1 \cdot AB_1$。

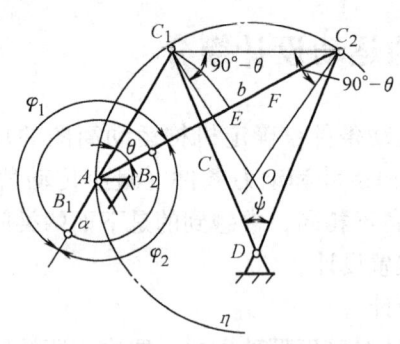

图 2-23 按行程速比系数 k 设计曲柄摇杆机构

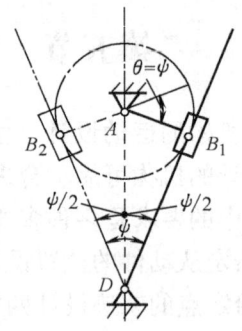

图 2-24 按行程速比系数 k 设计导杆机构

二、根据给定的连杆位置设计四连杆机构

图 2-25 示出一个构件的两个给定位置Ⅰ和Ⅱ，如将该构件视为连杆，并选定 B、C 为连杆上的铰链中心，显然 B_1C_1 和 B_2C_2 可以代表连杆的两个位置。由于连杆上的铰链中心 B 和 C 分别沿某一圆弧运动，因而可分别做 B_1B_2 和 C_1C_2 的垂直平分线，回转中心 A 和 D 可分别在两垂直平分线上任取，同时由于连杆上铰链中心 B 和 C 也是任取的（一般取在易于铰接的连杆平面内），故有无穷多解。实际设计时，可考虑其他辅助条件，如最小传动角、结构紧凑等，则可得惟一解。

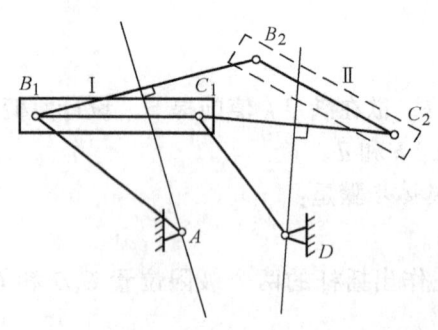

图 2-25 给定连杆的两个位置设计四连杆机构

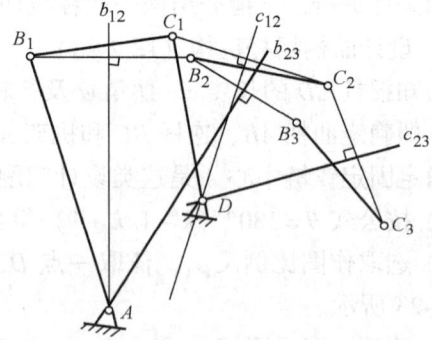

图 2-26 给定连杆的三个位置设计四连杆机构

若给定连杆三个位置，图解法与上述基本相同。如图 2-26 所示，连杆的三个给定位置分别为 B_1C_1、B_2C_2 和 B_3C_3。利用三点求圆心的方法，分别作 B_1B_2 和 B_2B_3 的垂直平分线交于 A 点，再做 C_1C_2 和 C_2C_3 的垂直平分线交于 D 点，AB_1C_1D 即为所求的铰链四杆机构。若铰链中心 B 点和 C 点是已知的，则该解是惟一解；若 B 点和 C 点是在连杆平面上任取的，则有无穷多解，可考虑其他辅助条件，以求得确定的解。

例 2-1 图 2-27a 所示为一曲柄摇杆机构 $ABCD$。已知摇杆 CD 长 $l_{CD}=60\mathrm{mm}$，其摆角 $\psi=50°$，行程速比系数 $k=1.5$，试设计该机构，并满足机架长度 l_{AD} 等于连杆长度 l_{BC} 与曲柄长度 l_{AB} 之差。

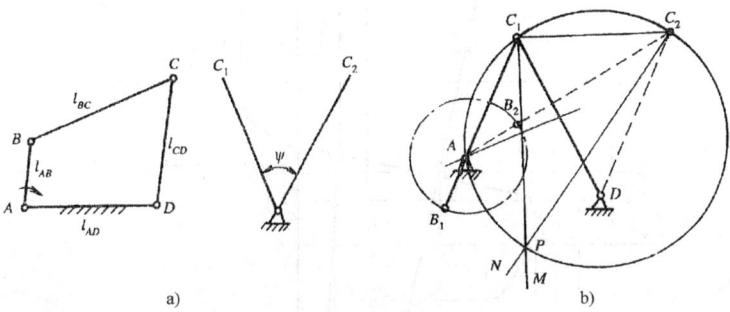

图 2-27 曲柄摇杆机构

解：本题为按行程速比系数设计四杆机构的问题。可用图解法设计。在此我们用有别于图 2-23 的另一种作图方法解此题。

先按已知的 $k=1.5$ 计算出所设计机构的极位夹角为

$$\theta = 180° \times \frac{k-1}{k+1} = 180° \times \frac{1.5-1}{1.5+1} = 36°$$

再作图如下：取长度比例尺 $\mu_l = 1.5$ mm/mm，按给定条件作出摇杆 CD 的两个极限位置 C_1D 和 C_2D，如图 2-27b 所示。

连接 C_1C_2，并作 $C_1M \perp C_1C_2$，再作 C_2N 线使 $\angle C_1C_2N = 90° - \theta$，得 C_1M 与 C_2N 的交点 P。作 $\triangle PC_1C_2$ 的外接圆，则曲柄轴心 A 应在圆弧 $\overset{\frown}{C_1PC_2}$ 上。

为满足 $l_{AD} = l_{BC} - l_{AB}$ 的关系，可作 C_1D 线的中垂线，其与圆弧 C_1PC_2 的交点，即为曲柄 AB 的固定铰链 A 的位置。连接 AC_1 及 AC_2，从图中可求得

$$l_{AD} = \mu_l \overline{AC_1} = \mu_l \overline{AD} = 1.5 \times 30\mathrm{mm} = 45\mathrm{mm}$$

$$l_{AB} = \mu \frac{\overline{AC_2} - \overline{AC_1}}{2} = 1.5 \times \frac{54-30}{2}\mathrm{mm} = 18\mathrm{mm}$$

$$l_{BC} = \mu \frac{\overline{AC_2} + \overline{AC_1}}{2} = 1.5 \times \frac{54+30}{2}\mathrm{mm} = 63\mathrm{mm}$$

例 2-2 图 2-28 所示为某加热炉炉门的两个位置，实线所示为关闭位置，双点画线为开启位置。工作条件要求开启位置时炉门处于水平位置并当作小平台使用。试设计一铰链四杆机构，并满足连杆（即炉门）的两个位置要求。有关尺寸见图。

解：按图中所给尺寸，用 1:1 的比例尺画出炉门（即连杆）的两个位置 B_1C_1 和 B_2C_2。联接 B_1B_2 和 C_1C_2 并作其中垂线 b_{12} 和 c_{12}，则两个固定铰链中心 A、D 可分别在 b_{12} 和 c_{12} 上任意选取，故有无穷多解。此处将固定铰链分别选在炉壁上的 A、D 处。则 AB_1C_1D 即为所求之四杆机构。因所用比例尺为 1:1，所以各杆杆长可从图上直接量取

$$l_{AB} = 94\mathrm{mm} \quad l_{BC} = 28\mathrm{mm}$$
$$l_{CD} = 18\mathrm{mm} \quad l_{AD} = 105\mathrm{mm}$$

即为四杆机构各杆的长度。

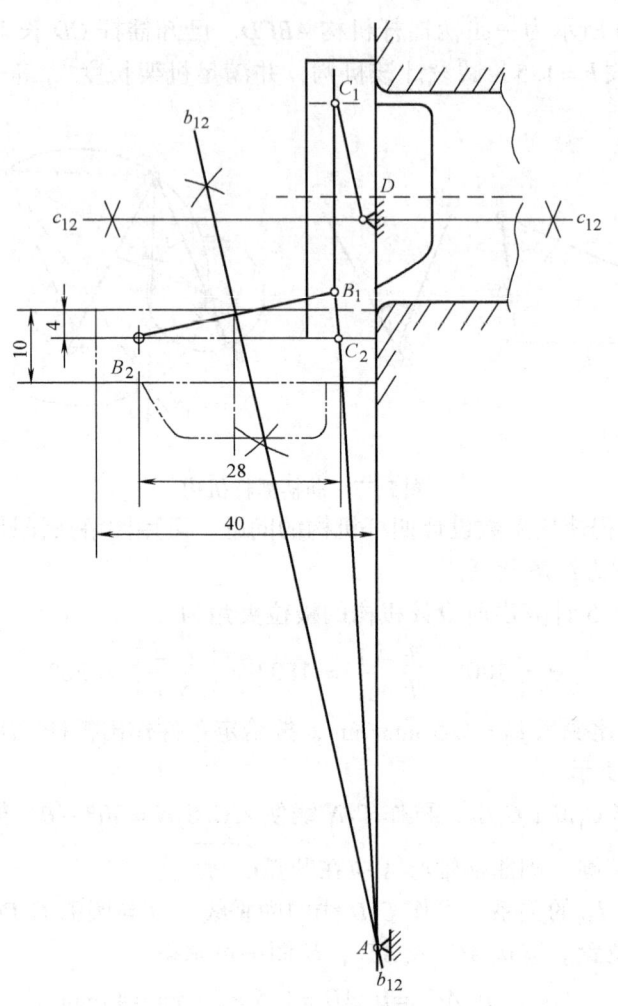

图 2-28 加热炉炉门

复 习 题

2-1 平面连杆机构有哪些特点?

2-2 平面四杆机构有哪些类型? 试述其应用情况。

2-3 什么是铰链四杆机构? 根据有无曲柄分为哪几种? 为什么说它是四杆机构的基本形式?

2-4 什么是连杆机构的压力角、传动角? 它们的大小对连杆机构的传力性能有何影响?

2-5 何谓机构的急回特性? 何谓机构的极位夹角? 两者的联系是什么?

2-6 什么叫行程速比系数 k? 试说明 $k=1$ 和 $k>1$ 的含义是什么?

2-7 铰链四杆机构曲柄存在的条件是什么?

2-8 根据图 2-29 中的尺寸 (mm), 判断各机构属于铰链四杆机构的哪种类型。

2-9 机构运动设计的目的是什么?

*2-10 如图 2-30 所示脚踏砂轮的曲柄摇杆机构中, 已知踏板 CD 需在水平位置上下各摆 15°, 且 $l_{CD} = 400\text{mm}$, $l_{AD} = 800\text{mm}$, 试用几何法 (又称图解法), 求曲柄和连杆的长度 l_{AB} 和 l_{BC}。

*2-11 试设计一曲柄摇杆机构。已知行程速化系数 $k=1.2$, 摇杆的长度 $l_{CD} = 100\text{mm}$, 摆角 $\psi = 45°$, 固

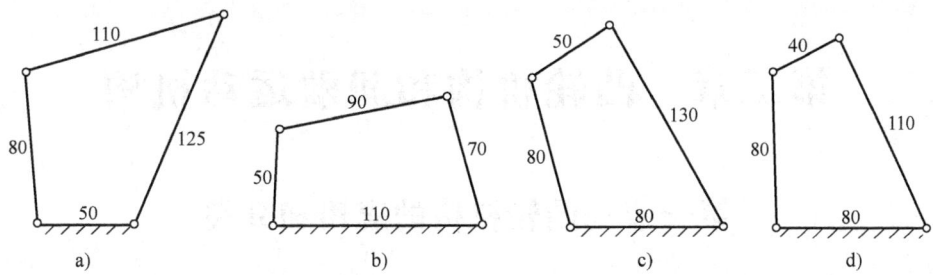

图 2-29 题 2-8 图

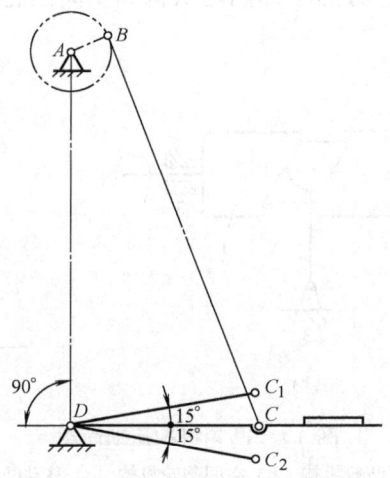

图 2-30 题 2-10 图

定铰链中心 A 和 D 在同一水平线上。

*2-12 设计图 2-31 所示的铰链四杆机构。已知摇杆长度 $l_{CD} = 80$mm，机架长度 $l_{AD} = 105$mm，行程速比系数 $k = 1.5$，摇杆的一个极限位置与机架的夹角为 $\beta = 45°$。

*2-13 图 2-32 所示为某加热炉门的两个位置，实线所示为关闭位置，虚线为开启位置。工作条件要求开启位置时炉门处于水平位置而当做小平台使用。试设计一铰链四杆机构，并满足连杆（即炉门）的两个位置要求。有关尺寸见图。

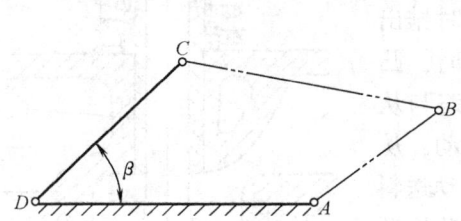

图 2-31 题 2-12   图 2-32 题 2-13

第三章　凸轮机构和间歇运动机构

第一节　凸轮机构的应用和分类

凸轮机构是高副机构，其结构及运动简图如图3-1所示，由凸轮1、从动件2和机架3组成。凸轮机构按其运动形式，分为平面凸轮机构和空间凸轮机构两种。在此主要讨论平面凸轮机构的有关问题。

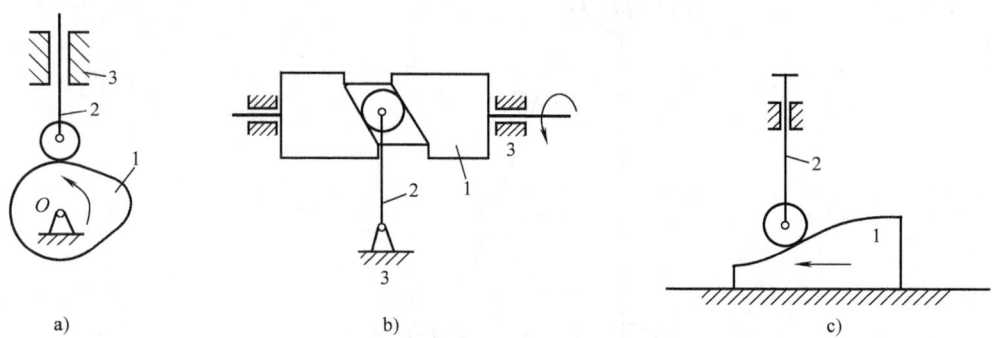

图 3-1　凸轮机构运动简图
a）平面凸轮机构　b）空间凸轮机构　c）移动凸轮机构
1—凸轮　2—从动件　3—机架

一、凸轮机构的应用及特点

在机械工业中，凸轮机构是一种常用机构，特别是在自动化机械中，它的用途更广。下面举几个机械中应用凸轮机构的实例。图3-2所示为内燃机配气凸轮机构。当凸轮1（主动件）匀速转动时，它的轮廓驱使挺杆4（从动件）作往复移动，使其按预期的运动规律开启或关闭气阀（关闭是靠弹簧2的作用）以控制燃气准时进入气缸或废气准时排出气缸。图3-3所示为一绕线机的凸轮绕线机构。绕线时，凸轮1和绕线轴3同时由其他机构带动，而凸轮轮廓始终与从动轴叉2接触，迫使其绕O点按一定运动规律往复摆动，从而引导线均匀地缠在绕线轴3上。再如图3-4所示的自动送料机构，带凹槽的圆柱凸轮作等速转动，槽中的滚子带动从动件作往复移动，将工件推至指定位置从而完成自动送料任务。

从上述例子可以看出，凸轮是一个具有一定形状的曲线轮廓或凹槽的构件。当凸轮运动时，通过其轮廓或凹槽与从动件接触，使从动件实现预定的运动。凸轮机构主要由凸轮、从动件和机架组成。凸轮与从动件之间可以通过弹簧力、重

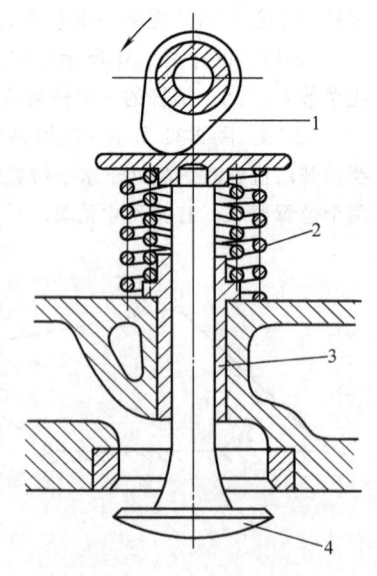

图 3-2　内燃机配气凸轮机构
1—凸轮　2—弹簧　3—导套　4—气门挺杆

力或几何形状封闭（如图 3-3）等方法来保持接触。

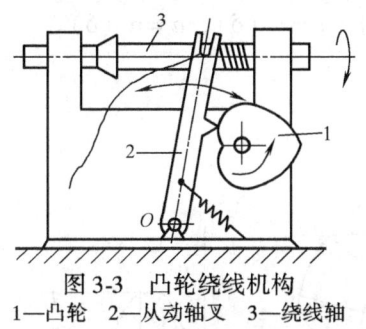

图 3-3　凸轮绕线机构
1—凸轮　2—从动轴叉　3—绕线轴

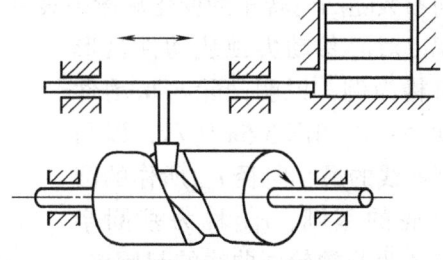

图 3-4　自动送料机构

由上述可见，从动件运动规律完全取决于凸轮轮廓的形状。因此，凸轮机构设计的主要任务就在于根据从动件预定的运动规律，恰当确定凸轮的轮廓。凸轮机构的主要优点是只要正确地设计凸轮轮廓曲线，就可使从动件实现预定的运动规律，而且结构简单、紧凑、工作可靠。但由于凸轮与从动件之间为点接触或线接触，易于磨损，因此，凸轮机构多用于传递动力不大的控制机构和调节机构中。

二、凸轮机构的分类

凸轮机构的类型很多，分类方法也不同。下面介绍常见的两种分类方法。

1. 按凸轮的形状分类

1）盘形凸轮，也叫平板凸轮。这种凸轮是一个径向尺寸变化的盘形构件，如图 3-1~图 3-3 所示。当凸轮 1 绕固定轴转动时，可使从动件 2 在垂直于凸轮轴的平面内的移动或摆动。盘形凸轮机构的结构比较简单，应用较多，最常用的是从动件行程较短的场合，否则将因凸轮的径向尺寸变化太大而难以保证凸轮机构正常工作。

2）移动凸轮。当盘形凸轮的径向尺寸变得无穷大时，其转轴也将在无穷远处，这时凸轮将作直线移动。通常称这种凸轮为移动凸轮。如图 3-1c 所示，凸轮 1 移动时，便推动从动件 2 在同一平面内作往复运动。这种凸轮常用于机床上控制刀具的靠模装置和蒸气机的气阀机构，以及其他自动控制装置中。

3）圆柱凸轮。它可视为将移动凸轮卷在圆柱上。圆柱凸轮机构属于空间机构，如图 3-4 所示。

2. 按从动件端部形状分类

1）尖顶从动件。从动件与凸轮是点接触（图 3-3）。这种从动件结构简单，能与复杂的凸轮轮廓接触，因而能实现任意预期的运动规律；但其易磨损，适于受力小、低速和传动精确的场合。

2）滚子从动件。从动件端部装有滚子（图 3-1b），磨损较小，结构较复杂，应用较广。

3）平底从动件。如图 3-2 所示，凸轮对从动件的力始终垂直于底面（不计摩擦时），传力性能好，且易形成油膜，润滑较好，但轮廓不能内凹，常用于高速传动。

第二节　从动件常用的运动规律及其选择

一、凸轮轮廓曲线与从动件运动规律的关系

从动件的运动规律即是从动件的位移 s、速度 v 和加速度 a 随时间变化的规律。当凸轮

作匀速转动时，其转角 δ 与时间成 t 正比（$\delta = \omega t$），所以从动件的运动规律也可以用从动件的运动参数随凸轮转角的变化规律来表示，即 $s = s(\delta)$，$v = v(\delta)$，$a = a(\delta)$。

现以对心移动尖顶从动件盘形凸轮机构为例，说明凸轮与从动件的运动关系。如图 3-5a 所示，以凸轮轮廓曲线的最小向径 r_{min} 所作的圆称为凸轮的基圆，r_{min} 称为基圆半径。点 A 为凸轮轮廓曲线的起始点。当凸轮与从动件在 A 点接触时，从动件处于最低位置（即从动件处于距凸轮轴心 O 最近位置）。当凸轮以匀角速 ω_1 逆时针转动 δ_t 时，凸轮轮廓 AB 段的向径逐渐增加，推动从动件以一定的运动规律到达最高位置 B'

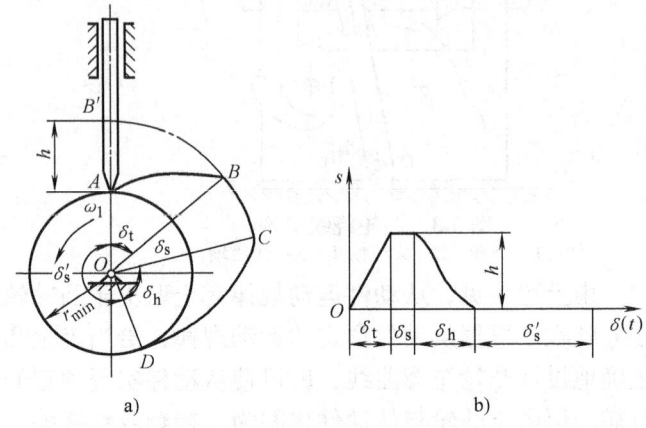

图 3-5 凸轮与从动杆的运动关系

（此时从动件处于距凸轮轴心 O 最远位置），这个过程称为推程。这时从动件移动的距离 h 称为升距，对应的凸轮转角 δ_t 称为推程角。当凸轮继续转动 δ_s 时，凸轮轮廓 BC 段向径不变，此时从动件在最远位置 B' 停留不动，相应地凸轮转角 δ_s 称为远休止角。当凸轮继续转动 δ_h 时，凸轮轮廓 CD 段的向径逐渐减小，从动件在重力或弹簧力的作用下，以一定的运动规律回到起始位置，这个过程称为回程。对应的凸轮转角 δ_h 称为回程角。当凸轮继续转动 δ_s' 时，凸轮轮廓 DA 段的向径不变，此时从动件在最近位置停留不动，相应地凸轮转角 δ_s' 称为近休止角。当凸轮再继续转动时，从动件重复上述运动循环。如果以直角坐标系的纵坐标代表从动件的位移 s，横坐标代表凸轮的转角 δ，则可以画出从动件位移 s 与凸轮转角 δ 之间的关系线图，如图 3-5b 所示，它简称为从动件位移曲线。

二、常用从动件的运动规律

下面介绍几种常用的从动件运动规律。

1. 等速运动规律

从动件速度为定值的运动规律称为等速运动规律。当凸轮以等角速度 ω_1 转动时，从动件在推程或回程中的速度为常数，如图 3-6 所示。

推程时，设凸轮推程运动角为 δ_t，从动件升距为 h，相应的推程时间为 T，则从动件的速度为

$$v_2 = C_1 = 常数$$

位移方程为

$$s_2 = \int v_2 dt = C_1 t + C_2$$

加速度方程为

$$a_2 = \frac{dv_2}{dt} = 0$$

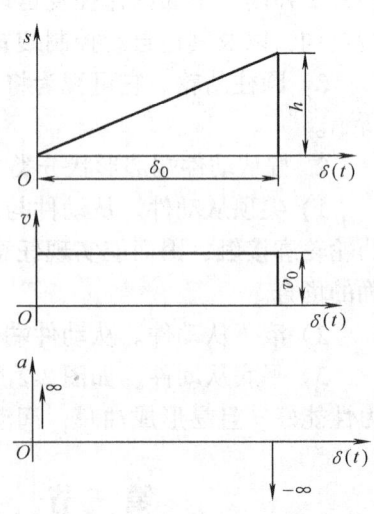

图 3-6 等速运动线图

初始条件为 $t=0$ 时，$s_2=0$
$t=T$ 时，$s_2=h$
利用位移方程得 $C_2=0$ 和 $C_1=h/T$
因此有

$$\begin{cases} s_2 = h\dfrac{t}{T} \\ v_2 = \dfrac{h}{T} \\ a_2 = 0 \end{cases} \quad (3\text{-}1)$$

由于凸轮转角 $\delta_1=\omega_1 t$、$\delta_t=\omega_1 T$，代入式（3-1），则得推程时从动件用转角 δ 表示的运动方程

$$\begin{cases} s_2 = \dfrac{h}{\delta_t}\delta_1 \\ v_2 = \dfrac{h}{\delta_t}\omega_1 \\ a_2 = 0 \end{cases} \quad (3\text{-}2a)$$

回程时，从动件的速度为负值。回程终了，凸轮转角为 δ_h，$s=0$，同理可推出从动件运动方程为

$$\begin{cases} s_2 = h\left[1 - \dfrac{\delta_1}{\delta_h}\right] \\ v_2 = -\dfrac{h}{\delta_h}\omega_1 \\ a_2 = 0 \end{cases} \quad (3\text{-}2b)$$

由图 3-6 可知，从动件在推程开始和终止的瞬时，速度有突变，其加速度在理论上为无穷大（实际上，由于材料的弹性变形，其加速度不可能达到无穷大），致使从动件在极短的时间内产生很大的惯性力，因而使凸轮机构受到极大的冲击。这种从动件在某瞬时速度突变，其加速度和惯性力在理论上趋于无穷大时所引起的冲击，称为刚性冲击。因此，等速运动规律只适用于低速、轻载的凸轮机构。

2. 等加速等减速运动规律

从动件在行程的前半段为等加速，而后半段为等减速的运动规律，称为等加速等减速的运动规律。如图 3-7，从动件在推距中，先作等加速运动，后作等减速运动，直至停止。此处，从动件的位移曲线是二次抛物线，其作图方法如图 3-7a 所示。在横坐标轴上找出代表 $\delta_0/2$ 的一点，将 $\delta_0/2$ 分成若干等分（图中为 4 等分），得 1、2、3、4 各点，过这些点作横坐标轴的垂线。又将从动件升距一半 $h/2$ 分成相应的等分（图中为 4 等分），再将点 O 分别与 $h/2$ 上各点 $1'$、$2'$、$3'$、$4'$ 相连，得 $O1'$、$O2'$、$O3'$、$O4'$ 直线，它们分别与横坐标轴上的点 1、2、3、4 的垂线相交，最后将各交点连成一光滑曲线，该曲线便是等加速段的位移曲线。图 3-7a 为推程时作等加速等减速运动的从动件的位移曲线，同理，不难作出回程时等加速等减速运动的从动件的运动线图，如图 3-7b 所示。

由运动线图可知，这种运动规律的加速度在 A、B、C 三处存在有限的突变，因而会在

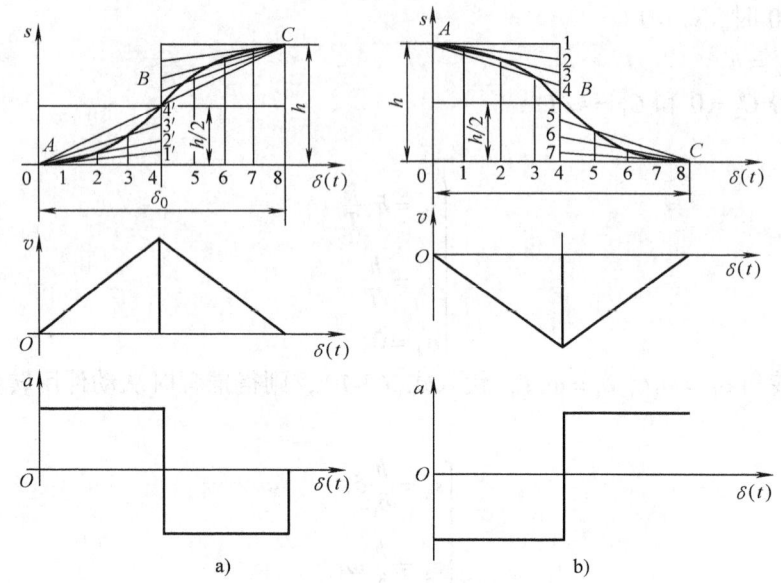

图 3-7 等加速等减速运动线图

机构中产生有限值的冲击力,这种冲击称为柔性冲击。与等速运动规律相比,其冲击程度大为减小。因此,等加速等减速运动规律适用于中速、中载的场合。

3. 简谐运动规律

当一质点在圆周上作匀速运动时,它在该圆直径上投影所形成的运动称为简谐运动。图 3-8a、b 分别为从动件作简谐运动时推程段、回程段的运动线图。由于其加速度线图为一余弦函数,故简谐运动规律又称为余弦加速度运动规律。由加速度线图可知,此运动规律在行程的始末两点加速度存在有限突变,故也存在柔性冲击,只适用于中速场合。但从动件作无

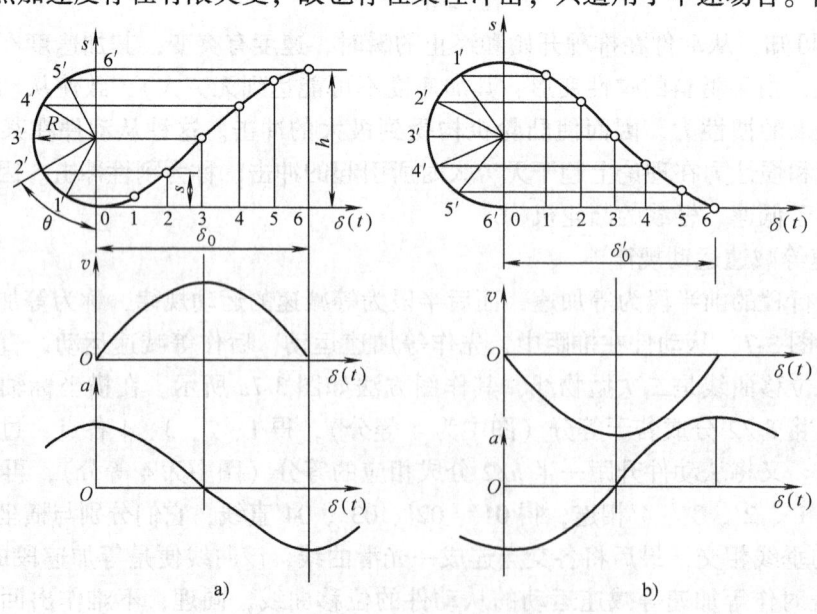

图 3-8 简谐运动线图
a) 推程 b) 回程

停歇的升—降—升连续往复运动时,则得到连续的余弦曲线,运动中完全消除了柔性冲击,这种情况下可用于高速传动。

若从动件按正弦加速度规律运动时,在全行程中无速度和加速度的突变,因此不产生冲击,所以,对于高速机构,应减小惯性力、改善动力性能,可选用正弦加速度运动规律。对此必要时可参见机械设计手册。

第三节 用作图法设计盘形凸轮的轮廓曲线

设计凸轮机构,包括按使用要求选择凸轮类型、从动件运动规律(位移线图)和基圆半径等,据此绘制凸轮轮廓。本节先介绍凸轮轮廓的绘制。

凸轮的轮廓曲线可用解析法或作图法得出。作图法简单易行,具有一定的精确度,在一般凸轮设计中常用这种方法。

凸轮机构工作时,凸轮与从动件都是运动的,而绘在图样上的凸轮是静止的,为此,绘制凸轮轮廓曲线时常采用反转法。如图3-9所示,设凸轮绕轴O以等角速度ω顺时针转动。根据相对运动原理,假定给整个机构加上一个与此相反的公共角速度$-\omega$,这样凸轮就固定不动了,而从动件连同机架一起以公共角速度$-\omega$,绕O轴转动。同时从动件在导轨中相对机架作与原来完全相同的往复移动。由于从动件尖顶始终与凸轮轮廓曲线接触,故从动件尖顶的运动轨迹,便是凸轮的理论轮廓线。这就是反转法原理。反转法原理适用于各种凸轮轮廓曲线的设计。

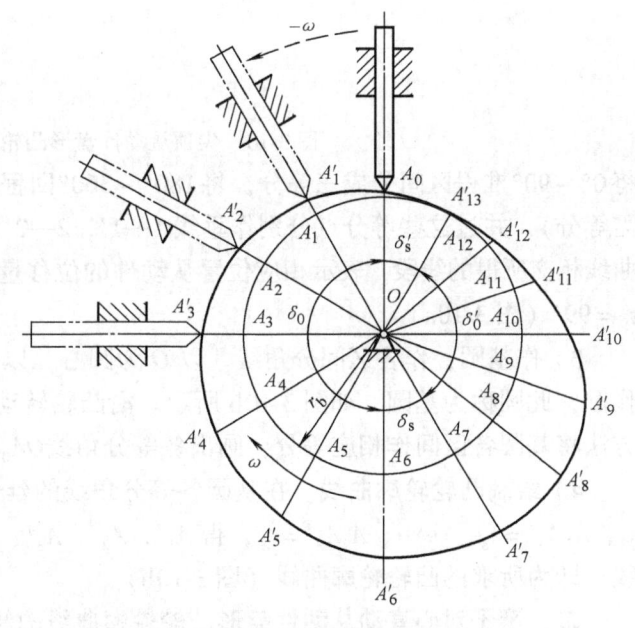

图3-9 反转法原理

一、尖顶对心直动从动件盘形凸轮轮廓曲线的绘制

直动从动件盘形凸轮机构中,从动件导路通过凸轮转动轴心,称为对心直动从动件凸轮机构。

设已知某尖顶从动件盘形凸轮机构的凸轮按顺时针方向转动,从动件中心线通过凸轮回转中心,从动件尖顶距凸轮回转中心的最小距离为30mm。当凸轮转动时,在0°~90°范围内从动件匀速上升20mm,在90°~180°范围内从动件停止不动,在180°~360°范围内从动件匀速下降至原处。试绘制此凸轮轮廓曲线。

作图步骤如下(图3-10):

1)选择适当的比例尺μ_l,取横坐标轴表示凸轮的转角δ,纵坐标轴表示从动件的位移s。

2)按区间等分位移曲线横坐标轴,确定从动件的相应位移量。在位移曲线横坐标轴上,

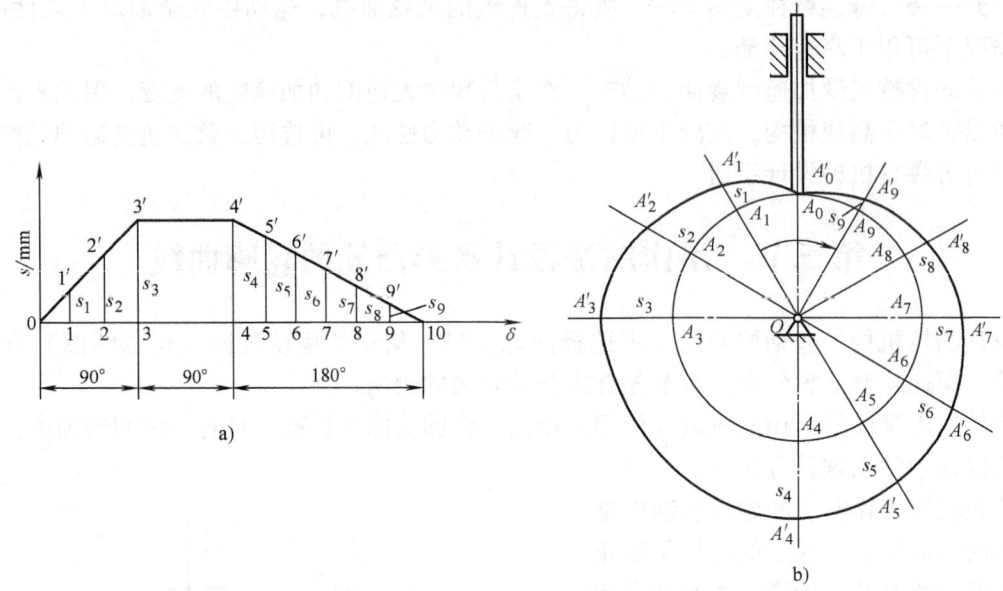

图 3-10 尖顶从动件盘形凸轮轮廓曲线的绘制

将 0°~90°推程区间分成三等分,将 180°~360°回程区间分成六等分(90°~180°休止区间不需等分),并过这些等分点分别作垂线 1—1′,2—2′,3—3′,……,9—9′,这些垂线与位移曲线相交所得的线段,表示相应位置从动件的位移量 s,即 $s_1 = 11'$,$s_2 = 22'$,$s_3 = 33'$,……,$s_9 = 99'$(图 3-10a)。

3)作基圆,作各区间分角线。以 O 为圆心,以 $OA_0 = 30$mm 为半径,按已选定的比例尺作圆,此圆称为基圆,如图 3-10b 所示。沿凸轮转动的相反方向,按位移曲线横坐标的等分方法将基圆各区间作相应等分,画出各等分角线 OA_0,OA_1,OA_2,……。

4)绘制凸轮轮廓曲线。在基圆各等分角线的延长线上截取相应线段 $A_1A_1' = s_1$,$A_2A_2' = s_2$,$A_3A_3' = s_3$,……,$A_9A_9' = s_9$,得 A_1',A_2',A_3',……,A_9'各点,将这些点连成一光滑曲线,即为所求的凸轮轮廓曲线(图 3-10b)。

二、滚子对心直动从动件盘形凸轮轮廓曲线的绘制

绘制滚子从动件盘形凸轮轮廓曲线可分为两步:

1)把从动件滚子中心作为从动件的尖顶,按照尖顶从动件盘形凸轮轮廓曲线的绘制方法,绘制凸轮轮廓曲线 B,该曲线称为理论轮廓曲线,如图 3-11 所示。

2)以理论轮廓曲线上的各点为圆心,以已知滚子半径为半径作一族滚子圆,再作这些圆的光滑内切曲线 C,即得该滚子从动件盘形凸轮的工作轮廓曲线(图 3-11)。在作图时,为了精确地定出工作轮廓曲线,在理论轮廓曲线的急剧转折处应画出较多的滚子小圆。

*三、平底对心直动从动件盘形凸轮轮廓曲线的绘制

平底从动件盘形凸轮轮廓的绘制方法也与上述相似。如图 3-12 所示,首先在平底上选一固定点 A_0,按照尖顶从动件凸轮绘制的方法,求出理论轮廓上一系列点 A_1、A_2、A_3、……;其次,过这些点画出各个位置的平底 A_1B_1、A_2B_2、A_3B_3、……;然后作这些平底的内包络线,便得到凸轮的实际轮廓曲线。为了保证平底始终与轮廓接触,平底左侧长度应大

于 m，右侧长度应大于 l。

*四、偏置移动尖顶从动件盘形凸轮

从动件的移动方向不通过凸轮的转动中心，称为偏置移动从动件（图3-13）。

为了保持正常的传动，从动件凸轮上的偏置位置为：当凸轮逆时针转动时，从动件轴线应偏在凸轮轴的右方；若凸轮顺时针转动，从动件轴线应偏在凸轮轴的左方。

如果从动件轴线与凸轮中心点 O 的偏置距离为 e，则以 e 为半径作一辅助圆，可以看出，不论凸轮转到什么位置，从动件轴线始终与此辅助圆相切（图3-13）。凸轮轮廓曲线绘制方法如下：

1）根据已知从动件的运动规律，作出从动件的位移线图，并将横坐标分段等分。

2）在基圆上，任取一点 B_0 作为从动件升程的起始点，并过 B_0 作偏距圆的切线，该切线即是从动件导路线的起始位置。

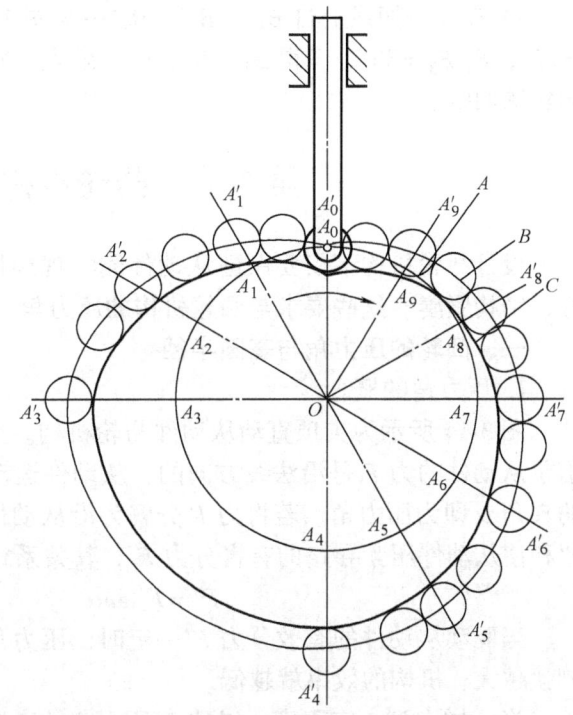

图 3-11 滚子对心直动从动件盘形凸轮轮廓曲线的绘制

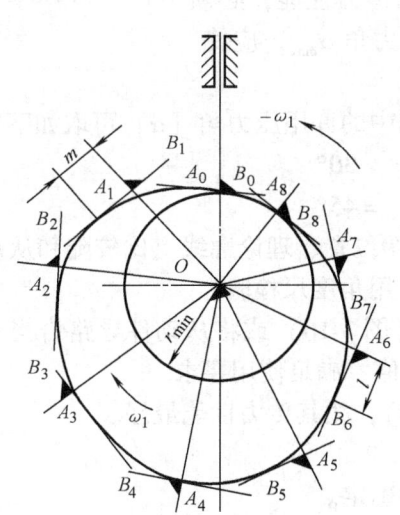

图 3-12 平底从动件盘形凸轮轮廓曲线的绘制

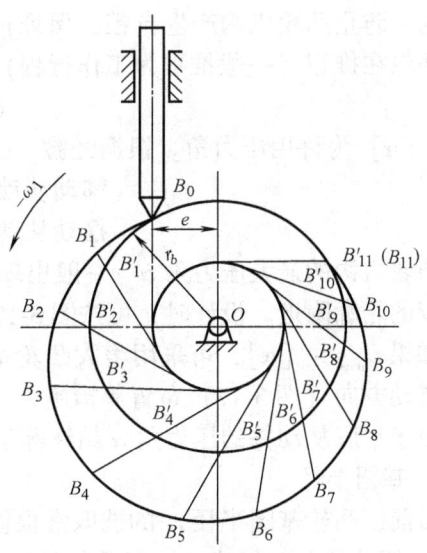

图 3-13 偏置移动尖顶从动件盘形凸轮

3）由 B_0 点开始，沿 ω_1 的相反方向将基圆分成相同的等分，得各等分点 B_1'、B_2'、B_3' ……。过 B_1'、B_2'、B_3' ……各点作偏距圆的切线并延长，则这些切线即为从动件在反转过程中

4）在各条切线上自 B_1'、B_2'、B_3'…与图 3-10 作图方法相同，截取 $B_1'B_1 = 11'$，$B_2'B_2 = 22'$，$B_3'B_3 = 33'$…，得 B_1、B_2、B_3…各点。将 B_1、B_2、B_3…各点连成光滑曲线，即为凸轮轮廓曲线。

第四节　凸轮机构基本尺寸的确定

设计凸轮机构不仅要保证从动件能实现预期的运动规律，还要求整个机构传力性能良好、结构紧凑。这些要求与凸轮机构的压力角、基圆半径、滚子半径等有关。

一、凸轮的压力角与基圆半径

1. 压力角的概念

图 3-14 所示为尖顶直动从动件凸轮机构。当不考虑摩擦时，凸轮给予从动件的力 F 是沿法线方向的，从动件运动方向与力 F 方向之间的夹角 α 即为压力角。若将力 F 分解为沿从动件运动方向的有用分力 F' 和使从动件压紧导路的有害分力 F''，其关系式为

$$F'' = F'\tan\alpha$$

当驱动从动件的有效分力 F' 一定时，压力角 α 越大，则有害分力 F'' 就越大，机构的效率就越低。

当 α 增大到一定程度，以致 F'' 所引起的摩擦阻力大于有用分力 F' 时，无论凸轮加给从动件的作用力有多大，从动件都不能运动，这种现象称为自锁。从改善受力情况、提高效率、避免自锁的角度考虑，压力角越小越好。

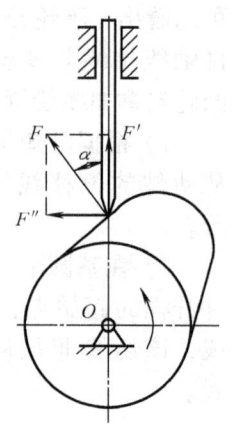

图 3-14　凸轮的压力角

为了防止凸轮机构产生自锁，保证机构有良好的传力性能，必须限制凸轮在推程（一般推程为工作行程）中的最大压力角 $\alpha_{\max}$，应使

$$\alpha_{\max} \leqslant [\alpha]$$

式中，$[\alpha]$ 为许用压力角。根据经验，凸轮机构推程中的许用压力角 $[\alpha]$ 可取如下数值：

　　　　　移动从动件　　　$[\alpha] = 30°$
　　　　　摆动从动件　　　$[\alpha] = 45°$

凸轮机构的最大压力角 $\alpha_{\max}$ 一般出现在推程的起始位置、理论廓线上比较陡和从动件最大速度的轮廓附近。设计时，可按图 3-15 所示方法，用角度尺检验。

如果 $\alpha_{\max} > [\alpha]$，可采用增大凸轮基圆半径 r_b（图 3-16）或将从动件导路恰当地偏向凸轮转动方向（图 3-17）布置等措施，以减小 $\alpha_{\max}$ 的值，满足使用要求。

由于平底从动件的压力角 α 始终等于零（图 3-18），故其传力性能最好。

2. 基圆半径

目前，凸轮基圆半径 r_b 的选取常根据凸轮的结构确定。

1）当凸轮与轴做成一体（凸轮轴）时，

$$r_b = r + r_T + 2 \sim 5\text{mm} \tag{3-3}$$

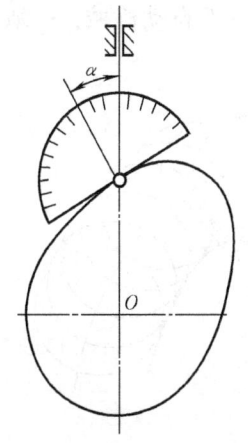

图 3-15 检查凸轮压力角的方法

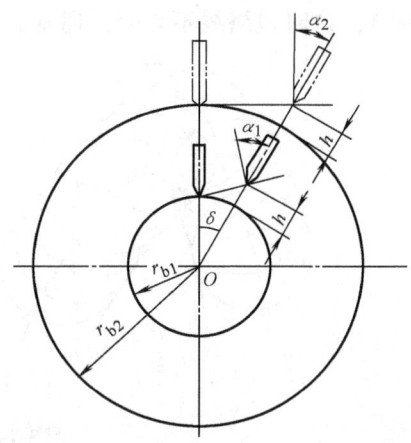

图 3-16 增大基圆半径可使压力角减小

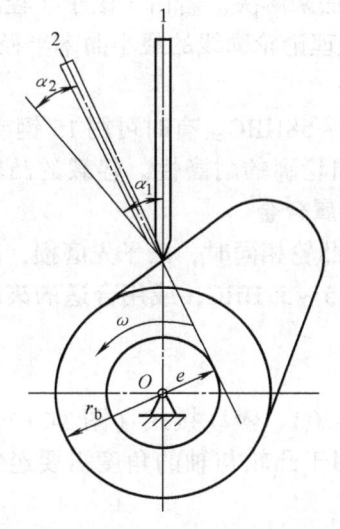

图 3-17 偏置从动件可减小压力角

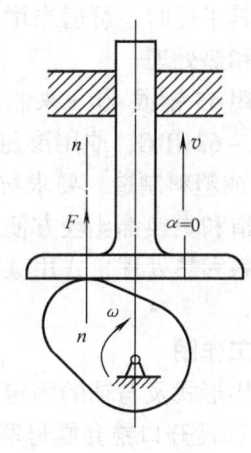

图 3-18 偏置从动件的压力角

2) 当凸轮装在轴上时，

$$r_b = r_h + r_T + 2 \sim 5 \text{mm} \tag{3-4}$$

式中，r 为凸轮轴的半径（mm）；r_h 为凸轮轮毂的半径（mm），一般 $r_h =$（1.5～1.7）r；r_T 为从动件滚子的半径（mm）。

若凸轮机构为非滚子从动件，在计算基圆半径时，式（3-1）和式（3-2）中的 r_T 可不计。

二、滚子半径的选择

采用滚子推杆时滚子半径 r_T 的大小首先应满足接触强度要求。

另外，要注意滚子半径选择不当，使从动件不能实现给定的运动规律，这种情况称为运动失真。如图 3-19a 所示，当滚子半径 r_T 大于理论轮廓曲率半径 ρ 时，包络线会出现自相交叉现象（图 3-19a），由此而造成的阴影部分在制造时不可能制出，这时从动件不能处于正确位置，致使从动件运动失真。避免方法是保证理论轮廓最小曲率半径 $\rho_{\min}$ 大于滚子半径 r_T

（图 3-19b），这时包络线不自交。通常 $r_T < \rho_{min} - 3$ mm，对于一般自动机械，r_T 取 $10 \sim 25$ mm。

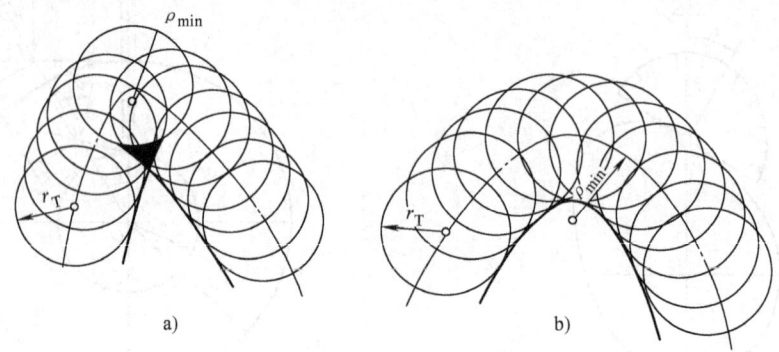

图 3-19 滚子半径的选择
a) $\rho_{min} < r_T$ b) $\rho_{min} > r_T$

如果出现运动失真情况，可采用减小滚子半径的方法来解决。若由于滚子半径的结构等因素不能减小其半径时，可适当增大基圆半径 r_b 以增大理论轮廓线的最小曲率半径。

三、材料和热处理

凸轮通常用 45 钢或 40Cr 来制造，一般要淬硬到 $52 \sim 58$HRC。有时可用 15 钢或 20Cr 渗碳并淬硬至 $56 \sim 62$HRC，或用渗氮处理的钢材，以增加轮廓的耐磨性。轻载的凸轮可用铸铁、45 钢调质或塑料制造。要求抗腐蚀时可选用有色金属合金。

滚子的制造和更换都比较方便。其材料和热处理与凸轮相同时，滚子先磨损，故可用与凸轮相同的材料和热处理，或用碳素工具钢 T8 淬硬到 $55 \sim 59$HRC，或用合适的滚动轴承作滚子。

四、凸轮工作图

凸轮的结构形式及与轴的固定方式有整体式（图 3-20）、键联接式（图 3-21）、销联接式（图 3-22）弹性开口锥套螺母联接式（图 3-23，多用于凸轮与轴的角度需要经常调整的场合）等。

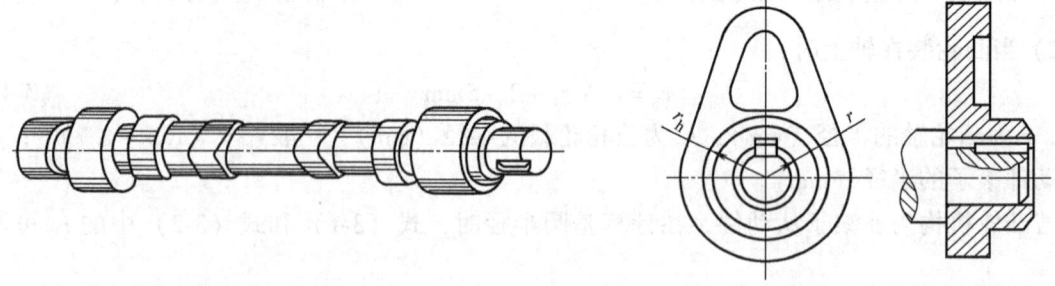

图 3-20 整体式凸轮　　　　图 3-21 用平键联接

凸轮零件工作图如图 3-24 所示。画图时应注意以下几点：

1) 为便于凸轮的加工和检验，图中应列有推程表，表中列出凸轮每隔一定角度（分隔越小，精确度越高）所对应的工作轮廓的向径值。

2) 凸轮的加工精度，主要是指凸轮工作轮廓的向径公差、表面粗糙度和基准孔偏差的大小，画图时可参照表 3-1 选取。

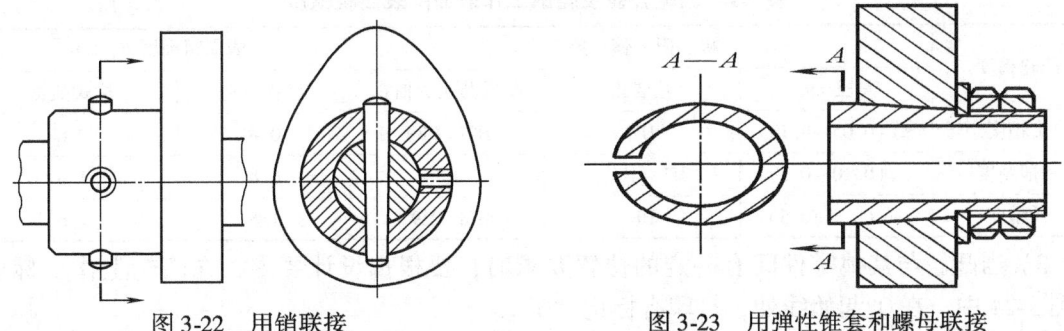

图 3-22 用销联接   图 3-23 用弹性锥套和螺母联接

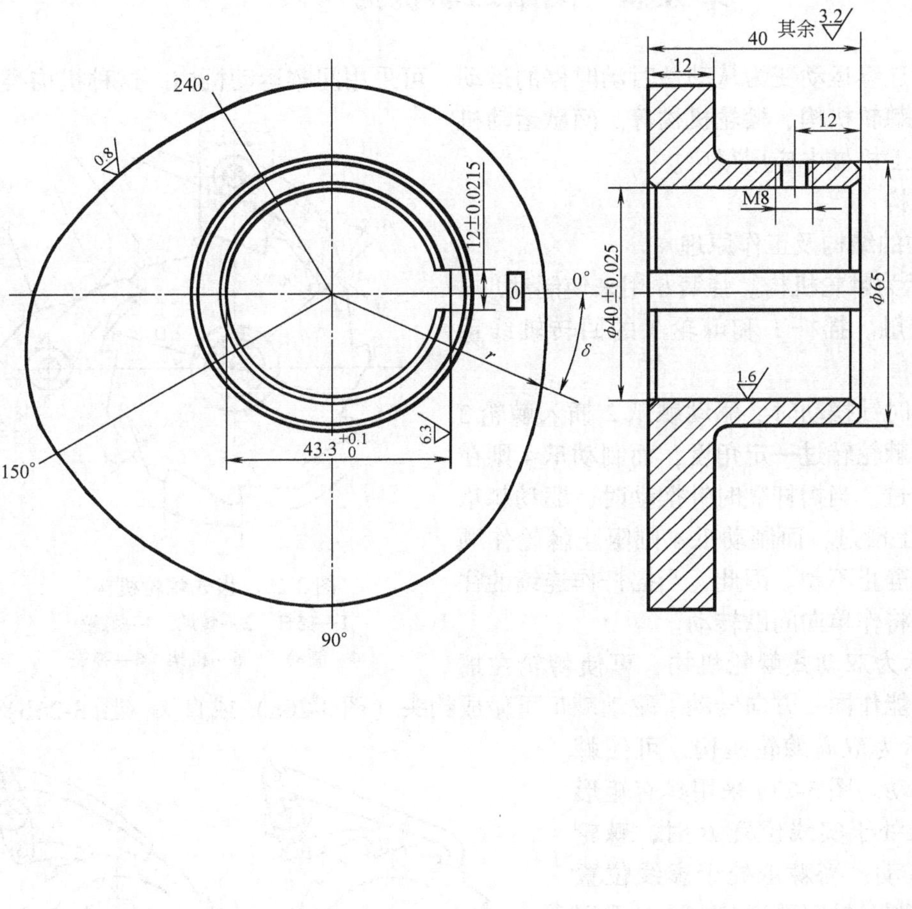

角度 δ/(°)	向径 r/mm
0	40.00
10	42.22
20	44.44
30	46.67
40	48.91
50	51.13
60	53.35
70	55.57
80	57.79
90~150	60
150	60.00
160	59.51
170	58.02
180	55.56
190	52.10
200	47.90
210	44.44
220	41.98
230	40.39
240	40.00
240~360	40.00

技术要求
1. 轮廓渗碳深度 1.2mm，淬硬至 56~62HRC。
2. 向径公差为 ±0.08mm。
3. 未注倒角为 C2，去尖角毛刺。

凸轮　　件数 1　　材料 20Cr　　比例 1:1　　（单位名）

图 3-24 凸轮工作图

表 3-1　凸轮公差及轮廓工作表面的表面粗糙度

凸轮精度	极限偏差			表面粗糙度 R_a/μm	
	向径/mm	基准孔	槽式凸轮的槽宽	盘状凸轮	槽式凸轮
高精度	±（0.05～0.10）	H7	H7（H8）	0.4	0.8
一般精度	±（0.10～0.20）	H7（H8）	H8	0.8	1.6
低精度	±（0.2～0.5）	H8	H8　H9	1.6	1.6

3）当凸轮与其他零件间有一定的位置要求时，要根据设计要求，在凸轮上作一标记，如图 3-24 中，在 0°起始线处，打印有标记"0"。

第五节　间歇运动机构

将主动件的连续运动变为从动件时动时停的运动，可采用间歇运动机构。这种机构类型很多，常见的有棘轮机构、槽轮机构等。间歇运动机构在自动机和轻工机械中应用很广。

一、棘轮机构

1. 棘轮机构的结构及工作原理

图 3-25 所示为棘轮机构。弹簧 6 用来使制动爪 4 和棘轮 3 保持接触。摇杆 1 和棘轮 3 的回转轴线重合。

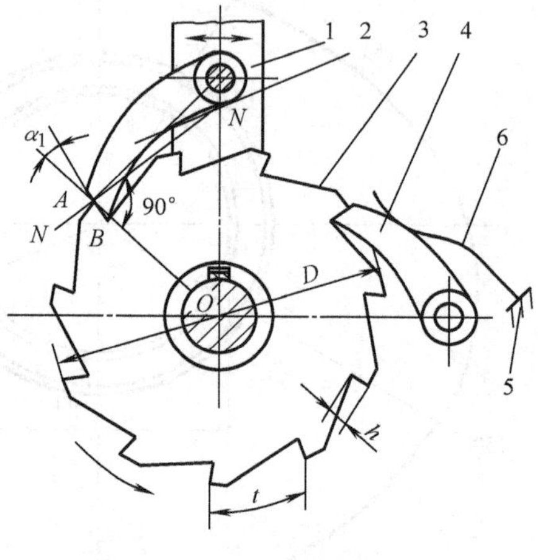

当摇杆 1 逆时针摆动时，驱动棘爪 2 插入棘轮 3 的齿槽中，推动棘轮转过一定角度，而制动爪 4 则在棘轮的齿背上滑过。当摇杆顺时针摆动时，驱动棘爪 2 在棘轮的齿背上滑过，而制动爪 4 则阻止棘轮作顺时针转动，棘轮静止不动。因此，当摇杆作连续的往复摆动时，棘轮将作单向间歇转动。

图 3-26 所示为双动式棘轮机构，可使棘轮在摇杆往复摆动时都能作同一方向转动。驱动棘爪可做成钩头（图 3-26a）或直头（图 3-26b）。

图 3-27 所示为双向棘轮机构，可使棘轮作双向间歇运动。图 3-27a 采用具有矩形齿的棘轮，当爪处于实线位置 B 时，棘轮作逆时针间歇转动；当棘爪处于虚线位置 B′时，棘轮则作顺时针间歇运动。图 b 采用回转棘爪，当棘爪按图示位置放置时，棘轮将作逆时针间歇转动。若将棘爪提起，并绕本身轴线转 180°后再插入棘轮齿槽时，棘轮将作顺时针间歇转动。若将棘爪提起并绕本身轴线转动 90°，棘爪将被架在壳体顶部的平台上，使轮与爪脱开，此时棘轮将静止不动。

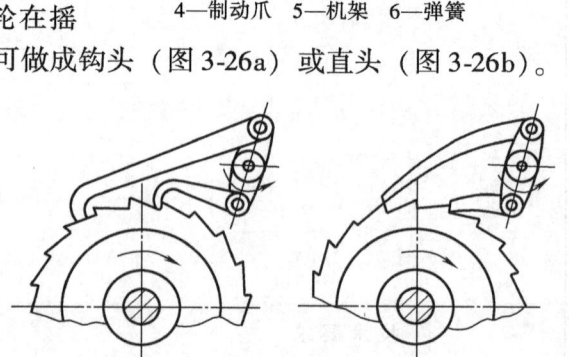

图 3-25　齿式棘轮机构
1—摇杆　2—棘爪　3—棘轮
4—制动爪　5—机架　6—弹簧

图 3-26　双动式棘轮机构
a）钩头双动式棘爪　b）直头双动式棘爪

2. 棘轮机构的应用及特点

棘轮机构常用在各种机床和自动机的进给机构上，也常用作停止器或制动器。现举几个应用实例：

图 3-28 所示为起重设备中的棘轮制动器。当提升重物时，棘轮逆时针转动，棘爪在棘轮齿背上滑过；当需使重物停在某一位置时，棘爪将及时插入棘轮的相应齿槽中，防止棘轮在重力 W 作用下顺时针转动使重物下落，以实现制动。

综上所述，棘轮机构的特点是结构简单，改变转角大小较方便（如改变摇杆的摆角），还可实现超越运动；但它传递动力不大，且传动平稳性差，因此只适用于转速不高、转角不大的低速传动，常用来实现机械的间歇送进、分度、制动和超越等运动。

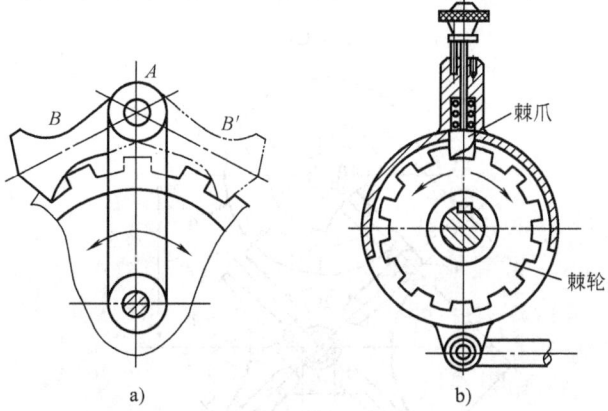

图 3-27 双向棘轮运动
a）矩形齿双向棘轮机构
b）回转棘爪双向棘轮机构

二、槽轮机构

1. 槽轮机构的工作原理

图 3-29 所示为槽轮机构（又称马尔他机构），它是由带有圆柱销 A 的主动拨盘、从动槽轮及机架等组成。拨盘以等角速度 ω_1 作连续回转，槽轮作间歇运动。当拨盘上的圆柱销 A 没有进入槽轮的径向槽时，槽轮的内凹锁止弧面 β 被拨盘上的外凸锁止弧面 α 卡住，槽轮静止不动。当圆柱销 A 进入槽轮的径向槽时，锁止弧面被松开，则圆柱销 A 驱动槽轮转动。当拨盘上的圆柱销离开径向槽时，下一个锁止弧面又被卡住，槽轮又静止不动。由此将主动件的连续转动转换为从动槽轮的间歇转动。

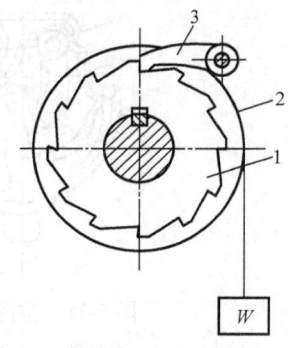

图 3-28 起重设备中的棘轮制动器
1—棘轮 2—卷筒 3—棘爪

2. 槽轮机构的类型、特点及应用

槽轮机构有外啮合槽轮机构（图 3-29）和内啮合槽轮机构（图 3-30）。前一种拨盘与槽轮的转向相反，而后一种转向相同，它们均为平面槽轮机构。此外还有空间槽轮机构，如图 3-31 所示。

槽轮机构中拨盘（杆）上的圆柱销数、槽轮上的径向槽数以及径向槽的几何尺寸等均可视运动要求的不同而定。圆柱销的分布和径向槽的分布可以不均匀，同一拨盘（杆）上若干个圆柱销离回转中心的距离也可以不同，同一槽轮上各径向槽的尺寸也可以不同。

槽轮机构的特点是结构简单、工作可靠、机械效率高，能较平稳、间歇地进行转位。但因圆柱销突然进入与脱离径向槽，传动存在柔性冲击，不适用于高速场合。此外槽轮的转角不可调节，故只能用于定转角的间歇运动机构中。例如图 3-32 所示的电影放映机卷片机构，槽轮具有四个径向槽，拨盘上装一个圆销 A。拨盘转 1 周，圆销 A 拨动槽轮转过 1/4 周，胶片移动一个画格，并停留一定时间（即放映一个画格）。拨盘继续转动，重复上述运动。利用人眼的视觉暂留特性，当每秒钟放映 24 幅画面时即可使人看到连续的运动画面。

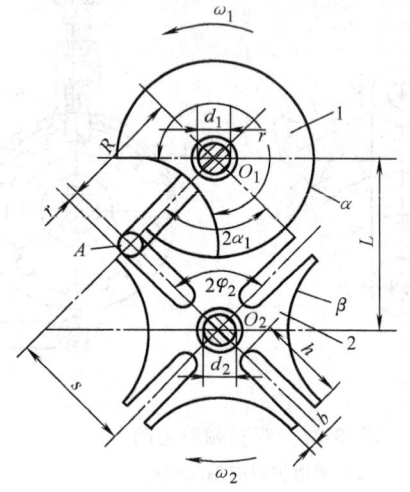

图 3-29 外啮合槽轮机构

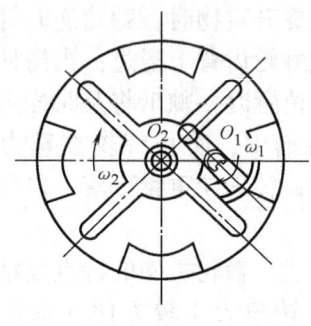

图 3-30 内啮合槽轮机构

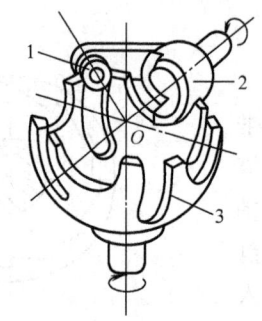

图 3-31 空间槽轮机构
1—圆柱销 2—拨盘 3—槽轮

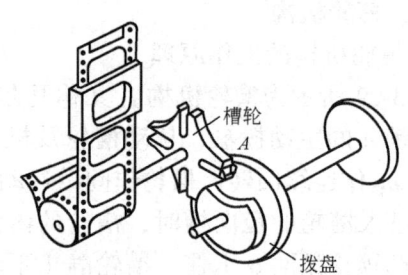

图 3-32 电影放映机卷片机构

*3. 槽轮机构的运动系数

在单圆销的槽轮机构中，拨盘转动一周称为一个运动循环。一个运动循环中，槽轮的运动时间 t_2（即拨盘圆销拨动槽轮转过一个槽所用的时间）与拨盘运动时间 t_1 之比称为运动系数，用符号 K 表示。由于主动拨盘通常作等速转动，故运动系数 K 也可用相应的转角表示。对只有一个圆销的槽轮机构，时间 t_2 和 t_1 分别对应于拨盘的转角 $2\alpha_1$ 和 2π（图 3-29），故

$$K = t_2/t_1 = \frac{2\alpha_1}{2\pi}$$

由图 3-29 可知，拨盘圆销在进入和退出径向槽时，为了减小冲击，径向槽的中线应切于圆销中心运动的圆周，即 $O_2A \perp O_1A$。因此，拨盘 1 的转角 $2\alpha_1$ 与槽轮转角 $2\varphi_2$ 之和应为

$$2\alpha_1 + 2\varphi_2 = \pi$$
$$2\alpha_1 = \pi - 2\varphi_2$$

设 z 为槽轮上均匀分布的径向槽数，则
$$2\varphi_2 = 2\pi/z$$

所以
$$2\alpha_1 = \pi - 2\varphi_2 = \pi - (2\pi/z) = \pi(z-2)/z \tag{3-5}$$

故
$$K = \frac{z-2}{2z} = \frac{1}{2} - \frac{1}{z} \tag{3-6}$$

由上式可知，运动系数 K 必须大于零，所以，槽轮的径向槽数 z 应等于或大于 3。

由上述还知，这种槽轮机构的运动系数 K 总是小于 0.5，即槽轮的运动时间总是小于其停歇时间。如果需要槽轮每次运动时间大于停歇时间（$K > 0.5$），则可以在拨盘上装几个圆销。槽轮机构的几何尺寸计算见其他有关资料。

复 习 题

3-1 为什么凸轮机构广泛应用在自动和半自动机械的控制装置中？

3-2 什么是刚性冲击和柔性冲击？如何避免刚性冲击？

3-3 什么是凸轮机构的压力角？压力角的大小与凸轮尺寸有何关系？对传力性能有何影响？

3-4 滚子从动件凸轮机构中，如何确定滚子的半径？

3-5 基圆半径 r_b 过大过小会出现什么问题？

3-6 为什么在滚子从动件凸轮机构中要先求出理论轮廓曲线，然后求其实际轮廓曲线？

3-7 已知从动件的升距 $h = 120$mm，凸轮以 $\omega =$ 常数作顺时针转动，推程运动角 $\delta = 120°$ 时，从动件以余弦加速度上升至最高位置，然后停止不动，远休止角 $\delta_s = 30°$。凸轮继续转过回程运动角 $\delta_0 = 120°$，从动件以等加、等减速下降，下降距离为 $h = 120$mm。最后凸轮转过近休止角 $\delta_s = 90°$。此时从动件停止不动。试用图解法设计基圆半径 $r_b = 200$mm 的凸轮轮廓。

3-8 设计一对心滚子直动推杆盘形凸轮。已知凸轮的基圆半径 $r_b = 35$mm，凸轮以等角速度 ω 逆时针转动，推杆行程 $h = 20$mm，滚子半径 $r_T = 10$mm，位移线图 s-δ 如图 3-33 所示。

*3-9 设计一偏置滚子直动推杆盘形凸轮。已知凸轮以等角速度 ω 顺时针转动，凸轮转轴 O 偏于推的右方 10mm 处，基圆半径 $r_b = 35$mm，推杆行程 $h = 32$mm，滚子半径 $r_T = 10$mm，其位移线图 s-δ 如图 3-34 所示。

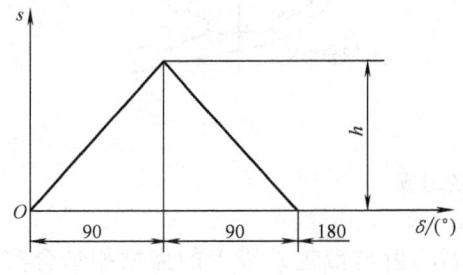

图 3-33 题 3-8 图

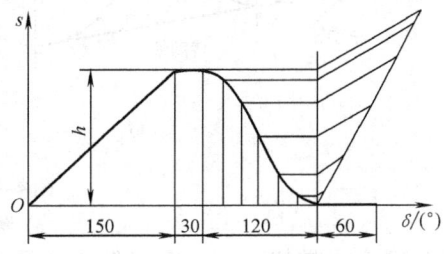

图 3-34 题 3-9 图

3-10 常用间歇运动机构有哪几种？各有什么特点？

3-11 棘轮机构有何特点？常用于什么场合？

3-12 槽轮机构有何特点？常用于什么场合？

第四章　带传动和链传动

带传动是依靠带与带轮外缘面之间的摩擦（或啮合），链传动是靠链轮轮齿与链节的啮合，并通过中间挠性件将主动轴的转动和动力传递到从动轴上。带传动和链传动常用于较远距离条件下传递转矩和改变转速。这两种传动系统的结构都比较简单，成本低，在工业中得到广泛应用，是常见的机械传动形式，本章主要讨论带传动和套筒滚子链传动的设计计算方法及主要参数选择，也学习一些使用与维护知识。

第一节　带传动概述

一、带传动的类型

带传动分类方法很多，通常从下述两个方面进行分类。

1. 按传动原理分类

1）摩擦式带传动。如图4-1a所示，它由主动带轮、从动带轮和一根（或数根）环形传动带组成。环形带张紧在带轮上。由于张力，带和带轮之间产生压力，当两者产生相对转动时即产生摩擦力。所以，主动轮回转时，利用这种摩擦力带动带运动，而带又利用摩擦力带动从动轮回转。这样，就把主动轴上的运动和动力传递到从动轴上。因此，带传动是以带作中间挠性件而靠摩擦力来传递动力和运动的传动系统。

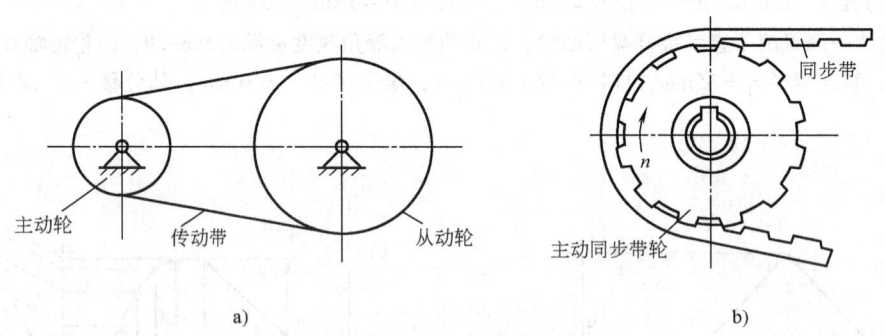

图4-1　带传动的组成
a）摩擦式　b）啮合式

2）啮合式带传动。啮合式带传动是依靠带内侧凸齿与带轮外缘上的齿槽相啮合实现传动的，典型的啮合式带传动如图4-1b所示，它是同步带传动，是带传动和齿轮传动相结合的一种新型传动。同步带用聚氨脂或氯丁橡胶为基体，以细钢丝绳或玻璃纤维绳为抗拉体，抗拉强度高，受载后变形小。该传动结构紧凑，传动功率可达几百千瓦，传动效率高（$\eta = 0.98 \sim 0.99$），带速高达 $40 \sim 80 \text{m/s}$，传动比大（$i = 10 \sim 20$）且准确。其主要缺点是制造和安装精度要求高，中心距要求严格。目前，同步带传动已广泛用于数控机床、计算机及纺织机械等设备中。

2. 按传动带的截面形状分类

1) 平带，如图 4-2a 所示。平带的横截面形状为矩形，其工作面为与带轮相接触的内表面。常用的平带有胶带、编织带和强力锦纶带等。

2) V 带（三角带），如图 4-2b 所示。V 带的横截面形状为等腰梯形，带轮上有沟槽。V 带两侧面为工作面，可成组应用，其传动功率较大。

3) 圆形带，如图 4-2c 所示。其横截面为圆形，只用于小功率的传动。

4) 多楔带，如图 4-2d 所示，它是在平带的基础上由多根 V 带组成的传动带。多楔带结构紧凑，可传递很大的功率。

5) 同步带，如图 4-2e 所示。其纵截面为锯齿形，主要用于大功率、传动比要求严格的场合。

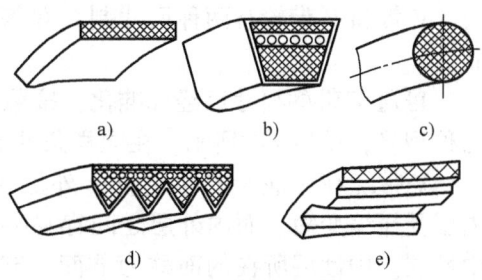

图 4-2 带的截面形状
a) 平带 b) V 带 c) 圆形带
d) 多楔带 e) 同步带

二、带传动的特点

1) 由于带具有弹性与挠性，可起到缓冲和减振的作用，运转平稳，噪声小。
2) 可用于远距离（两轴中心距离较大）的传动。
3) 结构简单，便于维护。
4) 由于它靠摩擦力进行传动，当传动负荷过载时，带会在带轮上进行打滑，故能起到过载保护作用。
5) 带传动效率（与齿轮传动相比）较低，平均效率一般为 $\eta = 0.94 \sim 0.97$。
6) 带靠摩擦传动，摩擦容易起电。因此，不能用在有易燃、易爆危险品的场合，如某些化工车间。
7) 对于传动比要求比较严格的场合，不能采用带传动。

一般情况下，带传动传递的功率应使 $P \leqslant 100kW$，带速 $v = 5 \sim 25m/s$，平均传动比 $i \leqslant 5$，高速带传动的带速可达 $60 \sim 100m/s$，传动比 $i \leqslant 7$。同步齿形带的带速可为 $40 \sim 50m/s$，传动比 $i \leqslant 10$。

第二节　V 带传动的基本结构

从图 4-1 可以看出，带传动的结构是很简单的，主要由带轮和带组成，不同类型的带传动，其结构也不完全一样，这里主要介绍常用的 V 带传动的结构。V 带传动有普通 V 带、窄 V 带、宽 V 带、汽车 V 带、大楔角 V 带等。其中普通 V 带和窄 V 带应用较广，本书仅讨论普通 V 带传动的结构。

1. 普通 V 带的结构和尺寸标准

普通 V 带可分若干种，都制成无接头的环形带，其横断面结构如图 4-3 所示。V 带由包布层、伸张层、强力层、压缩层组成。强力层的结构形式分为帘布结构型（图 4-3a）和线绳结构型（图 4-3b）两种。

帘布结构抗拉强度高，但柔韧性及抗弯强度不如线绳结构好。线绳结构型 V 带适用于转速高、带轮直径较小的场合。

V带和V带轮有两种尺寸制，即基准宽度制和有效宽度制，本部分主要介绍基准宽度制。

普通V带的尺寸已经标准化，按截面尺寸由小至大的顺序分为Y、Z、A、B、C、D、E七种型号，见表4-1所示。在同样条件下，截面尺寸大则传递功率也大。

V带绕在带轮上产生弯曲，外层受拉伸变长，内层受压缩变短。而内外层之间存在一长度不变的中性层。中性层所在的面称为节面，节面的宽度称为节宽，用 b_p 表示，见表4-1。普通V带的截面高度 h 与其节宽 b_p 的比值已标准化（为0.7）。V带装在带轮上，和节宽 b_p 相对应的带轮直径称为基准直径，用 d_d 表示，基准直径系列见表4-2。V带在规定的张紧力下，位于带轮基准直径上的周线长度称为基准长度 L_d，它用于带传动的几何计算。V带的基准长度 L_d 已标准化，如表4-3所列。

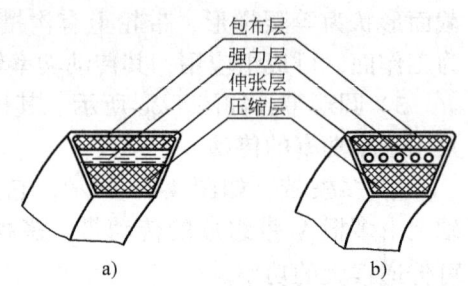

图4-3 V带的结构
a) 帘布结构 b) 线绳结构

表4-1 V带（基准宽度制）的截面尺寸（GB/T 11544—1997）　　（单位：mm）

带型	节宽	基本尺寸		
普通V带	b_p	顶宽 b	带高 h	楔角 θ
Y	5.3	6	4	
Z（旧国标O型）	8.5	10	6	
A	11.0	13	8	
B	14.0	17	11	40°
C	19.0	22	14	
D	27.0	32	19	
E	32.0	38	23	

表4-2 V带轮的基准直径系列 GB/T 1357.1—1992（摘录）　　（单位：mm）

基准直径 d_d	带型						
	Y	Z	A	B	C	D	E
	外径 d_a						
20	23.2						
22.4	25.6						
25	28.2						
28	31.2						
31.5	34.7						
35.5	38.7						
40	43.2						
45	48.2						
50	53.2	+54					

(续)

基准直径 d_d	带型						
	Y	Z	A	B	C	D	E
	外径 d_a						
56	59.2	+60					
63	66.2	67					
71	74.2	75					
75		79	+80.5				
80	83.2	84	+85.5				
85			+90.5				
90	93.2	94	95.5				
95			100.5				
100	103.2	104	105.5				
106			111.5				
112	115.2	116	117.5				
125	128.2	129	130.5	132			
132		136	137.5	+139			
140		144	145.5	147			
150		154	155.5	157			
160		164	165.5	167			
170				177			
180		184	185.5	187			
200		204	205.5	207	+209.6		
212				219	+221.6		
224				231	233.6		
236		228	229.5	143	245.6		
250		254	255.5	257	259.6		
265					274.6		
280		284	285.5	287	289.6		
315		319	320.5	322	324.6		
355		359	360.5	362	364.6	371.2	
375						391.2	
400		404	405.5	407	409.6	416.2	
425						441.2	
450			455.5	457	459.6	466.2	
475						491.2	
500		504	505.5	507	509.6	516.2	519.2
530							549.2

(续)

基准直径 d_d	带 型						
	Y	Z	A	B	C	D	E
	外 径 d_a						
560			565.5	567	569.6	576.2	579.2
630		634	635.5	637	639.6	646.2	649.2
710			715.5	717	719.6	726.2	729.2
800			805.5	807	809.6	816.2	819.2
900				907	909.6	916.2	919.2
1000				1007	1009.6	1016.2	1019.2
1120				1127	1129.6	1136.2	1139.2
1250					1259.6	1266.2	1269.2
1600						1616.2	1619.2
2000						2016.2	2019.2
2500							2519.2

注：1. 有"+"号的外直径只用于普通V带。

2. 直径的极限偏差：基准直径按c11，外径按h12。

3. 没有外径的基准直径不推荐采用。

表4-3 普通V带（基准宽度制）的基准长度系列（摘自 GB/T 11544—1992）

（单位：mm）

基准长度 L_d/mm	K_L					基准长度 L_d/mm	K_L			
	Y	Z	A	B	C		Z	A	B	C
200	0.81					1600	1.04	0.99	0.92	0.83
224	0.82					1800	1.06	1.01	0.95	0.86
250	0.84					2000	1.08	1.03	0.98	0.88
280	0.87					2240	1.10	1.06	1.00	0.91
315	0.89					2500	1.30	1.09	1.03	0.93
355	0.92					2800		1.11	1.05	0.95
400	0.96	0.79				3150		1.13	1.07	0.97
450	1.00	0.80				3550		1.17	1.09	0.99
500	1.02	0.81				4000		1.19	1.13	1.02
560		0.82				4500			1.15	1.04
630		0.84	0.81			5000			1.18	1.07
710		0.86	0.83			5600				1.09
800		0.90	0.85			6300				1.12
900		0.92	0.87	0.82		7100				1.15
1000		0.94	0.89	0.84		8000				1.18
1120		0.95	0.91	0.86		9000				1.21
1250		0.98	0.93	0.88		10000				1.23
1400		1.01	0.96	0.90						

普通V带的标记由带型、基准长度和标准号组成。例如，A型普通带，基准长度为1400mm，其标记为

A—1400 GB/T 11544—1997

带的标记通常压印在带的外表面上，以便选用时识别。

2. 普通V带轮的材料及结构选择

带轮是带传动的主要零件，选择或设计带轮时主要考虑下面几点：

(1) V带轮的结构要求　带轮应具有足够的强度和刚度，无铸造内应力；质量小且分布均匀，结构工艺性好，便于制造；带轮工作表面应光滑，以减少带的磨损。当 $5\text{m/s}<v<25\text{m/s}$ 时，带轮要进行平衡试验（$d/b \geq 5$ 的刚性转子只进行静平衡，否则要作动平衡试验）；当 $v>25\text{m/s}$ 时，带轮要进行动平衡试验。

(2) 带轮的材料　带轮材料常用铸铁、钢、铝合金或工程塑料等，其中灰铸铁应用最广。当带速 $v<25\text{m/s}$ 时，可采用HT150；当 $v=25\sim30\text{m/s}$ 时，可采用HT200；当 $v>25\sim45\text{m/s}$ 时，则应采用球墨铸铁、铸钢或锻钢，也可采用钢板冲压后焊接带轮。小功率传动时带轮可采用铸铝或工程塑料等材料制造。

(3) 带轮的结构　带轮由轮缘、腹板（轮辐）和轮毂三部分组成。轮槽尺寸应与V带的型号和根数相对应，轮槽截面尺寸可按表4-4所列选取。

表4-4　基准宽度制V带轮的轮槽尺寸（摘自GB/T 11544—1997）

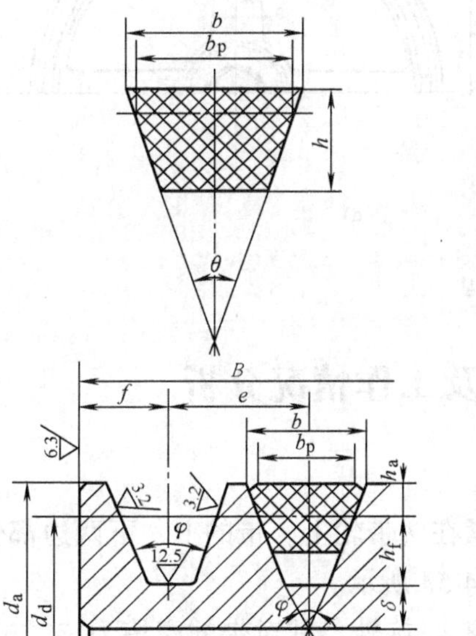

型号		Y	Z	A	B	C	D	E
b_p/mm		5.3	8.5	11.0	14.0	19.0	27.0	32.0
b/mm		6	10	13	17	22	32	38
h/mm		4	6	8	11	14	19	25
θ		\multicolumn{7}{c}{40°}							
每米带长的质量 q/(kg/m)		0.02	0.06	0.10	0.17	0.30	0.62	0.90
$h_{f\min}$/mm		4.7	7	8.7	10.8	14.3	19.9	23.4
$h_{a\min}$/mm		1.6	2.0	2.75	3.5	4.8	8.1	9.6
e/mm		8±0.3	12±0.3	15±0.3	19±0.4	25.5±0.5	37±0.6	44.5±0.7
$f_{\min}$/mm		6	7	9	11.5	16	23	28
$\delta_{\min}$/mm		5	5.5	6	7.5	10	12	15
B/mm		\multicolumn{7}{c}{$B = (z-1)e + 2f$（z为轮槽数）}							
φ	32°	d_d/mm	≤60						
	34°			≤80	≤118	≤190	≤315		
	36°		>60					≤475	≤600
	38°		>80	>118	>190	>315	>475	>600

注：1. 槽间距 e 的极限偏差适用于任何两个轮槽对称中心面的距离，不论是否相邻。标准中没规定 δ 值，表中数值为推荐值。
2. 外径 $d_a = d_d + 2h_a$。

V带轮按腹板（轮辐）的结构不同分为以下几种形式：

1) S型：实心带轮，如图4-4a所示。当带轮基准直径 $d_d \leq (2.5 \sim 3)d$（d 为轴的直径）时，可采用该类型。

2) P型：腹板带轮，如图4-4b所示。当带轮基准直径 $d_d \leq 300\text{mm}$ 时，可采用该类型（P型和H型相似，但腹板上不开设孔）。

3) H型：孔板带轮，如图4-4c所示。

4) E型：椭圆轮辐带轮，如图4-4d所示。当带轮基准直径 $d_d > 300\text{mm}$ 时，可采用该类型。

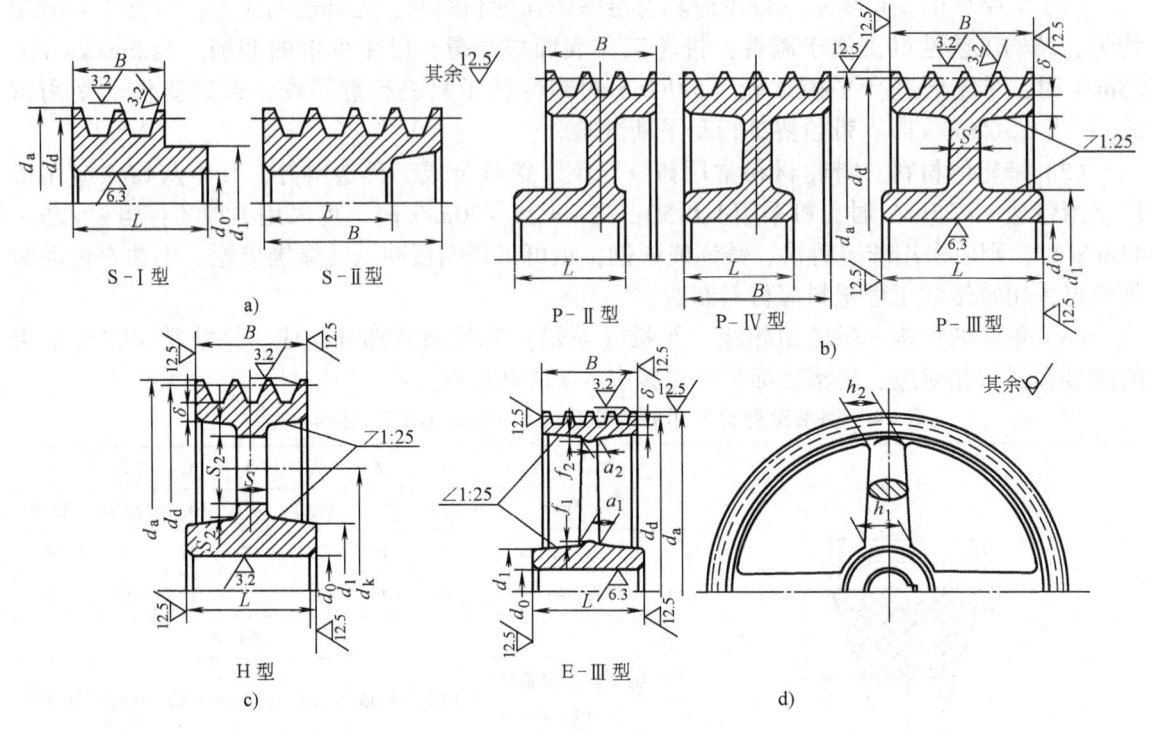

图 4-4 V带轮的结构

第三节 带传动的工作原理及工作情况分析

一、带传动的受力分析

将带安装在带轮上,带传动未运转时,由于带张紧在两带轮上,带的上、下两边都受到相同的张紧力的作用,此力称为带的初拉力 F_0,如图 4-5a 所示。

当传递载荷时,由于主动轮 1 在转矩作用下以转速 n_1 旋转,其对带的摩擦力 F_f 与带的运动方向一致,带又以摩擦力驱动从动轮 2 以转速 n_2 转动,从动轮对带的摩擦力 F_f 与带的运动方向相反(图 4-5b)。带进入主动轮一边被进一步拉紧,拉力增大为 F_1,该边称为紧边;离开主动轮的一边,带的拉力降为 F_2,该边称为松边。紧边拉力与松边拉力之差为带传动的有效圆周力 F。

假设工作前后带的总长度保持不变,且认为带是弹性体,则带的紧边拉力的增加量等于松边拉力的减少量,即

$$F_1 - F_0 = F_0 - F_2$$
$$F_1 + F_2 = 2F_0$$

有效圆周力 $\qquad F = F_1 - F_2 = \Sigma F_f(摩擦力总和) \qquad (4-1)$

即有效圆周力实际上等于带与带轮接触部分摩擦力的总和。在初拉力一定的情况下,带与带轮之间的摩擦力是有限的,当所要传递的圆周力(F)超过该极限值(ΣF_f)时,带将在带轮上打滑。它使带磨损加剧,从动轮转速急剧降低,甚至停止转动,失去正常工作能力。

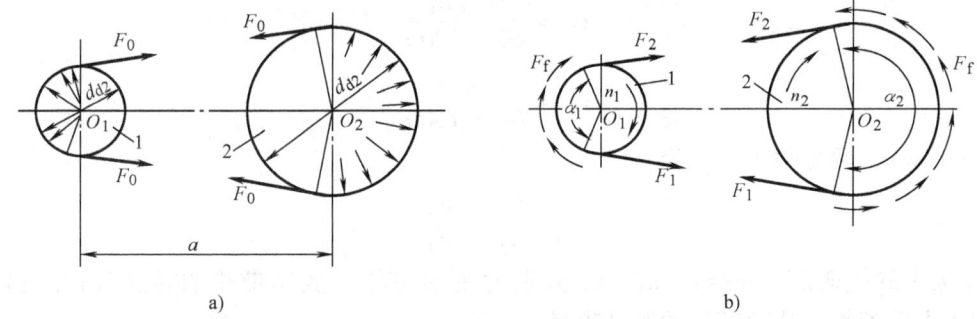

图 4-5 带传动的受力分析
a) 未运转时　b) 传动时

有效圆周力 F（N），带速 v（m/s）和传递功率 P（kW）之间的关系为

$$P = Fv/1000 \tag{4-2}$$

当 V 带即将打滑时，F_1 与 F_2 之间的关系可用欧拉公式表示，即：

$$F_1 = F_2 e^{f_v \alpha} \quad \text{或} \quad F_1/F_2 = e^{f_v \alpha} \tag{4-3}$$

式中，F_1 与 F_2 为紧边拉力与松边拉力（N）；e 为自然对数的底数；f_v 为当量摩擦因数；α 为小带轮的包角（rad）。联立解式（4-1）和（4-3）可得

$$F_{max} = 2F_0 \frac{(e^{f_v \alpha} - 1)}{(e^{f_v \alpha} - 1)} = 2F_0 \left[1 - \frac{2}{(e^{f_v \alpha} + 1)}\right] = F_1 \left(1 - \frac{1}{e^{f_v \alpha}}\right) \tag{4-4}$$

由上式可知：增大包角 α 或增大摩擦因数 f_v，都可提高带传动所能传递的圆周力。

二、带传动的运动分析

1. 弹性滑动与打滑

工作时，带两边拉力不相等，带两边弹性变形也不相等，由此引起的带与轮之间局部而微小的相对滑动称为弹性滑动。显然弹性滑动使主动轮圆周速度大于从动轮圆周速度。弹性滑动的大小是随带的两边拉力差（$F_1 - F_2$）的变化而变化。因此弹性滑动是靠摩擦力工作的带传动不可避免的物理现象。弹性滑动是引起传动比不恒定的重要原因，此外，它还引起带的磨损和温度升高，并降低了传动效率。

由式（4-2）可知，有效圆周力的大小与带传递的功率 P 以及带的速度 v 有关。当要求传递的功率增大时，带两边拉力差 $F_1 - F_2 = F$ 也要相应地增大，带两边拉力的这种变化，实际上反映了带和带轮接触面上摩擦力的变化。实践证明，当其他条件不变，且拉力 F_0 一定时，这个摩擦力有一极限值。若带所传递的圆周力超过带与带轮接触面间的极限摩擦力时，带就会沿着轮面发生全面滑动，这种现象称为打滑。打滑将使传动失效。

弹性滑动和打滑是两个截然不同的概念。打滑是由过载引起的带在带轮上的全面滑动，会造成传动失效，应当避免。弹性滑动是由带的拉力差引起的，只要传递圆周力，必然会发生弹性滑动，它是不可避免的。

2. 传动比

在带传动中，如果忽略带与带轮之间的微小滑动，则主动带轮轮缘的线速度 v_1 与带的线速度 v 相等，而 v 又与从动带轮轮缘的线速度 v_2 相等，即

$$v_1 = \frac{\pi d_{d1} n_1}{60 \times 1000}$$

$$v_2 = \frac{\pi d_{d2} n_2}{60 \times 1000}$$

因为 $v_1 = v_2 = v$，两轮的传动比为

$$i = \frac{n_1}{n_2} = \frac{d_{d2}}{d_{d1}} \tag{4-5}$$

式中，v 为带的线速度（m/s）；n_1、n_2 分别为主动带轮、从动带轮的转速（r/min）；d_{d1}、d_{d2} 分别为主动带轮、从动带轮的基准直径（mm）。

一般情况下，主动轮的转速是已知的，而从动轮的转速是由工作条件给出的，也是已知的条件。因此，可以求出传动比，然后求出 d_{d1}、d_{d2}。

从上式可以看出，带传动的传动比与两个带轮的基准直径成反比。

三、带的应力分析

带传动时，带中的应力有以下几种。

（1）拉应力

紧边拉应力 $\quad\sigma_1 = \dfrac{F_1}{A}$

松边拉应力 $\quad\sigma_2 = \dfrac{F_2}{A}$

（2）离心应力

$$\sigma_c = \frac{F_c}{A} = \frac{qv^2}{A} \tag{4-6}$$

式中，v 为带速（m/s）；q 为传动带单位长度的质量（kg/m），各种型号 V 带的 q 值见表 4-5；A 为带的横截面积（mm²）。

（3）弯曲应力

$$\sigma_b \approx E \frac{h}{d} \tag{4-7}$$

式中，E 为带材料的弹性模量（MPa）；h 为 V 形带高度（mm）；d_d 为带轮的基准直径（mm）。

带的总应力为上述三种应力之和。带在工作时的应力分布情况如图 4-6 所示。由此可知，带是在变应力情况下工作的，故易产生疲劳破坏。当带在紧边进入小带轮时应力达到最大值，其值为

$$\sigma_{\max} = \sigma_1 + \sigma_c + \sigma_{b1}$$

通常以弯曲应力影响最大。在运转过程中，带进入带轮时，由平直变弯曲，离开时又由弯曲变平直。因此，传动带在绕两个带轮运转时，带剖面中的应力是变化的。由于拉应力、弯曲

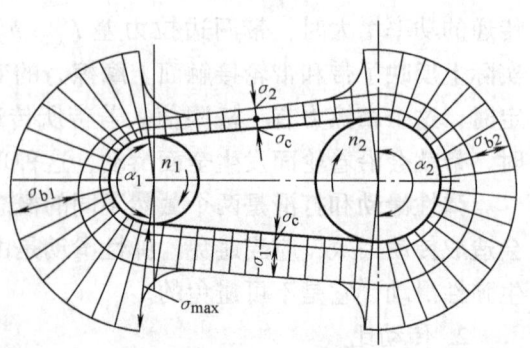

图 4-6 带的应力分布

应力周期性地变化,带在工作一段时间之后,就会出现带的胶皮层脱层现象,并逐渐发展,以致不能使用,这种现象称为带的疲劳破坏。引起疲劳破坏的因素很多,但主要是弯曲应力的大小和应力变化的频率。

从以上分析可知,要想延长带的使用寿命,对小带轮的直径尺寸可取大些,d_{dmin}用的最小值见表4-5;且限制传动带的最高转速,一般V带传动,$v \leq 25$m/s(30m/s)。

表4-5 V带轮最小直径及V带单位长度的质量

带 型	Y	Z	A	B	C	D	E	SPZ	SPA	SPB	SPC
q/(kg/m)	0.02	0.06	0.10	0.17	0.30	0.62	0.90	0.07	0.12	0.20	0.37
d_{dmin}/mm	20	50	75	125	200	355	500	63	90	140	224

第四节 V带传动的设计计算

带是标准件,因此在带传动计算中,主要是根据传动要求、工作情况、传递的功率P、两轮转速(或传动比i)以及空间尺寸要求等来确定带的型号,长度L,根数z,基准直径d_{d1}、d_{d2},带传动的中心距a,最后再定出带轮的结构尺寸,并画出带轮工作图。

选择设计V带传动的一般步骤:

1. 计算功率P_c

计算功率P_c,是根据传递的额定功率(如电动机的额定功率)P,并考虑载荷性质以及每天运转时间的长短等因素而确定的,即

$$P_c = K_A P \tag{4-8}$$

式中,K_A为工作情况系数,见表4-6;P为传递的功率(kW)。

2. 选择V带的型号

V带的型号可根据计算功率P_c及小轮转速n_1,由图4-7选取。

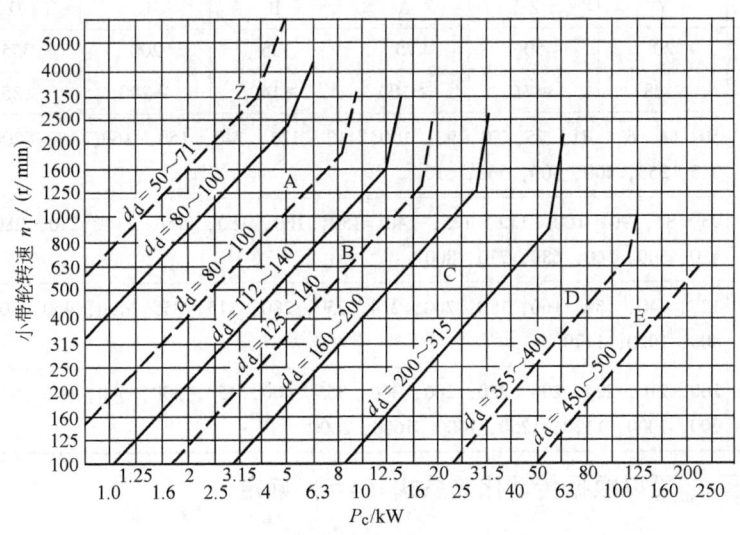

图4-7 V带选型

表 4-6　工作情况系数 K_A（摘自 GB/T13575.1—1992）

增速传动时，K_A 应乘以下列系数 增速比 ≥1.25~1.74 时为 1.05 　　　　≥1.75~2.49 时为 1.11 　　　　≥2.50~3.49 时为 1.18 　　　　≥3.50　　 时为 1.25		K_A					
		空载、轻载起动			重载起动		
		每天工作时间/h					
		<10	10~16	>16	<10	10~16	>16
载荷变动微小	流体搅拌机、通风机和鼓风机（≤7.5kW）、离心式水泵和压缩机、轻型输送机	1.0	1.1	1.2	1.1	1.2	1.3
载荷变动小	带式输送机（不均匀负载）、通风机（>7.5kW）、旋转式水泵和压缩机（非离心式）、发电机、金属切削机床、印刷机、旋转筛、金属木机和木工机械	1.1	1.2	1.3	1.2	1.3	1.4
载荷变动较大	制砖机、斗式提升机、往复式水泵和压缩机、起重机、磨粉机、冲剪机床、橡胶机械、振动筛、纺织机械、重载输送机	1.2	1.3	1.4	1.4	1.5	1.6
载荷变动很大	破碎机（旋转式、颚式等）、磨碎机（球磨、棒磨、管磨）	1.3	1.4	1.5	1.5	1.6	1.8

注：1. 空载、轻载起动——电动机（交流起动、三角起动、直流并励），四缸以上的内燃机，装有离心式离合器、液力联轴器的动力机。
　　2. 重载起动——电动机（联机交流起动、直流复励或串励），四缸以下的内燃机。
　　3. 反复起动，正反转频繁，工作条件恶劣等场合 K_A 值应乘以 1.2。

3. 确定带轮的基准直径 d_{d1}、d_{d2}

小带轮直径 d_{d1}，一般不应小于表 4-7 所列的最小直径。带轮的直径越小，则带在带轮上的弯曲就越厉害，在传动过程中就越容易失效，从而降低带的使用寿命。因此，在条件允许的情况下，小带轮的直径应取得大一些。这样可以减小弯曲应力，提高承载能力和延长使用寿命。

表 4-7　普通 V 带轮最小基准直径及带轮直径系列　　　　　　　　　　（单位：mm）

V 带型号		Y	Z	A	B	C	D	E
$d_{d\min}$		20	50	75	125	200	355	500
推荐直径		≥28	≥71	≥100	≥140	≥200	≥355	≥500
常用 V 带轮直径系列	Z	50、56、63、71、75、80、90、100、112、125、140、150、160、180、200、224、250、280、315、355、400、500、560、630						
	A	75、80、90、100、112、125、140、150、160、180、200、224、250、280、315、355、400、450、500、560、630、710、800						
	B	125、140、150、160、180、200、224、250、280、315、355、400、450、500、560、630、710、800、1000、1120						
	C	200、210、224、236、250、280、300、355、400、450、500、560、600、630、710、750、800、900、1000、1120、1250、1400、1600、2000						

大带轮的直径 d_{d2} 可以根据传动比关系式（4-5）确定。

$$d_{d2} = \frac{n_1 d_{d1}}{n_2}$$

求出 d_{d2} 后，应按标准系列圆整到标准值（表 4-2），d_{d2} 要按较小的尺寸圆整。

根据两轮的基准直径，并考虑带传动工作过程中出现的滑动，从而算出从动轴的实际转速 n_2（r/min）。

$$n_2 = \frac{d_{d1}}{d_{d2}} n_1 (1 - \varepsilon)$$

式中，ε 为考虑带工作过程中可能出现打滑而增加的系数，对 V 带传动，$\varepsilon = 0.01 \sim 0.02$；$d_{d2}$ 为大带轮的基准直径（mm）；d_{d1} 为小带轮的基准直径（mm）；v 为带速（m/s）。

带沿着带轮作圆周运动时，带本身的质量会产生一定的离心力，而带的运动速度越大，所产生的离心惯性力也越大。离心惯性力会使带拉长，使带与带轮之间的压力减小，从而摩擦力也随之变小，这样会降低传动时的有效圆周力。所以速度太高对传动是不利的。但另一方面，速度也不能太小，因为速度过小，传递的功率一定时，所需的有效圆周力便增大，这样会引起打滑，从而降低传动效率。因此，速度应限制在一定的范围内。较适当的速度为 $v = 5 \sim 25 \text{m/s}$。若超过此范围，则应重选小带轮的直径。

4. 验算带的运动速度

小带轮确定后，带的运动速度按下式进行验算

$$v = \frac{\pi d_{d1} n_1}{60 \times 1000} \tag{4-9}$$

式中，n_1 为小带轮的转速（r/min）。

5. 带传动的中心距 a 和带长度 L_d

中心距较小，虽能使传动结构紧凑，但带长度也小，单位时间内胶带绕过带轮的次数增多，即带内应力循环次数增加，将会缩短带的使用寿命。此外，中心距小使小带轮的包角减小，减少了摩擦力并降低了传动能力。中心距过大时，除有相反的利弊外，高速时还容易引起带的颤动。因此，应该合理选择带传动的中心距。一般推荐按下式初步确定中心距 a_0，即

$$0.7(d_{d1} + d_{d2}) \leq a_0 \leq 2(d_{d1} + d_{d2}) \tag{4-10}$$

初选 a_0 后，可根据下式计算胶带的初选长度 L_0（单位：mm）。

$$L_0 = 2a_0 + \frac{\pi}{2}(d_{d1} + d_{d2}) + \frac{(d_{d2} - d_{d1})^2}{4a_0} \tag{4-11}$$

以求得的长度 L_0 为依据，根据带型号，圆整到标准长度 L_d。由此求得实际中心距（单位：mm）

$$a = a_0 + \frac{L_d - L_0}{2} \tag{4-12}$$

式中，L_d 为按带标准查出的长度（mm）。

为了保证带传动必需的初拉力，实际安装时的中心距应比上式计算出的中心距加大 $0.5\% \sim 1\%$。中心距的变化范围为

$$a_{\min} = a - 0.015 L_d$$
$$a_{\max} = a + 0.03 L_d$$

6. 小带轮的包角（也称带轮包角）

实际设计中，还要验算小带轮的包角 α_1。带轮包角是带与带轮的接触弧所对应的中心

角，如图4-6所示。包角越大，所能传递的动力也越大。由图可以看出，大带轮的包角 α_2 大于小带轮的包角 α_1。小轮的包角 α_1 为

$$\alpha_1 = 180° - \frac{d_{d2} - d_{d1}}{a} \times 57.3° \tag{4-13}$$

对于V带传动，小轮包角应不小于120°（特殊情况下可用到90°），否则应加大中心距 a（工作条件允许时亦可减小传动比 i），重新验算 α_1。

7. 验算带的绕转次数 u（次/s）。

$$u = (v/L) \leq 15 \sim 20$$

通常 u 值不超过 10~15（次/s），最大不超过20（次/s）。如果算出的绕转次数 u 值太大，应加大中心距 a，以增加带的长度 L。

8. 确定V带的根数 z

可由下式确定

$$z \geq \frac{P_c}{[P_0]} = \frac{P_c}{(P_0 + \Delta P_0)K_\alpha K_L} \tag{4-14a}$$

$$[P_0] = (P_0 + \Delta P_0)K_\alpha K_L$$

$$\Delta P_0 = K_b n_1 \left(1 - \frac{1}{K_i}\right) \tag{4-14b}$$

式中，P_0 为单根V带所能传递的功率（kW），见表4-8。ΔP_0 为考虑 $i \neq 1$ 时单根V带所能传递功率的增量（kW）。由于 P 是按 $i=1$，即 $d_{d1} = d_{d2}$ 的条件计算的，传动比越大，则从动轮直径相对主动轮来说越大，带绕过从动轮时的弯曲应力越小，因此提高了带传动的工作能力。K_α 为考虑包角不同时的影响系数，称包角系数，见表4-9。K_L 为考虑带长度不同时的影响系数，称带长修正系数，见表4-10。K_b 为弯曲影响系数，见表4-11；K_i 为传动比系数，见表4-12；n_1 为主动轮转速（r/min）。

求得的 z 值应圆整为整数，一般向大数圆整，使 z 在 2~8 范围内。通常取 $z = 3 \sim 4$。若计算后根数太多，则带受力不均匀，这时应取大一个型号的带重新设计。

表4-8　单根V带传递的基本额定功率 P_0

（$i=1$，载荷平稳，特定基准长度）　　　　　　　　　　（单位：kW）

带型	小带轮直径 d_{d1}/mm	小带轮转速 n_1/(r/min)												
		200	400	600	800	1000	1200	1400	1600	2000	2400	2800	3600	4000	5000
Y	20					0.01	0.02	0.02	0.03	0.03	0.04	0.04	0.06	0.06	0.08
	28				0.03	0.04	0.04	0.04	0.05	0.06	0.07	0.08	0.10	0.11	0.13
	35.5				0.05	0.05	0.06	0.06	0.07	0.08	0.09	0.11	0.13	0.14	0.18
	50				0.07	0.08	0.09	0.11	0.12	0.14	0.16	0.18	0.22	0.23	0.25
Z	50		0.06	0.08	0.10	0.12	0.14	0.16	0.17	0.20	0.22	0.26	0.30	0.32	0.34
	63		0.08	0.11	0.15	0.18	0.22	0.25	0.27	0.32	0.37	0.41	0.47	0.49	0.50
	71		0.11	0.14	0.20	0.23	0.27	0.30	0.33	0.39	0.46	0.50	0.58	0.61	0.62
	80		0.14	0.18	0.22	0.26	0.30	0.35	0.39	0.44	0.50	0.56	0.64	0.67	0.66
A	75	0.16	0.27	0.36	0.45	0.53	0.60	0.67	0.73	0.84	0.92	1.00	1.08	1.09	1.02
	90	0.22	0.39	0.53	0.68	0.80	0.93	1.04	1.15	1.34	1.50	1.64	1.83	1.87	1.82
	100	0.26	0.47	0.65	0.83	0.98	1.14	1.28	1.42	1.66	1.87	2.05	2.28	2.34	2.25
	125	0.37	0.67	0.93	1.19	1.43	1.66	1.86	2.07	2.44	2.74	2.98	3.26	3.28	2.91

(续)

带型	小带轮直径 d_{d1}/mm	小带轮转速 n_1/(r/min)													
		200	400	600	800	1000	1200	1400	1600	2000	2400	2800	3600	4000	5000
B	125	0.48	0.84	1.14	1.44	1.68	1.93	2.13	2.33	2.64	2.85	2.96	2.80	2.51	1.09
	140	0.59	1.05	1.43	1.82	2.14	2.47	2.73	3.00	3.42	3.70	3.85	3.63	3.24	
	180	0.88	1.59	2.20	2.81	3.33	3.85	4.27	4.68	5.30	5.67	5.76	4.92	3.92	
	224	1.19	2.17	3.01	3.86	4.56	5.26	5.80	6.33	7.02	7.25	6.95	4.47	2.14	
C	200		1.39	2.41	3.30	4.07	4.72	5.29	5.73	6.07	6.28	6.34	6.02	5.01	3.23
	250		2.03	3.62	5.00	6.23	7.27	8.21	8.87	9.38	9.63	9.62	8.75	6.56	
	280		2.42	4.32	6.00	7.52	8.75	9.81	10.54	11.06	11.22	11.04	9.50	6.13	
	315		2.86	5.14	7.14	8.92	10.35	11.53	11.27	12.72	12.67	12.14	9.43	4.16	
D	355	3.01	5.31	9.24	12.39	14.83	16.37	17.25	16.87	15.63	12.97				
	400	3.66	6.52	11.45	15.42	18.46	20.29	21.20	20.36	18.31	14.28				
	450	4.37	7.90	13.85	18.67	22.25	24.18	24.84	23.06	19.59	13.34				
	560	5.91	10.76	18.95	25.32	29.55	30.77	29.67	24.00	15.13					
E	500	6.12	10.86	18.55	24.21	27.57	27.76	25.53	18.56	8.29					
	560	7.32	13.09	22.49	29.30	33.03	32.42	28.49	17.98						
	630	8.75	15.65	26.95	34.83	38.52	36.17	29.17	12.91						
	710	10.31	18.52	31.83	40.58	43.52	38.00	25.91							

注：摘自 GB/T 13575.1—1992。选取的 d_{d1} 表内没有时，其基本额定功率 P_0 值可查 GB/T 13575.1—1992。

表4-9 包角系数 K_α

小轮包角/(°)	180	170	160	150	140	130	120	110	100	90
K_α	1.00	0.98	0.95	0.92	0.89	0.86	0.82	0.78	0.74	0.69

表4-10 带长修正系数 K_L（摘自 GB/T 13575.1—1992）

L_p/mm	K_L					L_p/mm	K_L				
	Y	Z	A	B	C		A	B	C	D	E
200	0.81					2000	1.03	0.98	0.88		
224	0.82					2240	1.06	1.00	0.91		
250	0.84					2500	1.09	1.03	0.93		
280	0.87					2800	1.11	1.05	0.95	0.83	
315	0.89					3150	1.13	1.07	0.97	0.86	
355	0.92					3550	1.17	1.09	0.99	0.89	
400	0.96	0.87				4000	1.19	1.13	1.02	0.91	
450	1.00	0.89				4500		1.15	1.04	0.93	0.90
500	1.02	0.91				5000		1.18	1.07	0.96	0.92
560		0.94				5600			1.09	0.98	0.95
630		0.96	0.81			6300			1.12	1.00	0.97
710		0.99	0.83			7100			1.15	1.03	1.00
800		1.00	0.85			8000			1.18	1.06	1.02
900		1.03	0.87	0.82		9000			1.21	1.08	1.05
1000		1.06	0.89	0.84		10000			1.23	1.11	1.07
1120		1.08	0.91	0.86		11200				1.14	1.10
1250		1.11	0.93	0.88		12500				1.17	1.12
1400		1.14	0.96	0.90		14000				1.20	1.15
1600		1.16	0.99	0.92	0.83	16000				1.22	1.18
1800		1.18	1.01	0.95	0.86						

表 4-11　弯曲影响系数 K_b

V 带型号	Y	Z	A	B	C	D	E
K_b	0.06×10^{-3}	0.39×10^{-3}	1.03×10^{-3}	2.65×10^{-3}	7.5×10^{-3}	26.6×10^{-3}	49.8×10^{-3}

表 4-12　传动比系数 K_i

传动比 i	1.00~1.04	1.05~1.19	1.20~1.49	1.50~2.95	>2.95
K_i	1.00	1.03	1.08	1.12	1.14

9. 确定单根 V 带的初拉力 F_0

初拉力 F_0 愈大，带对轮面的正压力和摩擦力也愈大，不易打滑，即传递载荷的能力愈大；但 F_0 太大会增加带的拉应力，从而缩短其使用寿命，同时作用在轴上的载荷也大，故初拉力 F_0 的大小应适当。考虑离心力的影响时，单根带的初拉力 F_0 为

$$F_0 = \frac{500P_c}{zv}\left(\frac{2.5}{K_\alpha} - 1\right) + qv^2 \tag{4-15}$$

式中，F_0 的单位为 N，其余各符号的意义同前。

由于新带易松弛，对不能调整中心距的普通 V 带传动，安装新带时的初拉力应为计算值的 1.5 倍。

10. 计算带轮轴上所受的径向压力 F_Q

V 带的张紧力对轴和轴承产生的径向压力 F_Q 会影响轴、轴承的强度和寿命。为了设计安装带轮的轴和轴承，必须确定带传动作用在轴上的压力 F_Q。为简化其运算，一般按静止状态下带轮两边均作用初拉力来进行计算（图 4-8）。得

$$F_Q = 2F_0 z \sin\frac{\alpha_1}{2} \tag{4-16}$$

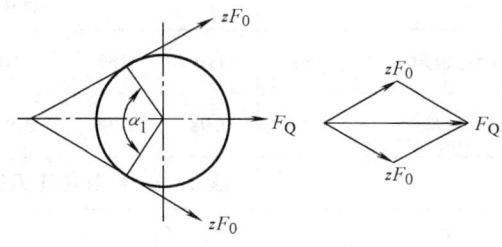

图 4-8　带作用在轴上的径向压力

11. 带轮结构设计

参见本章第二节。设计出带轮结构后还要绘制带轮零件图。

12. 设计结果

列出带型号，基准长度 L_d，根数 z，带轮直径 d_{d1}、d_{d2}，中心距 a，轴上压力 F_Q 等。

例 4-1　普通 V 带传动的中心距 $a_0 = 500$mm，主、从动轮基准直径 $d_{d1} = 125$mm，$d_{d2} = 400$mm，A 型 V 带。试计算小带轮包角 α_1 和基准带长 L_d。

解：（1）计算包角

$$\alpha_1 = 180° - \frac{(d_{d2} - d_{d1}) \times 57.3°}{a} = 180° - [(400 - 125)/500] \times 57.3° = 148.5°$$

（2）基准带长

$$L_d = 2a_0 + \frac{\pi(d_{d1} + d_{d2})}{2} + \frac{(d_{d2} - d_{d1})^2}{4a_0}$$

$$= \left(2 \times 500 + \pi(125 + 400)/2 + \frac{(400 - 125)^2}{4 \times 500}\right)\text{mm} = 1862.48\text{mm}$$

由表查得标准基准带长 $L_d = 2000$mm。

例 4-2 设计某鼓风机用普通 V 带传动。已知电动机额定功率 $P = 10\text{kW}$，转速 $n_1 = 1450\text{r/min}$，从动轴转速 $n_2 = 400\text{r/min}$，中心距约为 1500mm，每天工作 24h。

解：（1）确定计算功率 P_c

由表 4-6 查得 $K_A = 1.3$，由式（4-8）得
$$P_c = K_A P = 1.3 \times 10\text{kW} = 13\text{kW}$$

（2）选取普通 V 带型号

根据 $P_c = 13\text{kW}$、$n_1 = 1450\text{r/min}$，由图 4-7 选用 B 型普通 V 带。

（3）确定带轮基准直径 d_{d1}、d_{d2}

根据表 4-5 和图 4-7 选取 $d_{d1} = 140\text{mm}$，且 $d_{d1} = 140\text{mm} > d_{d\min} = 125\text{mm}$。大带轮基准直径为
$$d_{d2} = \frac{n_1}{n_2} d_{d1} = \frac{1450}{400} \times 140\text{mm} = 507.5\text{mm}$$

按表 4-7 选取标准值 $d_{d2} = 500\text{mm}$，则实际传动比 i、从动轮的实际转速分别为
$$i = d_{d2}/d_{d1} = \frac{500}{140} = 3.57$$

$$n_2 = n_1/i = 1450/3.57\text{r/min} = 406\text{r/min}$$

从动轮的转速误差率为
$$\frac{406 - 400}{400} \times 100\% = 1.5\%$$

在 ±5% 以内，为允许值。

（4）验算带速 v
$$v = \frac{\pi d_{d1} n_1}{60 \times 1000} = \frac{\pi \times 140 \times 1450}{60 \times 1000}\text{m/s} = 10.63\text{m/s}$$

带速在 5~25m/s 范围内。

（5）确定带的基准长度 L_d 和实际中心距 a

按结构设计要求初定中心距 $a_0 = 1500\text{mm}$。

由式（4-11）得
$$L_0 = 2a_0 + \frac{\pi}{2}(d_{d1} + d_{d2}) + \frac{(d_{d2} - d_{d1})^2}{4a_0}$$
$$= \left[2 \times 1500 + \frac{\pi}{2}(140 + 500) + \frac{(500 - 140)^2}{4 \times 1500}\right]\text{mm}$$
$$= 4026.9\text{mm}$$

由表 4-3 选取基准长度 $L_d = 4000\text{mm}$

由式（4-12）得实际中心距 a 为
$$a \approx a_0 + \frac{L_d - L_0}{2} = \left(1500 + \frac{4000 - 4026.9}{2}\right)\text{mm} = 1487\text{mm}$$

中心距 a 的变动范围为
$$a_{\min} = a - 0.015L_d = (1487 - 0.015 \times 4000)\text{mm} = 1427\text{mm}$$
$$a_{\max} = a + 0.03L_d = (1487 + 0.03 \times 4000)\text{mm} = 1607\text{mm}$$

(6) 校验小带轮包角 α

由式（4-13）得

$$\alpha_1 = 180° - \frac{d_{d2} - d_{d1}}{a} \times 57.3° = 180° - \frac{500 - 140}{1487} \times 57.3° = 166.13° > 120°$$

(7) 确定 V 带根数 z

由式（4-14）得

$$z \geqslant \frac{P_c}{(P_0 + \Delta P_0)K_\alpha K_L}$$

根据 $d_{d1} = 140\text{mm}$、$n_1 = 1450\text{r/min}$，查表 4-8，用内插法得

$$P_0 = 2.82\text{kW}$$

由式（4-14b）得功率增量 ΔP_0 为

$$\Delta P_0 = K_b n_1 \left(1 - \frac{1}{K_i}\right)$$

由表 4-11 查得 $K_b = 2.65 \times 10^{-3}$

根据传动比 $i = 3.57$，查表 4-12 得 $K_i = 1.1373$，则

$$\Delta P_0 = \left[2.65 \times 10^{-3} \times 1450 \left(1 - \frac{1}{1.1373}\right)\right]\text{kW} = 0.46\text{kW}$$

由表 4-10 查得带长度修正系数 $K_L = 1.13$，由表 4-9 查得包角系数 $K_\alpha = 0.97$，得普通 V 带根数

$$z = \frac{P_c}{(P_0 + \Delta P_0)K_\alpha K_L} = \frac{13}{(2.82 + 0.46) \times 0.97 \times 1.13} \text{根} = 3.62 \text{根}$$

圆整得 $z = 4$ 根

$$F_Q = 2F_0 z \sin\frac{\alpha_1}{2} = 2 \times 260.33 \times 4 \sin\frac{166.13°}{2}\text{N} = 2067.4\text{N}$$

(8) 求初拉力 F_0，带轮轴上的压力 F_Q

由表 4-5 查得 B 型普通 V 带单位长度的质量 $q = 0.17\text{kg/m}$，根据式（4-15）得单根 V 带的初拉力为

$$F_0 = \frac{500P_c}{zv}\left(\frac{2.5}{K_\alpha} - 1\right) + qv^2$$

$$= \left[\frac{500 \times 13}{4 \times 10.63}\left(\frac{2.5}{0.97} - 1\right) + 0.17 \times (10.63)^2\right]\text{N} = 260.33\text{N}$$

由式（4-16）可得作用在轴上的压力 F_Q

$$F_Q = 2F_0 z \sin\frac{\alpha_1}{2} = 2 \times 260.33 \times 4 \sin\frac{166.13°}{2}\text{N} = 2067.4\text{N}$$

(9) 带轮的结构设计

按本章第二节进行设计（设计过程及带轮工作图略）。

(10) 设计结果

选用 4 根 B—4000GB/T 11544—1997，V 带，中心距 $a = 1487\text{mm}$，带轮直径 $d_{d1} = 140\text{mm}$，$d_{d2} = 500\text{mm}$，轴上压力 $F_Q = 2067.4\text{N}$。

第五节　带传动的张紧、安装和维护

带工作一段时间以后，由于拉伸作用，胶带产生塑性变形而增长，从而导致预拉力逐渐减小，传递效率降低。为了保证带传动的正常工作，需要定期检查和维护。本节主要介绍几种常用的张紧装置及维护方法。

一、带传动的张紧装置

常用的张紧装置可分为调整中心距方式和张紧轮方式两类。

调整中心距的张紧方法是将装有带轮的电动机安装在滑道上（滑道式），如图4-9a所示，或安装在摆动底座（摆动式）上，如图4-9b所示，并调整螺钉或螺母，即可达到张紧的目的。当中心距不能调整时，也可采用如图4-9c所示的张紧轮装置机构进行调整。为使V带只受单向弯曲和减小所需张紧力，张紧轮应安置在带的松边内侧，且靠近大轮处，以免小带轮包角减小太多。若设置在外侧时，则应使其靠近小轮，这样可以增加小带轮的包角（图4-9d）。

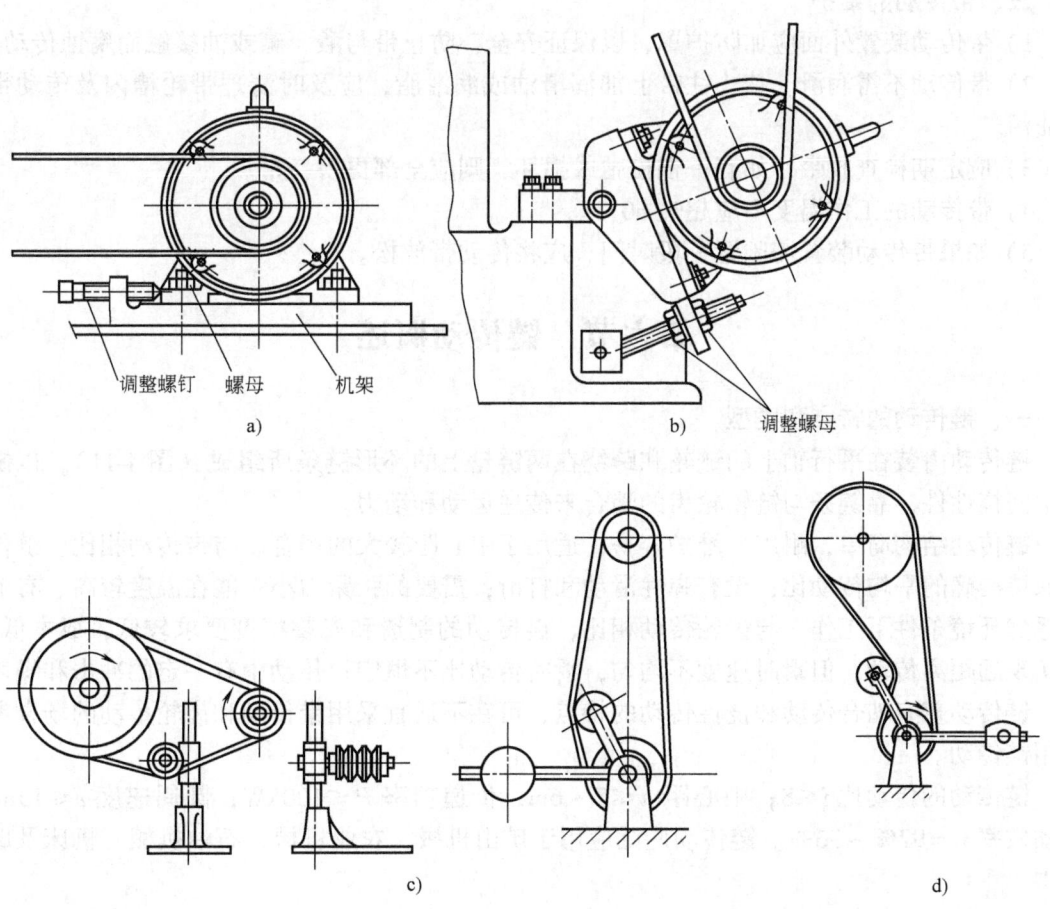

图4-9　带传动的张紧装置
a）滑道式　b）摆架式　c）张紧轮（带的松边内侧）　d）张紧轮（带的松边外侧）

二、带传动的安装

1. 带轮的安装

平行轴传动时,各带轮的轴线必须保持在规定的平行度以内。各轮宽的中心线、V带轮的对应轮槽中心线,平带轮面凸弧的中心线均应共面且与轴线垂直,否则会加速带的磨损,降低带的寿命,如图4-10所示。

2. 传动带的安装

1)通常应通过调整各轮的中心距来安装带和张紧。切忌强行将传动带从带轮上拨下或扳上,严禁用撬棍等工具将带强行撬入或撬出带轮。

2)在带轮轴间距不可调而又无张紧轮的场合下,安装聚酰胺片基平带时,应在带轮边缘垫布以防刮破传动带,并应边转动带轮边套带。

3)安装V带时,应按规定的初拉力张紧。

4)同组使用的V带型号应相同、长度相等,不同厂家生产的V带不能同时应用。

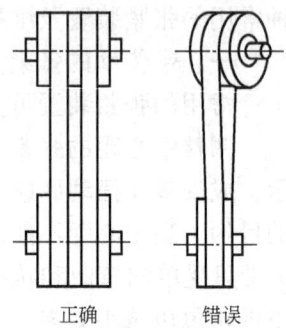

图4-10 两带轮的相对位置

三、带传动的维护

1)带传动装置外面应加防护罩,以保证安全,防止带与酸、碱或油接触而腐蚀传动带。

2)带传动不需润滑,禁止往带上加润滑油或润滑脂,应及时清理带轮槽内及传动带上的油污。

3)应定期检查胶带,如有一根松弛或损坏,则应全部更换新带。

4)带传动的工作温度不应超过60℃。

5)如果带传动装置需闲置一段时间,应将传动带放松。

第六节 链传动概述

一、链传动的特点和类型

链传动由装在平行轴上的链轮和跨绕在两链轮上的环形链条所组成(图4-11),以链条作中间挠性件,靠链条与链轮轮齿的啮合来传递运动和动力。

链传动结构简单,耐用、维护容易,适用于中心距较大的场合。与带传动相比,链传动能保持准确的平均传动比;没有弹性滑动和打滑;需要的张紧力小;能在温度较高、有油污等恶劣环境条件下工作。与齿轮传动相比,链传动的制造和安装精度要求较低,成本低廉,能实现远距离传动;但瞬时速度不均匀,瞬时传动比不恒定;传动中有一定的冲击和噪声。

链传动兼有啮合传动和挠性传动的特点,可在不适宜采用带传动和齿轮传动的场合考虑采用链传动。

链传动的传动比 $i \leq 8$;中心距 $a \leq 5 \sim 6m$,传递功率 $P \leq 100kW$;圆周速度 $v \leq 15m/s$;传动效率 $\eta = 92\% \sim 96\%$。链传动广泛应用于矿山机械、农业机械、石油机械、机床及摩托车中。

按照链条的结构不同,传递动力用的链条主要有滚子链和齿形链两种(图4-12)。齿形传动链是由一组齿形链板并列铰接而成(图4-12a),工作时,通过链片侧面的两直边与链轮轮齿相啮合。齿形链具有传动平稳、噪声小、承受冲击性能好、工作可靠等优点，但结构复杂，重量较大，价格较高。齿形链多用于高速（链速 v 可达 40m/s）或运动精度要求较高的传动，其应用不如滚子链广泛。

二、滚子链传动的结构与选择

滚子链的结构如图 4-12b 所示，其内链板 1 和套筒 4、外链板 2 和销轴 3 分别用过盈配合固联在一起，分别称为内、外链节。内、外链节构成铰链。滚子与套筒、套筒与销轴均为间隙配合。当链条啮入和啮出时，内、外链节作相对转动；同时，滚子沿链轮轮齿滚动，可减少链条与轮齿的磨损。

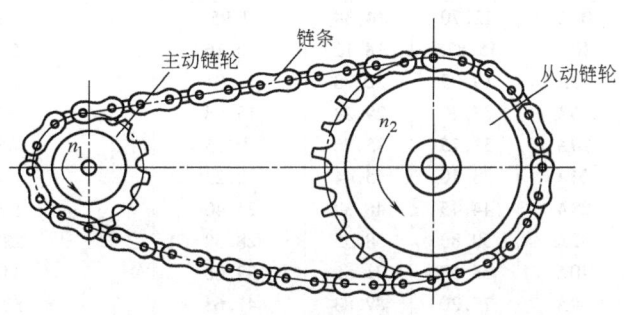

图 4-11 链传动

为减轻链条的重量并使链板各横断面的抗拉强度大致相等，内、外链板均制成"∞"字形。组成链条的各零件，由碳钢或合金钢制成，并进行热处理，以提高强度和耐磨性。

滚子链相邻两滚子中心的距离称为链节距，用 p 表示，它是链条的主要参数。节距 p 越大，链条各零件的尺寸越大，所能承受的载荷越大。

滚子链可制成单排链和多排链。排数越多，承载能力越大。由于制造和装配精度原因，会使各排链受力不均匀，故一般不超过三排。

滚子链已标准化，分为 A、B 两个系列，常用的是 A 系列。表 4-13 列出了几种 A 系列滚子链的主要参数。设计时，要根据载荷大小及工作条件等选用适当的链条型号；确定链传动的几何尺寸及链轮的结构尺寸。

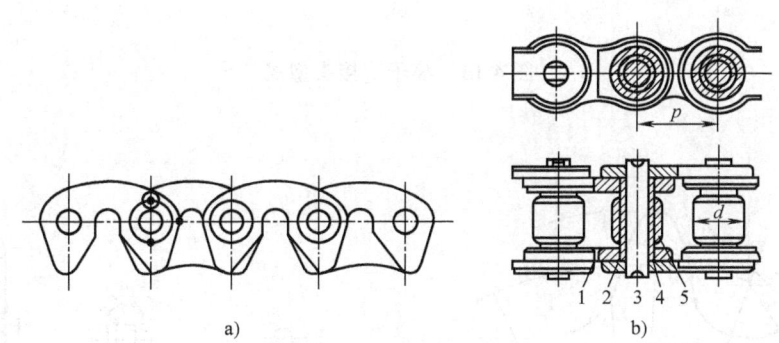

图 4-12 链传动类型
a) 齿形链 b) 滚子链
1—内链板 2—外链板 3—销轴 4—套筒 5—滚子

按照 GB/T 1243—1997 的规定，套筒滚子链的标记为：

链号 - 排数 × 整链节数 标准号

例如：A 级、双排、70 节、节距为 38.1mm 的标准滚子链，标记应为：

24A - 2 × 70 GB 1243.1—1983

标记中，B 级链不标等级，单排链不标排数。

表 4-13 A 系列滚子链的主要参数

链号	节距 p /mm	排距 p_1 /mm	滚子外径 d_1 /mm	极限载荷 Q（单排）/N	每米链的质量 q（单排）/(kg/m)
08A	12.70	14.38	7.95	13800	0.60
10A	15.875	18.11	10.16	21800	1.00
12A	19.05	22.78	11.91	31100	1.50
16A	25.40	29.29	15.88	55600	2.60
20A	31.75	35.76	19.05	86700	3.80
24A	38.10	45.44	22.23	124600	5.60
28A	44.45	48.87	25.40	169000	7.50
32A	50.80	58.55	28.58	222400	10.10
40A	63.50	71.55	39.68	347000	16.10
48A	76.20	87.83	47.63	500400	22.60

注：使用过渡链节时，其极限载荷按表列数值的 80% 计算。

　　滚子链的长度以链节数 L_p 表示。链节数 L_p 最好取偶数，以便链条联成环形时正好是内、外链板相接，接头处可用开口销或弹簧夹锁紧（图 4-13a、b）。若链节数为奇数时，则需采用过渡链节（图 4-13c）。过渡链节的链板需单独制造。另外当链条受拉时，过渡链节还要承受附加的弯曲载荷，使强度降低，因此应尽量避免。

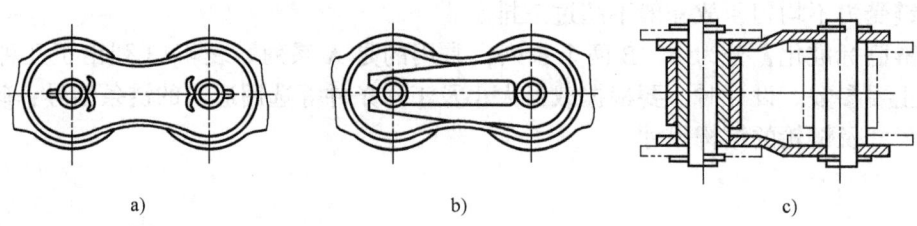

a)　　　　　　　　b)　　　　　　　　c)

图 4-13　滚子链接头型式

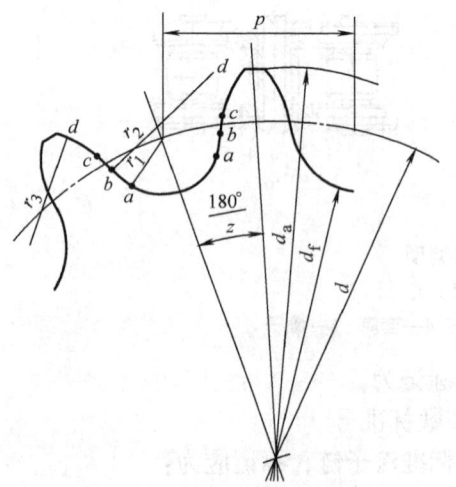

图 4-14　链轮的端面齿形

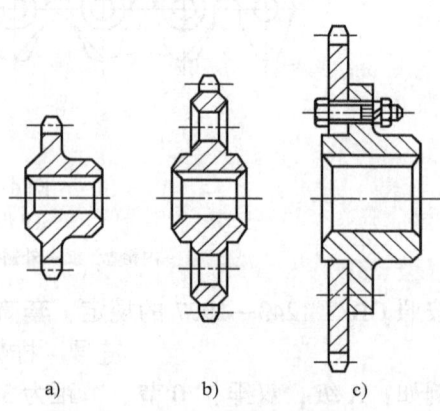

a)　　　b)　　　c)

图 4-15　链轮的结构

链轮的齿形应保证链节能平稳而自由地进入和退出啮合，并便于加工。

国家标准（GB/T 1244—1997）规定的滚子链链轮的端面齿形如图 4-14 所示，它由三段圆弧（$\widehat{aa}$、$\widehat{ab}$、$\widehat{cd}$）和一段直线（bc）组成。链轮上链的滚子中心所在的圆称为分度圆。链轮主要尺寸的计算公式如下：

分度圆直径
$$d = \frac{p}{\sin\frac{180°}{z}} \tag{4-17}$$

齿顶圆直径
$$d_a = p\left(0.54 + \cot\frac{180°}{z}\right) \tag{4-18}$$

齿根圆直径
$$d_f = d - d_r \tag{4-19}$$

式中，d_r 为滚子直径（mm）；z 为齿数；p 为链的节距（mm）。

链轮有整体式、孔板式、组合式等结构，如图 4-15 所示。小直径链轮可制成实心（图 4-15a）；中等直径的链轮可制成孔板式（图 4-15b）；直径较大的链轮可设计为组合式（图 4-15c）。组合式链轮的齿圈磨损后可以更换。链轮轮毂部分的尺寸可参考带轮。

链轮齿应有足够的接触强度和耐磨性，故齿面多经热处理。小链轮的啮合数比大链轮多，所受冲击力也大，故所用材料须优于大链轮。常用的链轮材料有碳钢，如 Q235、Q275、45、ZG310—570；灰铸铁，如 HT200 等。重要的链轮可采用合金钢，如 15Cr、40Cr、35CrMo 等。

*第七节　链传动的运动特性及设计计算概述

一、链传动的运动特性

链传动可视为链条绕在多边形轮上的运动。由于链条是用销轴铰接而成的刚性链节，当链绕在链轮上时，链节与链轮啮合区段的链条将曲折成正多边形的一部分（图 4-16）。视链轮为正多边形，其边长相当于链节距 p（mm），边数相当于链轮齿数 z。传动时，链轮每转一周，链条转过 zp 的长度，当两链轮转速分别为 n_1 和 n_2 时，链条的平均速度（m/s）为

$$v = \frac{z_1 p n_1}{60 \times 100} = \frac{z_2 p n_2}{60 \times 100} \tag{4-20}$$

平均传动比
$$i = \frac{n_1}{n_2} = \frac{z_2}{z_1} \tag{4-21}$$

式中，n_1、n_2 为主、从动链轮转速（r/min）；z_1、z_2 为主、从动链轮齿数。

实际上，由于链传动时链节与链轮啮合时是正多边形的一部分，其瞬时链速及瞬时传动比是不断地呈周期性变化的。

如图 4-16 所示，传动时，绕在链轮上的链条，其链节销轴中心 A 沿着链轮分度圆运动。当主动轮以等角速度 ω 回转时，销轴中心 A 的速度，即链轮分度圆的圆周速度 v_A 为 $\omega \times d_1/2$。为了便于说明问题，设传动时链的主动边（上边）始终处于水平位置。这样，v_A 可

分解为链条水平运动的分速度 v（即链速）和链条垂直运动的分速度 v'（链条上、下抖动速度），其值分别为

$$v = \frac{d_1}{2}\omega_1\cos\theta, \quad v' = \frac{d_1}{2}\omega_1\sin\theta$$

令一个链节所对的中心角为 φ_1，$\varphi = 360°/z$。传动过程中，每一链节从进入啮合到脱离啮合，θ 角在 $\pm\varphi_1/2$ 的范围内作周期变化，θ 角从 $-\varphi_1/2$（即 $-180°/z_1$）变到 0，又从 0 变到 $+\varphi_1/2$（即 $+180°/z_1$）。所以当 $\theta = \frac{\varphi_1}{2} = \pm\frac{180°}{z_1}$ 时，链条前进速度最小，$v_{\min} = \frac{d_1}{2}\omega_1\cos\frac{180°}{z_1}$；当 $\theta = 0°$ 时，速度最大，$v_{\max} = \frac{d_2}{2}\omega_1$。链条上、下抖动速度 v' 也是作周期性变化。由此可知，即使 $\omega_1 =$ 常数，链条前进速度 v、从动轮角速度 ω_2 以及瞬时传动比（ω_1/ω_2）也都作周期性变化。这样，链条处

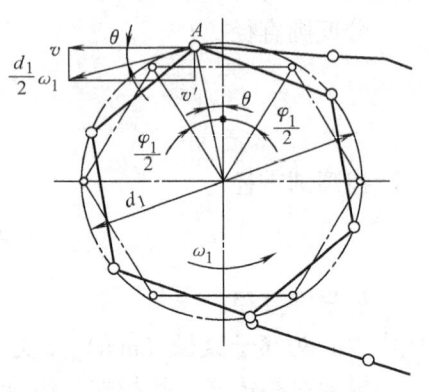

图 4-16　链传动的运动分析

于忽快忽慢，忽上忽下的运动中，使链传动工作不平稳并产生振动。链节距愈大，链轮齿数愈少，θ 角变化范围愈大，则传动愈不平稳。

二、链传动的失效及设计计算概述

链轮比链条的强度高、工作寿命长，故设计时应主要考虑链条的失效。链传动的主要失效形式有以下几种。

1）链条疲劳损坏。在链传动中，链条两边拉力不相等。在变载荷作用下，经过一定应力循环次数，链板将产生疲劳损坏，如发生疲劳断裂、滚子表面发生疲劳点蚀。在正常润滑条件下，疲劳破坏常是限定链传动承载能力的主要因素。

2）链条铰链磨损。润滑密封不良时，极易引起铰链磨损。铰链磨损后链节变长，容易引起跳齿或脱链，从而降低链条的使用寿命。

3）多次冲击破坏。受重复冲击载荷或反复起动、制动和反转时，滚子套筒和销轴可能在疲劳破坏之前发生冲击断裂。

4）胶合。润滑不当或速度过高时，使销轴和套筒之间的润滑油膜受到破坏，以致工作表面发生胶合。胶合限定了链传动的极限转速。

5）静力拉断。若载荷超过链条的静力强度时，链条就被拉断。这种拉断常发生于低速重载或严重过载的传动中。

为了避免链传动出现各种失效，应对滚子链传动进行传动设计计算。链传动的设计方法比较复杂，限于篇幅和学时，本书不作介绍。需要时请参考机械设计专著。

第八节　链传动的布置和润滑

一、传动的布置

在链传动中，两链轮的转动平面应在同一平面内，两轴线必须平行，最好成水平布置（图 4-17a），如需倾斜布置时，两链轮中心连线与水平线的夹角 φ 应小于 $45°$（图 4-17b）。

同时链传动应使紧边（即主动边）在上，松边在下，以便链节和链轮轮齿顺利地进入和退出啮合。如果松边在上，可能会因松边垂度过大而出现链条与轮齿的干扰，甚至会引起松边与紧边的碰撞。

为防止链条垂度过大造成啮合不良和松边的颤动，需用张紧装置。若中心距可以调节时，可用调节中心距来控制张紧程度；若中心距不可调节时，可用张紧轮。张紧轮应安装在链条松边靠近小链轮处，放在链条内、外侧均可，分别如图4-17a、c所示。张紧轮可以是链轮，也可以是无齿的滚轮，其直径可比小链轮略小些。

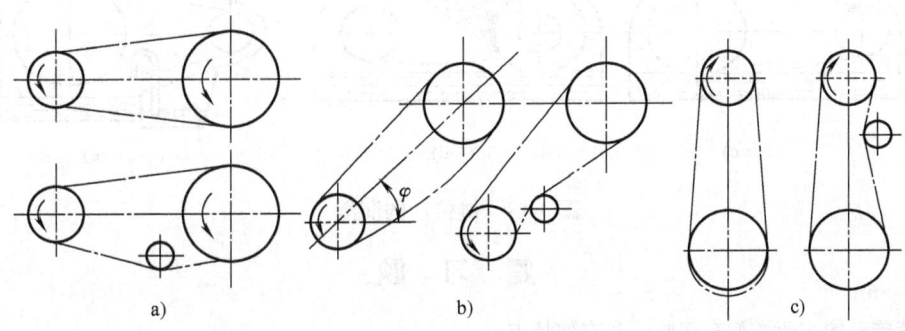

图4-17 链传动的张紧

二、链传动的润滑

链传动良好的润滑将会减少磨损，缓和冲击，提高承载能力，延长使用寿命。因此链传动应合理地确定润滑方式和润滑剂种类。

常用的润滑方式有以下几种：

1）人工定期润滑。用油壶或油刷注油（图4-18a），每班注油一次，适用于链速 $v \leqslant 4\text{m/s}$ 的不重要传动。

2）滴油润滑 用油杯通过油管向松边的内、外链板间隙处滴油，用于链速 $v \leqslant 10\text{m/s}$ 的传动（图4-18b）。

3）油浴润滑。链从密封的油池中通过，链条浸油深度以6~12mm为宜，适用于链速 $v = 6 \sim 12\text{m/s}$ 的传动（图4-18c）。

4）飞溅润滑。在密封容器中，用甩油盘将油甩起，经由壳体的集油装置将油导流到链上。甩油盘速度应大于3m/s，浸油深度一般为12~15mm（图4-18d）。

5）压力油循环润滑。用油泵将油喷到链上，喷口应设在链条进入啮合之处。适用于链速 $v \geqslant 8\text{m/s}$ 的大功率传动（图4-18e）。

链传动常用的润滑油有L—AN32、L—AN46、L—AN68、L—AN100等全损耗系统用油。温度低时，粘度宜低；功率大时，粘度增高。

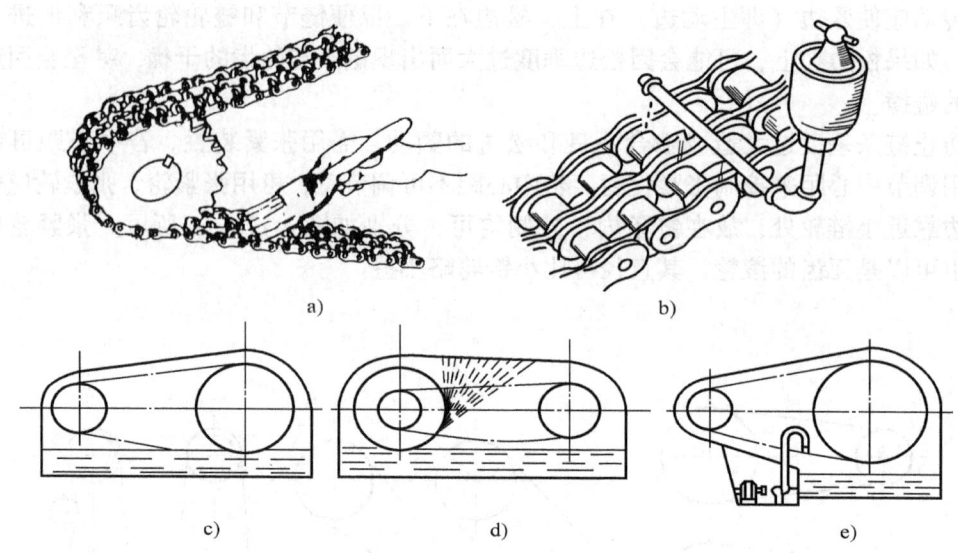

图 4-18 链传动的润滑

复 习 题

4-1 带传动的主要类型有哪些？各有何特点？

4-2 带传动中弹性滑动与打滑有何区别？它们对于带传动各有什么影响？

4-3 带在工作时受到哪些应力？如何分布？从应力分布情况说明哪些问题？

4-4 设计 V 带传动时，为什么小带轮直径不宜取得太小？

4-5 设计 V 带传动时，如果小带轮包角 α_1 太小，应该如何处理？

4-6 什么是有效拉力？什么是初拉力？它们之间有何关系？

4-7 如何判别带传动的紧边与松边？带传动有效圆周力 F_e 与紧边拉力 F_1、松边拉力 F_2 有什么关系？

4-8 带传动的有效圆周力 F_e 与传递功率 P、转矩 T、带速 v、带轮直径 d 之间有什么关系？

4-9 带传动的主要失效形式是什么？单根 V 带所能传递的功率是根据哪些条件得来的？

4-10 一普通 V 带传动，已知带的型号为 A 型，两个 V 带轮的基准直径分别为 125mm 和 250mm，初定中心 $a = 480$mm，试设计此 V 带传动。

4-11 试设计某传动装置中的 V 带传动。已知选用电动机功率 $N = 4.5$kW，$n_1 = 980$r/min，$n_2 = 300$r/min，三班制工作，载荷平稳。

4-12 带传动张紧的目的是什么？张紧轮应放在松边还是紧边？内张紧轮应靠近大轮还是小轮？

4-13 带传动主要维护事项有哪些？

4-14 试比较说明链传动与带传动的特点。

4-15 链条按结构不同可分为哪几类？最常用的是哪一种？

4-16 滚子链由哪五部分组成？链的磨损主要发生在何处？

4-17 按国家标准，滚子链的标记方法是怎样的？说明 08A-I×88GB/T1243—1997 中各符号的意义。

4-18 说明滚子链传动的失效形式。

4-19 当传递较大功率时，可用单排大节距链条，也可用多排小节距链条。此二者各有何特点？各适用于什么场合？

4-20 如何确定链传动的润滑方式？

第五章 齿轮传动

第一节 齿轮传动概述

一、概述

齿轮传动是机械传动中应用最广泛的传动形式。其主要优点是：传动准确可靠，效率高，寿命长，适应的载荷和速度范围广（传动功率可达 100MW，线速度可达 300m/s），能在空间任意两轴间传递运动和动力等；主要缺点是制造和安装要求精度较高，两轴相距较远时机构庞大，不适宜用在远距离传动的场合。

二、齿轮传动的类型

齿轮传动的类型如图 5-1 所示。其分类方法主要有以下三种。

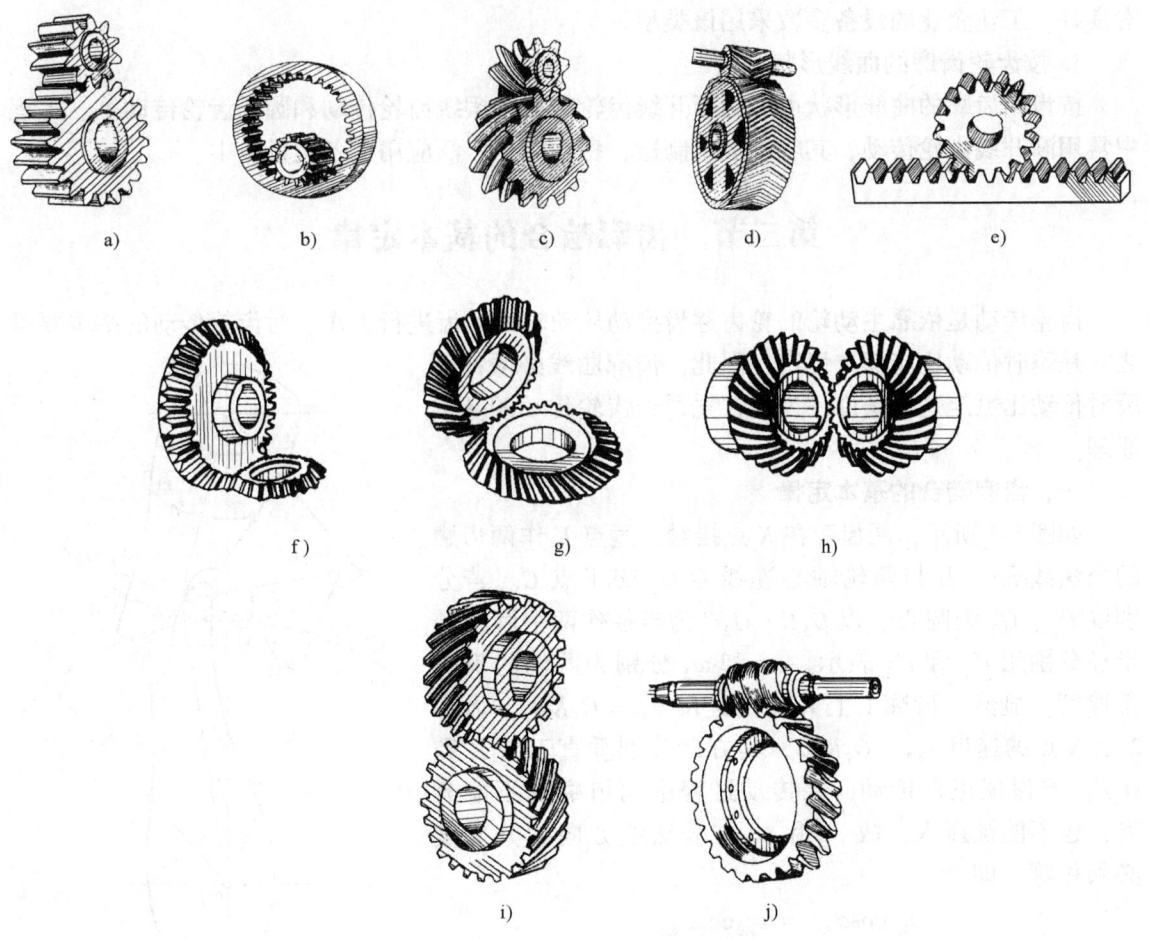

图 5-1 齿轮传动的分类

1. 按两齿轮轮轴的相对位置分类

1) 两齿轮轴线平行的圆柱齿轮传动。两轴线平行的圆柱齿轮，又可按照轮齿相对轴线的方向分为直齿圆柱齿轮传动（图 5-1a、b）、斜齿圆柱齿轮传动（图 5-1c）和人字形齿轮传动（图 5-1d）三种。圆柱齿轮传动按照啮合情况又可分成外啮合齿轮传动（图 5-1a、c、d）、内啮合齿轮传动（图 5-1b）及齿轮与齿条传动（图 5-1e）等。

2) 两齿轮轴线相交的锥齿轮传动。两轴线相交的锥齿轮传动又有直齿锥齿轮传动（图 5-1f）和曲齿锥齿轮传动（图 5-1g、h）两种。

3) 两齿轮轴线相错的齿轮传动。两轴线相错的齿轮传动又可分为交错轴斜齿轮传动（图 5-1i）和蜗杆蜗轮传动（图 5-1j）。

2. 按齿轮的工作条件分类

1) 开式齿轮传动。开式齿轮传动的齿轮外露（即齿轮机构无刚性的箱体作机壳，仅有防尘或防护的外罩），齿轮上容易落上灰尘，不能保证良好的润滑，容易产生磨损。这种类型的传动多用于传动齿轮较大的场合，如矿山设备、建筑设备等。

2) 闭式齿轮传动。闭式齿轮传动的齿轮全部安装在封闭的刚性箱体内，安装精确，润滑良好。工业企业的设备多数采用该类型。

3. 按齿轮齿廓的曲线形状分类

按齿轮齿廓的曲线形状可分为渐开线齿轮传动、摆线齿轮传动和圆弧齿轮传动等。工程中常用渐开线齿轮传动，其容易加工制造，费用低，广泛应用在各类设备中。

第二节 齿廓啮合的基本定律

齿轮传动是依靠主动轮的轮齿逐齿推动从动轮的轮齿进行工作。对齿轮传动的基本要求之一是瞬时传动比应保持恒定。因此，齿廓曲线必须符合瞬时传动比恒定这一条件，为此首先讨论齿轮传动的基本原理。

一、齿廓啮合的基本定律

如图 5-2 所示，两齿廓在 K 点接触。过点 K 作两齿廓的公法线 nn，并与两轮轴心连线 O_1O_2 交于点 C。若分别以 O_1、O_2 为圆心、以 O_1C、O_2C 为半径作两个圆，其半径分别用 r'_1 和 r'_2 表示。ω_1 和 ω_2 分别为两轮的瞬时角速度。显然，齿廓 1 上 K 点的速度 $v_{K1}=O_1K\omega_1$，齿廓 2 上 K 点的速度 $v_{K2}=O_2K\omega_2$，其方向分别垂直于 O_1K 和 O_2K。要保证正常传动，在传动过程中两齿廓既不能分离，也不能被压入，故 v_{K1} 和 v_{K2} 在公法线方向的分速度必须相等，即

$$v_{K1}\cos\alpha_{K1} = v_{K2}\cos\alpha_{K2}$$

或

$$\omega_1 O_1 K\cos\alpha_{K1} = \omega_2 O_2 K\cos\alpha_{K2}$$

过两轮心 O_1、O_2 分别作公法线 nn 的垂线，并分别交 nn

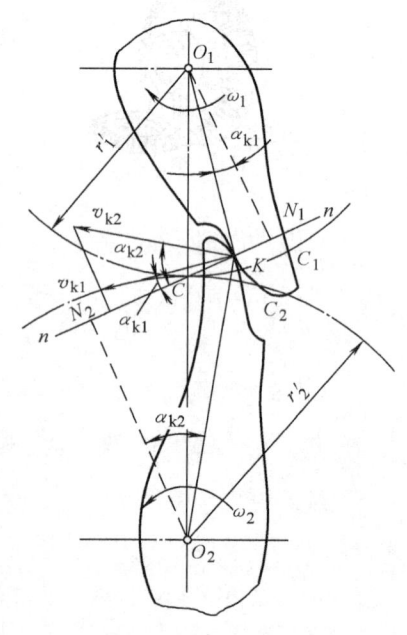

图 5-2 齿廓啮合图

于 N_1 及 N_2 点。由几何关系 $O_1N_1 = O_1K\cos\alpha_{K1}$、$O_2N_2 = O_2K\cos\alpha_{K2}$,又因 $\triangle O_1CN_1 \backsim \triangle O_2CN_2$,所以两齿轮的传动比可写为

$$i_{12} = \frac{\omega_1}{\omega_2} = \frac{O_2N_2}{O_1N_1} = \frac{O_2C}{O_1C} \tag{5-1}$$

上式说明:两齿轮的瞬时角速度之比,等于该瞬时两轮连心线被啮合齿廓接触点的公法线 nn 所分割的两线段长度的反比。

由此推知:当一对齿廓在啮合过程中交点 C 位置不变时,瞬时传动比为定值。这一结论称为齿廓啮合的基本定律。作为齿轮的齿廓曲线必须满足这一定律,否则主动轮匀速转动时,从动轮将变速转动,因而产生冲击、振动和噪声,降低齿轮寿命和工作精度。

二、渐开线的形成及其特性

用渐开线作为齿轮的齿廓曲线,齿轮相啮合可满足齿廓啮合定律。为了证明这一点,首先要研究渐开线的形成和它的基本特性。如图 5-3 所示,将绕在圆盘上的细线拉紧并将它展开成直线。圆盘半径为 r_b,线上任一点 K(如系在线上的笔尖)的轨迹 AK 称为圆的渐开线,展开的直线 BK 称为发生线,对应半径为 r_b 的圆称为渐开线的基圆。渐开线齿轮的齿廓,就是由同一基圆上两条相反的渐开线构成的,如图 5-4 所示。

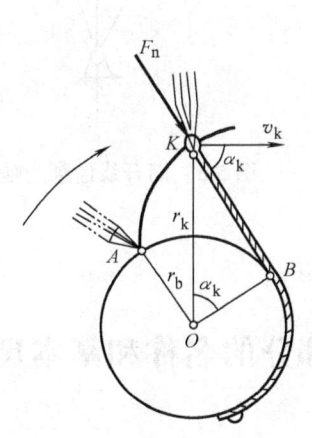

图 5-3 渐开线的形成

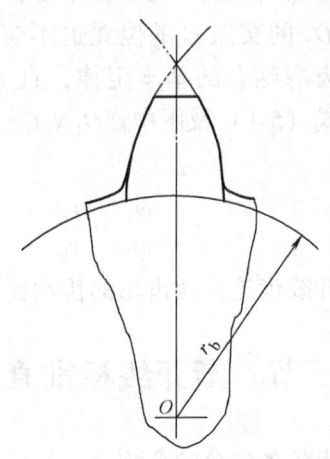

图 5-4 齿廓的构成

由上述渐开线的形成过程可证明它具有下述特性:

1) 因绕在基圆上的线的 AB 段展开拉直后为直线 BK 段,故基圆上对应弧长 $\overset{\frown}{AB}$ 与发生线上对应线段 BK 的长度相等,即

$$\overset{\frown}{AB} = \overline{BK}$$

2) 渐开线上各点的法线恒切于基圆。在图 5-3 中,BK 是基圆的切线;而 K 点附近的渐开线的微段,又是发生线绕 B 点作无限小的微转动时形成的,故 BK 是 K 点的曲率半径,切点 B 为曲率中心,即发生线就是渐开线的法线。由此可知,渐开线的法线与基圆相切。

3) 渐开线上离基圆越远的点,其压力角越大。在图 5-3 中,K 点圆周速度 v_k 与该点所

受法向压力 F_n 所夹的锐角称为压力角，用 α_k 表示。令 $OK = r_k$，由图可得

$$\cos\alpha_K = \frac{OB}{OK} = \frac{r_b}{r_k} \tag{5-2}$$

故 α_K 随 r_k 增大而增大。当 $r_K = r_b$ 时，$\cos\alpha_k = 1$，即在基圆上压力角为零。

4）基圆越大，渐开线越平坦。由图 5-3 可得 K 点的曲率半径为

$$BK = r_b\tan\alpha_K$$

式中，$\tan\alpha_K$ 为正值，故由上式可见该点的曲率半径与基圆半径成正比，即 r_b 增加时渐开线趋于平坦。当 $r_b \to \infty$ 时，$BK \to \infty$，渐开线变为直线，从而得到齿条的齿廓。

5）基圆以内无渐开线。由渐开线的形成过程可知，基圆以内无渐开线。

由渐开线的性质 2 可知，一对渐开线齿轮啮合时，如图 5-5 所示，啮合点的公法线必是两基圆的公切线。因两基圆位置和大小都不变，故其公切线与轴心连线 O_1O_2 的交点 C 的位置也不变，因此，渐开线齿廓满足齿廓啮合的基本定律，且 $O_1N_1 = r_{b1}$，$O_2N_2 = r_{b2}$。由式（5-1）及图中 $\triangle O_1N_1C \backsim \triangle O_2N_2C$ 还可得到

$$i = \frac{\omega_1}{\omega_2} = \frac{r_{b2}}{r_{b1}} \tag{5-3}$$

即对于渐开线齿轮，两齿轮的传动比与其基圆半径成反比。

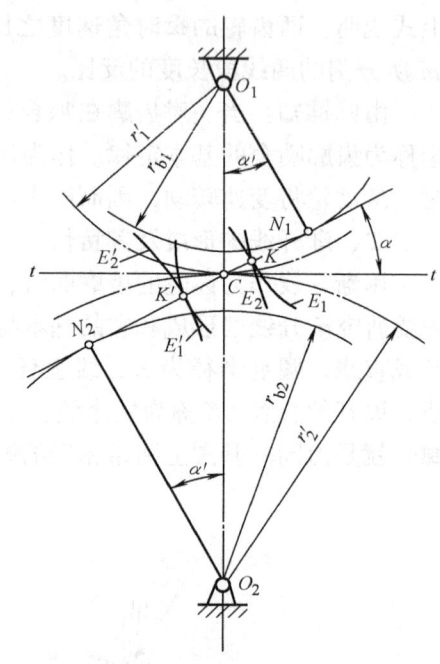

图 5-5 渐开线齿廓的啮合

第三节 渐开线标准直齿圆柱齿轮各部分的名称和基本尺寸

一、齿轮各部分的名称

图 5-6 为一渐开线标准直齿圆柱齿轮的一部分，现结合图说明各部分的名称。

1）齿顶圆。过轮齿顶端的圆为齿顶圆，是齿轮上最大的圆（或直径）。其半径和直径分别用 r_a 和 d_a 表示。

2）齿根圆。过轮齿根部的圆为齿根圆，其半径和直径分别用 r_f 和 d_f 表示。

3）分度圆。在齿顶圆与齿根圆之间，取一个圆作为计算齿轮各部分尺寸的基准，称为分度圆，其半径和直径分别用 r 和 d 表示。分度圆上的齿厚 s、齿槽宽 e、齿距 p、压力角 α 等分别规定这些符号一律不加脚标。而其他圆上的参数必须指明是哪个圆上的参数，如基圆齿厚符号为 s_b、齿顶圆压力角符号为 α_a 等。

4）齿顶高。齿顶圆和分度圆之间沿半径方向的高度称为齿顶高，用 h_a 表示。

5）齿根高。齿根圆和分度圆之间沿半径方向的高度称为齿根高，用 h_f 表示。

6）全齿高。齿根圆和齿顶圆之间沿半径方向的高度称为全齿高，用 h 表示。

7）齿距。任一圆上，相邻两齿对应点间的距离为齿距。分度圆上的齿距（简称齿距或周节）用 p 表示。

8）齿厚。在齿轮同一圆周上，一个轮齿左右两齿廓间的距离（弧长）称为齿厚。分度圆齿厚用 s 表示。

9）槽宽。分度圆上，一个齿槽两侧齿廓间的弧长称为槽宽，用 e 表示。显然

$$p = s + e$$

10）齿轮宽度。轮齿沿轴线方向的宽度称为齿轮宽度，用 b 表示。

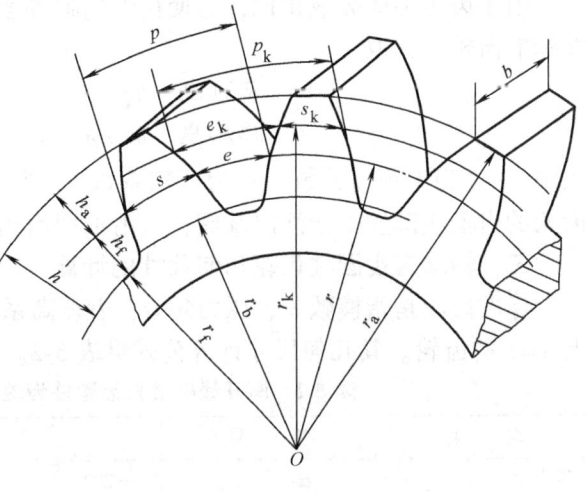

图 5-6　直齿圆柱齿轮各部分名称

二、渐开线齿轮的主要参数

1. 模数

若齿轮的齿数为 z，则在整个圆周（分度圆）上应均布 z 个齿距 p，故有

$$zp = \pi d \text{ 或 } d = zp/\pi$$

因上式中含有无理数 π，如选 p 为基本参数，在计算和测量时都很不方便。为此，工程上规定比值 p/π 等于整数或选择简单的有理数，并称之为齿轮模数，以 m 表示，单位为 mm。所以可将上式写成

$$d = mz \tag{5-4}$$

由此可见，模数是人为规定的一个数值。当齿数 z 和模数 m 一定时，齿轮的分度圆直径 d 即为定值。模数是齿轮几何尺寸计算的一个基本参数，也是齿轮设计和制造过程中的重要参数，为了便于制造以及标准齿轮互换使用，齿轮的模数已经标准化。我国采用的标准模数共有两个系列，见表 5-1。选用时应优先选用第一系列，括号内的模数尽可能不用。

表 5-1　标准模数系列值（GB/T 1357—1987）　　　　　（单位：mm）

第一系列为	1，1.25，1.5，2，2.5，3，4.5，6，8，10，12，16，20，25，32，40，50
第二系列为	1.75，2.25，2.75，(3.25)，3.5，(3.75)，4.5，5.5，(6.5)，7，9，(11)，14，18，22，28，(30)，36，45

模数反映轮齿的大小。显然，m 越大，则 p 越大，轮齿就越大，轮齿的抗弯能力也就越强，所以模数 m 又是轮齿抗弯能力的重要标志。

2. 压力角

从前面的分析可以看到，压力角随渐开线的位置变化而变化，是渐开线位置的函数。当载荷相同时，压力角越大，则传动的有效力越小，致使传动效率降低。反之，压力角越小，渐开线越趋平直，而使齿根变薄，因而影响轮齿的强度。所以压力角也是一个很重要的参数。由于渐开线上各点的压力角是变化的，用做齿廓的那段渐开线的压力角不能过大或过小。我国规定分度圆上的压力角 $\alpha = 20°$，称为标准压力角。

由此，分度圆可以定义如下：分度圆是齿轮上具有标准模数和标准压力角的圆。分度圆是度量齿轮尺寸的基准，有着特殊的意义，但工程中不能准确地测量到。

3. 齿顶高系数和顶隙系数

由于齿距和模数成正比，为使齿形匀称和容易配套，规定齿高的尺寸也与模数成正比。在标准齿轮中，取

$$齿顶高 \quad h_a = h_a^* m$$

$$齿根高 \quad h_f = h_a + c = (h_a^* + c^*) m$$

式中，h_a^* 为齿顶高系数；c^* 为顶隙系数，c 为顶隙，这是为避免一个齿轮的齿顶与另一个齿轮的齿槽底部发生干涉以及储存润滑油而留出的间隙。

三、标准直齿圆柱齿轮几何尺寸的计算

标准齿轮是指模数 m、压力角 α、齿顶高系数 h_a^*、顶隙系数 c^* 均为标准值，且分度圆上 $e = s$ 的齿轮。其几何尺寸计算公式见表 5-2。

表 5-2 渐开线标准直齿圆柱齿轮几何尺寸计算公式（外啮合）

名 称	符 号	计 算 公 式
压力角	α	$\alpha = 20°$
模数	m	由强度或结构要求确定，取标准值
分度圆直径	d	$d_1 = mz_1 \quad d_2 = mz_2$
齿顶高	h_a	$h_a = h_a^* m$，正常齿 $h_a^* = 1$，短齿 $h_a^* = 0.8$
齿根高	h_f	$h_f = (h_a^* + c^*) m$，正常齿 $c^* = 0.25$，短齿 $c^* = 0.3$
全齿高	h	$h = h_a + h_f$
齿顶圆直径	d_a	$d_a = d + 2h_a$
齿根圆直径	d_f	$d_f = d - 2h_f$
基圆直径	d_b	$d_b = d\cos\alpha$
齿距	p	$p = s + e$
齿厚	s	$s = \pi m/2$
槽宽	e	$e = \pi m/2$
节圆直径	d'	标准安装时 $d' = d$
标准中心距	a	$a = (d_1 + d_2)/2 = m(z_1 + z_2)/2$

使用英制单位的国家（如英、美），齿轮不用模数而用径节作为计算齿轮几何尺寸的基本参数，即采用径节制齿轮。径节为齿轮的齿数与分度圆直径之比，用"DP"表示，即 $DP = z/d$。在我国，径节制齿轮只用于对进口设备或老设备的修配。

第四节 渐开线齿轮的啮合

一、齿轮的啮合过程

如图 5-7 所示为一对渐开线齿轮传动的啮合过程。设轮 1 为主动轮，轮 2 为从动轮。当一对齿轮的齿廓开始啮合时，先以主动轮的齿根推动从动轮的齿顶，因此起始啮合是从动轮的齿顶圆与啮合线 N_1N_2 的交点 B_2 开始，随着齿轮的转动，啮合点沿 N_1N_2 移动，从动轮上的接触点由齿顶向齿根移动；而主动轮上的接触点则由齿根向齿顶移动，故终止啮合点应为主动轮的齿顶圆与 N_1N_2 的交点 B_1。由此可见，线段 B_2B_1 是啮合点的实际轨迹，称为实际啮合线。因基圆内无渐开线，故实际啮合线的端点 B_2、B_1 不会超出 N_1、N_2 点。直线

N_1N_2 称为理论啮合线，而 N_1、N_2 点称为啮合的极限点。

啮合线 N_1N_2 和齿轮连心线 O_1O_2 的交点 C 称为节点。以 O_1、O_2 为圆心，O_1C 和 O_2C 为半径所作的两个圆，分别称为齿轮 1 和齿轮 2 的节圆，其半径为 r'_1 和 r'_2。因 $\triangle O_1N_1C \backsim \triangle O_2N_2C$，所以 $O_2N_2/O_1N_1 = O_2C/O_1C$。故有

$$i = \frac{\omega_1}{\omega_2} = \frac{r_{b2}}{r_{b1}} = \frac{O_2N_2}{O_1N_1} = \frac{O_2C}{O_1C} = \frac{r_2}{r_1} \tag{5-5}$$

从上式可知 $\omega_1 r_1 = \omega_2 r_2$，这表明两啮合的齿轮在节圆上具有相同的圆周速度，它们之间作纯滚动。两齿轮的传动比与节圆半径成反比，因节圆的位置与齿轮的安装精度有关，在安装出现偏差时，也不会影响瞬时传动比的变化。

一对渐开线齿轮正确啮合的条件是其在分度圆上的压力角和齿距相等，即两齿轮的模数和压力角必须分别相等，可表示为

$$\begin{aligned} m_1 &= m_2 = m \\ \alpha_1 &= \alpha_2 = \alpha \end{aligned} \tag{5-6}$$

只有这样，才能保证齿轮的正常传动。这样一对齿轮的传动比还可写成如下的综合形式

$$i = \frac{\omega_1}{\omega_2} = \frac{d_{b2}}{d_{b1}} = \frac{d_2}{d_1} = \frac{z_2}{z_1} \tag{5-7}$$

二、渐开线齿轮连续传动的条件

如图 5-8 所示的一对轮齿传动。为了保证齿轮能够连续传动，就必须使前一对轮齿尚未脱离啮合时，后一对轮齿已经进入啮合。否则两轮传动中将出现啮合中断现象，并引起冲击和噪声。这就要求实际啮合线长度必须大于基圆齿距，即

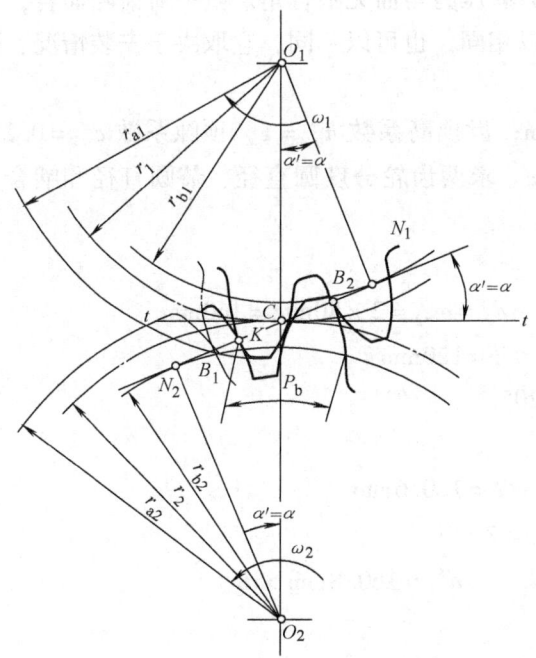
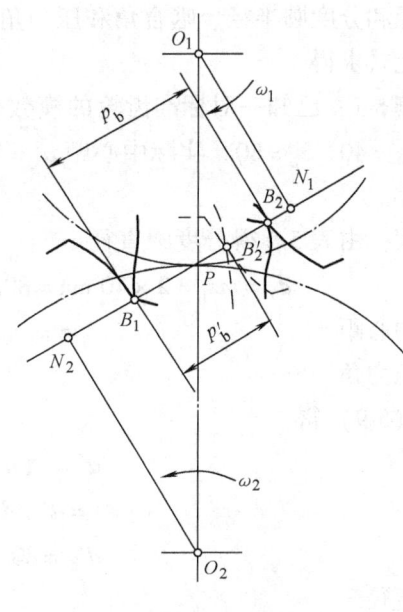

图 5-7 渐开线齿轮传动的啮合过程　　　　图 5-8 渐开线齿轮连续传动的条件

若把实际啮合线长度$\overline{B_2B_1}$与基圆齿距之比称为重合度,用 ε 表示,则齿轮连续传动条件可写成

$$\varepsilon = 实际啮合线长度 / 基圆齿距 = \frac{\overline{B_2B_1}}{p_b} \geq 1 \tag{5-8}$$

此式称为齿轮连续传动条件。

由于制造齿廓时必然有少量的误差,故设计齿轮时必须使重合度 $\varepsilon > 1$,一般机械制造中常取 $\varepsilon \geq 1.1 \sim 1.4$。

重合度的大小表示同时啮合齿数的多少,其值越大,传动越平稳,每个齿所受的载荷也越小。重合度是衡量齿轮传动质量的重要指标之一。

三、渐开线齿轮传动的可分性

一对模数相等的标准齿轮,由于其分度圆齿厚与槽宽相等,故标准安装时,两轮的分度圆相切,即节圆与分度圆重合。一对标准齿轮标准安装的中心距即标准中心距为

$$a = (d'_1 + d'_2)/2 = (d_1 + d_2)/2 = m(z_1 + z_2)/2 \tag{5-9}$$

由式 (5-3) 可知,齿轮的传动比可用基圆半径表示,齿轮加工后基圆已经确定,即使因制造和安装误差等原因,引起实际中心距 a' 与标准中心距 a 之间有些偏差,也不会影响两轮的传动比。这种特性称为渐开线齿轮传动的可分性,是渐开线齿轮传动的又一大优点。但应注意,当中心距变化后,节圆与分度圆不再重合。

齿轮啮合时,过节点的压力角称为啮合角,用 α' 表示。在整个啮合过程中,α' 始终不变。标准安装时,啮合角 α' 等于压力角 α。

对单个齿轮而言,只有分度圆而无节圆,只有压力角而无啮合角。就一对齿轮而言,节圆半径和分度圆半径、啮合角和压力角的值可以相同,也可以不同,它取决于安装情况,可通过上式求得。

例 5-1 已知一对标准齿轮的模数 $m = 2$mm;齿顶高系数 $h_a^* = 1$,顶隙系数 $c^* = 0.25$,齿数 $z_1 = 40$,$z_2 = 80$,实际中心距 $a' = 120.6$mm。求两齿轮分度圆直径、节圆直径和啮合角的大小。

解:由表 5-2 得分度圆直径

$$d_1 = mz_1 = 2 \times 40 \text{mm} = 80 \text{mm} \qquad d_2 = mz_2 = 2 \times 80 \text{mm} = 160 \text{mm}$$

标准中心距 $\qquad a = (d_1 + d_2)/2 = 120$mm

标准压力角 $\qquad \alpha = 20°$

由式 (5-9) 得

$$a' = (d'_1 + d'_2)/2 = 120.6 \text{mm}$$
$$i = d'_1/d'_2 = z_2/z_1 = 2$$
$$d'_1 = 80.4 \text{mm} > d_1 \qquad d'_2 = 160.8 \text{mm} > d_2$$

节圆直径

$$\cos\alpha' = a\cos\alpha/a' = 0.935$$

故实际啮合角为 $\qquad \alpha' = 20°46'8'' > \alpha$

* 第五节 渐开线齿轮的加工

一、渐开线齿轮的加工原理

齿轮轮齿的加工方法有铸造法、切削法、轧制法等，其中应用最多的是切削加工法。切削加工方法可分为仿形法和展成法两种。

1. 仿形法

仿形法是指在普通铣床上使用具有渐开线齿形的铣刀直接切出轮齿齿形的加工方法。成形铣刀有圆盘铣刀和指状铣刀两种，分别如图 5-9a 和 b 所示。铣齿时铣刀绕本身轴线旋转，齿轮毛坯沿齿轮轴线方向作直线运动。铣出一个齿槽后，将齿轮转过 $360°/z$，再铣第二个齿槽，直至铣完全部齿槽。所以，仿形法加工是一个一个轮齿切制，切削不连续，故加工精度不高，生产效率很低，多用于修配、单件或小批量生产中。

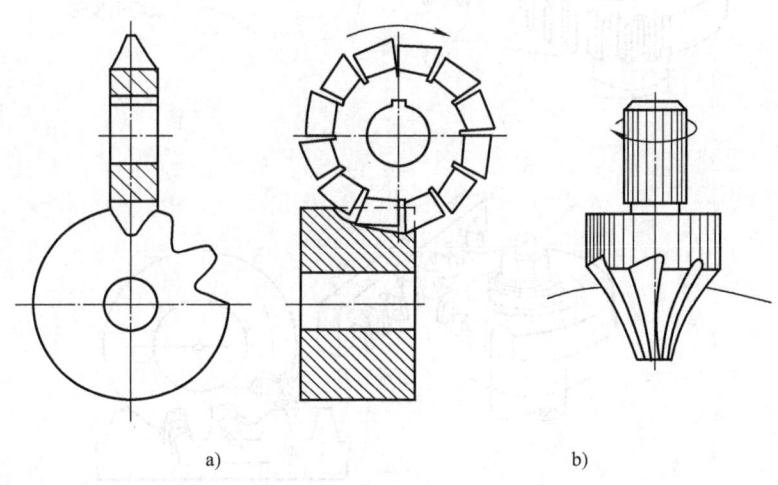

图 5-9 仿形法加工轮齿
a) 圆盘铣刀加工 b) 指状铣刀加工

2. 展成法

展成法又称范成法或包络法，是利用轮齿啮合原理来切削轮齿轮廓的。这种方法采用的刀具主要有插齿刀和滚刀。由于加工精度高，是目前轮齿加工最主要的方法。插齿刀又分齿轮插齿刀和齿条插齿刀，其刀具形状是不同的。

1）齿轮插齿刀加工轮齿。图 5-10a 所示为齿轮插齿刀切削齿轮的情形。在加工时，插刀沿轮坯轴线方向作往复运动，插刀与轮坯以所需要的角速度转动，并且刀具逐渐向轮坯中心移动，直至加工出所有的轮齿，如图 5-10a。用这种刀具加工所得的轮齿齿廓为插刀刀刃在各个位置的包络线，就像插刀在轮坯上滚动一样，其轨迹如图 5-10b 所示。

2）齿条插齿刀加工轮齿。当齿轮插刀的齿数增加到无穷多时，其基圆半径变为无穷大，则插刀的齿廓变成直线齿廓，齿轮插齿刀就变成了齿条插刀。如图 5-10c 所示，切削时刀具与轮坯的展成运动相当于齿条与齿轮的啮合运动。加工方法与齿轮插刀类似，只是齿条刀具作直线移动。

3）齿轮滚刀加工轮齿。用上述两种方式进行插齿加工都是间歇切削，生产效率低，而用齿轮滚刀加工则是连续切削。如图 5-11 所示为齿轮滚刀切削轮坯。这类滚刀常用阿基米德螺旋线滚刀。滚刀轴向断面为一标准齿条齿廓，滚刀形状很像螺旋。当滚刀绕轴线回转时，就相当于齿条在连续不断地移动。当滚刀与齿坯绕各自轴线旋转时，便按展成原理切出渐开线齿廓。

用展成法加工齿轮，只需刀具和被加工齿轮的模数和压力角相同，便可用同一刀具加工各种齿数的齿轮。因此，刀具简单，加工精度较高，生产率也较高，在成批生产中多采用展成法加工轮齿。

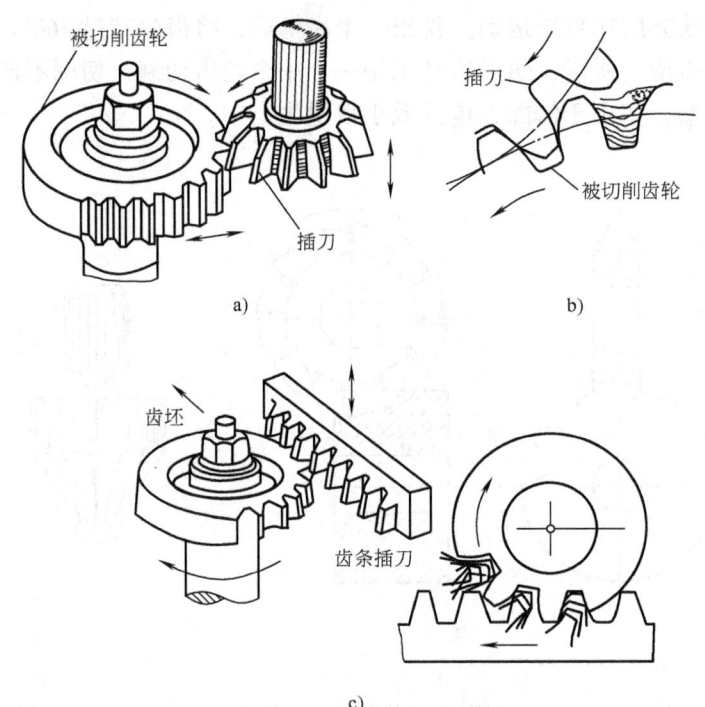

图 5-10 展成法加工齿轮

用展成法加工齿轮时，如果齿数太少，则刀具的齿顶线或齿顶圆就会超过啮合极限点，致使齿根部的渐开线齿廓被切去一部分，如图 5-12 所示。这种现象称为齿廓的根切现象。严重的根切一方面会使齿根变薄，降低轮齿的弯曲强度；另一方面，还会减小重合度，影响齿轮传动的平稳性，故应避免发生根切。

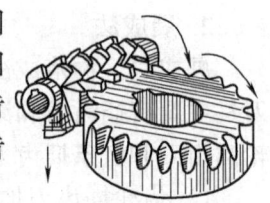

图 5-11 齿轮滚刀切齿

对于标准齿轮，可以用限制齿轮最少齿数的办法避免根切。根据计算，用标准齿条刀具加工标准直齿圆柱齿轮，当压力角 $\alpha = 20°$，$h_a^* = 1$ 时，不发生根切的最少齿数 $z_{min} = 17$；当 $\alpha = 20°$，$h_a^* = 0.8$ 时，$z_{min} = 14$。

**二、变位齿轮的概念

1. 变位的目的

标准齿轮虽有许多优点，但也有不足之处。例如，受到最少齿数的限制而不能进一步减小机构尺寸；受标准中心距的限制而不能适应更广泛的需要等。为了使齿轮机构更加紧凑（采用比最少齿数还少的齿轮而不发生根切）、为了配凑中心距、为了改善齿轮的啮合性能和提高强度，在工程中常采用变位齿轮。变位齿轮克服了标准齿轮的下列缺点：

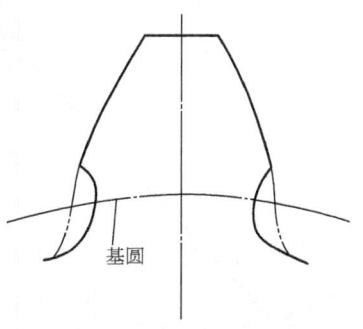

图 5-12 根切现象

1) 用展成法切制标准齿轮时，齿轮的齿数 z 必须大于或等于最少齿数 z_{min}，否则要产生根切现象。采用变位齿轮则能制出齿数小于最少齿数但又无根切现象的齿轮。

2) 标准齿轮不适用于实际中心距不等于标准中心距的场合。当 $a' > a$ 时，采用标准齿轮虽能保持传动比等于常数，但会出现齿侧间隙，同时重合度也减小。当 $a' < a$ 时，根本无法安装。故不能采用标准齿轮。若采用变位齿轮则能实现标准中心距的无侧隙传动。

3) 一对互相啮合的标准齿轮，其分度圆齿厚是相等的（$s_1 = s_2 = \pi m/2$）。但小轮基圆较小，渐开线曲率较大；大轮基圆较大，其渐开线较平直，因而小齿轮齿根厚度比大齿轮齿根厚度小，抗弯能力也比大齿轮差。采用变位齿轮则能使小齿轮齿根厚度加大，使大小齿轮的弯曲强度大致相等。

2. 变位齿轮的概念

研究表明，加工时产生根切的原因是刀具的齿顶线 L-L 超过了被加工齿轮上的理论啮合点 N_1（图 5-13a）。因此，为了避免根切，可将刀具离开轮坯轴心一定距离。当刀具齿顶线在与 N_1 点重合的位置时，恰好为不根切的位置。

用这种改变刀具位置的方法展成加工出来的齿轮称为变位齿轮。由变位齿轮组成的传动称为变位齿轮传动。

切削变位齿轮时，刀具由切削标准齿轮位置移动的距离 xm 称为变位量，m 为模数，x 称为变位系数。刀具由轮坯中心外移，定义 x 为"+"值，切出的齿轮称为正变位齿轮；刀具内移，定义 x 为"-"值，相应切出的齿轮称为负变位齿轮。

由于齿条在不同高度上的齿距 p、压力角 α 都是相同的，所以无论齿条刀具位置如何变化，切出变位齿轮的模数 m、压力角 α 都与齿条刀具中线上的相同，为标准值；它的分度圆直径 $d = mz$、基圆直径 $d_b = mz\cos\alpha$ 和标准齿轮也相同；其齿廓曲线和标准齿轮的齿廓曲线为同一基圆形成的渐开线，只是部位不同（图 5-13b）。

显然，对于齿数较多的齿轮，理论啮合点 N 距刀具齿顶线较远，因此允许负方向的变位量也大些。$\alpha = 20°$、$h_a^* = 1$ 的直齿圆柱齿轮不发生根切的最小变位系数可用下式计算

$$x_{min} = \frac{17 - z}{17}$$

当 $z < z_{min}$ 时，$x_{min} > 0$。说明此时必须采用正变位方可避免根切，其变位系数 $x \geq x_{min}$。当 $z > z_{min}$ 时，$x_{min} < 0$。说明只要 $x > x_{min}$，齿轮采用负变位也不会产生根切。

变位齿轮的设计计算请参考有关设计手册。

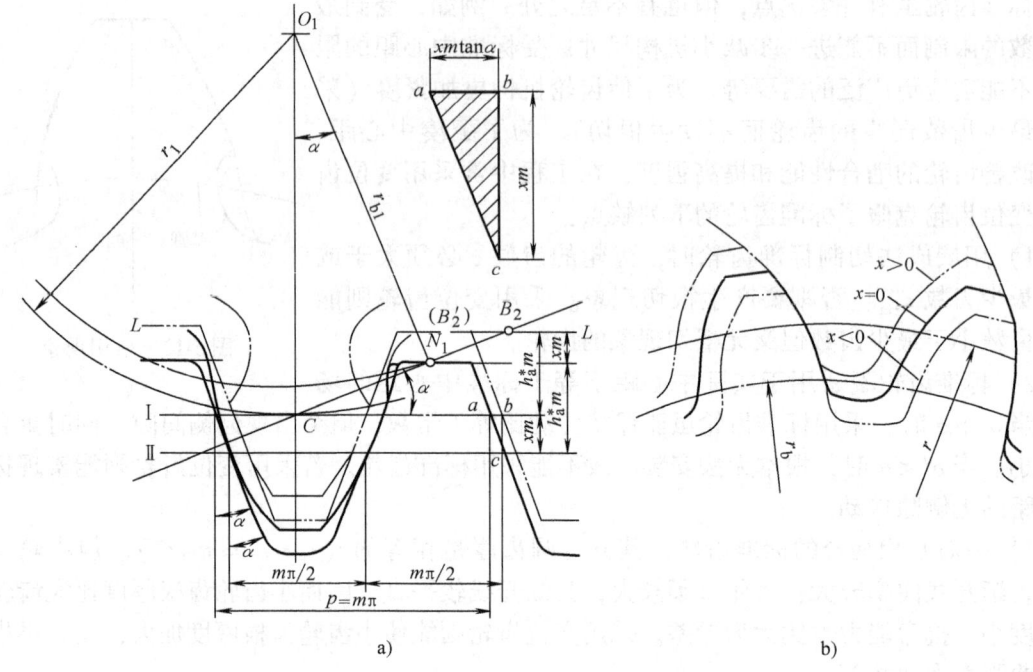

图 5-13 变位齿轮
a) 变位齿轮分度圆齿厚　b) 齿廓的比较

第六节　渐开线圆柱齿轮的精度及标准

齿轮传动时为防止因制造误差或受热膨胀而卡死,以及为储存润滑油,轮齿间需要有一定的齿侧间隙。其大小可由齿厚偏差或公法线偏差控制。渐开线圆柱齿轮精度等级的国家标准为 GB/T10095.1—2001,该标准规定了 13 个精度等级,其中 0 级的精度最高,12 级的精度最低,常用的精度等级为 6~9 级。一般机械中,当圆周速度 $v \leqslant 5$m/s,轮齿为直齿时,多采用 8 级精度。中、高速重载齿轮,当 $v \leqslant 10$m/s 时可采用 7 级精度。低速($v \leqslant 3$m/s)、轻载、不重要的齿轮可采用 9 级精度。在设计齿轮时,齿轮精度等级的选择可参考表 5-3。

表 5-3　齿轮传动精度等级的选择及应用范围

精度等级	圆周速度 $v/$ (m/s)			应　用
	直齿圆柱齿轮	斜齿圆柱齿轮	直齿锥齿轮	
6 级	≤15	≤25	≤9	高速重载的齿轮传动,如飞机、汽车和机床中的重要齿轮;分度机构的齿轮机构
7 级	≤10	≤17	≤6	高速中载或中速重载的齿轮传动,如标准系列减速器中的齿轮,汽车和机床中的齿轮
8 级	≤5	≤10	≤3	机械制造中对精度无特殊要求的齿轮
9 级	≤3	≤3.5	≤2.5	低速及精度要求低的传动

齿轮精度的标注方法如下:

如齿轮第一公差组精度指标为 6 级,第二、第三公差组精度指标均为 7 级,齿厚上偏差

为 G，下偏差为 M，应标注为

677G M GB/T 10095.1—2001

又如齿轮三个公差组精度指标均为 7 级，齿厚上偏差为 F，下偏差为 L，则应标注为

7F L GB/T 10095.1—2001

第七节　齿轮轮齿的失效和齿轮常用材料

一、轮齿的失效

齿轮的轮齿是传递运动和动力的关键部位，也是齿轮最薄弱的部位，因此齿轮的失效形式主要发生在轮齿上。实际应用中轮齿的失效主要有以下五种。

1. 轮齿折断

齿轮工作时，轮齿承受弯曲作用，所受的弯曲应力为交变应力，当应力值超过弯曲疲劳极限时，将产生疲劳裂纹，并逐渐扩展，最终引起轮齿折断，这就是疲劳折断。当严重过载或受冲击载荷时，也会引起轮齿突然折断，称为过载折断。齿轮断齿是齿轮失效形式中最危险的一种，可使齿轮丧失工作能力，甚至可能危及设备和人身的安全。硬度较高的钢制齿轮和铸铁齿轮容易发生过载折断。轮齿受力时，齿根部位所受弯曲应力最大，同时又有应力集中出现，因此过载折断和疲劳折断一般发生在齿根部分，如图 5-14 所示。

2. 齿面点蚀

在轮齿接触表面产生的局部压应力，称为齿面接触应力。如图 5-15 所示，当齿面接触应力超过接触疲劳极限时，齿面表层就会产生细微的疲劳裂纹，裂纹的扩展将导致表层金属微粒剥落，形成疲劳点蚀。疲劳点蚀往往出现在齿根表面靠近节线处。软齿面硬度不大于 350HBS 的闭式齿轮传动常因齿面点蚀而失效。在开式传动中，由于齿面磨损较快，点蚀还来不及出现或扩展即被磨掉，所以一般看不到点蚀现象。在润滑良好的闭式传动中，当齿轮工作一定时间后，在轮齿工作面上出现一些小凹坑，当点面积不断扩展时，使齿轮啮合情况恶化而失效，这种失效形式称为齿面点蚀。

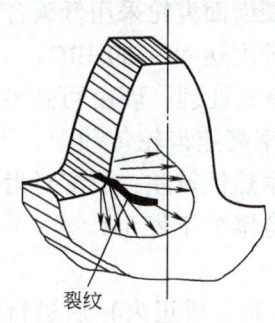

图 5-14　齿根的
疲劳裂纹

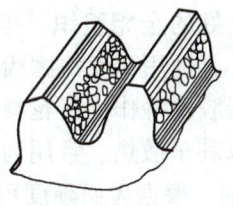

图 5-15　齿面的点蚀

3. 齿面磨损

齿轮传动时，两相互啮合的齿廓表面间有相对滑动，因而引起表面磨损。在开式传动中，齿面间容易落上灰尘、污物等而引起磨料性磨损，使齿廓很快失去渐开线形状，造成传

动不平稳，产生冲击和噪声，磨损达到一定程度，齿轮就报废，如图5-16所示。严重的磨损使齿厚减薄，可能导致轮齿折断。在闭式传动中，由于密封和润滑良好，定期更换润滑油，一般不会产生显著的磨损。

4. 齿面胶合

在高速重载的齿轮传动中，齿面工作区因局部受到挤压、摩擦而瞬时温度升至很高，如果润滑条件不合适，容易使齿面间的油膜破裂，造成齿面金属直接接触并相互粘连。此时若两齿面相互滑动，较软的齿面则沿滑动方向被撕下而形成沟纹，这种失效称为齿面胶合，如图5-17所示。在低速重载的齿轮传动中，由于齿面间润滑油膜不易形成，也可能产生胶合。

5. 齿面塑性变形

软齿面齿轮在承受重载时，齿面可能产生局部塑性变形，而失去正确齿形（图5-18）。这种失效形式常发生在低速、重载和起动频繁的传动中。

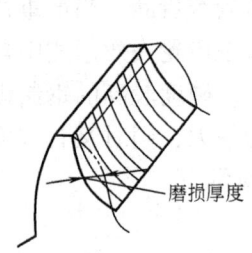

图5-16 齿面磨损

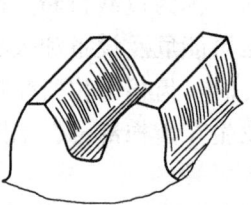

图5-17 齿面胶合

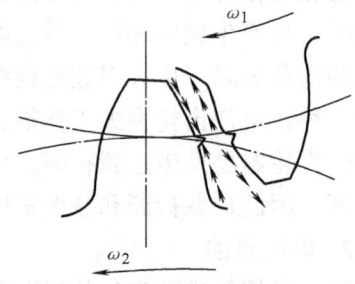

图5-18 齿面的塑性变形

二、齿轮的常用材料及选择

1. 齿轮的常用材料

齿轮常用材料为优质碳素钢和合金钢，一般多用锻件；较大直径齿轮不宜锻造时可采用铸钢或球墨铸铁。

软齿面大齿轮常用中碳钢或中碳合金钢，经正火处理，以消除内应力，改善力学性能；而小齿轮往往采用调质处理，改善力学性能且硬度略高。硬齿面齿轮采用低碳合金钢渗碳淬火（齿面硬度达56~62HRC），或中碳钢表面淬火（齿面硬度达40~50HRC），可得到表面硬，心部韧性好的金相组织，但热处理后需磨齿。采用渗氮处理，硬度可达60~62HRC，其齿面变形小，适用于无法磨齿的内齿轮的轮齿。在小功率高速齿轮传动中，为降低噪声，常采用尼龙或胶木等作为齿轮材料。非金属材料的导热和耐热性较差，故配对齿轮仍用钢或铸铁制造，以利于散热。常用齿轮材料的力学性能和应用范围列于表5-4。

（1）锻钢 根据齿面硬度可把锻钢齿轮分为两类。

1）软齿面齿轮（<350HBS）：这类齿轮是在热处理（调质或正火）后进行切齿的，加工后精度一般为7、8级。常用材料有35、45、50、40Cr、35SiMn、40MnB等。软齿面齿轮多用于对强度、精度要求不很高、速度较低的一般机械中。

2）硬齿面齿轮（≥350HBS）：这类齿轮通常在粗加工后进行热处理（淬火、表面淬火、渗碳、渗氮等），然后再进行磨齿和加研磨剂跑合等精加工，精度可达5、6级。常用的材料有45（表面淬火）、35SiMn（表面淬火）、40Cr（表面淬火）、20Cr渗碳、20CrMnTi渗碳等。

硬齿面齿轮主要用于要求承载能力较大、速度较高或精密的机械中。

表5-4 齿轮常用材料的力学性能及应用范围

材料	牌号	热处理	硬度	强度极限 σ_B/MPa	屈服极限 σ_S/MPa	应用范围
优质碳素钢	45	正火 调质 表面淬火	169~217HBS 217~255HBS 40~50HRC	580 650 750	290 360 450	低速轻载 低速中载 高速中载或低速重载，冲击很小
	50	正火	180~220HBS	620	320	低速轻载
合金钢	40Cr	调质 表面淬火	240~260HBS 48~55HRC	700 900	550 650	中速中载，高速中载，无剧烈冲击
	42SiMn	调质 表面淬火	217~269HBS 45~55HRC	750	470	高速中载，无剧烈冲击
	20Cr	渗碳淬火	56~62HRC	650	400	高速中载，承受冲击
	20CrMnTi	渗碳淬火	56~62HRC	1100	850	
铸钢	ZG310—570	正火 表面淬火	160~210HBS 40~50HRC	570	320	中速、中载、大直径
	ZG340—640	正火 调质	170~230HBS 240~270HBS	650 700	350 380	
球墨铸铁	QT600—2 QT500—5	正火	220~280HBS 147~241HBS	600 500		低中速轻载，有小的冲击
灰铸铁	HT200 HT300	人工时效 （低温退火）	170~230HBS 187~235HBS	200 300		低速轻载，冲击很小

（2）铸钢 当齿轮尺寸较大（$d>400\sim600$mm）及结构形状复杂不宜锻造时，常采用铸钢，如ZG310—570、ZG340—640等。但因铸钢收缩率大，故需进行正火或回火处理以消除内应力。

（3）铸铁 铸铁齿轮具有加工容易、成本低等优点。但力学性能较差，所以常用在受力较小、冲击小和低速传动场合。常用的材料有HT200、HT300、QT500—5、QT600—2等。

（4）非金属材料 对高速、轻载的齿轮传动，为了减少噪声，减轻重量，小齿轮可采用非金属材料，如尼龙、聚甲醛等，大齿轮仍用钢或铸铁制造。

2. 选材原则

1）根据齿轮的工作特点。齿轮材料应有足够的强度和耐磨性，且外硬内韧。

2）合理选择材料配对。如对硬度≤350HBS的软齿面齿轮，为使两轮寿命接近，小齿轮材料硬度应略高，且使两轮硬度差在30~50HBS左右。为提高抗胶合性能，大小轮应采用不同牌号的材料。

3）考虑加工工艺。软齿面（硬度≤350HBS）及中硬齿面（硬度=300~350HBS）齿轮可直接进行切削加工；而硬度>350HBS的硬齿面齿轮，通常是分段加工。直径$d>400\sim600$mm的齿轮一般采用铸造毛坯，需选铸铁或铸钢材料。

*第八节　直齿圆柱齿轮的强度计算

齿轮传动的承载能力及其工作可靠性主要取决于轮齿抵抗各种可能失效的能力。针对轮齿失效的形式，应建立相应的齿轮强度的计算方法。目前工程上多采用计算齿根弯曲疲劳强度和齿面接触疲劳强度的方法，这主要是控制齿的折断和齿面点蚀失效。对于胶合、磨损、塑性变形等失效形式的控制多采用适当的技术措施。

在闭式轮齿面齿轮传动中，齿轮常因齿面点蚀而失效，通常以保证齿面接触疲劳强度为主；但对于齿面的硬度很高、齿心强度又低的齿轮或材质较脆的齿轮，则以保证齿根弯曲疲劳强度为主。对开式齿轮传动、半开式齿轮传动，目前以保证齿根弯曲疲劳强度为主。

一、轮齿的受力分析

对齿轮传动作受力分析不仅是为了计算齿轮的强度，而且也是计算安装齿轮的轴及轴承时所必需的。齿轮传动一般均加油润滑，轮齿在啮合时的摩擦因数通常很小，计算轮齿受力时，可以不予考虑，只计算工作载荷即可。这样作用在主动轮轮齿上的总压力将垂直于齿面，即如图 5-19 中法向力 F_n。F_n 可分解为相互垂直的两个分力，即圆周力 F_t，径向力 F_r。它们的关系为

$$\left. \begin{array}{l} F_t = 2T_1/d_1 \\ F_r = F_t \tan\alpha \\ F_n = F_t/\cos\alpha \end{array} \right\} \tag{5-10}$$

式中，T_1 为小齿轮传递的转矩（N·mm）；d_1 为小齿轮的分度圆直径（mm）；α 为压力角（°）。

通常已知小齿轮传递的功率 P（kW）和转速 n_1（r/min），可求出转矩为

$$T_1 = 9.55 \times 10^6 \frac{P_1}{n_1} \tag{5-11}$$

作用在主动轮和从动轮上各对力的大小相等、方向相反。齿轮所受圆周力 F_t 的方向，在主动轮上与作用点的圆周速度方向相反，在从动轮上则与其圆周速度方向相同。径向力 F_r 的方向由作用点指向各自的轮心。

二、计算载荷

上述的法向力 F_n 为名义载荷。理论上，F_n 沿齿宽均匀分布，但由于轴和轴承的变形、传动装置的制造和安装误差等原因，载荷沿齿宽的分布并不是均匀的，即出现载荷集中现象。如图 5-20a 所示，齿轮位置对轴承不对称时，由于轴的弯曲变形，齿轮将相互倾斜，这时轮齿左端载荷增大（图 5-20b）。轴和轴承的刚度越小、齿宽 b 越宽，载荷集中越严重。此外，由于各种原动机和工作机的特性不同、齿轮制造误差以及轮齿变形等原因，还会引起附加动载荷。精度越低、圆周速度越高，附加动载荷就越大。因此，计算齿轮强度时，通常引入计算载荷 F_{nc}（或 F_{tc}）代替名义载荷 F_n。计算式为

$$F_{nc} = KF_n \quad \text{或} \quad F_{tc} = KF_t$$

式中，K 为载荷系数，考虑载荷集中和附加动载荷的影响，其值可根据原动机及工作机的情况由表 5-5 选取。

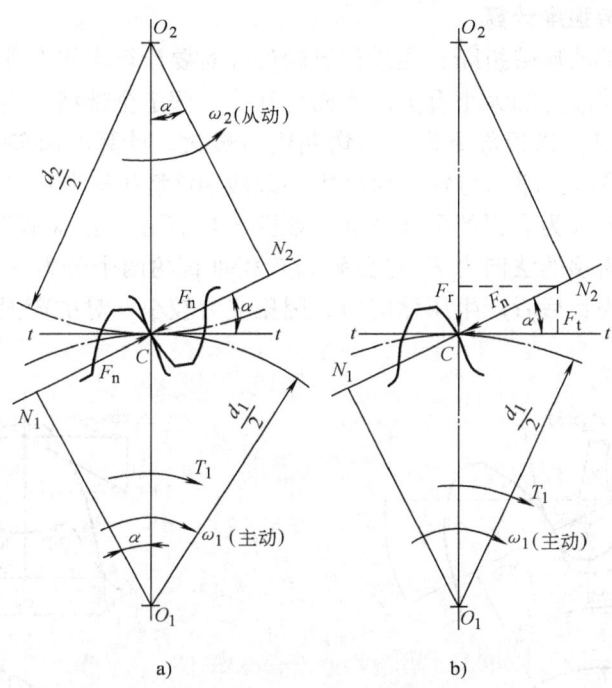

图 5-19 直齿圆柱齿轮传动的作用力

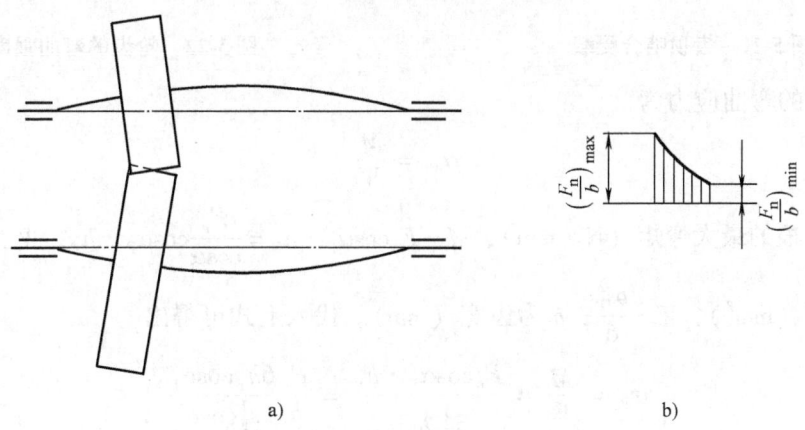

图 5-20 轴的弯曲变形引起的齿向偏载

表 5-5 载荷系数 K

原动机工作情况	工作机械的载荷特性		
	平稳和比较平稳	中等冲击	严重冲击
工作平稳（如电动机、汽轮机等）	1~1.2	12~1.6	1.6~1.8
轻度冲击（如多缸内燃机）	1.2~1.6	1.6~1.8	1.9~2.1
中等冲击（如单缸内燃机）	1.6~1.8	1.8~2.0	2.2~2.4

注：斜齿圆柱齿轮、圆周速度较低、精度高、齿宽较小时，取较小值；齿轮在两轴承之间并且对称布置时取较小值，齿轮在两轴承之间不对称布置时取较大值。

三、齿根弯曲疲劳强度计算

为了防止轮齿根部的疲劳折断,在进行齿轮设计时要计算齿根弯曲疲劳强度。轮齿的疲劳折断主要与齿根弯曲应力的大小有关。为简化计算,假定全部载荷由一对齿承受,且载荷作用于齿顶时(图5-21)齿根部分产生的弯曲应力最大。计算时将轮齿看作悬臂梁,危险截面用30°切线法来确定,即作与轮齿对称中心线成30°角并与齿根过渡曲线相切的两条直线,连接两切点的截面即为齿根的危险截面,如图5-22所示。危险截面的齿厚为 s_F。

沿啮合线作用在齿顶的法向力 F_n 可分解为互相垂直的两个分力 $F_n\cos\alpha_F$ 和 $F_n\sin\alpha_F$,前者对齿根产生弯曲应力,后者产生压缩应力。因压应力较小,对抗弯强度计算影响较小,故可忽略不计。

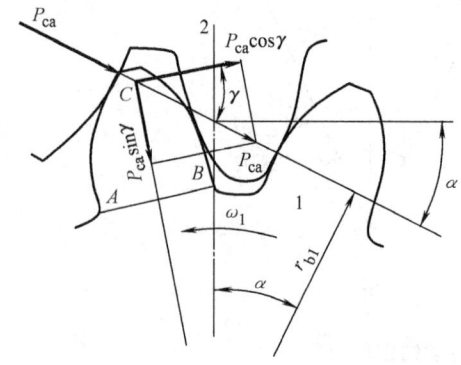

图5-21 齿顶啮合受载

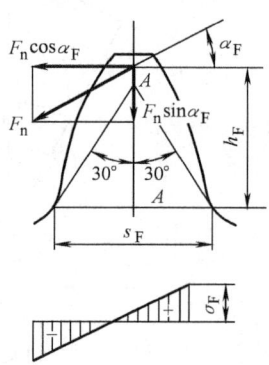

图5-22 轮齿的弯曲强度

齿根危险截面的弯曲应力为

$$\sigma_F = \frac{M}{W} \tag{5-12}$$

式中,M 为齿根的最大弯矩(N·mm),$M = F_n\cos\alpha_F \cdot h_F = \frac{F_t}{\cos\alpha}\cos\alpha_F \cdot h_F$;$W$ 为危险截面的弯曲截面系数(mm³),$W = \frac{bs_F^2}{6}$;b 为齿宽(mm)。代入上式可得出

$$\sigma_F = \frac{M}{W} = \frac{F_n\cos\alpha_F \cdot h_F}{\frac{1}{6}bs_F^2} = \frac{F_t}{b}\frac{6h_F\cos\alpha_F}{s_F^2\cos\alpha} \tag{5-13a}$$

将分子、分母同除以 m^2 得

$$\sigma_F = \frac{F_t}{bm} \cdot \frac{6(h_F/m)\cos\alpha_F}{(s_F/m)^2\cos\alpha} = \frac{F_t}{bm} \cdot Y_F \tag{5-13b}$$

式中,$Y_F = \frac{6(h_F/m)\cos\alpha_F}{(s_F/m)^2\cos\alpha}$ 称为齿形系数,它是考虑齿形对齿根弯曲应力影响的系数。因 h_F 和 s_F 都与模数 m 成正比,故 Y_F 只与齿形有关,而与模数无关,是一个无因次的系数。对于标准齿轮,齿形系数仅取决于齿数。标准外齿轮的齿形系数 Y_F 值可查表5-6。

考虑到齿根圆角处的应力集中以及齿根危险截面上压应力等的影响,引入应力修正系数 Y_S(见表5-7),计入载荷系数 K(见表5-5),即可得出轮齿齿根弯曲疲劳强度的校核公式为

$$\sigma_F = \frac{2KT_1}{bmd_1} \cdot Y_F Y_S = \frac{2KT_1}{bm^2 z_1} \cdot Y_F Y_S \leq [\sigma_F] \tag{5-14}$$

表 5-6　标准外齿轮的齿形系数 Y_F

z	12	14	16	17	18	19	20	22	25	28	30	35	40	45	50	60	80	100	≥200
Y_F	3.47	3.22	3.03	2.97	2.91	2.85	2.81	2.75	2.65	2.58	2.54	2.47	2.41	2.37	2.35	2.30	2.25	2.18	2.14

注：$\alpha = 20°$，$h_a^* = 1$，$c^* = 0.25$。

表 5-7　标准外齿轮的应力修正系数 Y_S

z	12	14	16	17	18	19	20	22	25	28	30	35	40	45	50	60	80	100	≥200
Y_S	1.44	1.47	1.51	1.53	1.54	1.55	1.56	1.58	1.59	1.61	1.63	1.65	1.67	1.69	1.71	1.73	1.77	1.80	1.88

注：$\alpha = 20°$，$h_a^* = 1$，$c^* = 0.25$，$\rho_f = 0.38$（ρ_f 为齿根圆角曲率半径）。

式中，T_1 为主动轮的转矩（N·mm）；b 为轮齿的接触宽度（mm），m 为模数；z_1 为主动轮齿数；$[\sigma_F]$ 为轮齿的许用弯曲应力（MPa），可按式（5-19）计算并查阅有关表格确定。

引入齿宽系数 $\psi_d = b/d$（见表 5-8），代入式（5-14）可得出齿根弯曲疲劳强度的设计公式为

$$m \geq 1.26 \sqrt[3]{\frac{KT_1 \cdot Y_F \cdot Y_S}{\psi_d \cdot z_1^2 \cdot [\sigma_F]}} \tag{5-15}$$

应注意，通常两个相啮合齿轮的齿数是不相同的，故齿形系数 Y_F 和应力修正系数 Y_S 都不相等，而且齿轮的许用应力 $[\sigma_F]$ 也不一定相等，因此必须分别校核两齿轮的齿根弯曲强度。在设计计算时，应将两齿轮的 $\dfrac{Y_F Y_S}{[\sigma_F]}$ 进行比较，取其中较大者代入式（5-15）中计算。计算所得模数应圆整成标准值。

表 5-8　齿宽系数 ψ_d

齿轮相对于轴承的位置	齿面硬度	
	软齿面	硬齿面
对称布置	0.8~1.4	0.4~0.9
非对称布置	0.6~1.2	0.3~0.6
悬臂布置	0.3~0.4	0.2~0.25

注：对于直齿圆柱齿轮宜取小值，斜齿可取大值；载荷稳定、轴刚度大的宜取大些，变载荷时，轴刚度较小的宜取小些。

四、齿面接触疲劳强度计算

为防止齿面发生疲劳点蚀，应限制齿面的接触应力，即必须保证齿面的接触应力不超过其许用值。

齿面接触应力的计算是以两圆柱体接触时的最大接触应力进行的。当两传动轮齿在节点啮合时，其接触情况与半径分别为 ρ_1 和 ρ_2 的两个平行圆柱体的接触相类似（图5-23）。根据弹性力学的赫兹应力公式可导出接触区的最大接触应力 σ_H。

$$\sigma_H = \sqrt{\frac{F_n}{\pi b} \cdot \frac{\left(\dfrac{1}{\rho_1} \pm \dfrac{1}{\rho_2}\right)}{\left(\dfrac{1-\mu_1^2}{E_1} + \dfrac{1-\mu_2^2}{E_2}\right)}} \tag{5-16}$$

式中，F_n 为作用在轮齿上的法向力（N）；b 为轮齿宽度（mm）；ρ_1、ρ_2 为齿廓接触处的曲率半径（mm）；μ_1、μ_2 分别为两齿轮材料的泊松比；E_1、E_2 分别为两齿轮材料的弹性模量（MPa）；"+"号用于外啮合，"-"用于内啮合。实践证明，点蚀多发生在齿根部分靠近节线处，所以一般只计算节点处的接触应力。根据两轮齿廓在节点的曲率半径、计算载荷、压力角及传动比，代入式（5-16），并经整理（整理过程略）后得到齿面接触疲劳强度的校核公式为

$$\sigma_H = 671 \sqrt{\frac{KT_1}{\psi_d d_1^3} \frac{u \pm 1}{u}} \leq [\sigma_H] \quad (5\text{-}17)$$

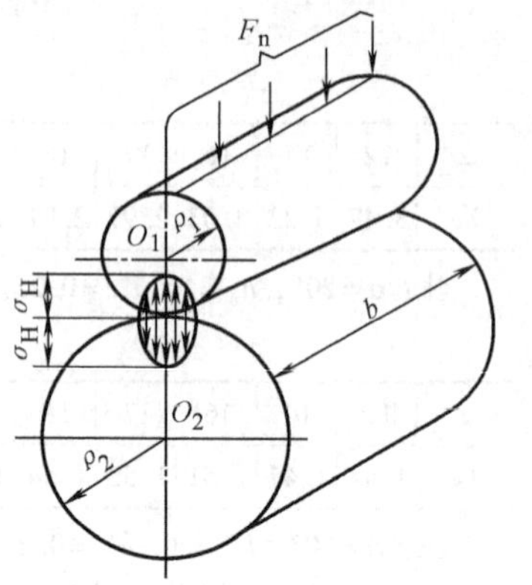

设计公式为

$$d_1 \geq \sqrt[3]{\left(\frac{671}{[\sigma_H]}\right)^2 \frac{KT_1}{\psi_d} \frac{u \pm 1}{u}} \quad (5\text{-}18)$$

图 5-23 两圆柱体间的接触应力

式中，d_1 为小齿轮分度圆直径（mm）；u 为齿数比，$u = \dfrac{\text{大齿轮齿数}}{\text{小齿轮齿数}}$；$[\sigma_H]$ 为许用接触应力（MPa）（见式(5-20)）；ψ_d 为齿宽系数（见表 5-8），$\psi_d = b/d_1$；其中 b 为齿宽(mm)。

设计时应注意两点：

1）上述接触强度计算公式仅适用于齿轮材料为钢与钢的情况。对于钢对灰铸铁或灰铸铁对灰铸铁的传动，要将式中的系数 671 分别乘以 0.85 或 0.76。

2）一对齿轮啮合时，根据作用力与反作用力原理，两齿面的接触应力是相等的，即 $\sigma_{H1} = \sigma_{H2}$；如果两轮材料或热处理不同，则其许用接触应力不相等，即 $[\sigma_{H1}] \neq [\sigma_{H2}]$。在强度计算时应将 $[\sigma_{H1}]$ 与 $[\sigma_{H2}]$ 中较小值代入公式计算。

五、轮齿的许用弯曲应力和许用接触应力

1. 轮齿的许用弯曲应力 $[\sigma_F]$

$$[\sigma_F] = \frac{\sigma_{Flim}}{S_F} \quad (5\text{-}19)$$

式中，S_F 为齿根弯曲疲劳强度的最小安全系数，一般取 $S_F = 1.25$；当要求高可靠度时取 $S_F = 2.0$，或按经验选取；σ_{Flim} 为轮齿齿根的弯曲疲劳极限应力，一般由实验值修正而得（见表 5-9）。

表 5-9 齿根的弯曲疲劳极限应力 σ_{Flim} 及齿面的接触疲劳极限应力 σ_{Hlim}

表 5-9 齿根弯曲疲劳极限 σ_{Flim} 和齿面接触疲劳极限 σ_{Hlim} （单位：MPa）

材料	热处理方法	齿面硬度	σ_{Flim}	σ_{Hlim}
碳素钢	正火、调质	≤260HBS	1HBS	2.8HBS
碳素铸钢	正火、调质	≤260HBS	0.9HBS	2.4HBS
合金钢	调质	≤350HBS	0.95HBS	2.5HBS
合金铸钢	调质	≤350HBS	0.8HBS	2.3HBS
碳素钢、合金钢	表面淬火	48～58HRC	6.2HRC	22HRC
合金钢	渗碳淬火	56～63HRC	6.4HRC	23HRC
铸铁		≤270HB	0.35HBS	1.7HBS

注：1. 如果齿轮是双向传动，表中 σ_{Flim} 的数值乘以 0.7。
2. 表中 σ_{Flim} 和 σ_{Hlim} 约为实测数据的平均值。

2. 轮齿的许用接触应力 $[\sigma_H]$

$$[\sigma_H] = \frac{\sigma_{Hlim}}{S_H} \tag{5-20}$$

式中，S_H 为齿面接触疲劳强度的最小安全系数，一般取 $S_H = 1 \sim 1.1$；当要求高可靠度时，取 $S_H = 1.5 \sim 1.6$；或按经验选取。σ_{Hlim} 为轮齿齿面的接触疲劳极限应力，由实验值修正而得（表 5-9）。

六、圆柱齿轮的结构

根据齿轮传动的强度计算，确定了分度圆、齿顶圆、齿根圆、齿宽等主要尺寸后，还需进一步确定轮辐和轮毂等结构的形式和尺寸。它们通常是按齿轮直径的大小，先选择合适的结构，再根据推荐的经验数据进行尺寸计算。

圆柱齿轮的结构有以下几种。

1. 轴齿轮

对于直径较小的钢质圆柱齿轮，当齿根圆到键槽底部的距离 $x \leq 2.5m$，（m 为端面模数）时，应将齿轮与轴做成一体，称为轴齿轮（图 5-24），此时，齿轮与轴用同一材料制造。

2. 实心式或腹板式齿轮

齿顶圆直径 $d_a \leq 500$mm 的齿轮可以是锻造的或铸造的。锻造齿轮，当齿顶圆直径 $d_a \leq 200$mm 时，做成实心式的结构（图 5-25）。尺寸大者应做成辐板式结构（图 5-26）。辐板上开孔的数目按结构尺寸大小及需要而定。

3. 轮辐式齿轮

齿轮的齿顶圆直径 $d_a > 500$mm 时，由于受锻造设备能力的限制，常做成轮辐式的结构（图 5-27）。这类齿轮用铸钢或铸铁制造，呈放射状的辐条。其横截面有椭圆形、T 形、十字形和工字形等，可按载荷的大小选用。

4. 其他形式的齿轮

对于尺寸特大的齿轮，为了节约贵重的材料，可以做成套装式的结构。对于单件或小批量生产的大型齿轮，还可以采用焊接结构。

七、轮齿强度设计准则和设计方法

设计齿轮传动时应根据齿轮传动的工作条件、失效情况等，合理地确定设计准则，以保证齿轮传动具有足够的承载能力。工作条件、齿轮的材料不同，轮齿的失效形式就不同，设计准则、设计方法也不同。

对于闭式软齿面齿轮传动，齿面点蚀是主要的失效形式，应先按齿面接触疲劳强度进行设计计算，确定齿轮的主要参数和尺寸，然后再按弯曲疲劳强度校核齿根的弯曲强度。闭式硬齿面齿轮传动常因齿根折断而失效，故通常先按齿根弯曲疲劳强度进行设计计算，确定齿轮的模数和其他尺寸，然后再按接触疲劳强度校核齿面的接触强度。

对于开式齿轮传动中的齿轮，齿面磨损为其主要失效形式。鉴于目前对磨损尚无成熟的计算方法，故通常按照齿根弯曲疲劳强度进行设计计算，确定齿轮的模数，考虑磨损因素，再将模数增大 10% ~ 20%，而无需校核接触强度。

八、主要参数的选择原则

1）齿数 z。一般取 $z = 20 \sim 40$。中心距一定时，适当增加齿数，能提高传动的平稳性。

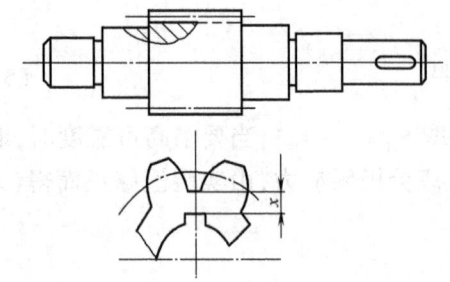

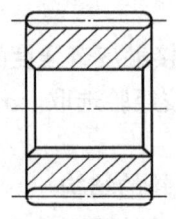

图 5-24 轴齿轮　　　　　　　图 5-25 实心齿轮

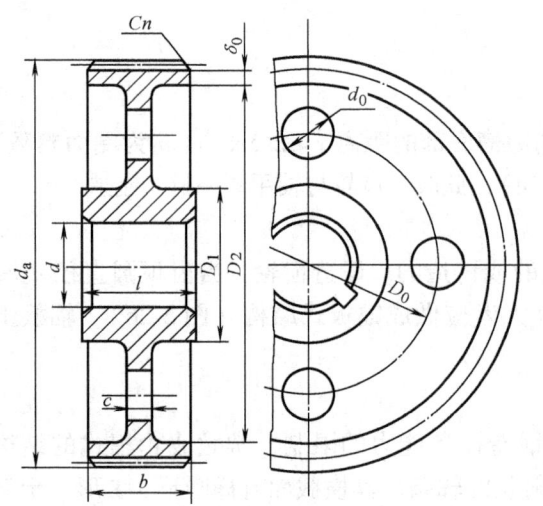

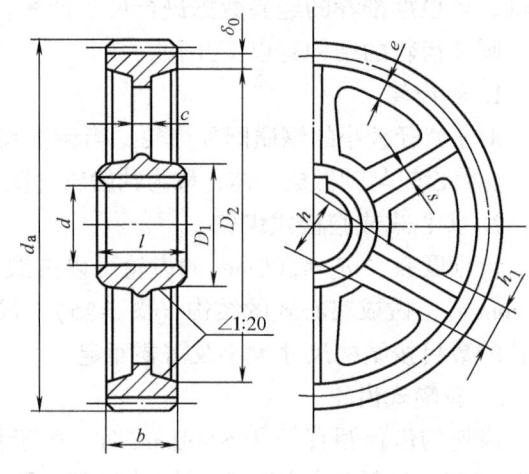

$D_1 = 1.6d$；$\delta_0 = (2.5 \sim 4)m_n$，但不小于 $8 \sim 10$ mm；$D_0 = 0.5(D_1 + D_2)$；$d_0 = 0.25(D_2 - D_1)$；$c = (0.2 \sim 0.3)b$，不小于 10 mm；$l = (1.2 \sim 1.5)d$，$l \geqslant b$

$b \leqslant 200$ mm；$D_1 = 1.6d$（铸钢）；$D_1 = 1.8d$（铸铁）；$h = 0.8d$；$h_1 = 0.8h$；$c = h/5$；$s = h/6$，但不能小于 10 mm；$\delta_0 = (2.5 \sim 4)m_n$，但不小于 $8 \sim 10$ mm；$e = 0.8\delta_0$；$l = (1.2 \sim 1.5)d$，$l > b$

图 5-26　腹板式圆柱齿轮　　　　图 5-27　轮辐式圆柱齿轮
　　　　$(d_a \leqslant 500$ mm$)$　　　　　　　　$(d_a = 400 \sim 1000$ mm$)$

对于闭式硬齿面传动和开式传动，为了提高弯曲强度，可取较小值，但应 $z_1 \geqslant 17$。

2）模数 m。对于传递动力的齿轮，应保证 $m \geqslant 2$ mm。

3）齿宽系数 ψ_d。按表 5-8 选取。$b = \psi_d d_1$ 算得的齿宽加以圆整作为 b_2，为防止两轮因装配后轴向错位，减少啮合宽度，小齿轮齿宽应在 b_2 的基础上增大，即 $b_1 = b_2 + (5 \sim 10)$ mm。

4）齿数比 u。u 值不宜过大，以免大齿轮直径增大而使整个传动的外廓尺寸过大。通常 $u < 7$。当 $u > 7$ 时，可采用多级传动。

九、齿轮传动设计的一般步骤

典型的齿轮传动设计问题是，已知传递功率 P，主动轮和从动轮转速 n_1、n_2，齿轮的工作条件。

设计计算时，先由主动轮与从动轮的转速要求确定传动比，再根据机械的整体结构和尺寸要求确定齿轮的材料和热处理方法。下面以例题说明一般步骤。

十、应用举例

***例 5-2** 某带式输送机单级圆柱齿轮减速器圆柱齿轮传动。已知 $i=4.6$，$n_1=1440$r/min，传递功率 $P=5$kW，单班制工作，单向运转，载荷较平稳。试设计该齿轮传动。

解：(1) 选择材料及热处理 该传动是闭式齿轮传动，属于转速不高、载荷不大、要求一般的小型传动，为了简化制造，降低成本，可采用软齿面钢制齿轮。查表 5-4，选择小齿轮材料为 45 钢，调质处理，硬度为 260～280HBS；大齿轮材料也为 45 钢，正火处理，硬度为 170～215HBS。

(2) 选择精度等级 运输机为一般机械，速度不高，故选择 8 级精度。

(3) 按齿面接触疲劳强度设计 软齿面闭式齿轮传动主要的失效形式为齿面点蚀。根据齿面接触疲劳强度，按式 (5-18) 确定尺寸

$$d_1 \geq \sqrt[3]{\left(\frac{671}{[\sigma_H]}\right)^2 \frac{KT_1}{\psi_d} \frac{u \pm 1}{u}}$$

按表 5-5，选载荷系数 $K=1.2$。

转矩 $T_1 = 9.55 \times 10^6 \dfrac{P_1}{n_1} = \left(9.55 \times 10^6 \dfrac{5}{1440}\right)$N·mm $= 33159.7$N·mm

查表 5-9，并取 $S_H=1.1$，利用式(5-20)算得 $[\sigma_{H1}]=610$MPa，$[\sigma_{H2}]=500$MPa；由表 5-8 取 $\psi_d=1.1$；$u=i=4.6$。

代入后计算小齿轮分度圆直径 d_1

$$d_1 \geq \sqrt[3]{\left(\frac{671}{[500]}\right)^2 \times \frac{1.2 \times 33159.7}{1.1} \times \frac{4.6+1}{4.6}} \text{mm} = 42.96\text{mm}$$

计算圆周速度 v

$$v = \frac{\pi d_1 n_1}{60 \times 1000} = \frac{3.14 \times 42.96 \times 1440}{60 \times 1000}\text{m/s} = 3.24\text{m/s}$$

因 $v<6$m/s，取 8 级精度合适。

(4) 确定主要参数，计算主要几何尺寸

1) 齿数 取 $z_1=22$，则 $z_2=22 \times 4.6=101$

2) 模数 $m=d_1/z_1=\dfrac{42.96}{22}$mm ≈ 1.95mm

由表 5-1 取标准模数 $m=2$，实际传动比 $i=101/22=4.59$，$i=(4.6-4.59)/4.6=0.2\%$，传动比误差小于允许范围的 $\pm 5\%$。

3) 分度圆直径 $d_1=mz_1=2 \times 22$mm $=44$mm

$d=mz_2=2 \times 101$mm $=202$mm

4) 中心距 $a=m(z_1+z_2)/2=2(22+101)/2$mm $=123$mm

5) 齿宽 由表 5-8 查得 $\psi_d=1.1$，计算 $b_2=1.1 \times 44$mm $=48$mm，取 $b_1=b_2+5=53$mm。

(5) 校核弯曲疲劳强度 由表 5-7 查得齿形系数 $Y_{F1}=2.75$，$Y_{F2}=2.18$，$Y_{s1}=1.58$，$Y_{s2}=1.8$，

由表 5-9 查得许用弯曲应力 $[\sigma_F]$ $\sigma_{Flim1}=260$MPa，$\sigma_{Flim2}=250$MPa，取 $S_F=1.25$，由式(5-19)可得

$$[\sigma_F]_1 = \frac{\sigma_{Flim1}}{S_F} = \frac{260}{1.25} = 208\text{MPa}$$

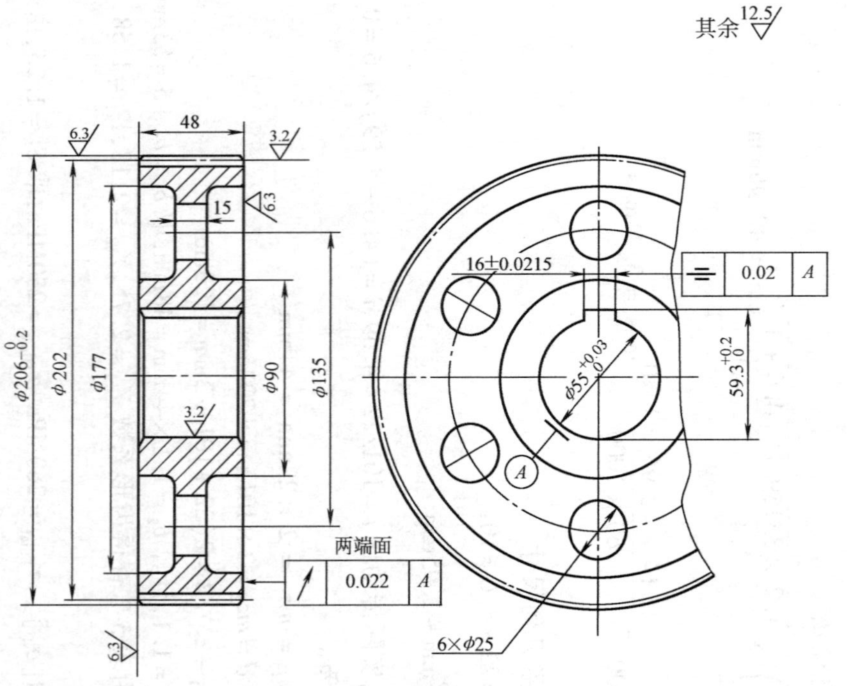

法向模数	m		2
齿数	z		102
压力角	α		20°
齿顶高系数	h_a^*		1
螺旋角			
螺旋方向			
精度等级			887HL GB/T10095-2001
齿轮副中心距及其极限偏差	$a \pm f_a$		123±0.027
配对齿轮	图号		
	齿数		22
公差检验项目	代号		公差值
I	齿圈径向圆跳动公差	F_r	0.063
II	公法线长度变动公差	F_W	0.050
	齿距极限偏差	f_{pt}	±0.022
III	齿形公差	f_f	0.018
	齿向公差	F_B	0.016
公法线平均长度及其偏差	W		$70.726_{-0.331}^{-0.165}$
跨齿数	k		12
标题栏			

技术要求
1. 45钢正火处理 162～217HBS。
2. 未注圆角 $R5$。
3. 未注倒角 $C2$。

图 5-28 直齿圆柱齿轮

$$[\sigma_F]_2 = \frac{\sigma_{Flim2}}{S_F} = \frac{250}{1.25} = 200\text{MPa}$$

故

$$\sigma_{F1} = \frac{2KT_1}{b_2 m^2 z_1} \cdot Y_F \cdot Y_S = \frac{2 \times 1.2 \times 33159.7}{48 \times 2^2 \times 22} \times 2.75 \times 1.58 = 95.85\text{MPa} \leq [\sigma_F]_1$$

$$\sigma_{F2} = \sigma_{F1} \cdot \frac{Y_{F2}Y_{S2}}{Y_{F1}Y_{S1}} = 95.8 \times \frac{2.18 \times 1.8}{2.75 \times 1.58} = 86.5\text{MPa} \leq [\sigma_F]_2$$

齿根弯曲强度校核合格。

(6) 绘制齿轮零件工作图　(图 5-28)

第九节　斜齿圆柱齿轮传动

一、概述

对于一定宽度的直齿圆柱齿轮，如图 5-29a 所示，其齿廓侧面是发生面在基圆柱上作纯滚动时，平面 S 上任一与基圆柱母线 NN 平行的直线 KK' 所展出的渐开线曲面。直齿圆柱齿轮啮合时，两轮齿廓侧面沿着与轴平行的直线接触，如图 5-29b 所示，这些接触的直线称为齿廓的接触线。这些齿廓接触线是同时沿整个齿宽进入啮合或退出啮合，轮齿上的作用力也是沿这些接触线突然加上或突然卸下，故易引起冲击和噪声，传动平稳性较差。高速传动时，这些情况尤为突出。为克服普通直齿圆柱齿轮的缺点，出现了斜齿圆柱齿轮传动。斜齿圆柱齿轮齿廓曲面的形成原理与直齿圆柱齿轮基本相同，但形成渐开线齿廓曲面的直线 KK 不再与基圆柱母线 NN 平行，而成一角度 β_b，如图 5-29c 所示。当发生面 S 沿基圆柱滚动时，斜直线 KK 的轨迹为一渐开线螺旋面，即斜齿轮的齿廓曲面。直线 KK 与基圆柱母线的夹角称为基圆柱上的螺旋角 β_b。一对斜齿圆柱齿轮啮合时，其接触线是与轴线倾斜的直线，如图 5-29d 所示。两轮齿进入啮合后，接触线长度逐渐增大，到某一啮合位置后，接触线又逐渐缩短，直到脱离啮合。因此斜齿圆柱齿轮是逐渐进入和退出啮合，同时啮合的轮齿数较直齿圆柱齿轮为多，重合度较大。与直齿轮传动相比，其传动平稳，承载能力大，适合于高速及大功率传动。斜齿轮的主要缺点是产生轴向力，如图 5-30a 所示。使用斜齿轮传动时，需要装设能承受轴向力的轴承。为消除轴向力，可采用人字型齿轮 (图 5-30b)，它由两排对称配置的斜齿构成，两侧的轴向力相互平衡。人字齿轮的缺点是制造较困难，主要用于重型机械。

*二、斜齿圆柱齿轮传动的几何参数和尺寸计算

由于斜齿圆柱齿轮的齿廓曲面是渐开线螺旋面，所以主要参数有端面和法面之分。端面垂直于齿轮轴，法面垂直于分度圆柱面上的螺旋线 (齿向)。如图 5-31 所示为斜齿轮分度圆柱的展开图，阴影线部分为轮齿，空白处为齿槽。因法向模数与端面模数不等，可由直角三角形得法向周节 p_n 和端面周节 p_t 的关系

$$p_n = p_t \cos\beta \tag{5-21}$$

1) 法向模数和端面模数。进行斜齿轮几何尺寸计算时，应注意法面与端面参数之间的换算关系。因 $p = \pi m$，故法向模数 m_n 与端面模数 m_t 的关系可由式 (5-21) 得

$$m_n = m_t \cos\beta \tag{5-22}$$

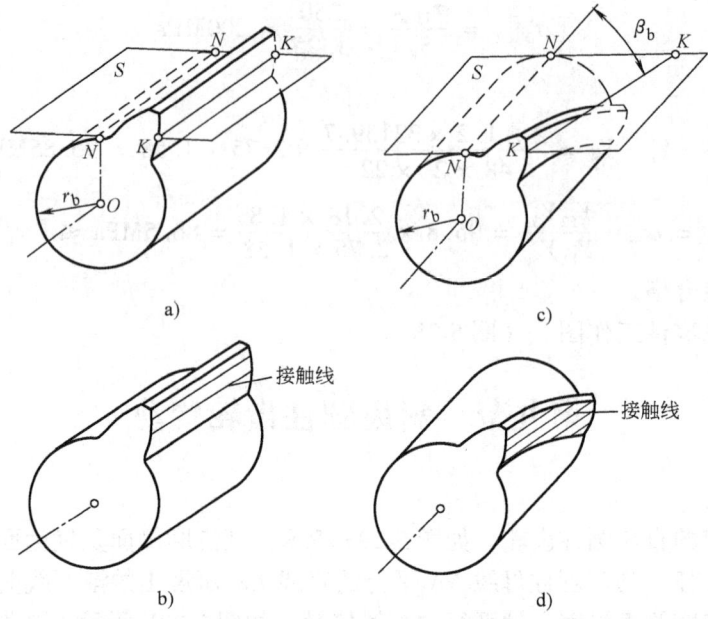

图 5-29 斜齿圆柱齿轮的接触线

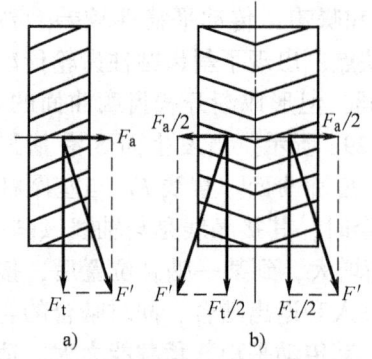

图 5-30 斜齿圆柱齿轮和人字齿轮
a) 斜齿轮 b) 人字齿轮

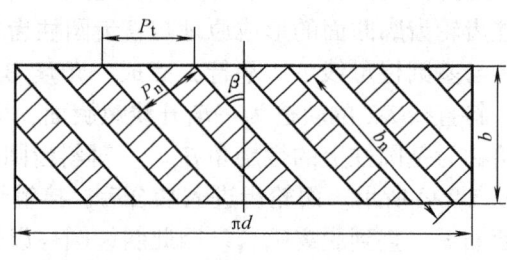

图 5-31 斜齿轮的展开

2) 螺旋角 斜齿圆柱齿轮轮齿的倾斜程度一般用分度圆柱面上的螺旋角 β 表示。通常所说的斜齿轮的螺旋角，如不特别注明，即指分度圆柱面上的螺旋角。斜齿轮的螺旋角一般为 $8°\sim 20°$。

3) 法向压力角 α_n 和端面压力角 α_t。工程中常用法向压力角，其值取国家规定的标准值。两者关系为

$$\tan\alpha_t = \frac{\tan\alpha_n}{\cos\beta} \tag{5-23}$$

4) 分度圆直径。用滚刀或铣刀切齿时，斜齿轮的法向模数、法向压力角和齿顶高系数等均为标准值，其数值与直齿轮相同，齿高计算公式也相同。但是，因为分度圆在端面内，其直径 d 应按端面模数计算，即

$$d = m_t z = m_n z/\cos\beta \tag{5-24}$$

初步选定 β 后，由上式求出的 d 可能不是整数，标准中心距 a 也不是整数。实际应用时可将 a 圆整为整数，再由上式求出所需的螺旋角 β。有了 d 和 h、h_f，则齿顶圆、齿根圆和基圆直径均易求出，其计算公式可参考表5-10。

表5-10 标准斜齿轮几何尺寸计算公式

名称	符号	公式
螺旋角	β	$\beta_1 = -\beta_2$，一般取 $8° \sim 20°$
法向模数	m_n	由强度或结构要求确定，然后取标准值
分度圆直径	d	$d_1 = m_n z_1/\cos\beta$　　$d_2 = m_n z_2/\cos\beta$
齿顶高	h_a	$h_a = h_a^* m_n$，h_a^* 同直齿轮的数值
齿根高	h_f	$h_f = h_a + c = (h_a^* + c^*)m_n$，$c^*$ 同直齿轮的数值
全齿高	h	$h = h_a + h_f$
齿顶圆直径	d_a	$d_a = d + 2h_a$
齿根圆直径	d_f	$d_f = d - 2h_f$
标准中心距	a	$a = (d_1 + d_2)/2 = m_n(z_1 + z_2)/2\cos\beta$

注：本表适用于滚刀和铣刀切齿。

三、斜齿圆柱齿轮的正确啮合条件

一对斜齿圆柱齿轮的正确啮合条件为两轮的法向模数和法向压力角相等。分度圆上的螺旋角大小相等而旋向相反（一左一右），即

$$\beta_1 = -\beta_2 \tag{5-25}$$

法向模数为标准值时，标准斜齿轮主要几何尺寸计算公式列于表5-10，使用时可按该表选取。

*四、当量齿数和无根切条件

当用仿形法切制轮齿时，就要根据齿轮的模数和齿数选择铣刀；进行强度计算时是以法向齿形为准，精确的法向齿形不易求出。工程中常用一齿形相当的直齿轮代替它，这个假想直齿轮的齿数称为当量齿数，用 z_v 表示。设 z 为斜齿轮齿数，可以证明

$$z_v = z/\cos^3\beta \tag{5-26}$$

上式说明 $z_v > z$。斜齿轮不发生根切的条件是 $z_v > z_{\min}$。例如 $\alpha = 20°$，$h_a^* = 1$，$\beta = 20°$，$z = 15$ 的斜齿轮，其当量齿数 $z_v = 15/\cos^3 20° = 18.08 > 17$，不会发生根切，故斜齿轮的齿数可以较少。

例5-3　一对正常标准斜齿轮的 $z_1 = 33$，$z_2 = 66$，$m_n = 5$mm。若标准中心距 a 为250mm，试求螺旋角、分度圆直径和齿顶圆直径。设计时若不改变模数和齿数，可否将中心距增大到 $a = 255$mm？

解：由表5-10中计算中心距的公式可得

$$\beta = \arccos\frac{m_n(z_1+z_2)}{2a} = \arccos\frac{5\times(33+66)}{2\times 250} = 8°6'34''$$

$$d_1 = \frac{m_n z_1}{\cos\beta} = 166.67\text{mm}$$

$$d_2 = \frac{m_n z_2}{\cos\beta} = 333.33\text{mm}$$

$$h_a = h_a^* m_n = 5\text{mm}$$
$$d_{a1} = d_1 + 2h_a = 176.67\text{mm}$$
$$d_{a2} = d_2 + 2h_a = 343.33\text{mm}$$

欲使 $a = 255\text{mm}$，应有

$$\beta = \arccos\frac{m_n(z_1 + z_2)}{2a} = \arccos\frac{5 \times (33 + 66)}{2 \times 255} = 13°55'50''$$

此时分度圆和齿顶圆直径也相应改变。可见通过改变螺旋角能使一对斜齿轮得到不同的中心距，设计时比较灵活，这是它的一个优点。

*第十节　锥齿轮传动的概念

一、概述

锥齿轮用来传递两相交轴的运动和动力。其传动可以看成是两个锥顶共点的圆锥体相互作纯滚动，如图 5-32a 所示。锥齿轮的轮齿是均匀分布在一个截锥体上，从大端到小端逐渐收缩，其轮齿有直齿和曲齿两种类型。直齿锥齿轮易于制造，适用于低速、轻载传动；曲齿锥齿轮传动平稳、承载能力强，常用于高速重载传动，但其制造成本高。本节只介绍两轴相互垂直的标准直齿锥齿轮传动，如图 5-32a 所示。直齿锥齿轮具有基圆锥、分度圆锥、齿顶圆锥和齿根圆锥等，如图 5-32b 所示。一对相互啮合传动的直齿锥齿轮还有节圆锥，对于正确安装的标准锥齿轮传动，节圆锥与分度圆锥重合。在图 5-32b 中，锥 OAB 为齿轮的分度圆锥。

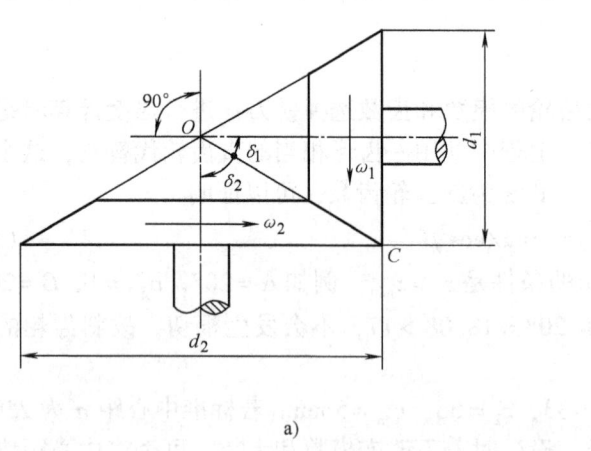
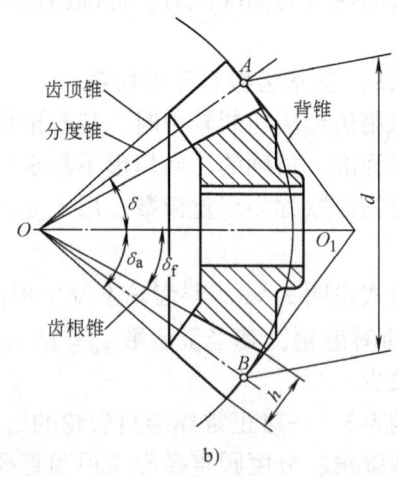

图 5-32　直齿锥齿轮传动

两齿轮的大端分度圆直径分别为 d_1、d_2，齿数分别为 z_1、z_2。则两轮的传动比为

$$i = \frac{\omega_1}{\omega_2} = \frac{z_2}{z_1} = \frac{d_2}{d_1} \tag{5-27}$$

当两轴线的夹角 $\Sigma = \delta_1 + \delta_2 = 90°$ 时，传动比也可为

$$i = \tan\delta_2 = \cot\delta_1 \tag{5-28}$$

二、直齿锥齿轮的传动条件

1）一对直齿锥齿轮的正确啮合条件是大端模数、压力角分别相等，即

$$m_1 = m_2 = m \quad \alpha_1 = \alpha_2 = \alpha \tag{5-29}$$

2）一对直齿锥齿轮的正确安装条件是两轮锥顶交于一点，轴交角 $\Sigma = \delta_1 + \delta_2 = 90°$，锥距相等 $R_1 = R_2$。

由于直齿锥齿轮计算公式的推导复杂，这里不再详细介绍。需要进行结构设计计算时，可查表 5-11。表中各名称的符号表示见图 5-33 所示。

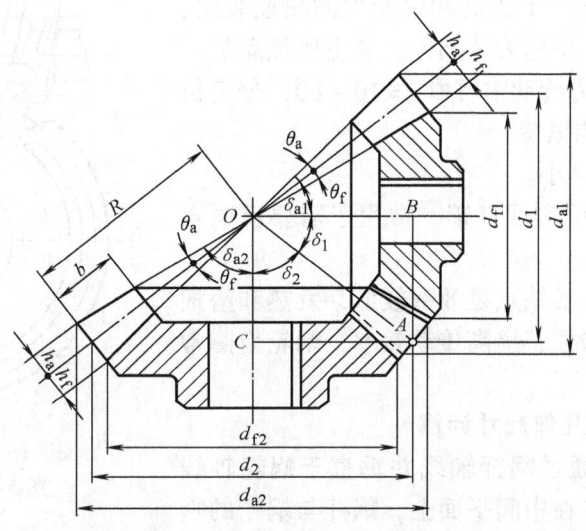

图 5-33 锥齿轮的几何尺寸及符号

表 5-11 标准直齿锥齿轮的几何尺寸计算公式（两轮轴垂直）

名 称	符 号	公 式
模数	m	指大端值，由强度或结构要求确定
分锥角	δ	$\delta_2 = \arctan \dfrac{z_2}{z_1}$，$\delta_1 = 90° - \delta_2$
分度圆直径	d	$d_1 = mz_1 \quad d_2 = mz_2$
齿顶高	h_a	$h_a = h_a^* m$，正常齿 $h_a^* = 1$
齿根高	h_f	$h_f = 1.2m$
全齿高	h	$h = 2.2m$
齿顶圆直径	d_a	$d_{a1} = d_1 + 2h_a\cos\delta_1 \quad d_{a2} = d_2 + 2h_a\cos\delta_2$
齿根圆直径	d_f	$d_{f1} = d_1 - 2h_f\cos\delta_1 \quad d_{f2} = d_2 - 2h_f\cos\delta_2$
锥距	R	$R = \dfrac{m}{2}\sqrt{z_1^2 + z_2^2}$
齿宽	b	$b \leqslant L/3$，$b \leqslant 10m$（m 为模数）
齿顶角	θ_a	$\theta_a = \arctan \dfrac{h_a}{L}$
齿根角	θ_f	$\theta_f = \arctan \dfrac{h_f}{L}$
顶锥角	δ_a	$\delta_{a1} = \delta_1 + \theta_a \quad \delta_{a2} = \delta_2 + \theta_a$
根锥角	δ_f	$\delta_{f1} = \delta_1 - \theta_f \quad \delta_{f2} = \delta_2 - \theta_f$

注：表列公式适用于正常收缩齿。

第十一节 蜗杆传动

当两传动轴既不平行，也不相交，而在空间垂直相错且要求传动比较大时，可以采用蜗杆传动，如图 5-34 所示。本节讨论常用的普通圆柱蜗杆蜗轮传动。

一、特点

蜗杆蜗轮传动广泛用于机器和仪器中的减速装置，一般是蜗杆为主动件，蜗轮为从动件，其主要优点是：

1）传动比大，动力传动中可取 $i=10\sim80$，分度机构中可达 1000，故机构紧凑。

2）传动平稳，噪声小。

3）蜗杆蜗轮传动可实现自锁，常用于需要反向自锁的设备中。

蜗杆蜗轮传动的主要缺点是效率较低，发热和磨损严重。为减少摩擦和磨损，提高传动效率，蜗轮齿圈常需用贵重的青铜制造。

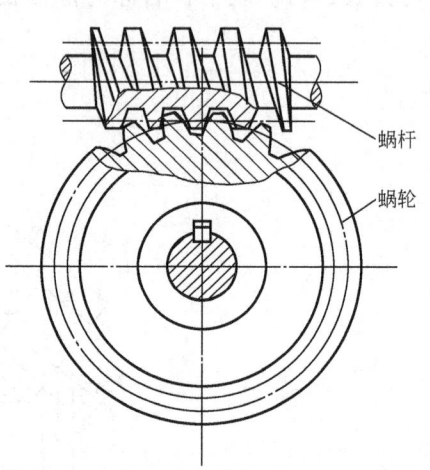

图 5-34　蜗杆传动

*二、主要参数及几何尺寸计算

如图 5-35 所示，通过蜗杆轴线并垂直于蜗轮轴线的平面称为中间平面。在中间平面上，蜗杆与蜗轮的啮合相当于齿条与渐开线齿轮的啮合。蜗杆与梯形螺纹相似，蜗轮近似于渐开线斜齿轮，但其齿顶面呈凹弧形，以包住蜗杆。在中间平面上，蜗杆几何参数的计算可沿用渐开线圆柱齿轮传动的计算公式。

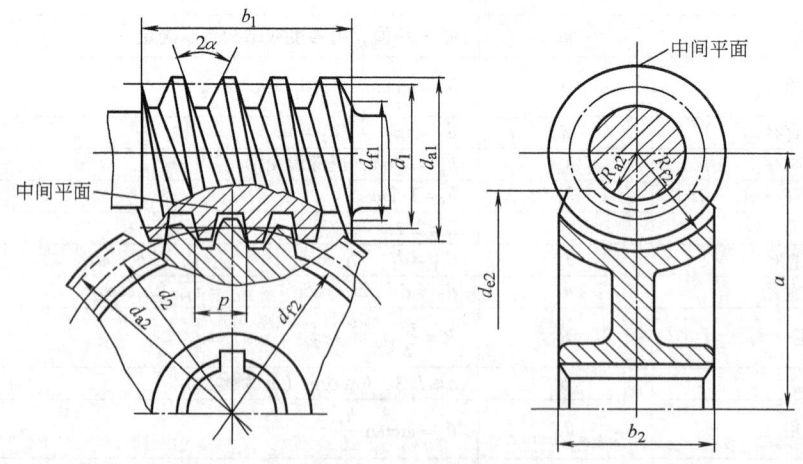

图 5-35　蜗杆蜗轮的几何尺寸

蜗杆蜗轮传动的基本参数是中间平面内的模数 m、压力角 α、蜗杆的头数 z_1、蜗轮的齿数 z_2 和蜗杆分度圆直径。已知 z_1、z_2，则可求得传动比 i。蜗杆的头（齿）数 z_1 即为螺旋线的数目，一般取 $z_1=1\sim4$。当传动比大于 40 或要求蜗杆自锁时，取 $z_1=1$；当传递功率较大时，为提高传动效率，减少能量损失，常取 $z_1=2\sim4$。蜗杆头数越多，越难加工。蜗轮齿

数通常取 $z_2 = 28 \sim 80$。齿数减少，平稳性降低；齿数增加，会使机构庞大。

1. 蜗杆传动的传动比 i

传动比等于蜗杆与蜗轮的转速之比，即

$$i = \frac{n_1}{n_2} = \frac{z_2}{z_1} \tag{5-30}$$

式中，n_1、n_2 分别为蜗杆、蜗轮的转速（r/min）；z_1、z_2 可根据需要选取。

2. 模数 m 和压力角 α

如前所述，在中间平面上，蜗轮与蜗杆的啮合相当于渐开线齿轮与齿条的啮合，蜗轮的端面（对于蜗轮来讲，端面平行于中间平面）齿距 p_t 应等于蜗杆的轴向齿距 p_{a1}，即蜗轮的端面模数 m_t 应等于蜗杆的轴向模数 m_{a1}，蜗轮的端面压力角 α_t 应等于蜗杆的轴向压力角 α_{a1}，中间平面上的模数和压力角为标准值，即

$$m_t = m_{a1} = m$$
$$\alpha_t = \alpha_{a1} = \alpha \tag{5-31}$$

3. 蜗杆分度圆直径 d_1 和蜗杆直径系数 q

因蜗轮常用形状与蜗杆相仿的滚刀展成切齿，为使刀具标准化和减少其数量，对每一模数规定 1~4 种蜗杆分度圆直径，并将此分度圆直径与模数之比称为蜗杆直径系数，用 q 表示，即

$$q = d_1/m \tag{5-32}$$

参数 q、蜗杆分度圆直径 d_1 和 m 的搭配值见国家标准（蜗杆基本参数国家标准）GB/T 10085—1988。

4. 蜗杆螺旋线升角 λ

蜗杆螺旋面与分度圆柱面的交线为螺旋线。如图 5-36 所示，将蜗杆分度圆柱面展开，其螺旋线与端面的夹角即为蜗杆分度圆柱上的螺旋线升角 λ，由螺旋线展成的直角三角形可得

$$\tan\lambda = \frac{z_1 p_{a1}}{\pi d_1} = \frac{z_1 m}{d_1} = \frac{z_1}{q} \tag{5-33}$$

式中，p_{a1} 为蜗杆轴向齿距。上式说明线数 z_1 较多时，升角 λ 较大，此时效率较高。若 λ 小于摩擦角，则蜗轮主动时不能推动蜗杆，即蜗杆传动能够自锁。由图 5-37 可见，蜗轮的螺旋角等于蜗杆螺旋线升角，即 $\beta_2 = \lambda$，两者旋向相同（图中均为右旋）。蜗杆传动的主要几何尺寸见图 5-35 所示，计算公式列于表 5-12。

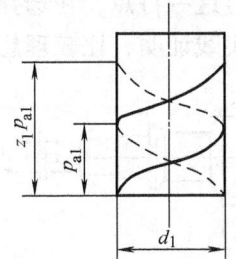
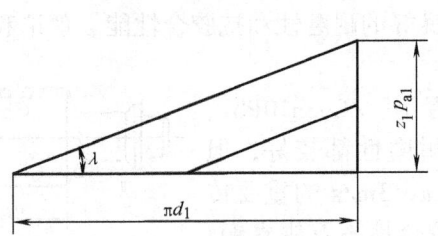
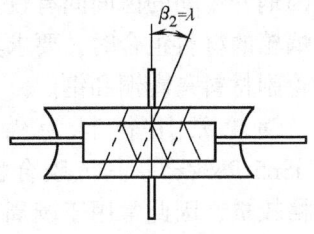

图 5-36　蜗杆分度圆柱展开图　　　　图 5-37　蜗杆螺旋线升角与蜗轮的螺旋角

表 5-12 标准普通圆柱蜗杆传动几何尺寸计算公式（参看图 5-35）

名称	计算公式	
	蜗杆	蜗轮
齿顶高	$h_{a1} = m$	$h_{a2} = m$
齿根高	$h_{f1} = 1.2m$	$h_{f2} = 1.2m$
分度圆直径	$d_1 = mq$	$d_2 = mz_2$
齿顶圆直径	$d_{a1} = m(q+2)$	$d_{a2} = m(z_2+2)$
齿根圆直径	$d_{f1} = m(q-2.4)$	$d_{f2} = m(z_2-2.4)$
顶隙	$c = 0.2m$	
蜗杆轴向齿距 蜗轮端面齿距	$p_{a1} = p_{t2} = \pi m$	
蜗杆分度圆柱的导程角	$\lambda = \arctan\dfrac{z_1}{q}$	
蜗轮分度圆上轮齿的螺旋角		$\beta = \lambda$
中心距	$a = \dfrac{m}{2}(q+z_2)$	
蜗杆螺纹部分长度	$z_1 = 1、2,\ b_1 \geq (11+0.06z_2)m$ $z_1 = 4,\ b_1 \geq (12.5+0.09z_2)m$	
蜗轮咽喉母圆半径		$r_{g2} = a - \dfrac{1}{2}d_{a2}$
蜗轮最大外圆直径		$z_1 = 1,\ d_{a2} \leq d_{a2} + 2m$ $z_1 = 2,\ d_{a2} \leq d_{a2} + 1.5m$ $z_1 = 4,\ d_{a2} \leq d_{a2} + m$
蜗轮轮缘宽度		$z_1 = 1、2,\ b_2 \leq 0.75d_{a1}$ $z_1 = 4,\ b_2 \leq 0.67d_{a1}$
蜗轮轮齿包角		$\theta = 2\arcsin\left(\dfrac{b_2}{d_1}\right)$ 一般动力传动 $\theta = 70° \sim 90°$ 高速动力传动 $\theta = 90° \sim 130°$ 分度传动 $\theta = 45° \sim 60°$

三、材料和结构

1. 材料

在蜗杆传动中，轮齿的失效形式与齿轮的相似，也有点蚀、折断、胶合及磨损等形式。但因蜗杆传动的齿面间有较大的相对滑动，故易出现胶合和磨损。针对这一特点，在选择蜗杆蜗轮的材料组合时，要求具有良好的耐磨性和抗胶合性能。理论和实践证明，比较理想的蜗轮副材料是青铜和钢。

蜗轮常用材料为铸锡青铜 ZCuSn10Pb1、ZCuSn5Pb5Zn5，其抗胶合性和耐磨性都较好，但价格较贵，因此常用于圆周速度 $v \geq 3\text{m/s}$ 的重要传动。铝铁青铜 ZCuAl10Fe3 的抗胶合性不及锡青铜，但价廉，常用于 $v \leq 4\text{m/s}$ 的传动。低速轻载传动中，也可采用灰铸铁。近年来，也有用尼龙和增强尼龙制造蜗轮的。

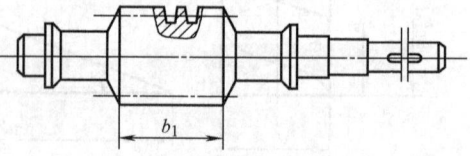

图 5-38 蜗杆轴

蜗杆的常用材料有 20Cr 和 20CrMnTi 等，经渗碳淬火至硬度 55~62HRC；或用 38SiMnMo

和45Cr等，经表面淬火至硬度45~55HRC；对于一般传动，也可采用45钢，调质处理。

2. 结构

蜗杆通常与轴做成一体，如图5-38所示。较小的蜗轮可以制成如图5-39a所示的整体式。对于尺寸较大的蜗轮，为了节省有色金属，可以做成组合式，齿圈用青铜，轮芯用铸铁或钢，并用过盈配合连接（图5-39b），或螺栓连接（图5-39c），也可以将青铜齿圈浇铸在铸铁轮芯上（图5-39d）。

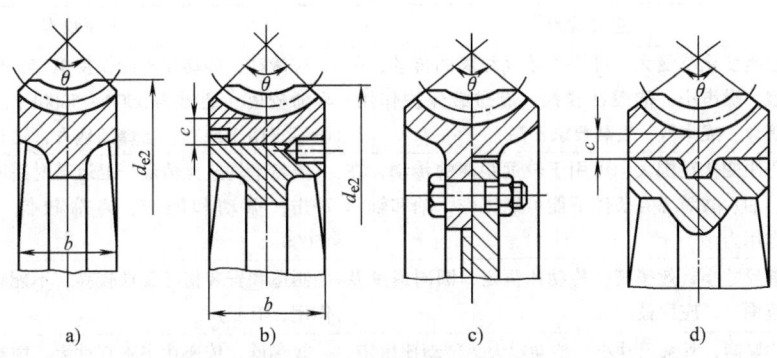

图5-39 蜗轮的结构

四、效率、润滑和散热

1. 效率

闭式蜗杆蜗轮传动机构工作时，功率损耗包括轮齿啮合损耗和箱体内润滑油的搅动损耗，其中主要是啮合损耗。因此，效率与蜗杆的结构有直接关系，一般蜗杆的头数增加，效率提高。效率一般在0.7~0.92之间。

2. 润滑

蜗杆传动所用的润滑油的粘度和给油方法，主要根据相对滑动速度和载荷类型进行选择。对于闭式传动，可以参考表5-13。

表5-13 蜗杆传动的润滑油粘度推荐值和给油方法

滑动速度/（m/s）	<1	<2.5	<5	5~10	10~15	15~25	>25
工作条件	重载	重载	中载				
粘度/cSt	(50)	(32)	(20)	(12)	81.5	59	44
给油方法	油池润滑			油池或喷油润滑	压力喷油润滑		

注：$1cSt = 10^{-6} m^2/s$。

3. 散热

蜗杆传动的效率较低，工作时常产生大量的热量，易使温升过高而导致传动失效。因此，对于高速重载连续工作的蜗杆传动一定要考虑散热问题。常用的散热措施有：

1) 在箱体上增设散热片以增大散热面积。
2) 在蜗杆轴上装风扇进行吹风冷却。
3) 在箱体油池内装蛇形水管用循环水冷却。
4) 用循环油冷却。

第十二节　几种传动形式的比较

常用的四种机械传动形式的特点列于表 5-14，它们的基本特性列于表 5-15，可供选用时参考。

表 5-14　几种机械传动形式的特点

传动形式	主要优点	主要缺点
带传动	中心距变化范围大，可用于较远距离的传动，传动平稳，噪声小，能缓冲吸振，有过载保护作用，结构简单，成本低，安装要求不高	有滑动，传动比不能保持恒定，外廓尺寸大，带的寿命较短（通常为 3500~5000h），由于带的摩擦起电不宜用于易燃、易爆的地方，轴和轴承上作用力大
链传动	中心距变化范围大，可用于较远距离的传动，在高温、油、酸等恶劣条件下能可靠工作，轴和轴承上的作用力小	虽然平均速比恒定，但运转时瞬时速度不均匀，有冲击、振动和噪声，寿命较低（一般为 5000~15000h）
齿轮传动	外廓尺寸小，效率高，传动比恒定，圆周速度及功率范围广，应用最广	制造和安装精度要求较高，不能缓冲，无过载保护作用，有噪声
蜗杆传动	结构紧凑，外廓尺寸小，传动比大，传动比恒定，传动平稳，无噪声，可做成自锁机构	效率低，传递功率不宜过大，中高速需用价贵的青铜，制造精度要求高，刀具费用高

表 5-15　几种机械传动的基本特性

基本特性		V 带传动	链传动	圆柱齿轮传动	蜗杆传动
η	闭式		0.95~0.97	0.96~0.99	自锁 0.4，非自锁 0.7~0.92
	开式	0.90~0.96	0.90~0.93	0.94~0.96	自锁 0.3，非自锁 0.60~0.70
速度	$v/(m/s)$	≤25~30	≤20 (40)	≤15~25（斜齿）(200)	v_s≤15 (v_s≤35)
	转速/(r/min)	<10000	<5000	<10000	<30000
功率/kW	使用范围	≤1000	≤4000	≤50000	≤750
	常用范围	≤75	≤100	≤3000	≤50
单级（传动比）i_{max}	使用值	≤15	齿形链≤15 滚子链≤10	≤10	≤100
	常用值	2~4	≤5~8	3~5	闭式 10~40，开式 15~60
噪声		小	大	大	较小
寿命		短	中等	长	短
抗冲击能力		良	差	差	中等
外廓尺寸		大	大	小	小
相对价格 100%		100	140	165	125

注：1. 括号中的数值为最大值；
　　2. v_s 系指相对滑动速度。

*第十三节 轮系及减速器

一、轮系

前面仅对一对齿轮的啮合原理和几何尺寸的计算问题进行了研究,但在实际应用中,仅由一对齿轮组成的齿轮机构往往不能满足工作需要。一般都由互相啮合的一系列齿轮所组成的齿轮机构来保证。例如,在各种机床中,将电动机的一种转速变为主轴的多级转速;在钟表中,使时针和分针的转速具有一定的比例关系等等。这种由一系列齿轮所组成的传动系统称为轮系,如图5-40所示。轮系的作用是:

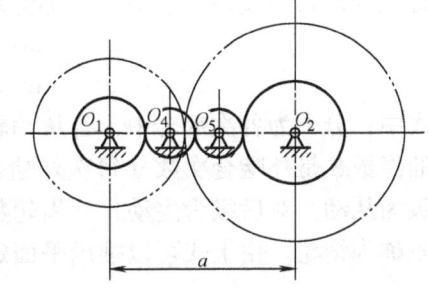

图5-40 轮系示意图

1) 当两齿轮轴距离较远时,用多个齿轮组成的轮系代替一对齿轮(双点画线所示),可减小齿轮尺寸,使机构紧凑(如图5-40中以实线表示的齿轮传动)。

2) 获得较大的传动比。

3) 变速或改变齿轮传动的输出方向。

轮系可以由各种类型的齿轮——圆柱齿轮、锥齿轮、蜗杆蜗轮等组成。根据轮系运转时各轮轴线的相对位置是否变动,可分为定轴轮系和行星(周转)轮系两种基本类型。下面主要对定轴轮系作一简介。

1. 定轴轮系及其传动比

当轮系运转时,各齿轮的几何轴线相对于机架的位置都是固定不动的轮系称为定轴轮系或普通轮系。如图5-41所示为定轴轮系。

轮系中首、末两轮的转速 n 或角速度 ω 之比,称为轮系的传动比,用 i_{ab} 表示,其中 a 为首轮,b 为末轮。在平面内角速度是代数量,逆时针转为正向,顺时针转为负向,故一对圆柱齿轮的传动比可写成图5-41所示的图形,图中用箭头表示出各轮的转向,从图中可以看出,外啮合齿轮传动方向相反(图5-41a),内啮合齿轮传动方向相同(图5-41b)。

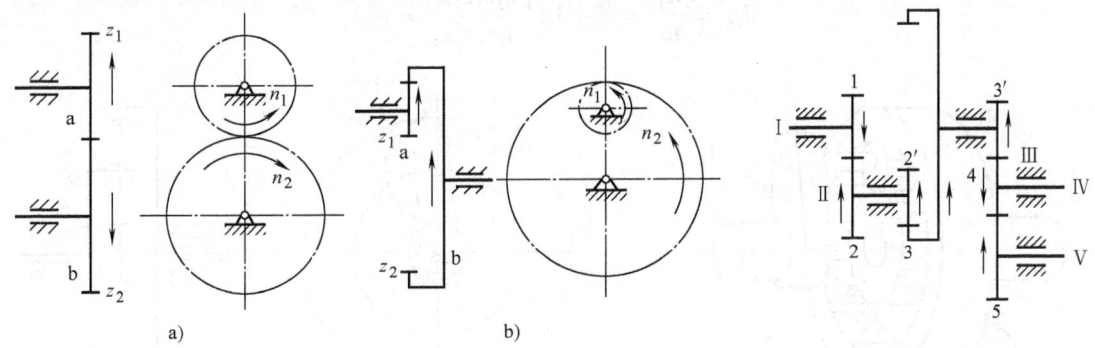

图5-41 一对圆柱齿轮的传动比
a) 外啮合传动 b) 内啮合传动

图5-42 平面定轴轮系的传动比

对图5-42所示的平面定轴轮系,其传动比可逐级计算而得。设 z_1、z_2、z_3、z_4 分别为

齿轮1、2、3、4的齿数，传动路线从Ⅰ轴到Ⅴ轴，各次啮合的传动比为

$$\frac{\omega_1}{\omega_2} = -\frac{z_2}{z_1}, \frac{\omega_2}{\omega_3} = \frac{z_3}{z_2'}$$

$$\frac{\omega_3}{\omega_4} = -\frac{z_4}{z_3'}, \frac{\omega_4}{\omega_5} = -\frac{z_5}{z_4}$$

将上列四式两边各自连乘，可得轮系传动比

$$i_{15} = \frac{\omega_1}{\omega_5} = \frac{\omega_1}{\omega_2}\frac{\omega_2}{\omega_3}\frac{\omega_3}{\omega_4}\frac{\omega_4}{\omega_5} = (-1)^3 \frac{z_2 z_3 z_5}{z_1 z_2' z_3'} \tag{5-34}$$

式中，分子为各次啮合中，各从动轮齿数的连乘积；分母为各主动轮齿数的连乘积。(-1)的指数3是外啮合次数（每次外啮合后改变转向）。图中齿轮4同时与两个齿轮啮合，对前级为从动，对后级为主动，其齿轮数不影响轮系传动比的大小，但改变了它的符号。这种齿轮称为惰轮。由上式可以推出平面定轴轮系传动的一般公式是

$$i_{ab} = \frac{\omega_a}{\omega_b} = (-1)^m \frac{\text{各从动轮齿数连乘积}}{\text{各主动轮齿数连乘积}} \tag{5-35}$$

式中，a表示首轮；b表示末轮；m为传动过程中外啮合的次数。

对于包括锥齿轮或蜗杆传动等的空间定轴轮系，传动比的大小仍可用上式计算。但空间轮系中各轮轴不尽平行，故无所谓转向相同或相反，上式右边的正负号失去意义。空间轮系的转向在图中用箭头标明。

例5-4 如图5-42所示的定轴轮系中，已知$z_1=20$，$z_2=25$，$z_3=40$，$z_2'=25$，$z_3'=20$，$z_4=35$，$z_5=40$，$n_1=1400\text{r/min}$，转向如图所示，求齿轮4、齿轮5的转速并判断其转向。

解：由式（5-41）得

$$i_{14} = \frac{\omega_1}{\omega_4} = (-1)^2 \frac{z_2 z_3 z_4}{z_1 z_2' z_3'} = \frac{25 \times 40 \times 35}{20 \times 25 \times 20} = 3.5$$

因 $\qquad i_{14} = n_1/n_4$

故 $\qquad n_4 = n_1/i_{14} = (1400/3.5)\text{r/min} = 400\text{r/min}$

同理可得

$$i_{15} = \frac{n_1}{n_5} = (-1)^3 \frac{z_2 z_3 z_4 z_5}{z_1 z_2' z_3' z_4} = -4$$

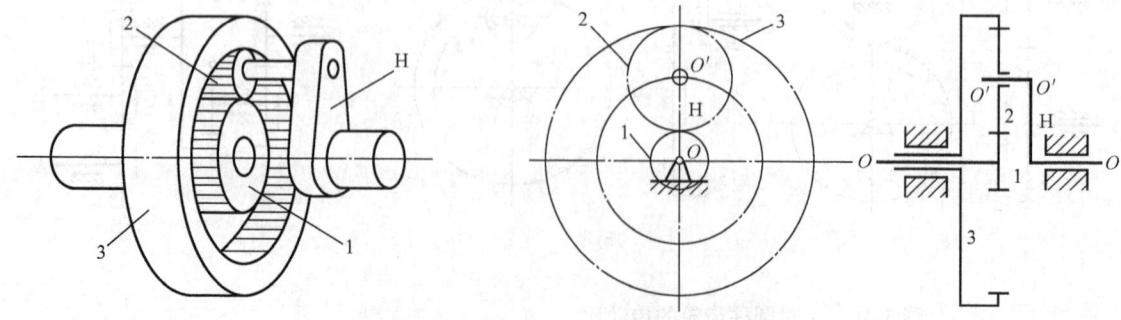

图5-43 行星轮系
1、3—太阳轮　H2—行星轮　H—系杆(行星架)

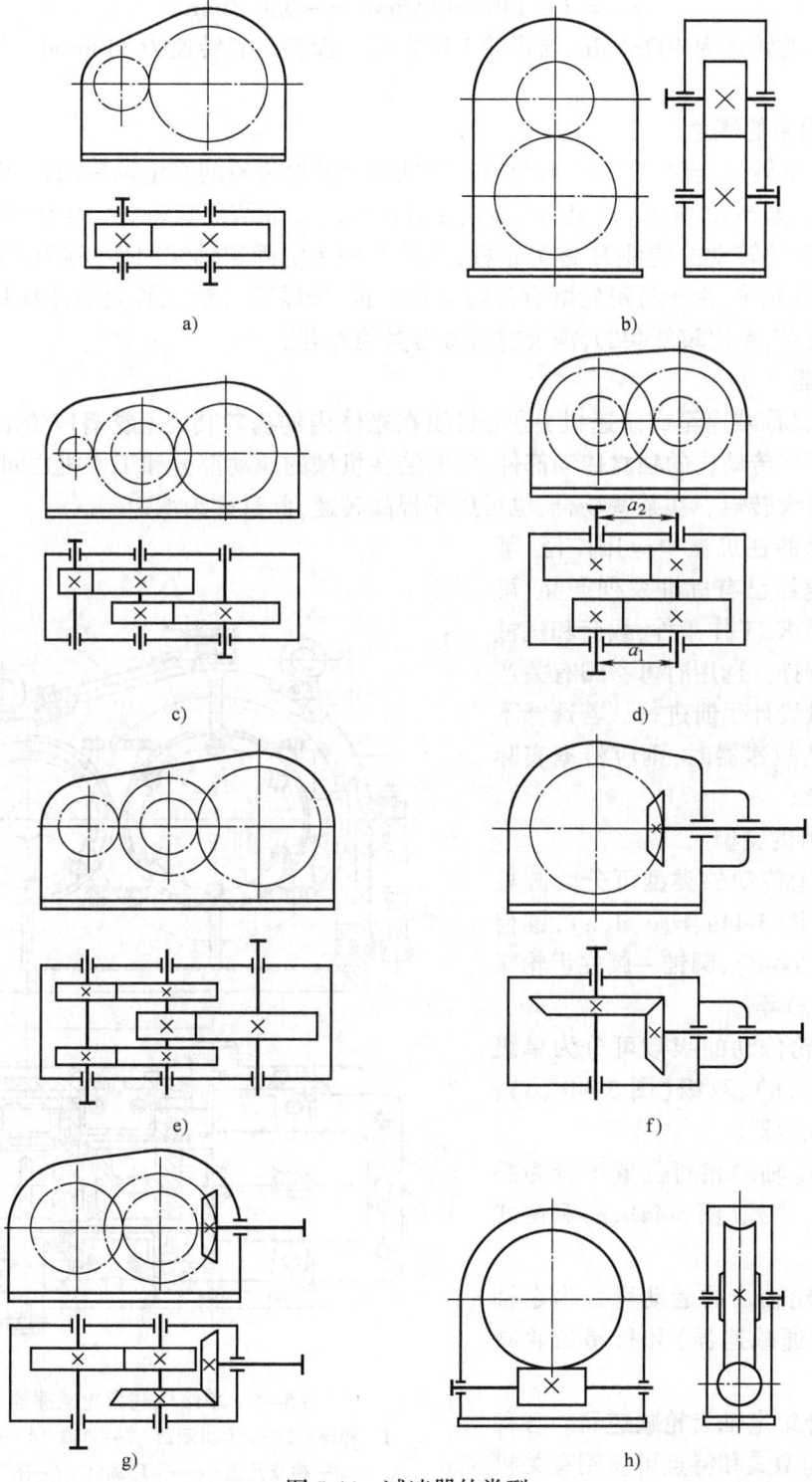

图 5-44 减速器的类型

a)卧式单级圆柱齿轮减速器 b)立式单级圆柱齿轮减速器 c)展开式双级圆柱齿轮减速器
d)同轴式双级圆柱齿轮减速器 e)高速级分流式双级圆柱齿轮减速器 f)单级锥齿轮减速器
g)双级圆锥圆柱齿轮减速器 h)单级蜗杆减速器

$$n_5 = (-1400/4)\text{r/min} = -350\text{r/min}$$

即齿轮 4 的转速为 400r/min，与齿轮 1 同方向。齿轮 5 的转速为 350r/min，与齿轮 1 方向相反。

2. 行星轮系的概念

若轮系在运转时，至少有一个齿轮的几何轴线绕其他齿轮的固定轴线回转，则称这种轮系为行星轮系，如图 5-43 所示。在图中，齿轮 2 既能自转又能绕固定轴线 OO 公转，称为行星齿轮；支持行星齿轮转动的构件 H 称为系杆；齿轮 1 和 3 绕固定轴线回转，称为太阳轮（或中心轮）。在行星轮系中，由于行星轮既有公转又有自转，所以其传动比的大小计算和方向判断都不同于定轴轮系，是比较复杂的，需要时可参考其他专著。

二、减速器

减速器（又称减速箱或减速机）是由封闭在箱体内的齿轮传动（或蜗杆传动）系统组成。减速器是有固定传动比的独立传动部件，常安装在机械的原动部分和工作机之间，用以降低转速并相应地增大转矩。在某些场合，也可用于提高转速，此时称为增速器。

由于减速器在机械中应用广泛，某些类型的减速器已有标准系列产品，可根据传动比要求、工作条件、载荷和机械总体布局来选择。选用时可参阅有关产品目录或机械设计手册进行。若选择不到适当的标准减速器时，则应根据实际进行设计制造。

1. 减速器的类型

1) 按齿轮传动的类型可分为圆柱齿轮减速器（图 5-44a、b、c、d、e），锥齿轮减速器（图 5-44f）、圆锥—圆柱齿轮减速器（图 5-44g）等。

2) 按齿轮传动的级数可分为单级（图 5-44a、b、f、h）、双级（图 5-44e、d）、三级和多级减速器。

3) 按齿轮轴的相对位置可分为卧式（图 5-44a）、立式（图 5-44b、h）和侧式减速器。

4) 按齿轮轴线的运动可分为定轴齿轮（又称普通减速器）和行星齿轮减速器。

本节只介绍定轴齿轮减速器。各种减速器的结构型式和特点可参阅有关机械设计手册。

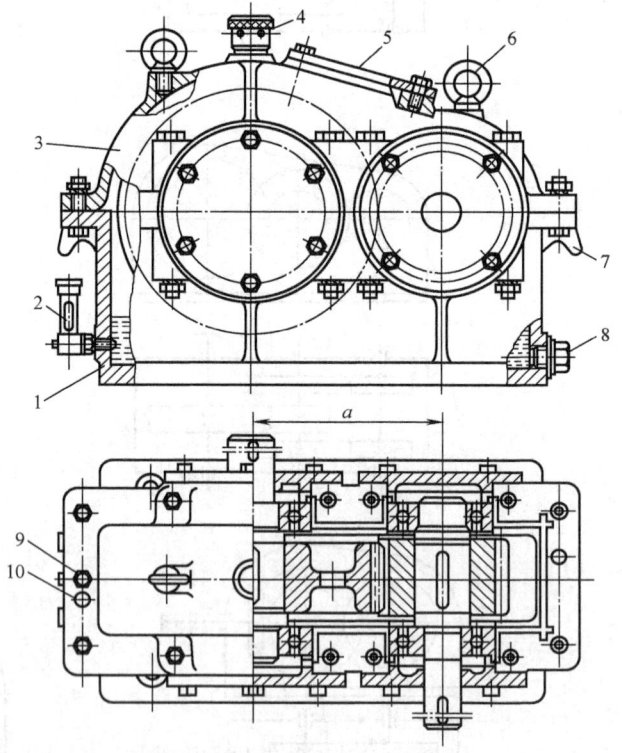

图 5-45 单级圆柱齿轮减速器
1—箱体 2—油面指示器 3—箱盖 4—通气器
5—检查孔盖 6—吊环螺钉 7—吊耳
8—油塞 9—起盖螺钉 10—定位销

2. 减速器的结构和润滑

如图 5-45 所示为一单级圆柱齿轮减速器的结构图。箱体是减速器的基座。为了保证齿轮轴线处于正确的位置,安装轴承的孔必须按一定的精度要求镗出。箱体本身要有足够的刚度,以免在载荷作用下产生过大的变形。为了增加减速器的刚度及散热面积,箱体外有加强肋,但箱体内不宜加肋,以免阻碍润滑油的流动,增加搅动油所消耗的能量。

为了便于安装,箱体一般做成剖分式结构,即分为箱盖与箱座两部分。在剖分面上通常涂一层薄薄的水玻璃或洋干漆,以保证箱体的密封性。但不能在箱盖和箱座之间采用垫片密封,否则将破坏轴承与孔的配合精度。

箱体通常采用灰铸铁制造,对于受冲击载荷较重的减速器,也可采用铸钢制造。

箱体与箱盖通常用一定数量的螺栓连接成一体,并用两个圆锥销保证精确定位。

箱盖上的检查孔是为了检查齿轮啮合情况及往箱体内注油用。平时用有机玻璃盖盖上,以防灰尘落入。

减速器工作时,箱体内温度升高,导致箱内空气的体积膨胀,因而可能从剖面处将润滑油挤出,为此,常在箱盖的顶部开有通气孔,并在其上装有通气器,使箱体内空气自由逸出。

与箱盖铸成一体的吊钩(或采用吊环)是用来提升箱盖。而整个减速器的提升,则用与箱座铸成一体的吊钩。

减速器中,齿轮、蜗轮、蜗杆与轴承的润滑是非常重要的。润滑的目的在于减少摩擦和磨损,提高传动效率,散热及防蚀,以保证减速器的正常工作。

为了便于随时检查箱体内油面的高低,在箱座上装有油面指示器或测油尺;为了换油和放油,在箱座下部开有放油孔,平时用油塞堵住。

复 习 题

5-1 一对相啮合的大、小齿轮,哪个齿廓较为平直? 哪个齿顶圆上的压力角较小?

5-2 什么参数是计算齿轮几何尺寸的基础? 它的意义和单位是什么?

5-3 分度圆和节圆有何不同? 其直径是否相等?

5-4 两个模数不同的齿轮能否正确啮合?

5-5 何为根切? 不产生根切的条件是什么?

5-6 一对齿轮传动时,其齿根处的弯曲应力是否相等?

5-7 斜齿轮有几种模数? 它的分度圆直径公式是否与直齿轮的相同?

5-8 两个右旋的斜齿轮的模数、压力角和螺旋角都相等,它们能否正确啮合?

5-9 模数 $m=2$mm,齿数 $z=20$,齿顶高系数 $h_a^*=1$ 的标准直齿圆柱齿轮,其分度圆、基圆和齿顶圆处渐开线的压力角各为多少?

5-10 测得一标准直齿圆柱齿轮的齿顶圆直径为 130mm,齿数为 24,全齿高为 11.25mm,求该齿轮的齿顶高系数和模数?

5-11 测得一个 38 齿的旧直齿轮的齿顶圆直径为 333.8mm。该齿轮是不是渐开线标准齿轮?

5-12 当渐开线标准直齿圆柱齿轮的齿根圆和基圆重合时,其齿数约为若干? 若实际齿数大于求出的数值,齿根圆和基圆哪一个大?

5-13 已知一对标准直齿圆柱齿轮的标准中心距 $a=160$mm,齿数 $z_1=20$、$z_2=60$,求模数和分度圆直径?

5-14 一对模数 $m=5$mm,齿数 $z_1=19$、$z_2=42$ 的正常齿标准齿轮,安装后的实际中心距为 $a=155.95$mm。试求:

1) 两个齿轮的分度圆直径和节圆直径。

2) 顶隙的标准值和实际值。

3) 啮合角的大小。

5-15 齿轮传动中一般 $z_{\min}$ 是多少？为什么？

5-16 齿轮传动的失效形式主要有哪几种？

5-17 说明齿轮常用材料和热处理方法以及齿轮配对材料和热处理方法的选用原则。

5-18 齿轮传动设计计算的依据是什么？

5-19 已知一对啮合正常的标准直齿圆柱齿轮的标准中心距 $a=81\text{mm}$，传动比 $i=2.611$，模数 $m=2.5\text{mm}$。试参照图 5-6 确定两齿轮的几何尺寸。

5-20 试设计某振动式输送机单级圆柱齿轮减速器圆柱齿轮传动。已知 $i=5$，电动机转速 $n_1=1440\text{r/min}$，传递功率 $P=6\text{kW}$，单班制工作，单向运转。

5-21 斜齿圆柱齿轮传动有何特点？一对斜齿轮正确啮合的条件是什么？斜齿轮传动适用于何种场合？

5-22 锥齿圆柱齿轮传动有何特点？一对锥齿轮正确啮合的条件是什么？锥齿轮传动适用于何种场合？

5-23 蜗杆传动是由哪种构件组成的？它有什么优点？应用于哪些场合？

*5-24 普通蜗杆传动的主要参数有哪些？其中哪些参数有标准？

*5-25 在蜗杆传动中，蜗杆和蜗轮常用哪些材料？它们对材料有何要求？

5-26 什么是轮系？轮系有哪些类型？说明轮系的功用。

5-27 如图 5-46 中所示的齿轮系中，已知 $z_1=z_2=z_3'=z_4=20$，齿轮 1、3、3′ 和 5 同轴线，各齿轮均为标准齿轮。若已知轮 1 的转速为 $n_1=1440\text{r/min}$，求轮 5 的转速。

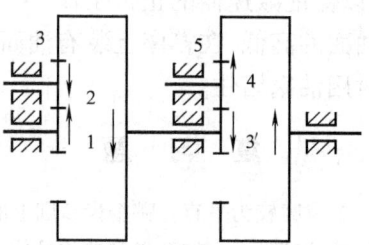

图 5-46 题 5-27 图

5-28 什么是减速器？它的用途是什么？减速器有何特点？减速器主要由几部分组成？

5-29 减速器的润滑有何作用？一般采用哪种润滑方式？

第六章　螺纹联接与螺旋传动

为了便于机器的制造、安装、维修和运输，在机器和设备的各零部件间广泛采用各种联接。联接分为可拆卸联接和不可拆卸联接两类。不损坏联接中任一零件就可将被联接件拆开的联接称为可拆卸联接，这类联接经多次装拆后仍能保持其使用性能，如螺纹联接、键联结和销联接等。不可拆卸联接是指至少要毁坏联接中的某一部分才能拆开的联接，如焊接、铆接等。螺纹联接在可拆联接中应用最广，最普遍，并有其独特的性能，所以本章将螺纹联接单独列出讨论。

螺纹联接和螺旋传动都是利用具有螺纹的零件进行工作的，前者作为紧固联接件，后者则作为传动件。两者虽然用途不同，但其几何形状和受力关系相似，故在本章中一并讨论。本章主要讨论螺纹联接的结构，重点介绍单个螺栓联接的强度计算、提高螺栓联接强度的措施。

第一节　螺纹的基本知识

一、螺纹的类型

螺纹有外螺纹和内螺纹之分，二者共同组成螺纹副用于联接或传动。螺纹有米（公）制和英制两种，我国除部分管螺纹外都采用米制螺纹。

螺纹轴向断面的形状称为螺纹的牙型。常用的螺纹牙型有三角形、矩形、梯形和锯齿形等，如图 6-1 所示。其中三角形螺纹主要用于联接，其余则多用于传动。

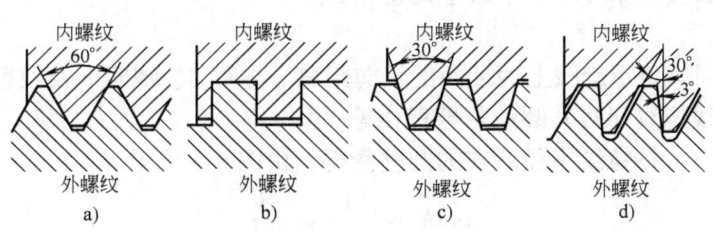

图 6-1　螺纹的牙型
a）三角形螺纹　b）矩形螺纹　c）梯形螺纹　d）锯齿形螺纹

按螺旋线绕行方向的不同，螺纹可分为右旋螺纹和左旋螺纹，如图 6-2 所示。通常用右旋螺纹。

按螺旋线的数目，还可将螺纹分为单线（单头）螺纹和多线螺纹，如图 6-3 所示。一般常用的是单线螺纹。

二、螺纹的主要参数

现以圆柱普通螺纹为例说明螺纹的主要几何参数，见图 6-4。

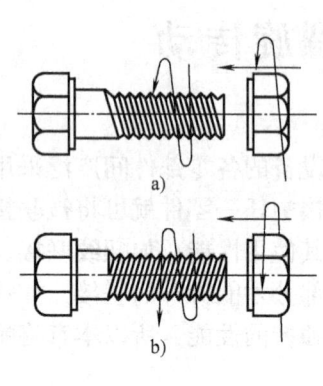
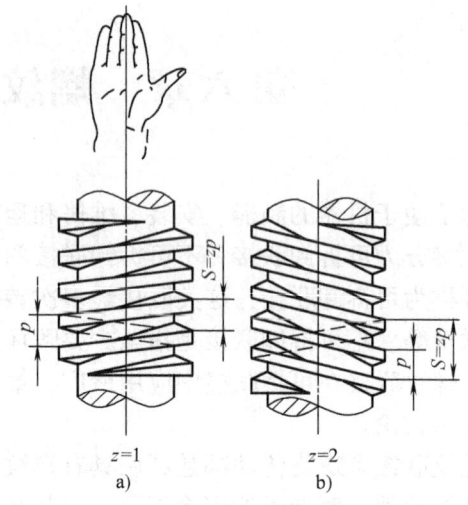

图 6-2　螺纹的旋向
a）右旋　b）左旋

图 6-3　螺纹的线数、螺距和导程
a）单线右旋　b）双线左旋

1）大径 d：与外螺纹牙顶或内螺纹牙底相重合的假想圆柱体的直径，是螺纹的最大直径，在有关螺纹的标准中称为公称直径。

2）小径 d_1：与外螺纹牙底或内螺纹牙顶相重合的假想圆柱体的直径，是螺纹的最小直径，常选此直径作为强度计算的依据。

3）中径 d_2：在螺纹的轴向断面内牙厚与牙槽宽相等处的假想圆柱的直径。

4）螺距 p：螺纹相邻两牙在中线上对应两点间的轴向距离。

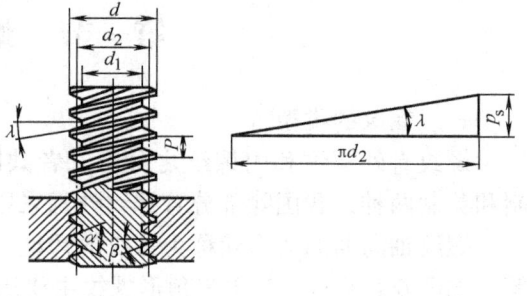

图 6-4　螺纹的主要几何参数

5）导程 S：同一条螺旋线上两牙间的轴向距离。导程 S、螺距 p 及线数 z 之间的关系为 $S=zp$。显然对单线螺纹而言其螺距与导程相等。

6）螺纹升角 λ：按螺纹中径所在的圆柱量得。由图 6-4 可得

$$\tan\lambda = \frac{S}{\pi d_2} = \frac{zp}{\pi d_2} \tag{6-1}$$

7）牙型角 α 和牙侧角 β（图 6-4）：在螺纹的轴向断面内，螺纹牙型相邻两侧边的夹角称为牙型角。牙型侧边与螺纹轴线的垂线间的夹角称为牙侧角，三角形和梯形螺纹具有对称的牙侧角，锯齿型螺纹如图 6-1d 所示。其牙侧角是不对称的。

三、常用螺纹的特点及应用

由于三角形螺纹副中的摩擦属于楔面摩擦，自锁性能好，即只要适当控制螺纹升角，即可得到良好的自锁性，从而提高了连接的可靠性。三角形螺纹的牙根厚、强度高，但效率低，故多用于紧固联接。它可分为以下两类（见图 6-5）。

1. 普通螺纹

普通螺纹即米制三角形螺纹，其牙型角为 $\alpha=60°$，螺纹大径 d 称为螺纹的公称直径，

以 mm 为单位。同一公称直径有多种螺距，其中螺距最大的称为粗牙螺纹，其余的称为细牙螺纹，国家标准中用"M"表示普通螺纹，在 M 后面加公称直径。一般联接都采用粗牙螺纹。细牙螺纹的螺纹槽较浅，因此与相同公称尺寸的粗牙螺纹比较，强度高，承载能力较高。由于其螺距小，升角小，因而自锁能力好。细牙螺纹装卸时如用力不当，容易造成滑扣，所以多用于不经常拆卸的地方和薄壁零件与细小零件的连接（图 6-5a）。

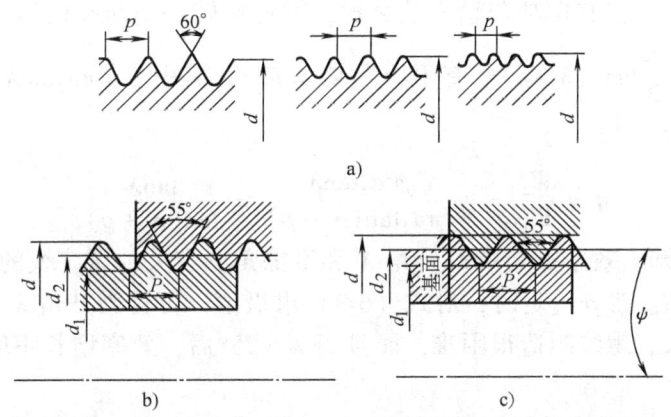

图 6-5　三角形螺纹

2. 管螺纹

管螺纹是英制螺纹，公称直径为管子的内径。按螺纹体外形来分，可将管螺纹分为 55°非螺纹密封管螺纹（牙型角 $\alpha = 55°$ 见图 6-5b）和用螺纹密封的管螺纹（牙型角 $\alpha = 55°$，见图 6-5c）。前者用于低压场合，后者适用于高温、高压或密封性要求较高的管联接。

*四、螺旋副的运动、受力、自锁和效率

1. 矩形螺纹（牙型角 $\alpha = 0°$）

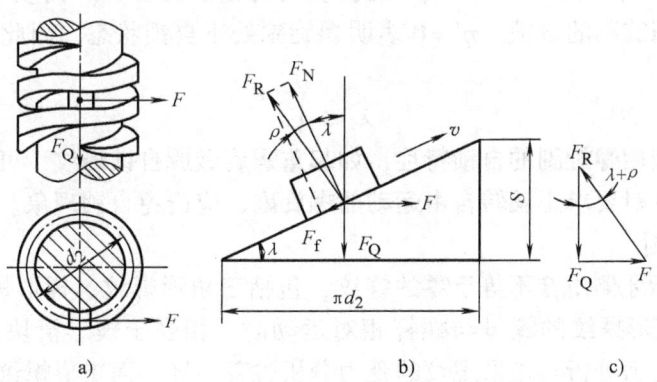

图 6-6　螺纹的受力

如图 6-6a 所示，在外力（或外力偶）作用下，螺旋副的相对运动，可看作推动滑块沿螺纹表面运动。如图 6-6b 所示，将矩形螺纹沿中径 d_2 处展开，得一倾斜角为 λ 的斜面，斜面上的滑块代表螺母，螺母与螺杆的相对运动可看成滑块在斜面上的运动。

如图 6-6b 所示，当滑块沿斜面向上等速运动时，所受作用力包括轴向载荷 F_Q、水平推力 F、斜面对滑块的法向反力 F_N 以及摩擦力 F_f。F_N 与 F_f 的合力为 $F_R = F_N f$，f 为摩擦因

数，F_R 与 F_N 的夹角为摩擦角 ρ。由 F_R、$F(N)$ 和 F_Q 组成的力多边形封闭图（图6-6c）得

$$F = F_Q \tan(\lambda + \rho) \tag{6-2}$$

转动螺纹所需的转矩（N·mm）为

$$T_1 = F\frac{d_2}{2} = \frac{d_2}{2} F_Q \tan(\lambda + \rho) \tag{6-3}$$

螺旋副的效率 η 是指有用功与输入功之比。螺母旋转一周所需的输入功为 $W_1 = 2\pi T_1$，其中 $T = F \cdot \frac{d_2}{2} = F_Q \frac{d_2}{2} \tan(\lambda + \rho)$。有用功为 $W_2 = F_Q S$，其中 $S = \pi d_2 \tan\lambda$（见图6-6b）。因此，螺旋副的效率为

$$\eta = \frac{W_2}{W_1} = \frac{F_Q \pi d_2 \tan\lambda}{F_Q \pi d_2 \tan(\lambda + \rho)} = \frac{\tan\lambda}{\tan(\lambda + \rho)} \tag{6-4}$$

由式（6-4）可知，效率 η 与螺纹升角 λ 和摩擦角 ρ 有关，螺旋线的线数多、升角大，则效率高，反之亦然。当 ρ 一定时，对式（6-3）求极值，可得当升角 $\lambda \approx 40°$ 时效率最高。但是，螺纹升角过大，螺纹制造很困难，而且当 $\lambda > 25°$ 后，效率增长不明显，因此，通常升角不超过 25°。

如图6-6b所示，当滑块沿斜面等速下滑时，轴向载荷 F_Q 变为驱动滑块等速下滑的驱动力，F_R 为阻碍滑块下滑的支持力，摩擦力 F_f 的方向与滑块运动方向相反。由 F_R、F_N 和 F_Q 组成的力多边形封闭图得

$$F = F_Q \tan(\lambda - \rho)$$

此时，螺母反转一周时的输入功为 $W_1 = F_Q S$，输出功为 $W_2 = F\pi d_2$，则螺旋副的效率为

$$\eta' = \frac{W_2}{W_1} = \frac{F_Q \tan(\lambda - \rho) \pi d_2}{F_Q \pi d_2 \tan\lambda} = \frac{\tan(\lambda - \rho)}{\tan\lambda} \tag{6-5}$$

由式（6-5）可知，当 $\lambda \leq \rho$ 时，$\eta' \leq 0$，说明无论加力多大，滑块（螺母）都不能运动，这种现象称为螺旋副的自锁。$\eta' = 0$ 表明螺旋副处于自锁状态。因此螺旋副的自锁条件是

$$\lambda \leq \rho \tag{6-6}$$

工程中也可以应用螺旋副的自锁特性，如起重螺旋做成自锁螺纹，可以省去制动装置。设计螺旋副时，对要求正反转自由运动的螺旋副，应避免自锁现象。

2. 非矩形螺旋副

非矩形螺纹是指牙侧角 β 不等于零的螺纹，包括三角形螺纹、梯形螺纹和锯齿形螺纹，如图6-7所示。非矩形螺纹的螺母与螺杆相对运动时，相当于楔形滑块沿楔形槽的斜面移动。非矩形螺纹的受力分析与矩形螺纹的受力分析过程一样，而矩形螺纹与非矩形螺纹的不同之处在于，在相同轴向载荷 F_Q 作用下，非矩形螺纹的法向力比矩形螺纹大（图6-8）。

若把法向力的增加看作摩擦因数的增加，则非矩形螺纹的摩擦阻力可写为

$$\frac{F_n}{\cos\beta} f = \frac{f}{\cos\beta} F_n = f_V F_n$$

式中，f_V 为当量摩擦系数，即

$$f_V = \frac{f}{\cos\beta} = \tan\rho_V$$

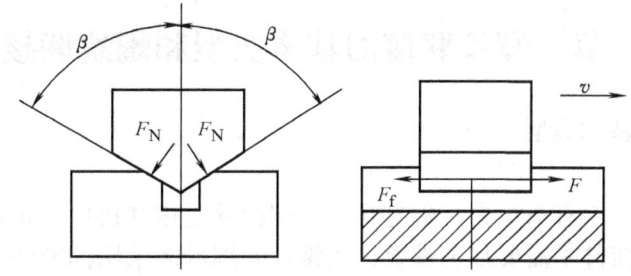

图 6-7 斜面当量摩擦因数 f_v 的计算

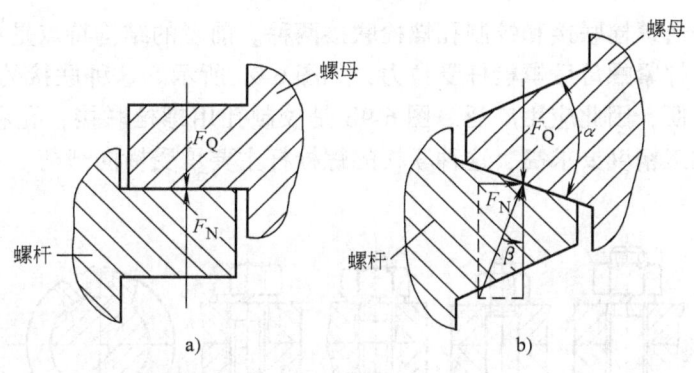

图 6-8
a) 矩形 b) 三角形

式中，ρ_v 为当量摩擦角。因此，将图 6-6 的摩擦阻力 $F_f = F_N \cdot f$ 中的 f 改为 f_v，就可像矩形螺纹那样对非矩形螺纹进行力的分析。

当滑块沿非矩形螺纹等速上升时，可得水平推力

$$F = F_Q \tan(\lambda + \rho_v) \tag{6-7a}$$

相应的驱动力矩

$$T = F \frac{d_2}{2} = F_Q \frac{d_2}{2} \tan(\lambda + \rho_v) \tag{6-7b}$$

当滑块沿非矩形螺纹等速下滑时，可得

$$F = F_Q \tan(\lambda - \rho_v) \tag{6-7c}$$

相应的力矩为

$$T = F_Q \frac{d_2}{2} \tan(\lambda - \rho_v) \tag{6-7d}$$

与矩形螺纹分析相同，若螺纹升角 λ 小于当量摩擦角 ρ_v，则螺旋具有自锁特性，如不施加驱动力矩，无论轴向驱动力多大，都不能使螺旋副相对运动。

$$\lambda \leq \rho_v \tag{6-7e}$$

为了防止螺母在轴向力作用下自动松开，用于联接的紧固螺纹必须满足自锁条件。

很显然，非矩形螺纹的牙形角 α 越大，螺纹的效率越低。由于三角形螺纹的自锁性能比矩形螺纹好，静联接螺纹要求自锁，故多采用牙形角大的三角形螺纹。传动螺纹要求螺旋副的效率 η 要高，因此，一般采用牙形角较小的梯形螺纹。

第二节　螺纹联接的基本类型和螺纹联接件

一、螺纹联接的基本类型

1. 螺栓联接

这种联接是利用一端有头、另一端有螺纹的螺栓穿过被联接件的光孔，拧上螺母将被联接件联成一体。被联接件不需要加工螺纹，而螺栓和螺母多采用标准件，不需单独加工，可降低生产成本。螺栓联接常用于被联接件不太厚，并能从被联接件的两面安装螺栓和螺母的场合。

螺栓联接有普通螺栓联接和铰制孔螺栓联接两种。前者的结构特点是被联接件的通孔与螺栓杆间有间隙，拧紧螺母后螺栓杆受拉力，如图 6-9a 所示。这种联接的通孔加工精度低，结构简单，装拆方便，因此应用广泛。图 6-9b 是铰制孔用螺栓联接，孔和螺栓的杆采用基孔制过渡配合，加工精度要求高，这种联接的螺栓杆主要承受横向载荷。

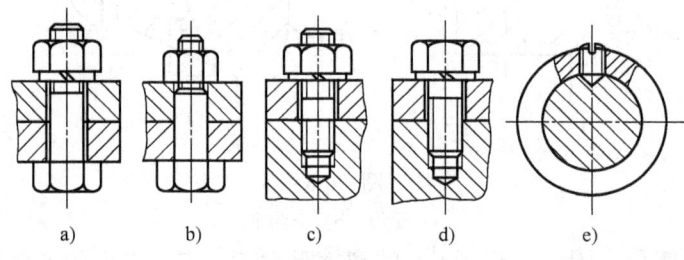

图 6-9　螺纹联接的基本类型

2. 双头螺柱联接

双头螺柱的两端加工成螺纹，联接时一端拧紧在被联接件之一的螺纹孔内，另一端穿过另一被联接件的通孔，再旋上螺母，如图 6-9c。拆卸时，只需拧下螺母，不必拧下双头螺柱就能将被联接件分开。这种联接可用于被联接件之一的厚度很大，不便钻成通孔，且需经常拆装的场合。

3. 螺钉联接

螺钉的杆部一般全部为螺纹，其联接的特点是不用螺母，用途与双头螺柱联接相似，多用于不需经常拆卸的场合，如图 6-9d。

4. 紧定螺钉联接

如图 6-9e 所示，将紧定螺钉旋入一零件的螺纹孔中，并以其末端顶住另一零件的表面或嵌入相应的凹坑中，以固定两个零件的相对位置，并传递不大的力或转矩。

5. 地脚螺栓联接

地脚螺栓的一端为钩头、另一端为螺纹，与螺母相联，如图 6-10 所示。其作用是将设备固定在地基上。螺纹部分要符合国家标准，另一端的结构可自行设计，但要与地基结合牢固，

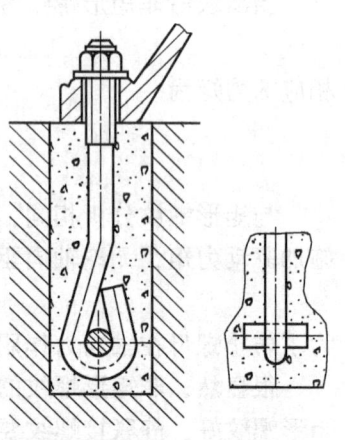

图 6-10　地脚螺栓联接

有足够的强度。

二、标准螺纹联接零件

螺纹联接件种类很多，如螺栓、双头螺柱、螺钉、紧定螺钉、螺母、垫圈以及防松零件等。这些零件大多已有国家标准，其品种和规格可由相关标准或手册查得。表6-1列出了常用螺纹联接件的类型、结构特点及应用。

表6-1 常用螺纹联接件的类型、结构特点及应用

类型	图例	结构特点及应用
六角头螺栓	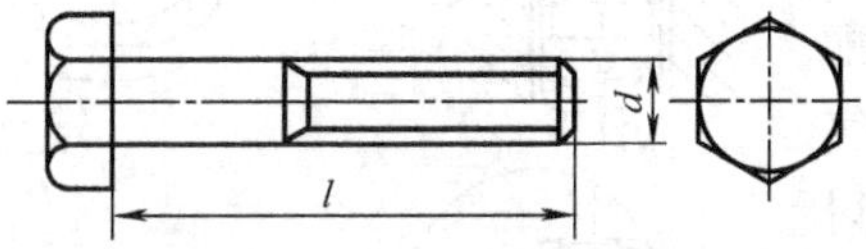	应用最广。螺杆可制成全螺纹或者部分螺纹，螺距有粗牙和细牙。螺栓头部有六角头和小六角头两种。其中小六角头螺栓材料利用率高、力学性能好，但由于头部尺寸较小，不宜用于装拆频繁、被联接件强度低的场合
双头螺栓	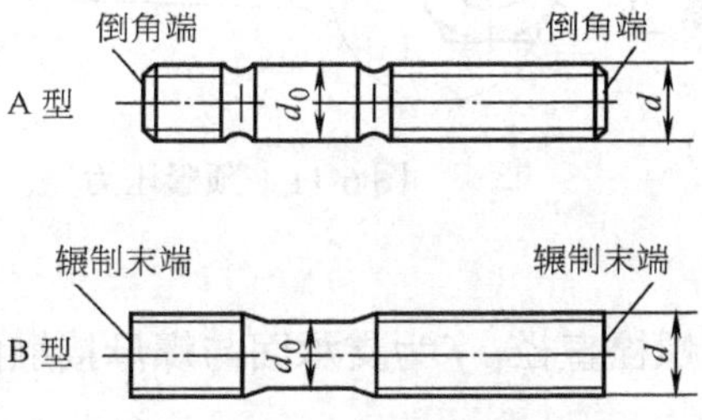	螺栓两头都有螺纹，两头的螺纹可以相同也可以不相同。螺栓可带退刀槽或者制成腰杆，也可以制成全螺纹的螺柱。螺柱的一端常用于旋入铸铁或者有色金属的螺纹孔中，旋入后不拆卸，另一端则用于安装螺母以固定其他零件
螺钉	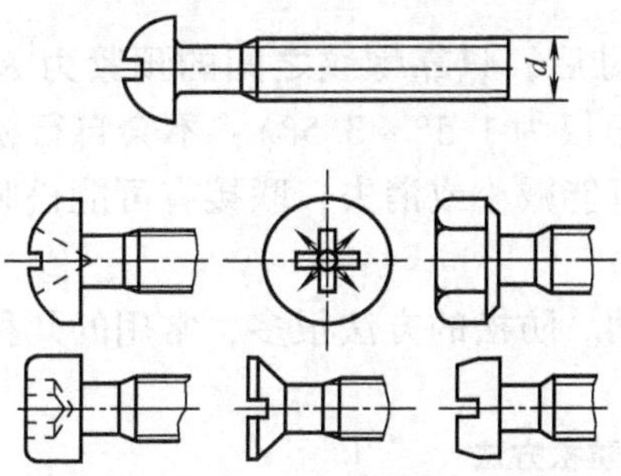	螺钉头部形状有圆头、扁圆头、六角头、圆柱头和沉头等。头部的起子槽有一字槽、十字槽和内六角等形式。十字槽螺钉头部强度高、对中性好，便于自动装配。内六角螺钉可承受较大的扳手转矩，联接强度高，可替代六角头螺栓，用于要求结构紧凑的场合
紧定螺钉	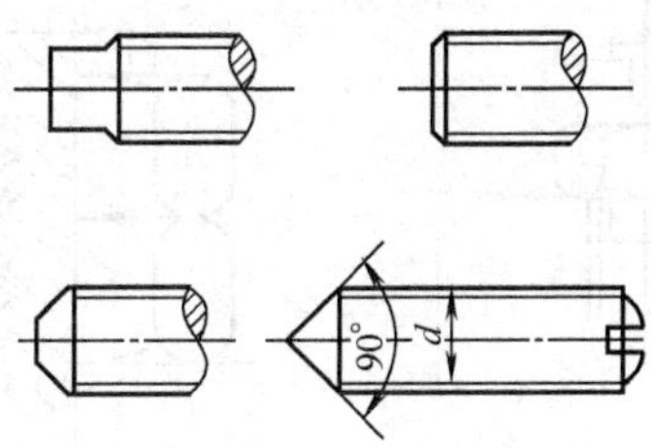	紧定螺钉常用的末端形式有锥端、平端和圆柱端。锥端适用于被紧定零件的表面硬度较低或者不经常拆卸的场合；平端接触面积大，不会损伤零件表面，常用于顶紧硬度较大的平面或者经常装拆的场合；圆柱端压入轴上的凹槽中，适用于紧定空心轴上的零件位置
自攻螺钉	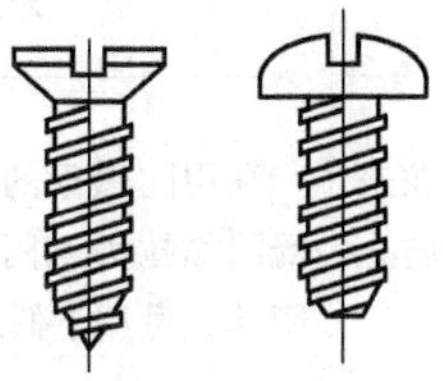	螺钉头部形状有圆头、六角头、圆柱头、沉头等。头部的起子槽有一字槽、十字槽等形式。末端形状有锥端和平端两种。多用于联接金属薄板、轻合金或者塑料零件，螺钉在联接时可以直接攻出螺纹

第三节　螺纹联接的预紧和防松

一、螺纹联接的预紧

大多数情况下，在装配螺栓时要预紧螺母。拧紧的目的是增强联接的可靠性和防松能力。在拧紧力矩 T 的作用下，螺母被拧紧，使被联接件受到预紧压力 F'，其反作用力通过螺母与螺栓旋合的螺纹，使螺栓受到预紧拉力，（图6-11）。对于一般的螺纹联接，预紧力的大小靠装配经验，在拧紧时控制。但对于重要联接（例如气缸盖的螺栓联接），预紧力必须加以控制。为获得一定的预紧力所需的拧紧力矩 T，要克服螺纹副中相对转动的阻力矩 T_1 以及螺母支承表面上的摩擦力矩 T_2，即

$$T = T_1 + T_2 \quad (6\text{-}8)$$

$$T_2 = \frac{fF'(D_1 + d_0)}{4}$$

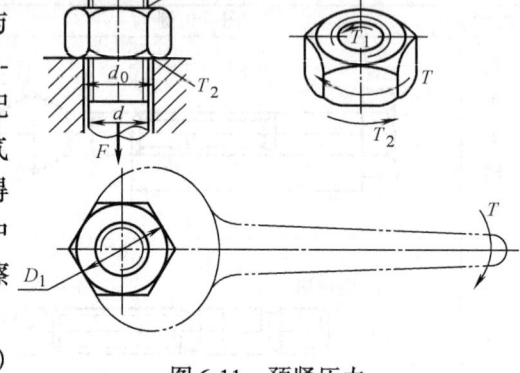

图6-11　预紧压力

式中，F' 为预紧力；D_1 为螺母支承面外径；d_0 为螺栓直径；f 为支承面与螺母接触面之间的摩擦因数，当表面较光滑时，取 $f=0.2$。

二、防松

一般在静载荷和温度不高的情况下，拧紧螺母后，只靠螺纹之间的预紧力 F 产生的摩擦力是能自锁的（因联接采用三角形螺纹，其升角仅为 $1.5°\sim3.5°$），不会自行松脱，但在冲击、振动或变载荷作用下，螺纹之间的摩擦力可能减小或消失，联接有可能松脱而发生事故。因此，这种螺纹联接时，必须考虑防松问题。

螺纹联接防松的根本在于防止螺纹副相对转动。防松的方法很多，常用的几种防松方法列于表6-2。

表6-2　常用螺纹防松方法

摩擦防松	弹簧垫圈	弹性圈螺母	对顶螺母
	弹簧垫圈材料为弹簧钢，装配后垫圈被压平，其反弹力使螺纹副之间保持压紧力和摩擦力	螺纹旋入处嵌入纤维或者尼龙来增加摩擦力。该弹性圈还可以防止液体泄漏	利用两螺母的对顶作用使螺栓始终受附加拉力和附加摩擦力作用。结构简单，可用于低速重载场合

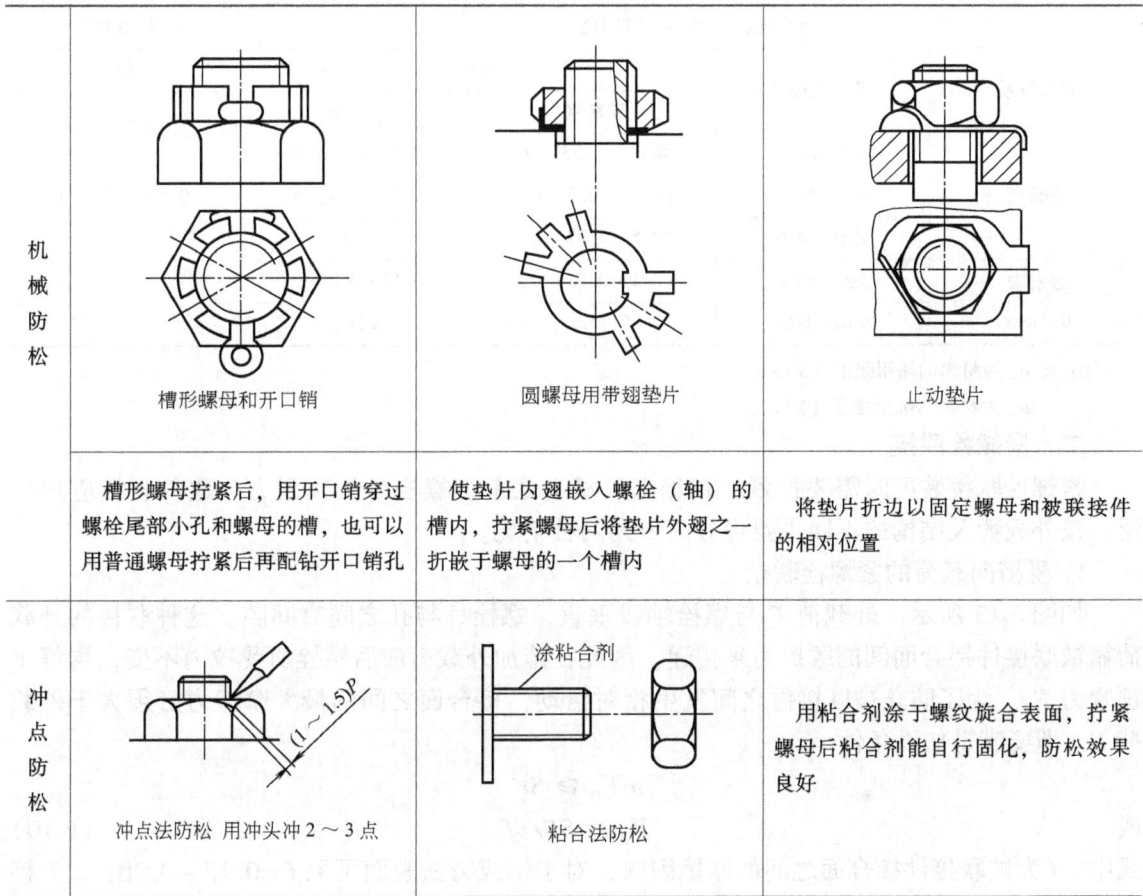

第四节　螺栓联接的强度计算

螺栓联接的计算通常是先根据联接的装配情况（预紧或不预紧）、外载荷的大小和方向，以及是否需要在外载荷作用下补充拧紧等来确定螺栓的受力，然后再按强度条件确定（或校核）螺纹最小直径。螺栓的其他尺寸以及螺母、垫圈的尺寸等均可随之由标准选定。螺栓联接的计算方法也适用于双头螺柱和螺钉联接。

一、松螺栓联接

图 6-12 所示为起重滑轮松螺栓联接，联接时螺栓不受预紧力。工作时，螺栓只受工作载荷（重物拉力 F）。其强度条件为

$$\sigma = F/A = \frac{4F}{\pi d_1^2} \leqslant [\sigma]$$

$$d_1 \geqslant \sqrt{\frac{4F}{\pi[\sigma]}} \tag{6-9}$$

式中，A 为螺栓螺纹部分危险断面的面积（mm^2）；d_1 为螺栓螺纹的小径（mm）；$[\sigma]$ 为螺栓的许用拉应力（MPa）见表 6-3。

表 6-3　螺栓的许用拉应力 $[\sigma]$　　　　（单位：MPa）

载荷性质	螺栓大径 d	紧联接（不控制预紧力）		松联接
		材料		材料
		碳素钢	合金钢	钢
静载荷	M6~M16	$(0.25\sim0.33)\sigma_s$	$(0.2\sim0.25)\sigma_s$	$(0.6\sim0.83)\sigma_s$
	M16~M30	$(0.33\sim0.5)\sigma_s$	$(0.25\sim0.4)\sigma_s$	
	M30~M60	$(0.5\sim0.77)\sigma_s$	$0.4\sigma_s$	
变载荷 ($0\to\max$)	M6~M16	$(0.1\sim0.15)\sigma_s$	$(0.13\sim0.2)\sigma_s$	
	M16~M30	$0.15\sigma_s$	$0.2\sigma_s$	

注：1. σ_s 为材料的屈服强度（MPa）。
　　2. σ_b 为材料的抗拉强度（MPa）。

二、紧螺栓联接

紧螺栓联接装配时需要拧紧，在加上外载荷之前，螺栓已受预紧力。这种联接应用广泛。按外载荷及结构的不同主要可分为下列两种情况。

1. 受横向载荷的紧螺栓联接

如图 6-13 所示，外载荷 F 与螺栓轴线垂直，螺栓杆与孔之间有间隙。这种联接的外载荷靠被联接件接合面间的摩擦力来传递，因此在施加外载荷前后螺栓所受拉力不变，均等于预紧力 F_Q。为了防止被联接件之间发生相对滑动，接合面之间的最大摩擦力必须大于外载荷 F，即要满足如下条件

$$nfF_Q \geqslant SF$$

或
$$F_Q \geqslant SF/nf \tag{6-10}$$

式中，f 为被联接件接合面之间的摩擦因数，对于钢或铸铁表面可取 $f = 0.15\sim0.20$；n 为接合面数，对于图 6-13 所示的情形，$n = 2$；S 为防滑安全系数，通常取 $S = 1.2$。

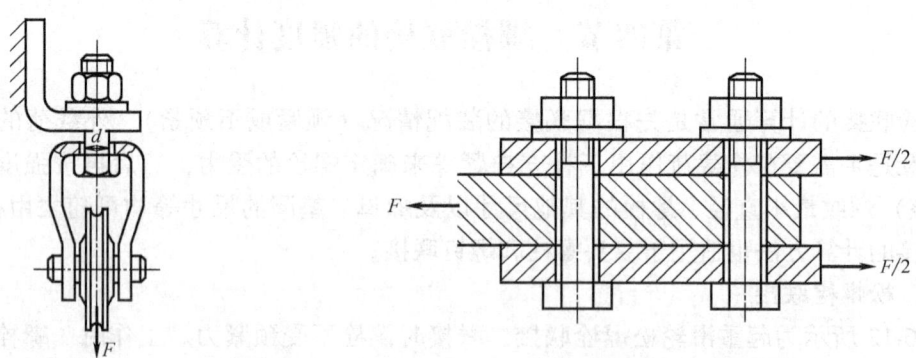

图 6-12　起重滑轮的松螺栓联接　　　图 6-13　受横向载荷的紧螺栓联接

拧紧时，螺栓既受拉伸又因旋合螺纹处的力矩作用而受扭转，故危险断面上既有拉应力，又有扭转切应力。所以螺栓处于受拉伸和扭转的复杂应力状态。实际计算时，对于 M10~M68 的钢制普通螺纹的螺栓，其螺纹部分的强度条件可简化为

$$\sigma_V = \frac{4 \times 1.3 F_Q}{\pi d_1^2} \leqslant [\sigma] \tag{6-11}$$

式中，σ_V 为螺栓的当量拉应力；$[\sigma]$ 为紧联接螺栓的许用拉应力，见表 6-3。
由上式知，扭转切应力对强度的影响在数学式上表现为将轴向载荷增大 30%。

若采用铰制孔用螺栓联接时，如图 6-14 上被联接件的横向载荷是靠螺栓杆的剪切及螺栓杆与被联接件的挤压来传递的，故联接螺母不必拧得很紧，因而只有较小的预紧力。如忽略接合面间的摩擦，则剪切及挤压的强度条件分别为

$$\tau = \frac{4F}{\pi d_0^2} \leqslant [\tau] \tag{6-12}$$

$$\sigma_j = \frac{F}{d_0 h_c} \leqslant [\sigma_j] \tag{6-13}$$

式中，d_0 为螺栓杆的直径（mm）；h_c 为计算对象的受压高度，当两被联接件与螺栓杆接触的厚度不同时取厚度小者；$[\tau]$、$[\sigma_j]$ 分别为螺栓的许用切应力和许用挤压应力，见表 6-4。

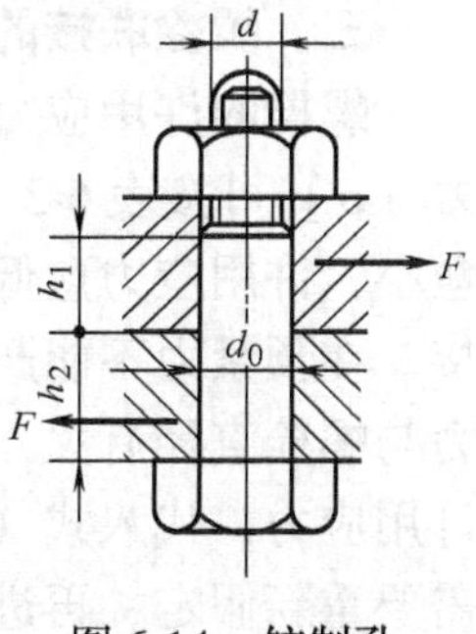

2. 受预紧力和轴向载荷作用的紧螺栓联接

压力容器和气缸盖的螺栓联接属于此类联接的典型实例，其外载荷与螺栓轴线一致。加上外载荷之后，被联接件的接合面之间仍需保持一定的压紧力（称为残余预紧力）。

图 6-15 所示为气缸盖的螺栓联接。设螺栓数为 z，气缸内的气体压强为 p，则每个螺栓的工作载荷（单位：N）为

$$F_F = p \cdot \frac{\pi D^2}{4z}$$

图 6-14 铰制孔用螺栓联接

以上取其中的一个螺栓进行受力和变形分析。如图 6-16a 所示为螺栓没有拧紧时的情况。此时螺栓没有受力和变形。图 6-16b 所示为螺栓拧紧后只受预紧力 F_0 作用时的情况，此时螺栓产生拉伸变形量 δ_1，而被联接件则产生压缩变形量 δ_2。如图 6-16c 所示是螺栓受工作载荷作用后的情况，此时螺栓继续受拉伸，其拉伸变形量增大 $\Delta\delta$，即螺栓的总拉伸变形量达到 $\delta_1 + \Delta\delta$，这时，每个螺栓所受的总拉力为 F；同时，根据变形协调条件，被联接件则因螺栓的伸长而回弹，即被压联接件的压缩变形量减少了 $\Delta\delta$，被联接件的残余压缩变形量为 $\delta_2 - \Delta\delta$，相对应的压力称为残余预紧力 F_r。此时，螺栓受工作载荷和残余预紧力的共同作用，所以，每个螺栓的总拉伸载荷为

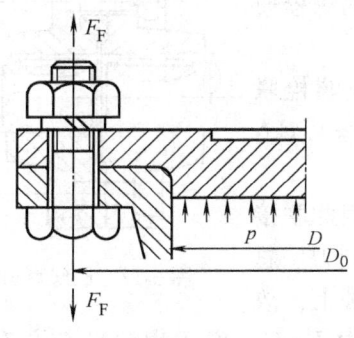

图 6-15 气缸的盖螺栓联接

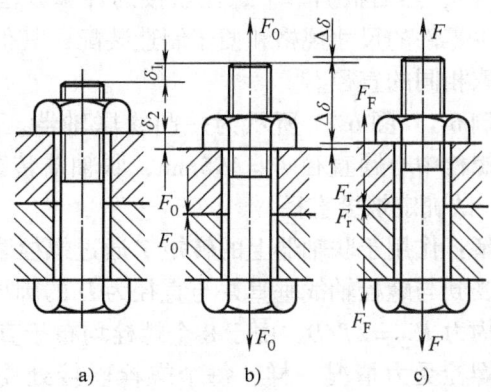

图 6-16 螺栓各阶段的受力变形

$$F = F_F + F_r \tag{6-14}$$

为了保证联接的紧密性,防止联接受工作载荷后接合面间出现缝隙,应使 $F_r > 0$。对于有密封性要求的联接,取 $F_r = (1.5 \sim 1.8) F_F$;对于一般联接,工作载荷稳定时,取 $F_r = (0.2 \sim 0.6) F_F$,工作载荷有变化时,取 $F_r = (0.6 \sim 1.0) F_F$。

设计时,可先求出工作载荷 F_F,再根据联接的工作要求确定残余预紧力 F_r,然后由式 (6-16) 计算出总拉伸载荷 F。同时考虑转矩所产生的切应力的影响,故螺栓的强度条件为

$$\frac{1.3F}{\pi d_1^2 / 4} \le [\sigma] \tag{6-15}$$

式中,F 为螺栓总拉伸载荷 (N);其他符号的含义与式 (6-11) 相同。

三、螺栓联接的许用应力

螺栓的许用应力与材料、载荷性质、尺寸、装配以及构造等因素有关。螺栓的许用拉应力 $[\sigma]$ 可按表6-3确定。由表可见,紧联接螺栓的许用拉应力与螺栓直径有关,螺栓直径愈小,许用应力愈低。这是因为直径小的螺栓在拧紧时容易过载,所以对于重要的螺栓联接,在预紧力不能严格控制时,不宜用直径小于16mm的螺栓。由于紧联接螺栓的许用拉应力与螺栓直径有关,故设计计算(或选用)时需用试算法,即先假定一个螺栓直径,查出许用应力,代入式 (6-11) 或式 (6-15) 求 d_1。求出的 d_1 需与原先假定的直径相近,否则需要重新假定,再进行计算,直至相接近为止。铰制孔用螺栓联接的许用应力见表6-4。

表6-4 铰制孔螺栓联接的许用应力　　　　　(单位:MPa)

载荷性质	材料	许用切应力 $[\tau]$	许用挤压应力 $[\sigma_j]$
静载荷	钢	$0.4\sigma_S$	$0.8\sigma_S$
	铸铁	—	$(0.4 \sim 0.5)\sigma_b$
变载荷	钢	$(0.2 \sim 0.3)\sigma_S$	$0.6\sigma_S$
	铸铁	—	$(0.3 \sim 0.4)\sigma_b$

上面介绍了单个螺栓联接的计算。实际上,螺栓往往成组使用,形成螺栓组联接。计算这种联接时,首先要根据结构及工作情况等确定螺栓的分布和数目,再按联接的外载荷及结构情况,求出受力最大的螺栓所承受的载荷(有时载荷的分析计算是较复杂的,需查阅有关专著),然后根据单个螺栓联接的计算方法确定它的直径。为了减少零件的尺寸规格和便于制造装配,其他受力较小的螺栓通常也取相同的直径。

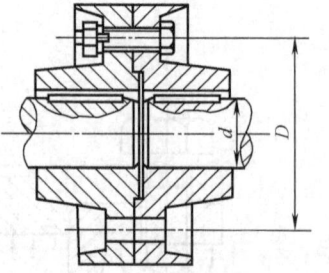

图6-17 凸缘联轴器

例6-1 图6-17所示为一凸缘联轴器。已知用8只螺栓联接,螺栓中心圆直径 $D = 195\text{mm}$,联轴器传递的转矩 $T = 1.1\text{kN} \cdot \text{m}$。试确定螺栓直径。

解: 作用于联轴器上的转矩 T 通过螺栓联接传递,因此联接螺栓受到与螺栓轴线垂直并与直径为 D 的圆周相切的圆周力。总的圆周力 $F_\Sigma = 2T/D$,由于8个螺栓均布于直径为 D 的圆上,故每个螺栓受力情况一样,每个螺栓联接处受到的载荷为 $F_\Sigma/8$。由于螺栓杆与孔有间隙,圆周力是靠接合面间的摩擦力来传递,为此,螺栓装配时必须拧紧。所以这是受横向载荷的

紧螺栓联接，可根据式（6-13）确定螺栓直径。

（1）每个螺栓联接处受到的外载荷 F

$$F = \frac{F_\Sigma}{8} = \frac{T}{4D} = \frac{1.1}{4 \times 0.195}\text{kN} = 1.41\text{kN}$$

（2）每个螺栓的预紧力 F_Q　螺栓联接的接合面数 $n=1$，接合面间的摩擦因数 f 取为 0.2，防滑安全系数 S 取为 1.2，根据式（6-12）得

$$F_Q = \frac{SF}{nf} = \frac{1.2 \times 1.41}{1 \times 0.2}\text{kN} = 8.46\text{kN}$$

（3）螺栓的直径　用试算法假定螺栓直径 $d=16\text{mm}$。螺栓材料采用 Q235 钢，由表 6-3 查得 $\sigma_S = 240\text{MPa}$，许用拉应力 $[\sigma] = 0.33\sigma_S = 0.33 \times 240\text{MPa} = 79.2\text{MPa}$。由式（6-13）得螺纹直径

$$d_1^2 = = \frac{4 \times 1.3 \times F_Q}{\pi[\sigma]} = \frac{4 \times 1.3 \times 8.46 \times 10^3}{3.14 \times 79.2}\text{mm}$$

从而可得
$$d_1 = 13.3\text{mm}$$

按 GB/T196—2003 查得标准粗牙普通螺纹大径 $d=16\text{mm}$ 时，小径 $d_1 = 13.835\text{mm}$，与计算出的 $d_1 = 13.3\text{mm}$ 接近，故采用 M16 的螺栓。

*例 6-2　在图 6-15 所示的压力容器中，已知容器中气体压强 $p=1.2\text{MPa}$，容器内径 $D=400\text{mm}$，容器盖用 16 个螺栓联接，螺栓材料为 45 钢，$\sigma_S = 360\text{MPa}$，安装时不控制预紧力。求螺栓的直径。

解：（1）计算每个螺栓所受的工作载荷 F_F

$$F_F = \frac{p\pi D^2}{4 \times 16} = 9425\text{N}$$

（2）计算螺栓所受的总载荷 F　考虑到压力容器的螺栓联接在紧密性要求，取 $F_r = 1.5F_F$，由式（6-16）可得螺栓总拉力为

$$F = F_F + F_r = 2.5 \times 9425\text{N} = 23563\text{N}$$

（3）计算螺栓直径　由于螺栓的许用应力与螺栓直径有关，故用试算法。现初选螺栓大径 $d=20\text{mm}$，由表 6-3 查得许用拉应力 $[\sigma] = 0.4\sigma_S = 0.4 \times 360\text{MPa} = 144\text{MPa}$。

由式（6-17）可得螺栓小径为

$$d_1 = \sqrt{\frac{4 \times 1.3 F}{\pi[\sigma]}} = 16.46\text{mm}$$

由 GB/T196—2003 查得普通粗牙螺纹大径 $d=20\text{mm}$ 时，小径 $d_1 = 17.294\text{mm}$。故采用 M20 螺栓，与原假定相符。

第五节　螺 旋 传 动

在机械中，有时需要将转动变为直线移动。螺旋传动是实现这种转变经常采用的一种传动。如图 6-18a、b 所示分别为螺旋压力机和螺旋千斤顶，工作部分的直线运动都是利用螺旋传动来实现的。又如机床进给机构中采用螺旋传动实现刀具或工作台的直线进给（图 6-18c）等。

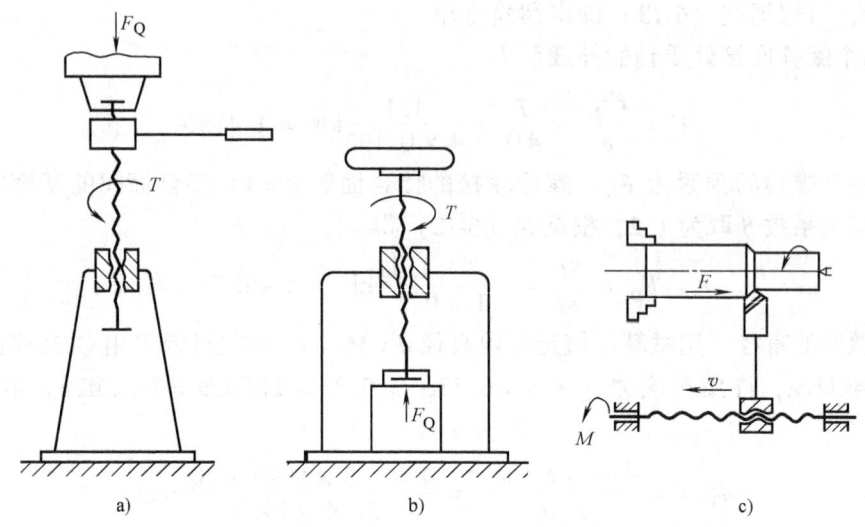

图 6-18 螺旋传动机械
a) 压力机 b) 千斤顶 c) 机床刀架进给机构

螺旋传动是由螺杆、螺母和机架组成的螺旋机构来完成的，主要用于将回转运动转变为直线运动，同时传递运动和动力的场合。

螺旋传动一般采用梯形螺纹或锯齿形螺纹，如图 6-1c、d 所示。梯形螺纹传动的效率稍低于锯齿形螺纹，但其牙型能双向承载，故应用较广泛。锯齿型螺纹两侧的牙型斜角不同，其 3°的侧面用以承载，可得到较高的效率；30°侧面则用以提高牙根强度，适用于单向受载的起重螺旋和压力螺旋。

螺旋传动分类方法很多。

1. 按功用要求分类

1) 增力螺旋，以增力为主要目的。例如起重螺旋或压力螺旋（图 6-18a、b），以较小的驱动力即可以产生较大的轴向载荷 F_Q。

2) 传导螺旋，以传递运动为主要目的，有时也承受较大的轴向载荷。一般为连续工作，要求有较高的传动精度和工作速度。例如机床中的刀架机构（图 6-18c）。

3) 调整螺旋，用以调整（或固定）机械零部件相互位置的螺旋，如量具的调整螺旋（图 6-19）。调整螺旋有时也承受轴向载荷，例如带传动的张紧装置（见第四章，第四节）。

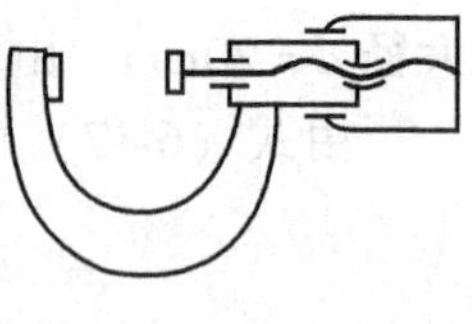

图 6-19 量具的调整测量螺旋

2) 按摩擦形式分类

以上所述均为普通螺旋传动。其螺杆与螺母螺旋面间的摩擦为滑动摩擦，故摩擦损耗大，磨损严重，效率低。近年来，采用螺旋面间的滚动摩擦或用压力泵注入液体而产生的液体摩擦来代替滑动摩擦，可以较好地克服上述缺点。其应用实例如滚动螺旋（图 6-20）和静压螺旋等，但因结构复杂，制造技术要求高等原因，限制了它们的使用范围。此外这些螺旋常不能自锁，要求自锁时，要加制动装置，使结构进一步复杂化。由于此机构复杂，在此不再叙述。

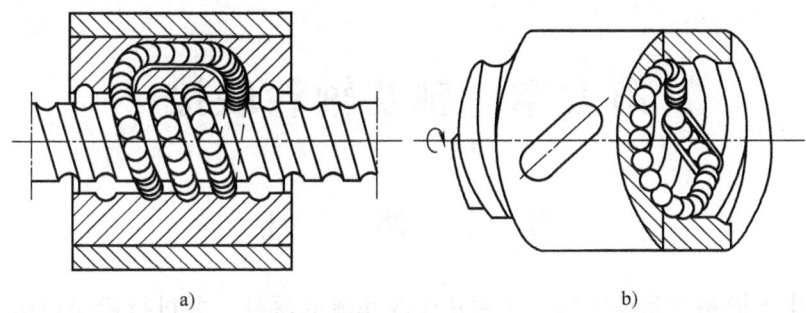

图 6-20 滚动螺旋传动
a) 外循环 b) 内循环

复 习 题

6-1 常用螺纹种类有哪些？各用于什么场合？

6-2 螺纹的主要参数有哪些？

6-3 螺纹的导程和螺距有何区别？导程、螺距和线数有何关系？根据牙型的不同，螺纹可分为哪几种？各有何特点？

6-4 具有相同直径和螺距的单线螺纹与多线螺纹哪一个效率高？为什么？

6-5 公称直径相等的普通螺栓联接，粗牙螺纹与细牙螺纹相比，哪种自锁性较好？为什么？

6-6 松联接螺栓和紧联接螺栓有何区别？它们的强度计算有何不同？

6-7 铰制孔用螺栓联接有何特点？用于承受什么载荷？

6-8 在进行紧螺栓联接的强度计算时，为什么要将螺栓拉力增加30%？

6-9 图6-21a所示螺栓联接中，如横向载荷 $p=5\text{kN}$，螺栓的材料为35号钢，钢板间的摩擦因数为 $f=0.15$，试求螺栓直径。

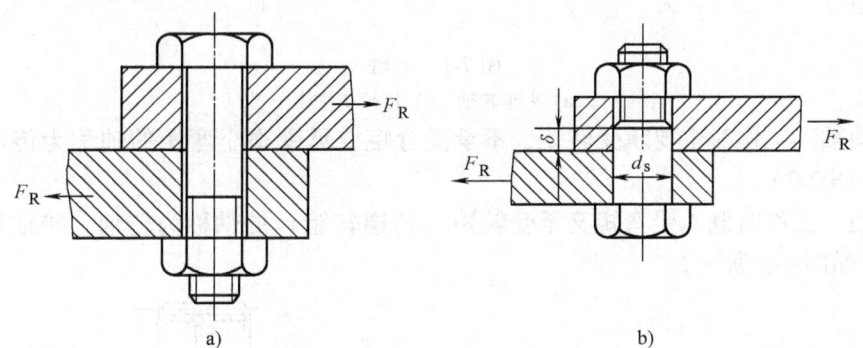

图 6-21 题 6-9 图

6-10 上题中，如联接方式改为图6-21b所示的联接，其他条件不变，计算所需直径。

6-11 采用螺旋传动的目的是什么？主要优缺点是什么？按功用要求不同可分几类？

6-12 何谓差动位移螺旋传动机构和合成位移螺旋传动机构？试各举一个工程应用例子。

第七章　轴及轴毂联接

第一节　概　述

轴是各类生产设备的重要零件，主要用于支承旋转零件，并进行运动和动力的传递。由于各类生产设备的结构互不相同，轴的结构差别也很大，在生产中，有许多设备的故障是由于轴出现问题而产生的。

一、轴的分类

1. 根据轴受载情况分类

常将轴分为心轴、转轴和传动轴。

1) 心轴。工作时只承受弯矩而不承受转矩（即不传递转矩）的轴称为心轴。既有转动的心轴，也有固定不动的心轴。前者称为转动心轴，如火车轮轴（图 7-1a）；后者称为固定心轴，如自行车前轴（图 7-1b）。

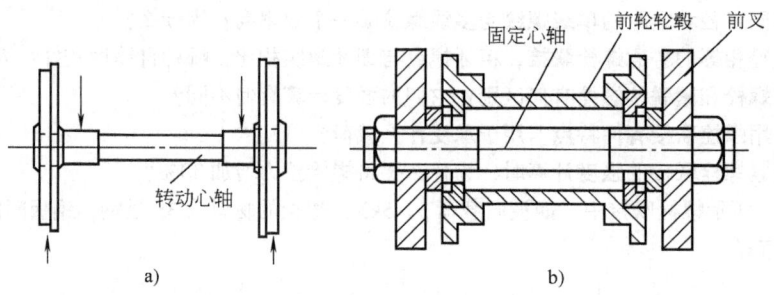

图 7-1　心轴
a）火车轮轴　b）自行车前轴

2) 传动轴。工作时主要承受转矩，不承受弯矩或承受很小弯矩的轴称为传动轴。如汽车传动轴（图 7-2）。

3) 转轴。工作时既承受弯矩又承受转矩（传递转矩）的轴称为转轴。转轴是机械中最常用的轴，如图 7-3 所示。

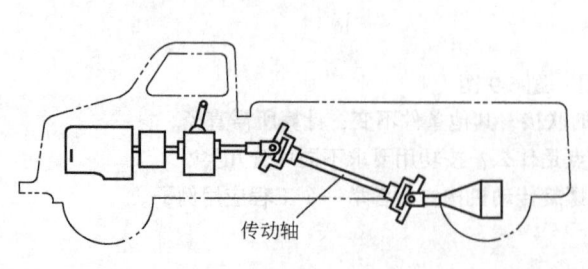

图 7-2　传动轴

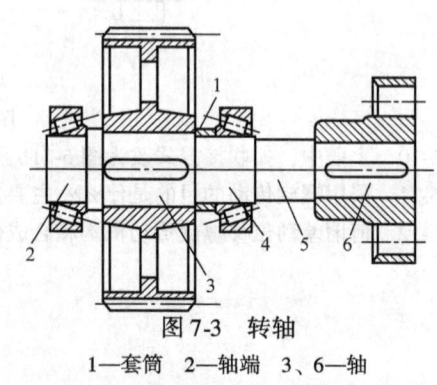

图 7-3　转轴
1—套筒　2—轴端　3、6—轴头　4—中轴颈　5—轴身

2. 根据轴线特点及轴的结构形状分类

轴可分为直轴、曲轴和挠性轴。

1）直轴。直轴的轴线（或公共轴线）为一直线。直轴广泛用于一般的机械传动中。直轴有多种不同的结构形式，分类如下：

① 按直轴外形的不同，可分为光轴（图7-4a）和阶梯轴（图7-4b）两种形式。阶梯轴便于轴上零件的安装与固定，应用最为广泛。

② 按直轴心部构造的不同，直轴又可分为实心轴（图7-4a）和空心轴（图7-4c）。

2）曲轴。曲轴常用于往复式机械中实现运动方式的转换（如直线—旋转转换），如图7-5所示。

3）挠性轴。挠性轴是由几层紧贴在一起的钢丝卷绕而成。挠性轴可以方便地将转矩和回转运动传递到空间其他任意位置，如图7-6所示。

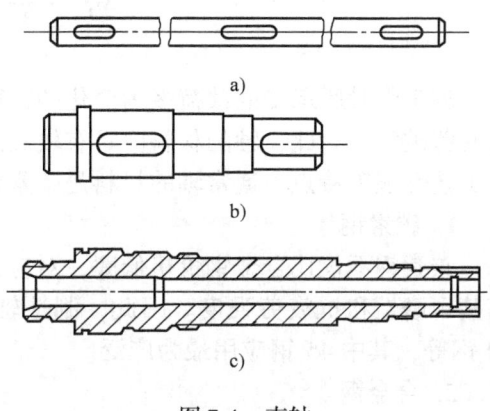

图 7-4 直轴
a) 光轴 b) 阶梯轴 c) 空心轴

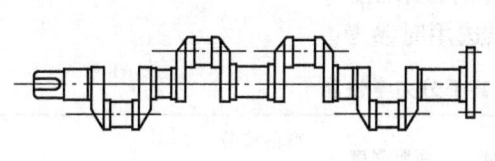

图 7-5 曲轴

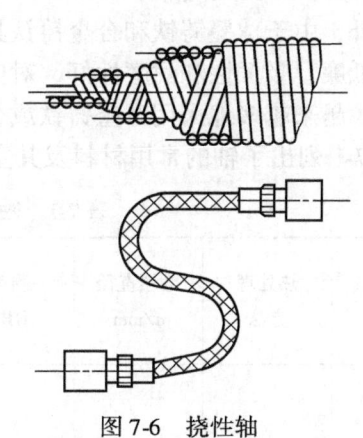

图 7-6 挠性轴

二、轴的结构

轴上各段按其作用可分别称为轴头、轴颈和轴身。其中用于安装旋转传动零件（如齿轮、联轴器等）的部分称为轴头；与轴承配合的部分称为轴颈；联接轴头与轴颈的部分称为轴身（图7-3）。

三、轴的设计要求和一般设计步骤

轴的基本设计要求：足够的强度、合理的结构和良好的工艺性。不同的机械对轴的使用又常有不同的特殊要求，如机床上的主轴，要求其具有足够的刚度；汽轮机转子轴，要求其不发生共振；重型轴（大型水轮机主轴）则要求考虑毛坯制造、探伤和运输、安装等。

轴设计的一般步骤：

1）按工作要求选择轴的材料。
2）初步估算轴的最小直径。
3）进行轴的结构设计。

4）进行必要的强度、刚度或振动稳定性等的校核计算。

第二节 轴的材料

轴工作时所承受的载荷多为变化的，所产生的应力多为交变应力，因而轴的失效损坏常属疲劳破坏。为此，轴的材料应具有较高的抗疲劳强度、较低的应力集中敏感性和良好的加工工艺性能等特点。通常轴的材料是碳素钢或合金钢。

1. 碳素钢

碳素钢不仅比合金钢价格低廉，对应力集中的敏感性较低，且可以通过热处理的方法提高其耐磨性和抗疲劳强度。因此，制造轴的主要材料是优质中碳钢，主要有35、40、45、50钢等，其中45钢应用最为广泛。

2. 合金钢

合金钢具有更高的力学性能，但对应力集中比较敏感，且价格较高，故多用于要求减轻重量、提高轴颈耐磨性以及在高温或低温条件下工作的轴。由于在常温下合金钢与非合金钢的弹性模量相差很小，因此用合金钢代替非合金钢并不能提高轴的刚度。合金钢主要有20Cr、40Cr、35SiMn等。

另外，由于球墨铸铁和合金铸铁具有良好的铸造工艺性，便于铸成各种复杂的形状，并且价格低廉、吸振性和耐磨性好、对应力集中敏感性低。因此，对一些形状复杂的轴和大型转轴等，越来越多地采用球墨铸铁或合金铸铁代替钢材来制造。

表7-1列出了轴的常用材料及其主要性能，供选用时参考。

表7-1 轴的常用材料及其部分力学性能

材料牌号	热处理方法	毛坯直径 d/mm	硬度 HBS	抗拉强度 σ_b/MPa	屈服强度 σ_s/MPa	弯曲疲劳极限 σ_{-1}/MPa	应用说明
Q235A				440	240	200	用于不重要或载荷不大的轴
Q275			190	520	280	220	用于不很重要的轴
35	正火		143~187	520	270	250	用于一般的轴
45	正火	≥100	170~217	600	300	275	用于较重要的轴，应用最广泛
45	调质	≥200	217~255	650	360	300	
40Cr	调质	≥100	241~286	750	550	350	用于载荷较大，而无很大冲击的轴

(续)

材料牌号	热处理方法	毛坯直径 d/mm	硬度 HBS	抗拉强度 σ_b/MPa	屈服强度 σ_s/MPa	弯曲疲劳极限 σ_{-1}/MPa	应用说明
35SiMn 45SiMn	调质	≥100	229~286	800	520	400	性能接近于40Cr，用于重要的轴
40MnB	调质	≥200	241~286	750	500	335	性能接近于40Cr，用于重要的轴
35CrMo	调质	≥100	207~269	750	550	390	用于重载荷的轴
20Cr	渗碳淬火回火	≥60	表面硬度56~62 HRC	650	400	280	用于要求强度、韧性及耐磨性均较好的轴

第三节 轴结构的选择设计

轴的结构设计就是确定轴的形状和尺寸。影响轴结构的因素很多，如轴上受载大小、分布情况；轴上零件的数量、布置及固定方式；轴承的类型及尺寸；轴的加工及装配的工艺性等。而每个轴必须根据其具体的情况定出较合理的结构。

进行轴结构的选择设计前需准备有关技术资料和数据，主要包括：

1）机械传动装置简图。
2）轴的转速和传递功率。
3）轴上传动零件的主要参数和尺寸。
4）轴上零件的布置、定位和固定方法。
5）轴上零件所受载荷的情况。
6）轴的加工和装配工艺等。

进行轴结构设计的步骤和内容（或主要应考虑的问题）如下：

*一、确定装配方案

在进行轴的结构设计时，首先要根据传动装置简图，布置轴上零件并确定装配方案。不同的装配方案对轴的结构影响很大，设计时通常要拟定两种或两种以上的方案，再加以比较后确定。图7-3所示为转轴的一种结构方案，轴是从齿轮左侧装拆的，齿轮和轴上其他零件的装拆比较合理，图7-7所示为转轴的另一种结构方案，轴从齿轮右侧装拆，则会造成轴身和套筒加长。所以，如何选择，应根据具体结构确定。

二、轴上零件的定位与固定

要使轴上零件能按要求传递运动和动力，轴上零件必须定位。轴上零件的定位与固定有轴向与周向之分。

1. 轴向定位与固定

对轴上零件进行轴向定位和固定，是为了使轴上零件能承受轴向载荷并保证轴上零件具有确定的相对位置，以防零件在轴上产生轴向移动。轴上零件常用轴肩、轴环、套筒、圆螺

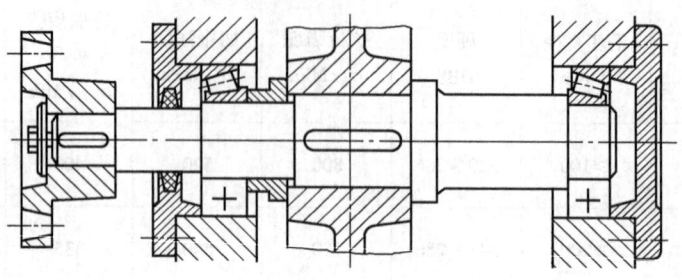

图 7-7 转轴的另一种结构方案

母、轴端挡圈、弹性挡圈、开口销等实现轴向定位和固定。

1) 轴肩和轴环。轴肩（图 7-8）和轴环（图 7-9）由定位面和过渡圆角组成。为了使轴上零件的端面紧靠定位面，应使轴肩、轴环的过渡圆角半径（厚度）r 小于轴上零件孔端的圆角半径 R 或倒角 C（即 $r < R$ 或 $r < C$）。对有定位要求的轴肩高度，通常取 $h = (0.07 \sim 0.1)d$，并比 R 或 C 稍大。与滚动轴承配合处的轴肩高度应小于轴承内圈端面高度，以便装拆。轴环的高度选取与轴肩的相同，轴向宽度 $b \geqslant 1.4h$。

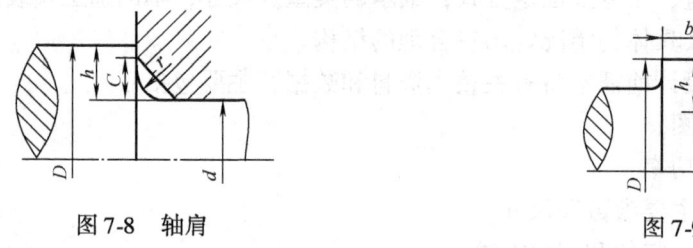

图 7-8 轴肩   图 7-9 轴环

2) 套筒。套筒具有定位可靠，不需要开槽、钻孔，不影响轴的疲劳强度等优点，常用在两零件间距离较小的部位作轴向定位与固定，如图 7-10 所示。套筒一般不宜过长，否则会增加材料消耗，增大重量和能量消耗。

3) 圆螺母。圆螺母固定（图 7-11）可承受较大的轴向力，但轴上切制螺纹处应力集中很大。为避免过分削弱轴的强度，一般用细牙螺纹，并常用双螺母或带翅垫圈防松。圆螺母多用于零件与轴承间距离较大，轴上又允许车制螺纹的轴段。

图 7-10 套筒   图 7-11 圆螺母

4) 轴端挡圈。轴端挡圈（图 7-12）常用于轴端零件的固定，可承受较大的轴向力。

5) 弹性挡圈。弹性挡圈只能承受较小的轴向力。其结构简单，常用于滚动轴承的轴向固定（图 7-13）。

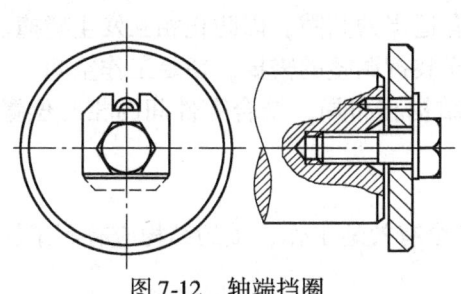

图7-12 轴端挡圈　　　　　　　　　图7-13 弹性挡圈

2. 周向定位与固定

对轴上零件进行周向定位与固定，是为了保证轴上零件有效地传递转矩并防止轴上零件与轴的相对转动。常用平键、半圆键、花键、圆柱销、圆锥销、紧定螺钉等实现周向定位和固定。具体内容将在本章第五节讨论。

三、轴上各段的结构尺寸

轴上的结构尺寸包括径向尺寸和轴向尺寸两部分。

1. 径向尺寸

轴上各段直径（径向尺寸）的确定，一般是先按类比法或根据轴传递的功率（或转矩）大小初步估算出轴的最小直径，在此基础上，再根据轴上零件的安装、定位、固定及装拆特点和要求，确定其他各段轴的直径。确定的原则和注意点是：

1）有配合要求的轴段（如轴头）要取标准值。

2）装配标准件的轴段（如轴颈），其直径要取标准值，并与所装配的标准件的配合孔径一致。

3）轴肩（或轴环）高度的确定。轴肩可以按定位轴肩和非定位轴肩区分。起定位作用的轴肩称为定位轴肩。一般定位轴肩的高度相对较高，定位轴肩的台阶侧面即为定位受力面，通常所说的轴肩多指定位轴肩。非定位轴肩不起定位作用，其台阶侧面没有任何实际作用和意义，只是为了便于轴上零件的装配而设置的工艺轴肩，所以高度可以很小。若为了减少轴上的阶梯数量，也可不设非定位轴肩，但为便于轴上零件的装配，应采用相同轴径不同轴段不同公差带的方法实现。

4）滚动轴承的定位。轴肩的高度必须低于轴承内圈端面的（径向）厚度，以便于轴承的拆卸。

5）当轴中间装有零件时，安装该零件轴段的直径应比装配该零件时需要通过的其他轴段的直径大，以便于装配。

6）非配合直径允许取非标准值，但应圆整。

7）螺纹直径应符合螺纹标准。

2. 轴向尺寸

轴上各段长度（轴向尺寸）的确定主要取决于轴上零件的轴向尺寸，装拆、调整零件和保证机器正常工作的必要空间，以及轴系和机器结构的总体布局等。确定的原则和要求是：

1）与轴上传动零件相配合的轴段（轴头）的长度，应比配合零件的轮毂宽度略短些，一般短2~3mm，以避免由于制造误差或轴肩处过渡圆角的存在，导致传动零件轴向不能正确有效地定位和可靠地固定。

2）轴上各旋转零件与其他静止零件之间应留有适当的间隙，以防止相互发生碰撞。

3）凡装有零件的轴头和轴颈的长度，均应考虑装拆调整的需要，留足工作空间。

4）其他轴段的长度，可根据轴和机器的总体结构和布局，结合零件间的相对位置关系和要求以及机器的工作要求等确定。

四、关于轴的结构工艺性

为了提高劳动生产率、降低成本，并保证轴安全有效地工作，轴的结构应有利于加工制造和便于装配。

1）从加工工艺性的角度，轴宜取圆截面，并尽量减少阶梯数量。同一轴上的过渡圆角尽可能取相同的圆角半径，倒角尺寸宜相同，键槽要布置在轴的同一加工母线上，并尽量采用相同的规格。

2）从装配工艺性的角度，为了便于安装零件和防止凸缘处的尖角划伤所装配零件的孔壁或伤人，凡装配时零件通过的轴段，其端面要加工出倒角，倒角一般为45°（或30°、60°），宽度为2～4mm。过盈配合段的导入端应加工出导向锥面，如图7-14所示。

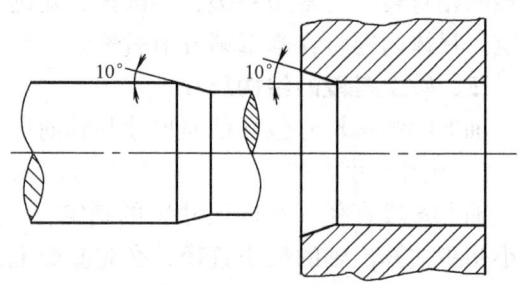

图7-14 导向锥面

3）轴上传动零件应与轴肩定位面靠紧，以保证可靠的定位和固定，但轴上的过渡圆角常会形成障碍，从而使轴上的圆角半径受限制，为此可采用凹切圆槽（图7-15a）或肩环（图7-15b）等结构。

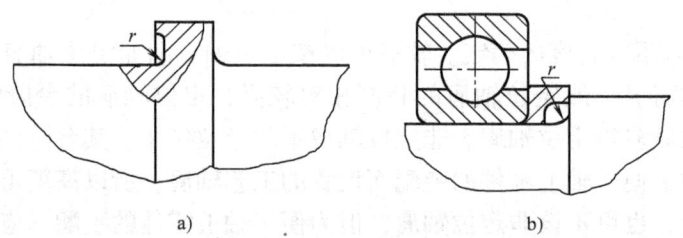

图7-15 过渡圆角处理方法
a）凹切圆槽 b）肩环

4）应力集中通常是产生疲劳裂纹的主要原因。为了提高轴的疲劳强度，在结构上、加工工艺上应注意尽量避免在轴上安排和设置易产生应力集中的结构，如螺纹、横孔、凹槽、锥坑等。无法避免时，要采取一定的措施减缓应力集中，如适当加大轴肩处圆角半径、设置卸载槽等。

第四节 轴的强度计算

前述轴的工作能力主要取决于其强度和刚度，所以轴的设计计算应是强度和刚度的计算。通常在初步完成轴的结构设计后进行强度设计，对于不同受载情况和应力性质的轴，应采用不同的计算方法。一般传动轴按抗扭强度计算，心轴按抗弯强度计算，转轴按扭弯合成强度计算。

一、传动轴的强度计算

传动轴工作时主要是受转矩作用，一般只按抗扭强度计算即可。由材料力学知，圆截面轴的抗扭强度条件为

$$\tau_\mathrm{T} = \frac{T}{W_\mathrm{T}} = \frac{9.55 \times 10^6 P}{0.2 d^3 n} \leqslant [\tau]_\mathrm{T} \tag{7-1}$$

计算轴的直径时，式（7-1）可以写成

$$d \geqslant \sqrt[3]{\frac{9055 \times 10^6}{0.2[\tau]_\mathrm{T}}} \sqrt[3]{\frac{P}{n}} = C \sqrt[3]{\frac{P}{n}} \tag{7-2}$$

式中，τ_T 为轴的扭应力（MPa）；T 为轴传递的转矩（N·mm）；W_T 为轴的抗扭截面系数（mm^3）；P 为传递的功率（kW）；n 为轴的转速（r/min）；d 为轴的直径（mm）；$[\tau]_\mathrm{T}$ 为轴材料的许用扭应力（MPa）；C 为与轴材料有关的系数，见表 7-2。

表 7-2 常用材料的 $[\tau]$ 值和 C 值

轴的材料	Q235，20	35	45	40Cr，35SiMn，42SiMn
$[\tau]$/MPa	12~20	20~30	30~40	40~52
C	158~134	134~117	117~106	106~97

注：1. 当弯矩作用相对于转矩很小或只传递转矩时，$[\tau]$ 取较大值，C 取较小值；反之，$[\tau]$ 取较小值，C 取较大值。

2. 当用 35SiMn 钢时 $[\tau]$ 取较小值，C 取较大值。

按式（7-2）求得的直径值为原始直径值，其没有考虑轴上的键槽等结构对轴强度的削弱。一般情况下，开一个键槽，轴径应增大 5%；开两个键槽，增大 10%，最后取标准直径值。

式（7-2）也用于估算转轴的直径。

例 7-1 某开式齿轮传动，已知主动轴输入功率 $P = 10\mathrm{kW}$，转速 $n_1 = 350\mathrm{r/min}$，传动比 $i = 4.5$，轴的材料均采用 45 钢调质处理。试为该结构初步估算主、从动轴的最小直径（忽略转动装置中的摩擦损失）。

解：(1) 计算从动轴的转速

$$n_2 = \frac{n_1}{i} = \frac{350}{4.5}\mathrm{r/min} = 77.78\mathrm{r/min}$$

(2) 求主、从动轴的计算直径 根据轴的材料并考虑弯矩的影响，查表 7-2，取 $C = 118$，由式（7-2）知，该传动主、从动轴的最小直径分别为

$$d_1 \geqslant C \sqrt[3]{\frac{P}{n_1}} = 118 \sqrt[3]{\frac{10}{350}}\mathrm{mm} = 36.07\mathrm{mm}$$

$$d_2 \geqslant C \sqrt[3]{\frac{P}{n_2}} = 118 \sqrt[3]{\frac{10}{77.78}}\mathrm{mm} = 59.56\mathrm{mm}$$

由于轴上开有一个键槽，计入键槽的影响，直径应加大 5%，则

$$d_1 = 1.05 \times 36.07\mathrm{mm} = 37.87\mathrm{mm}$$

$$d_2 = 1.05 \times 59.56\text{mm} = 62.54\text{mm}$$

(3) 取标准直径 d_1、d_2 分别为转矩的输入和输出端轴径，均属有配合要求的轴段，查机械设计手册，取标准直径为 $d_1 = 38\text{mm}$，$d_2 = 63\text{mm}$。

二、心轴的强度计算

心轴在工作时只承受弯矩，在一般情况下，作用在轴上的载荷方向不变，故心轴的抗弯强度条件为

$$\sigma_W = \frac{M}{W} = \frac{M}{0.1d^3} \leq [\sigma_{-1}]_b \tag{7-3}$$

$$d \geq \sqrt[3]{\frac{M}{0.1[\sigma_{-1}]_b}} \tag{7-4}$$

式中 d 为轴的计算直径（mm）；M 为作用在轴上的弯矩（N·mm）；W 为轴的抗弯截面系数（mm^3）；$[\sigma_{-1}]_b$ 为轴材料的许用弯曲应力（MPa）。

轴固定时，若载荷长期作用，取静应力状态下的许用弯曲应力 $[\sigma_{+1}]_b$；若载荷时有时无，取脉动循环的许用弯曲应力 $[\sigma_0]_b$。轴转动时，取对称循环的许用弯曲应力，$[\sigma_{+1}]_b$、$[\sigma_0]_b$、$[\sigma_{-1}]_b$ 取值见表 7-3。

表 7-3 轴的许用弯曲应力　　　　　（单位：MPa）

材料	σ_b	$[\sigma_{+1}]_b$	$[\sigma_0]_b$	$[\sigma_{-1}]_b$
碳素钢	400	130	70	40
	500	170	75	45
	600	200	95	55
	700	230	110	65
合金钢	800	270	130	75
	900	300	140	80
	1000	330	150	90
铸钢	400	100	50	30
	500	120	70	40

*三、转轴的强度计算

在转轴的设计中，常常先用传动轴的强度计算式（7-2）作出轴径的初步估算，然后进行转轴的结构设计。在转轴的结构设计初步完成之后，轴的支点位置及轴上所受载荷的大小、方向和作用点均为已知，此时即可求出轴的支承反力，画出弯矩图和转矩图，并由此确定一个或几个危险断面，再应用按第三强度理论（见上册第十章）所建立的圆轴弯曲和扭转组合时的强度条件，可得到

$$\sigma_e = \frac{M_e}{W} = \frac{\sqrt{M^2 + (\alpha T)^2}}{0.1d^3} \leq [\sigma_{-1}]_b \tag{7-5}$$

式中，σ_e 为当量应力（N/mm^2）；M_e 为当量弯矩（N·mm）；M 为合成弯矩，$M_e =$

$\sqrt{M_H^2 + M_V^2}$；M_H、M_V 分别为计算剖面上的水平面内的弯矩和垂直面内的弯矩（N·mm）；T（或 M_T）为计算剖面上的转矩（或扭矩）（N·mm）；W 为抗弯截面系数（mm³），$W = \dfrac{\pi d^3}{32} \approx 0.1 d^3$；$d$ 为轴计算剖面直径（mm）；$[\sigma_{-1}]_b$ 为轴的许用弯曲应力（MPa），查表 7-3；α 为根据扭剪应力 τ 变化性质而定的校正系数，τ 按对称循环变化时，取 $\alpha = 1$；τ 按脉动循环变化时，取 $\alpha = 0.6$。

若改写式（7-5），可得计算直径形式

$$d \geqslant \sqrt[3]{\dfrac{M_e}{0.1[\sigma_{-1}]_b}} \tag{7-6}$$

例 7-2 如图 7-16 所示为一直齿圆柱齿轮减速器的传动简图。已知传递功率 $P = 44\text{kW}$，从动齿轮的转速 $n_2 = 600\text{r/min}$，分度圆直径 $d_2 = 320\text{mm}$，轮毂长度为 80mm，采用深沟球轴承（详见第八章）。试设计从动齿轮的轴的结构及尺寸。

解：（1）选择轴的材料

选用 45 钢并正火处理，由表 7-3 查得 $\sigma_b = 600\text{MPa}$。

（2）按扭转强度计算轴外伸端的直径（即最小直径）
根据轴的材料并考虑弯矩的影响，查表 7-2，取 $C = 120$，由式（7-2）知，该传动主、从动轴的最小直径为

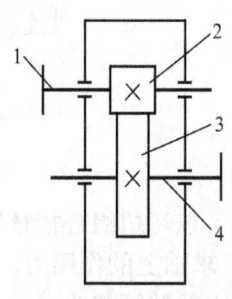

图 7-16 减速器传动简图
1—输入轴 2—主动齿轮
3—从动齿轮 4—输出轴

$$d \geqslant C \sqrt[3]{\dfrac{P}{n}} = 120 \sqrt[3]{\dfrac{44}{600}} \text{mm} = 50.2\text{mm}$$

因此处开有单个键槽，则将轴径增大 5%，即

$$d = 50.2\text{mm} \times 105\% = 52.7\text{mm}$$

查标准手册选取 $d = 56\text{mm}$

（3）轴的结构设计 进行轴的结构设计时，绘制轴的结构草图和确定轴各部分的尺寸应相互交替进行。

1）确定轴上零件的位置和固定方法。根据单级减速器结构，齿轮装在两个轴承的中间，轴承装在箱体上。齿轮用轴环和套筒作轴向固定，用平键和过盈配合作周向固定；左端轴承用轴环和有过盈的过渡配合固定；右端轴承用套筒和有过盈的过渡配合固定。输出端的联轴器用平键周向固定，用轴肩作轴向固定。

2）确定轴的各段直径。根据外伸端直径 $d = 56\text{mm}$，按工艺和强度要求将轴制成阶梯形。取通过轴承盖部分的直径为 $\phi = 63\text{mm}$（见图 7-17），轴颈直径为 $\phi = 65\text{mm}$（滚动轴承内径标准系列，详见第八章），轴头直径为 $\phi = 67\text{mm}$。查《机械设计手册》（标准直径系列），轴环直径为 $\phi = 75\text{mm}$。宽度取 7mm。根据题意，轴承型号为 6213（深沟球轴承），考虑轴承的装拆，将左端轴承轴肩高度取为 3.5mm，即此处轴径为 $\phi = 72\text{mm}$。

（4）确定轴的各段长度 根据齿轮轮毂长度 80mm，取轴头长为 78mm，以保证套筒与轮毂端面贴紧。6213 轴承由轴承表可得其宽度为 23mm，因此取轴颈长度为 22mm。根据齿轮与箱体保持一定间隙的要求和轴承润滑条件，取轴环宽度为 21mm，套筒长度为 21m（外径

也取72mm）。由结构草图7-17可知，跨距 $L=144$mm。$\phi63$ 处长度根据减速器箱体结构确定为62mm；$\phi56$ 处长度根据联轴器型号定为70mm。

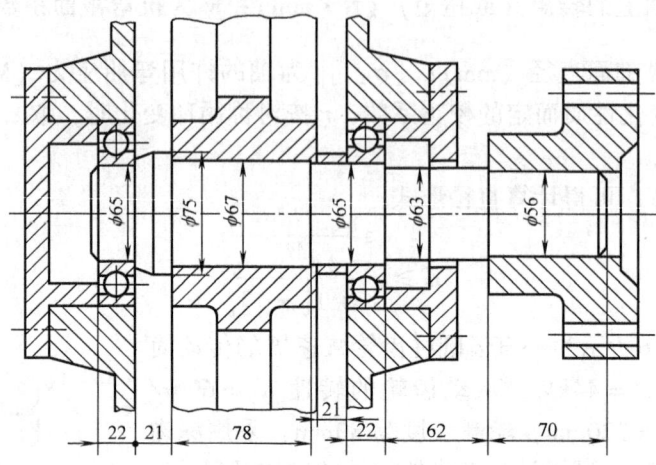

图7-17 轴结构草图

（5）按弯扭组合校核轴的强度

1）求轴上的作用力。绘制轴的空间受力图（见图7-18）。

从动轮上的转矩 T 为

$$T = 9550\frac{P}{n_2} = 9550\frac{44}{600}\text{N}\cdot\text{m} = 700\text{N}\cdot\text{m}$$

齿轮上的圆周力 F_{t2} 为

$$F_{t2} = \frac{2000T}{d_2} = \frac{2000\times 700}{320}\text{N} = 4375\text{N}$$

齿轮上的径向力 F_{r2} 为

$$F_{r2} = F_{t2}\tan 20° = 4375\times 0.364\text{N} = 1593\text{N}$$

2）作垂直平面内的弯矩图（见图7-18b）。

支点反力

$$R_{AV} = R_{BV} = \frac{F_{r2}}{2} = \frac{1593}{2}\text{N} = 797\text{N}$$

D 点处垂直平面的弯矩

$$M_{DV} = R_{AV}\cdot\frac{L}{2} = 797\times\frac{0.144}{2}\text{N}\cdot\text{m} = 57.4\text{N}\cdot\text{m}$$

3）水平面弯矩图（见图7-18c）。

支点反力

$$R_{AH} = R_{BH} = \frac{F_{t2}}{2} = \frac{4375}{2}\text{N} = 2188\text{N}$$

D 点处水平面的弯矩

$$M_{DH} = R_{AH}\cdot\frac{L}{2} = 2188\times\frac{0.144}{2}\text{N}\cdot\text{m} = 157.5\text{N}\cdot\text{m}$$

4) 合成弯矩图（见图7-18d）。最大合成弯矩在 D 点处，其值为

$$M_D = \sqrt{M_{DV}^2 + M_{DH}^2} = \sqrt{57.4^2 + 157.5^2}\,\text{N}\cdot\text{m} = 168\,\text{N}\cdot\text{m}$$

5) 作转矩图（见图7-18e）。转矩 $T = 700\,\text{N}\cdot\text{m}$。

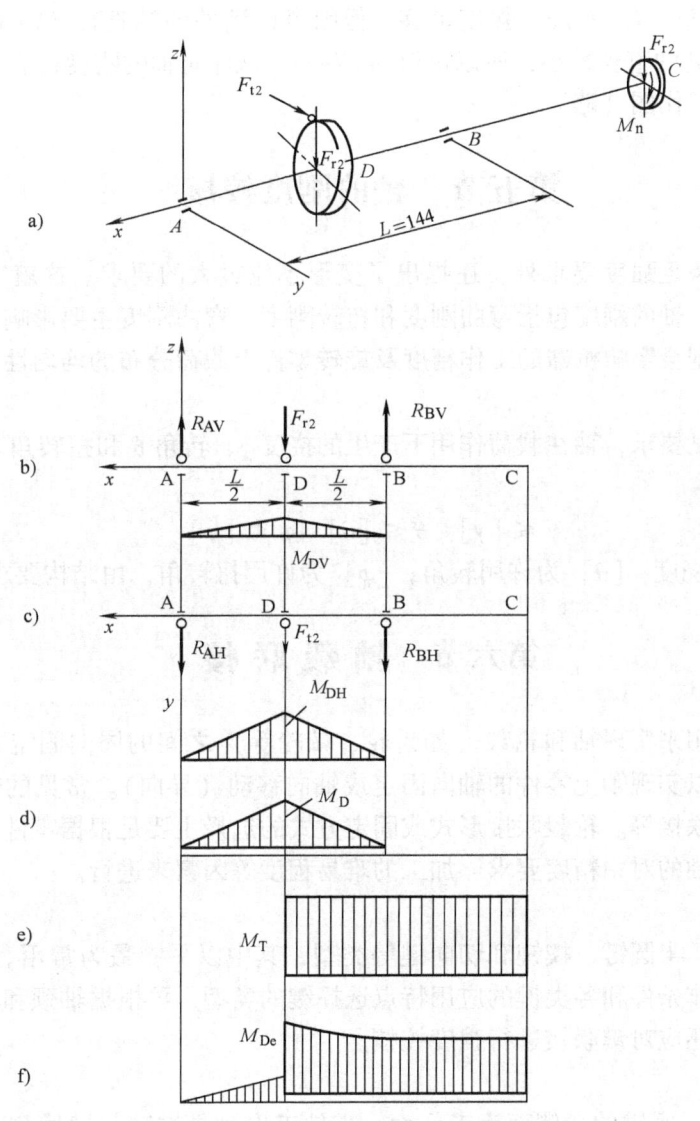

图 7-18　轴受力分析

6) 求当量弯矩 M_e。最大当量弯矩在 D 点处，因是单向传动，转矩可认为按脉动循环变化，故 $\alpha = 0.6$，则

$$M_{De} = \sqrt{M_D^2 + (\alpha T)^2} = \sqrt{168^2 + (0.6 \times 700)^2}\,\text{N}\cdot\text{m} = 452.4\,\text{N}\cdot\text{m}$$

7) 确定最大当量弯矩处的轴径，即 D 点处的轴径。由表 7-1 和表 7-4 查得许用弯曲应力 $[\sigma_{-1}]_b = 60\,\text{MPa}$，代入式（7-6）得

$$d \geqslant \sqrt[3]{\frac{M_{De}}{0.1\ [\sigma_{-b}]}} = \sqrt[3]{\frac{452.4}{0.1 \times 60}} = 0.0422\text{m} = 42.2\text{mm}$$

考虑此处有一键槽，将直径增大5%，即

$$d = 42.2 \times 1.05\text{mm} = 44.31\text{mm} < 67\text{mm}$$

实际 D 点处的直径为67mm，强度足够。但因考虑到外伸端直径 $\phi56$ 处的强度余量不大，故不宜将 D 点处的直径减小，所以仍取为67mm，这样对轴的刚度也有好处。

(6) 绘制轴的工作图 （略）

第五节　轴的刚度校核

有的轴除了要满足强度要求外，还提出了变形不应过大的要求。这就需要进行刚度计算。由材料力学知，轴的刚度包括弯曲刚度和扭转刚度。弯曲刚度主要影响旋转零件及轴承的工作；扭转刚度则会影响机器的工作精度及旋转零件上载荷分布的均匀性，它们对轴的振动也有影响。

为使轴满足刚度要求，轴在载荷作用下产生的挠度 y、转角 θ 和扭转角 φ 应小于相应的许用值，即

$$y \leqslant [y] \quad \theta \leqslant [\theta] \quad \varphi \leqslant [\varphi] \tag{7-7}$$

式中，$[y]$ 为许用挠度；$[\theta]$ 为许用转角；$[\varphi]$ 为许用扭转角；由结构要求提出。

第六节　轴毂联接

轴毂联接主要用来实现轴和轮毂（如齿轮、带轮等）之间的周向固定并用来传递运动和转矩。有些还可以实现轴上零件的轴向固定或轴向移动（导向）。常见的轮毂联接有键联接、花键联接、销联接等。轮毂联接形式或固定方式的选择主要是根据零件所传递转矩的大小和性质、轮毂与轴的对中精度要求、加工的难易程度等因素来进行。

一、键联接

键可分为平键、半圆键、楔键和切向键等类型，其中以平键最为常用。平键已标准化。设计时首先根据工作条件和各类键的应用特点选择键的类型，再根据轴颈和轮毂的长度确定键的尺寸，必要时还应对键联接进行强度校核。

1. 平键联接

如图 7-19 所示，平键的两侧面为工作面，零件工作时是靠键与键槽侧面的挤压传递运动和转矩的。键的上表面为非工作面，其与轮毂键槽的底面间留有间隙。因此，这种联接只能用作轴上零件的周向固定。

平键联接结构简单、装拆方便、对中较好，故应用很广泛。平键按用途的不同可分为普通平键、导向平键和滑键等。

1) 普通平键。普通平键如图 7-19，用于静联接，按其端部形状的不同可分为圆头（A 型，见图 7-19b）、方头（B 型，见图 7-19c）和半圆头（C 型，见图 7-19d）普通平键。采用 A 型和 C 型键时，轴上键槽一般用指状铣刀铣出（见图 7-19e），因此键在槽中的轴向固定较

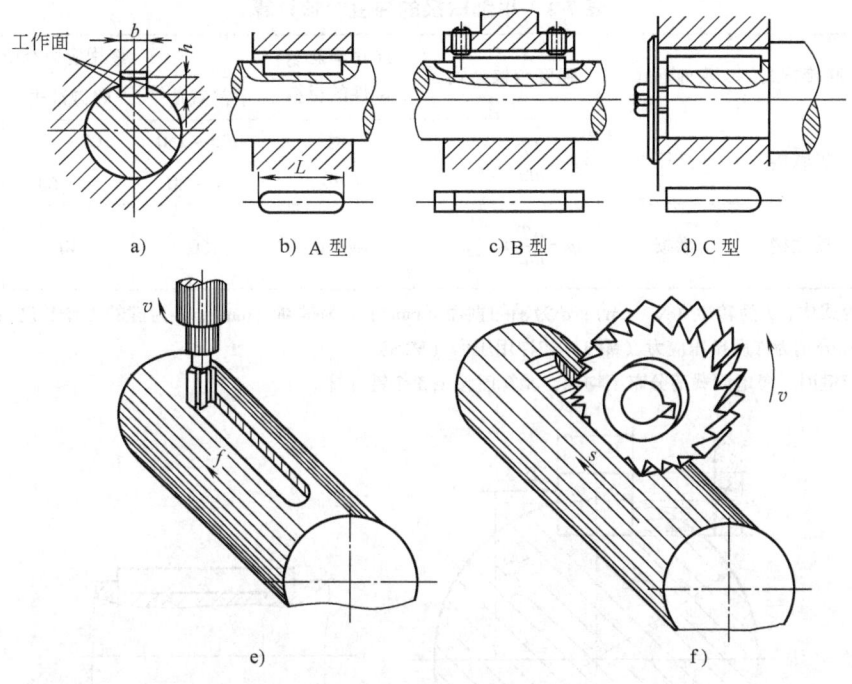

图 7-19 平键联接

好,但键槽两端会产生较大的应力集中;采用 B 型键时,键槽用盘铣刀铣出(图 7-19f),因此轴的应力集中较小。A 型键应用最广,C 型键一般用于轴端。

2)导向平键和滑键。导向平键和滑键用于动联接。当轮毂需要在轴上沿轴向移动时可采用这种键联接。如图 7-20 所示,通常是将导向平键用螺钉固定在轴上的键槽中,轮毂可沿着键表面作轴向滑动。如变速箱中滑移齿轮与轴的联接。当被联接零件滑移的距离较大时,宜采用滑键,如图 7-21 所示。滑键固定在轮毂上,与轮毂同时在轴上的键槽中作轴向滑移。

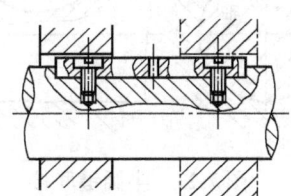
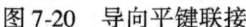

图 7-20 导向平键联接

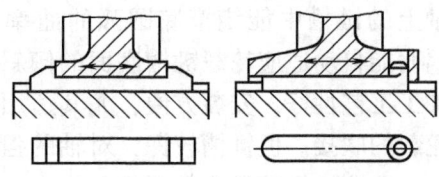

图 7-21 滑键联接

平键是标准件,其断面尺寸(键宽 b × 键高 h)按标准 GB/T 1096—2003 选定,键长 l 应略小于轮毂的长度并符合标准系列。

平键联接的受力情况如图 7-22 所示。假设载荷沿键的长度方向是均布的,根据受力情况,按挤压强度(可动联接则按磨损要求限制压强 p)进行校核计算,其计算公式和许用应力见表7-4。

表7-4　平键联接的强度校核计算

受力面	联接方式	失效形式	强度校核公式	联接中薄弱零件的材料	许用应力/MPa		
					静载荷	轻微冲击	冲击
工作侧面	静联接	挤压	$\sigma_{jy} = \dfrac{4T}{dhl} \leq [\sigma_{jy}]$	钢	125～150	100～120	60～90
				铸铁	70～80	50～60	30～45
	动联接	磨损	$p = \dfrac{4T}{dhl} \leq [p]$	铸钢铁	50	40	30

注：1. 表内式中，T 为转矩（N·mm）；d 为轴的直径（mm）；h 为键高（mm）；L 为键的工作长度（mm）；$[\sigma_{jy}]$、$[p]$ 分别为许用挤压应力（MPa）和许用压力（MPa）。

2. 用双键时，考虑到载荷分布不均匀，验算时按1.5个键计算。

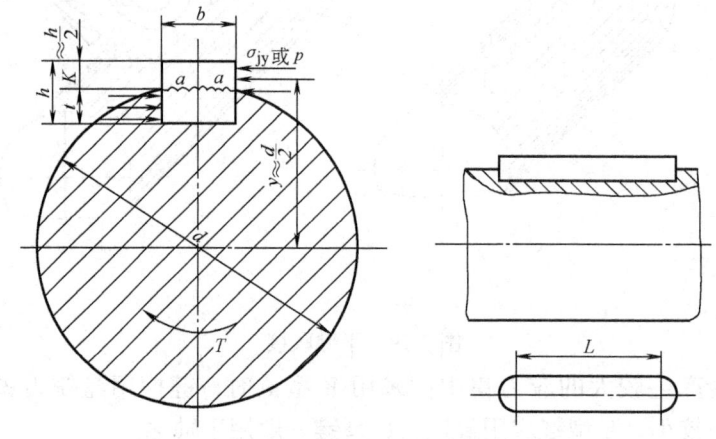

图 7-22　平键联接的受力情况

若设计的键强度不够时可以增加键的长度，但不能使键长超过 2.5d。若加大键长后强度仍不够或设计条件不允许加大键长时，可采用双键，把两键设在相隔180°的位置上布置。

2. 半圆键联接

如图 7-23 所示，半圆键也是以两侧面作为工作面，因此与平键一样有较好的对中性。由于键在轴上的键槽中能绕槽底圆弧的曲率中心摆动，因而能自动适应轮毂键槽底面的倾斜。半圆键的加工工艺性好，安装方便，尤其适用于锥形轴与轮毂的联接。但键槽较深，对轴的强度削弱较多，一般用于轻载场合的联接。

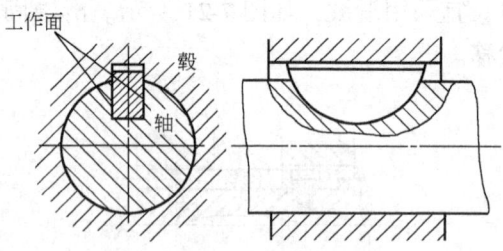

图 7-23　半圆键联接

*二、花键联接

轴和轮毂孔沿圆周方向均布的多个键齿构成的联接称为花键联接，如图 7-24 所示。由于是多齿传递载荷，所以花键联接比平键联接的承载能力大，且定心性和导向性较好。又因其键齿浅、应力集中小，所以对轴的强度削弱少，适用于载荷较大、定心精度要求较高的静联接和动联接中，例如在飞机、汽车、机床中应用。但花键联接的加工需专用设备，因而成本较高。

花键已标准化。根据齿形的不同，花键联接的齿形可分为矩形花键和渐开线形花键（图7-25）。

花键的标记为：N（键数）$\times d$（小径）$\times D$（大径）$\times B$（键槽宽）

矩形花键加工方便，因而应用最为广泛。渐开线压力角有30°、37.5°、45°三种。

一般矩形花键采用小径定心，渐开线花键常用齿侧定心。

花键的选用方法和强度验算方法可参见机械设计手册。

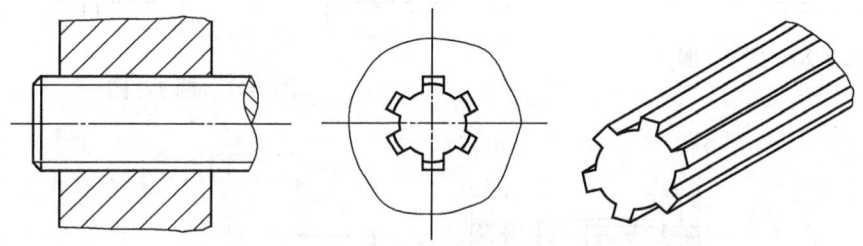

图7-24 花键联接

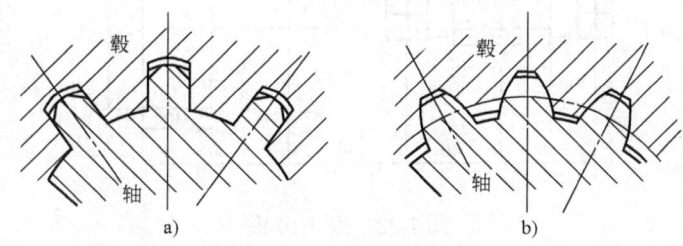

图7-25 花键联接的齿型
a）矩形花键 b）渐开线型花键

复 习 题

7-1 轴的用途是什么？轴按所受载荷不同分哪三种？怎样的轴称为心轴？怎样的轴称为传动轴？怎样的轴称为转轴？常见的轴大多属于哪一种？

7-2 轴通常是由什么材料制成的？进行何种热处理？

7-3 轴上零件的轴向固定方法有哪些？各有何特点？

7-4 怎样选取轴上各段的直径和长度？

7-5 轴的结构设计应从哪几方面考虑？

7-6 图7-26所示轴的结构是否合理？为什么？应如何改进？

7-7 齿轮减速器的输出轴如图7-27所示，试指出图中轴的结构设计有哪些错误，并加以改正。

7-8 常用的提高轴的强度和刚度的措施有哪些？

7-9 单级圆柱齿轮减速器。已知齿轮的齿数 $z_1 = 20$，$z_2 = 45$，主动轴的转速 $n_1 = 960 \text{r/min}$，传递的功率 $p = 5.5 \text{kW}$，两轴的材料为45钢。试确定两轴的最小直径。

7-10 已知减速器输入轴上各零件的相对位置如图7-28所示，齿轮的模数 $m = 2\text{mm}$，齿数 $z = 30$，传递功率 $P = 15\text{kW}$，转速 $n = 1450\text{r/min}$。试设计这根轴。1）轴颈直径取 $\phi 30$，选用6206轴承，轴承宽度 $B = 16\text{mm}$；2）轴径直径取 $\phi 40$，选用6208轴承，轴承宽度 $B = 18\text{mm}$。

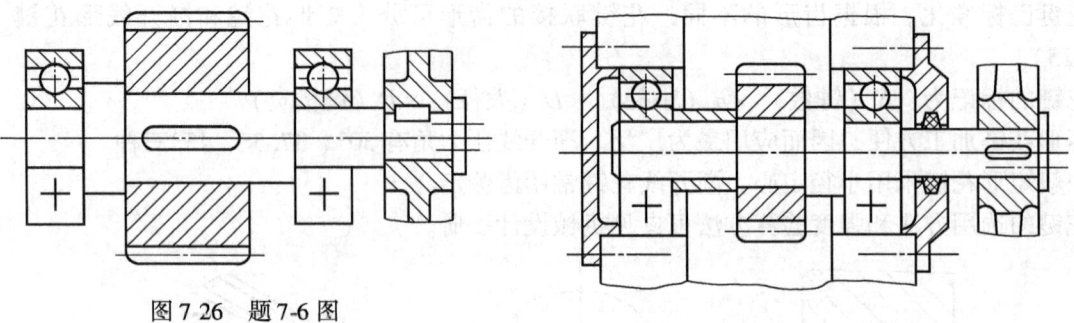

图 7-26 题 7-6 图

图 7-27 题 7-7 图

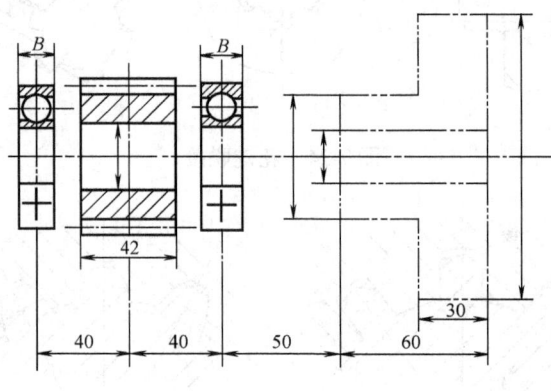

图 7-28 题 7-10 图

第八章 轴　　承

轴承是用来支承轴及轴上零件、保持轴的旋转精度和减少转轴与支承之间的摩擦和磨损。轴承是各类传动设备上的通用零件，不论是设计新产品，还是修理旧设备，作为工程技术人员都必须清楚地掌握轴承的结构和技术性能。

根据工作时的摩擦性质，轴承分为两大类：滚动轴承和滑动轴承。滚动轴承的优点很多，在一般机器中得到广泛应用，但是在高速、高精度、重载、结构上要求剖分等场合下，滑动轴承就体现出它的优异性能。因而在汽轮机、离心式压缩机、内燃机、大型电动机中多采用滑动轴承。此外，在低速而带有冲击的机器中，如水泥搅拌机、滚筒清砂机、破碎机等也采用滑动轴承。

两类轴承按所受载荷方向的不同，又可分为向心轴承（承受径向载荷）和推力轴承（承受轴向载荷）两种。下面分别介绍这两类轴承的基本内容。

第一节　滑动轴承的类型与构造

滑动轴承按其工作表面的摩擦状态有液体摩擦和非液体摩擦之分。摩擦表面完全被润滑油隔开的轴承称为液体摩擦滑动轴承如图 8-1a 所示。这种轴承的摩擦阻力仅来自润滑油的内部摩擦，所以摩擦因数很小。由于工作时轴承与轴颈不直接接触，因此避免了磨损。但是，要求轴承必须满足特定的工作条件，还要有较高的制造精度，才能形成液体摩擦，因此轴承结构复杂。这种轴承多用于高速、精度要求较高或低速、重载的场合。

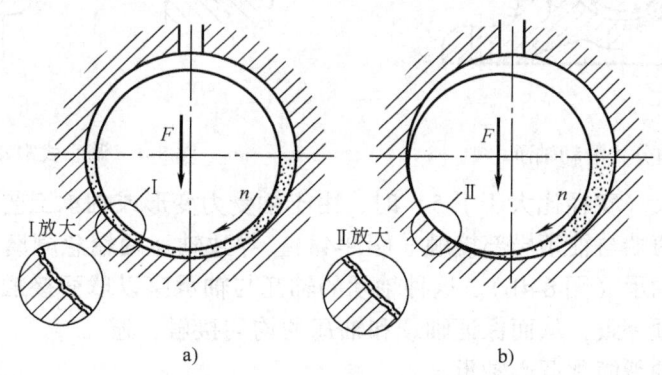

图 8-1　滑动轴承的摩擦状态

摩擦表面不能被润滑油完全隔开的轴承称为非液体摩擦滑动轴承，如图 8-1b 所示。这种轴承工作时与轴颈表面直接接触，摩擦因数较大，接触表面容易磨损，但结构简单，制造精度要求较低，因此加工成本较低。这类轴承一般用于转速、载荷不大和精度要求不高的场合，这也是工程上通常使用的情况，因而应用较广泛。本书只介绍非液体摩擦滑动轴承。

一、向心滑动轴承

滑动轴承一般是由轴瓦、壳体、连接零件及附属的润滑、密封等装置组成。常用的非液体摩擦滑动轴承的类型与构造如下：

1. 整体式滑动轴承

典型的整体式向心滑动轴承如图 8-2 所示，系由轴承座和轴瓦构成，安装时可用螺栓将轴承座固定在机架上。最简单的整体式滑动轴承就是直接在机架上加工出座孔，并在孔中装入套筒状轴瓦。

整体式滑动轴承的特点是结构简单，刚性好；但装拆轴时必须通过轴端，因而不够方便，磨损后无法调整轴瓦与轴颈间的间隙。这种轴承多用于轻载、低速不重要的工作场合。

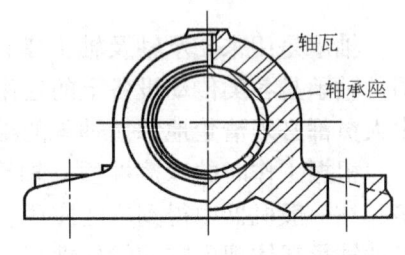

图 8-2　整体式向心滑动轴承

2. 剖分式滑动轴承

图 8-3 所示是一种常用的剖分式向心滑动轴承。它由轴承座、轴承盖、双头螺柱、螺母和对开轴瓦等组成。轴承盖和轴承座的剖分面做成阶梯形，以便对中并防止工作时错位。轴承的剖分面上放有调整垫片，以便在轴瓦磨损后，调节轴颈与轴瓦的间隙。轴承盖上一般要设置有螺纹孔用以安装润滑油油杯或注入润滑油。

3. 自动调心式滑动轴承

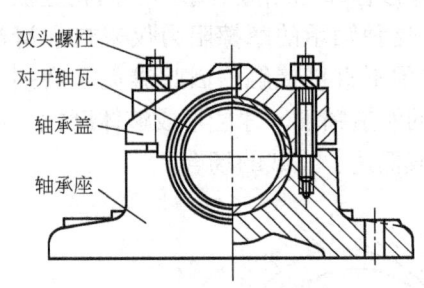
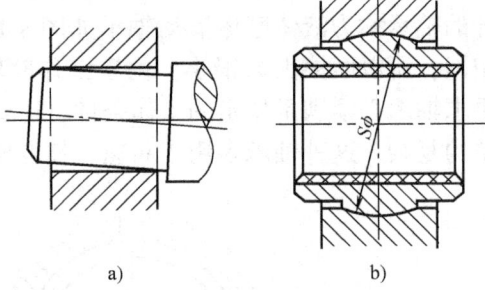

图 8-3　剖分式滑动轴承　　　　图 8-4　调心式滑动轴承

当轴承宽度较大（宽径比大于 1.5）时，由于轴受力变形或轴承工艺和装配原因引起轴承孔倾斜，使轴瓦两端与轴颈局部接触（图 8-4a），导致轴瓦两端急剧磨损，这时可考虑采用自动调心式滑动轴承（图 8-4b）。这种轴承的轴瓦与轴承座以球面接触、能自动调整轴瓦位置使其轴线与轴颈一致，从而保证轴颈和轴瓦的均匀接触，避免过快地磨损。该轴承简称调心轴承。

二、推力滑动轴承

如图 8-5 所示，推力滑动轴承由轴承座 1、衬套 2、向心轴瓦 3 和环状推力轴瓦 4 等组成。为了便于对中，推力轴瓦 4 底部制成球面。销钉 5 用于防止推力轴瓦 4 随轴转动。润滑油从下部油管注入，从上部油管导出。这种轴承主要承受轴向载荷，也可借助向心轴瓦 3 承受一定的径向载荷。

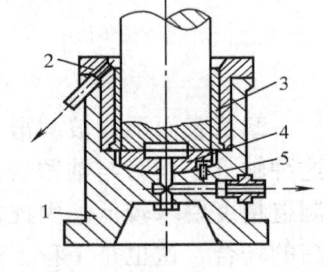

图 8-5　推力滑动轴承

第二节　轴瓦的材料与结构

轴瓦与轴颈配合接触并直接承受载荷，轴瓦的工作表面既是承载面又是摩擦面，工作时会受到挤压磨损，所以轴瓦是滑动轴承的主要元件。非液体摩擦滑动轴承的工作能力和使用寿命，主要取决于轴瓦的材料和结构。轴承座不直接接触轴颈，一般用铸铁（或铸钢）制造。

一、轴瓦的结构

轴瓦有整体式和剖分式两种结构。通常整体式滑动轴承采用整体式轴瓦，如图 8-6 所

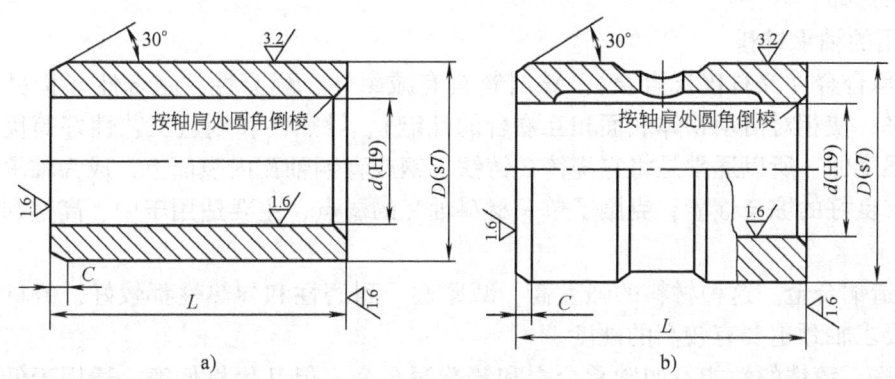

图 8-6　整体式轴瓦

示，这种轴瓦亦称为轴套。整体式轴瓦又分为光滑轴套和带纵向油槽轴套两种。剖分式轴承可采用剖分式轴瓦如图 8-7 所示，轴瓦上制有油孔与油沟，以便于给轴承注入润滑油，润滑油通过孔和油沟进行分散，使摩擦表面得到润滑。油孔与油沟的位置应设置在不承受载荷的区域内。剖分式轴瓦的油沟形式如图 8-8 所示。为了使润滑油能均匀地分布在整个轴颈上，油沟应有足够的长度，通常可按轴瓦长度的 80% 取值。

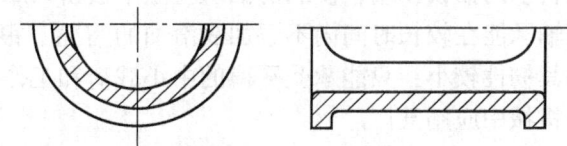

图 8-7　剖分式轴瓦

为提高轴承的耐磨性和使用寿命，对于重要轴承，还在轴瓦的内表面浇铸（或堆焊）一层耐磨性能好的衬里，称为轴承衬。轴承衬的厚度，可根据使用要求的不同选取不同的值。为了保证轴承衬与轴瓦结合牢固，一般应在轴瓦的内表面预制沟槽，如图 8-9 所示。

*二、轴瓦材料

1. 对轴瓦材料的性能要求

1) 足够的强度，包括抗压强度、冲击韧度、抗疲劳强度和抗胶合能力。由于轴上的载荷是通过轴瓦传递到机座上的，所以轴瓦材料应具有足够的强度才能保证轴承有较大的承载能力。

2) 良好的减摩性、耐磨性。好的减摩性是指轴瓦材料具有较小的摩擦因数，好的耐磨性是指抗磨损的能力强。

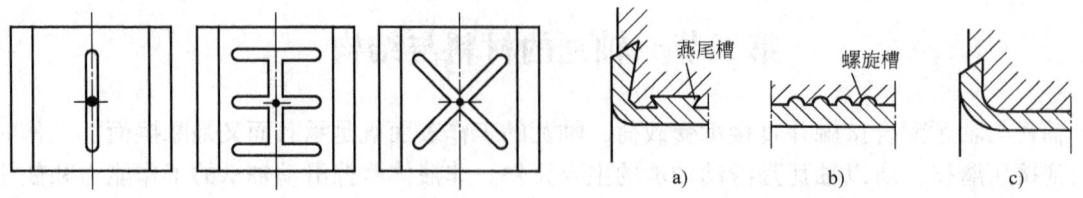

图 8-8 油沟形式　　　　　图 8-9 轴承衬与轴瓦的接合形状

此外，轴瓦材料还应具有好的导热性、耐腐蚀性、工艺性以及价格低廉等特点。但是，任何一种材料都不可能同时具备上述性能，因此设计选用时应根据具体工作条件，按材料的主要性能来选择。

2. 常用的轴承材料

1) 轴承合金（又称巴氏合金）。该材料具有减摩性、耐磨性、跑合性（指材料消除表面粗糙不平，使相对滑动物体表面相互吻合的性能）、导热性和制造工艺性好等优点。但价格昂贵，强度低。所以通常是将它浇铸在铸铁、钢或青铜轴瓦内表面上，成为轴承衬。这样的轴瓦具有良好的综合性能，克服了单一材料轴瓦的弱点，主要适用于中、高速和重载的工作场合。

2) 铸造铜合金。这种材料的强度高，减摩性、耐磨性和导热性都较好，但材料的硬度较高，故要求轴颈也要有较高的硬度。

3) 铸铁。铸铁的性能不如轴承合金和铸造铜合金，但其价格低廉，适用于低速、轻载条件的轴承。

4) 粉末冶金。粉末冶金制品是用粉末状的铜或铁与石墨粉调合经压制和烧结而形成的多孔性成型复合材料。这种轴承的孔隙中可贮存润滑油，工作时因轴瓦摩擦发热的膨胀和轴颈转动的抽吸作用，使润滑油从孔隙中被挤入摩擦表面进行润滑，故又被称为含油轴承。含油轴承能在较长时间内不添加润滑油的情况下很好地工作，所以比较清洁，不易污染环境。但其韧性较小，只能承受平稳的中小载荷和工作在中低速场合。这种轴承在纺织、医药和食品机械中应用甚广。

除了上述几种材料外，还可采用非金属材料，如塑料、尼龙等作为轴瓦材料。常用轴瓦材料的性能见表 8-1。

表 8-1　常用轴瓦和轴承衬材料的性能

材料及其代号		$[p]$/MPa	$[pv]$/(MPa·m/s)	HBS 金属型	HBS 砂型	最高工作温度/℃	轴颈硬度
铸锡锑轴承合金 ZSnSb11Cu6	平稳	25	20	27		150	150HBS
	冲击	20	15				
铸铅锑轴承合金 ZPbSb6Sn16Cu		15	10	30		150	150HBS
铸锡青铜 ZCuSn10P1		15	15	90	80	280	45HRC
铸锡锌铅青铜 ZCuSn5Pb5Zn5		8	10	65	60	280	45HRC
铸铝青铜 ZCuAl10Fe3		15	12	110	100	280	45HRC

*三、非液体摩擦滑动轴承的校核计算简介

非液体摩擦滑动轴承至今还没有完善的计算方法，由于其主要失效形式是磨损或胶合，因此，一般是在确定结构尺寸之后进行校核计算，以限制轴瓦的压强 p 及其与速度的乘积 pv。

下面就以常见的向心滑动轴承为例，简述其校核计算方法。

1. 校核压强 p

对于低速或间歇工作的轴承，为了防止润滑油被从工作表面挤出，以保证良好润滑而不致过度磨损，压强 p 应满足下列条件：

$$p = \frac{F}{dL} \leq [p] \tag{8-1}$$

式中，$[p]$ 为许用压强（MPa），见表 8-1；F 为轴承所承受的径向载荷（N）；d 和 L 分别为轴颈的直径和工作长度（mm）。

2. 校核 pv

对于载荷较大和速度较高的轴承，为保证工作时不致因过度发热而产生胶合，应限制轴承单位面积上摩擦功率 fpv（f 为材料的滑动摩擦因数）。在稳定的工作条件下，f 可近似地看为常数，因此，pv 值间接地反映了轴承的温升。要防止轴承产生胶合，pv 值应满足下列条件：

$$pv = \frac{F}{dL} \cdot \frac{\pi dn}{60 \times 1000} = \frac{Fn}{19100L} \leq [pv] \tag{8-2}$$

式中，n 为轴的转速（r/min）；$[pv]$ 为 pv 的许用值（MPa·m/s），见表 8-1。

当验算结果不能满足要求时，可改用较好的轴瓦材料或加大轴承尺寸 d 和 L。

例 8-1 已知一减速器中滑动轴承的材料为 ZPbSb16Sn16Cu2，承受的径向载荷 $F = 35000$N，轴径 $d = 190$mm，工作长度 $L = 250$mm，转速 $n = 150$r/min，试校核该轴承是否合用。

解：（1）校核压强 p

$$p = \frac{F}{dL} = \frac{3500}{190 \times 250} \text{MPa} \approx 0.74 \text{MPa}$$

（2）校核 pv

$$pv = \frac{Fv}{19100L} = \frac{35000 \times 150}{19100 \times 250} \text{MPa·m/s} = 1.1 \text{MPa·m/s}$$

由表 8-1 查得 ZPbSb16Sn16Cu2 的 $[p] = 12$MPa 和 $[pv] = 10$MPa·m/s，其值均大于 p 和 pv 的计算值，故该轴承可用。

第三节 滑动轴承的润滑与润滑装置

轴承润滑的目的是为了减少摩擦和磨损，提高传动效率和延长使用寿命。实践证明，滑动轴承使用性能的优劣，寿命的长短，与润滑情况有直接关系。润滑是轴承设计、使用和维护中的重要问题之一。

一、润滑剂的种类、性能及其选择

在两相互运动表面间起润滑作用的介质通称为润滑剂。润滑剂分为：液体润滑剂、半固体润滑剂和固体润滑剂。

1）液体润滑剂。液体润滑剂又称润滑油，其中以矿物油用得最多，合成润滑油也正在日益发展。

润滑油最主要的性能指标是粘度，用以表示润滑油流动时内部摩擦阻力的大小（详见第十章）。粘度愈大，内摩擦阻力愈大，流动性能愈差。工业上常用液体的运动粘度来表示其特征。运动粘度是选择润滑油的主要依据。一般载荷大、温度高、速度低时，应选择粘度高的润滑油，反之选用粘度低的润滑油。

2）润滑脂。润滑脂是在润滑油中加稠化剂后形成的胶状润滑剂。其特点是流动性小、不易流失，不需经常添加。在低速、重载、多尘和使用要求不高的场合可采用脂润滑。

3）固体润滑剂。固体润滑剂主要有石墨和二硫化钼。二硫化钼的润滑效果比一般润滑剂好，特别适于高温、高速、重载下工作的轴承。固体润滑剂可单独使用，也可与润滑油、润滑脂混合使用。

二、润滑方式和润滑装置

1）手工润滑。这种润滑方式适用于低速、轻载场合。所用的润滑装置有注油孔及注油杯（图8-10）。图8-11是润滑脂用的油杯，定期旋转杯盖，使空腔体积减小而将润滑脂注入轴承内，它只能间歇润滑。

2）滴油润滑。这种方式只适用于润滑油。常用的装置有针阀式油杯（图8-12）和油芯式油杯（图8-13）。前者当需供油时，将手柄立起，提起针阀，油就通过油孔自动流入；后者则利用毛吸管虹吸原理，由油芯把润滑油不断引滴入轴承。

3）油环润滑。图8-14所示为油环润滑。在轴颈上装一油环，油环下部浸入油池中，当轴颈旋转时，靠摩擦力带动油环旋转，把油带入轴承。

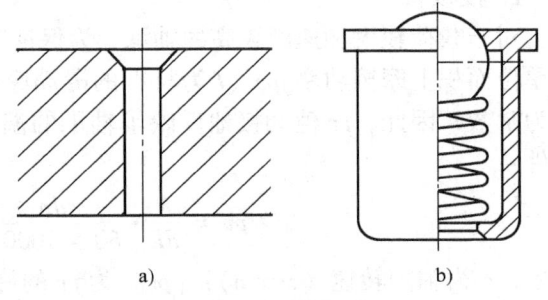

图8-10 注油孔和注油杯

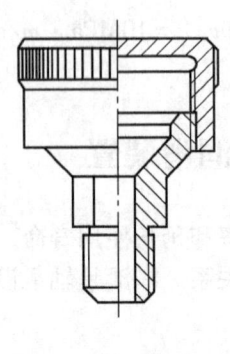

图8-11 油杯

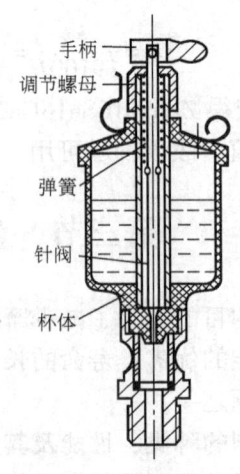

图8-12 针阀式油杯

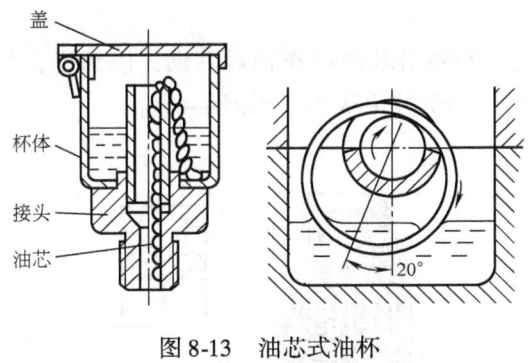
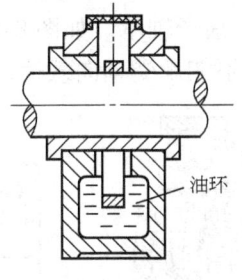

图 8-13　油芯式油杯　　　　　　　　　图 8-14　油环润滑

第四节　滚动轴承的基本构造和类型

一、滚动轴承的基本构造

滚动轴承是标准件。为了适应不同的载荷、转速要求及使用条件等，滚动轴承有多种结构型式，其基本构造可用图 8-15 的轴承来说明。它是由外圈 1、内圈 2、滚动体 3 和保持架 4 组成。工作时，滚动体在内、外圈滚道上滚动，保持架把滚动体彼此隔开，使其沿圆周均匀分布并避免滚动体的相互接触，减少摩擦和磨损。外圈和轴承座或机座配合，内圈和轴颈配合。通常工作时是内圈随轴颈旋转，外圈不转；有时也可以是外圈旋转而内圈不转；或者两者以不同的速度和方向相对转动。少数轴承可以没有保持架，也可以没有外圈或内圈，但不能没有滚动体，否则就不称其为滚动轴承了。常见的滚动体形状如图 8-16 所示。

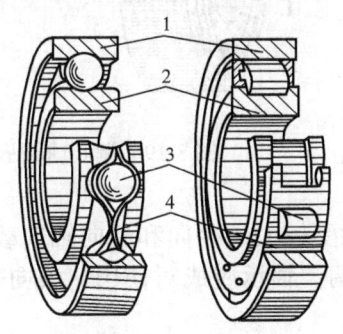
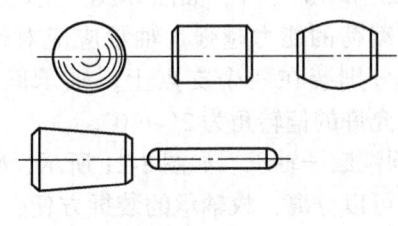

图 8-15　滚动轴承的构造　　　　　　　图 8-16　滚动体的种类

二、常用滚动轴承的类型和应用

滚动轴承的类型很多，分类方法也很多。下面介绍常用的两种分类方法。

第一种分类法：按其承受载荷的作用方向，可分成三大类，即径向接触轴承、向心角接触轴承和轴向接触轴承。

1. 径向接触轴承

这类轴承主要用于承受径向载荷，可分为：深沟球轴承、圆柱滚子轴承、调心球轴承等。

1）深沟球轴承。如图 8-17 所示，主要用于承受径向载荷，也能承受一定的轴向载荷。高速时可代替推力球轴承承受不大的纯轴向载荷。轴承内、外圈轴线允许的偏转角为 2′ ~

10′。

2）圆柱滚子轴承。如图 8-18 所示，轴承内、外圈沿轴向可作相对移动，能承受大的径向载荷，但不能承受轴向载荷。内、外圈轴线允许的偏转角很小（≤2′~4′）。

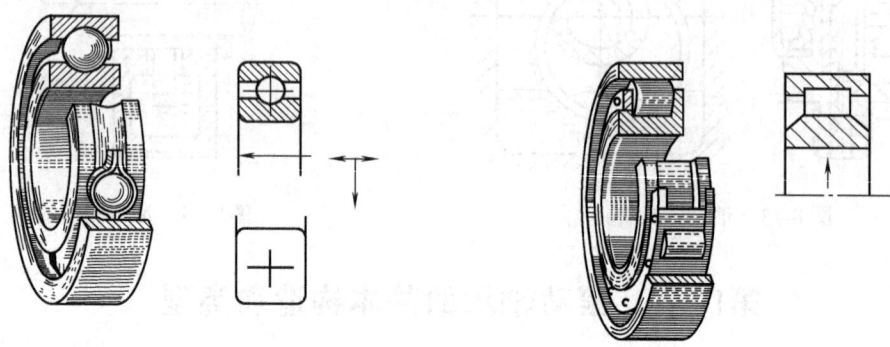

图 8-17　深沟球轴承　　　　　　　　图 8-18　圆柱滚子轴承

3）调心球轴承。如图 8-19 所示，轴承外圈滚道是以轴承中点为中心的球面，故能自动调心。允许内、外圈轴线的偏转角较大（≤2°~3°），能承受径向载荷和较小的轴向载荷。

2. 向心角接触轴承

这类轴承能同时承受径向与单向轴向载荷，可分为：角接触球轴承、圆锥滚子轴承等。

1）角接触球轴承。轴承能同时承受径向和单向轴向载荷，也能承受纯轴向载荷。轴承接触角 α（作用于滚动体上的载荷方向线与轴承径向平面间的夹角）有 15°、25°和 40°三种，如图 8-20 所示。接触角越大，承受轴向载荷的能力越强。轴承应成对使用、反向安装，通常分别装在两个支点上。轴承间隙可调，内、外圈轴线允许的偏转角为 2′~10′。

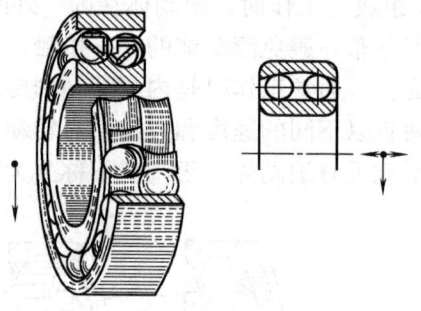

图 8-19　调心球轴承

2）圆锥滚子轴承。如图 8-21 所示，轴承能同时承受较大的径向和单向轴向载荷。内外圈沿轴向可以分离，故轴承的装拆方便，轴承间隙可调。轴承应成对使用、反向安装，内、外圈轴线允许的偏转角 <2′。

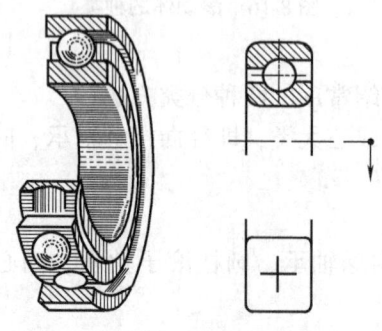
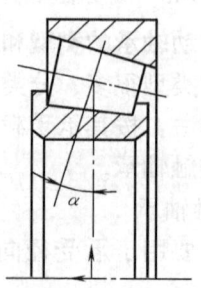

图 8-20　角接触球轴承　　　　　　　　图 8-21　圆锥滚子轴承

3. 轴向接触轴承

轴承只能承受轴向载荷。图 8-22 所示为仅能承受单向轴向载荷的推力球轴承。轴承两个套圈的内孔直径不同,直径较小的套圈紧配在轴颈上,称为轴圈;直径较大的套圈安放在机座上,称为座圈。由于套圈上的滚道深度浅,当转速较高时,滚动体的离心力大,轴承对滚动体的约束力就不够,故允许的工作转速较低。

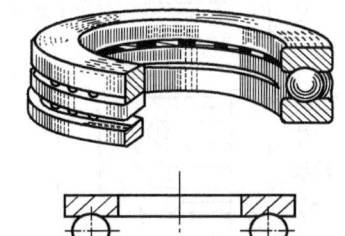

图 8-22 推力球轴承

第 2 种分类法:按滚动体形状可分为球轴承和滚子轴承两大类。

1) 球轴承。球状滚动体与内、外圈滚道为点接触,故承载能力、耐冲击能力低,但极限转速较高,价格便宜。

2) 滚子轴承。滚动体与内、外圈滚道为线接触,承载能力、耐冲击能力较高,但极限转速低,价格较贵。

三、滚动轴承的代号

为了区别不同类型、结构、尺寸和精度的轴承,便于生产、设计和选用,国家标准 GB/T 272—1993 规定了滚动轴承代号。滚动轴承代号由基本代号、前置代号和后置代号组成,用数字和字母表示。滚动轴承代号构成见表 8-2。标准规定了识别符号,即轴承代号,并把它标印在轴承的端面上。

表 8-2 滚动轴承的代号

前置代号	基 本 代 号				后置代号
	类型代号	宽度代号	直径系列代号	内径代号	
字母	数字或字母	一位数字	一位数字	二位数字	字母,数字

1. 基本代号

基本代号表示轴承的基本类型、结构和尺寸,是轴承代号的基础。除滚针轴承外,基本代号由轴承类型代号、尺寸系列代号及内径代号构成。

1) 类型代号。由基本代号右起第五位数字或字母表示,见表 8-3。

表 8-3 滚动轴承的基本类型及特性

名称及代号	结构简图	承载方向	主要特性和应用	名称及代号	结构简图	承载方向	主要特性和应用
调心球轴承(1)			主要承受径向载荷,也可承受较小的轴向载荷,外圈滚道为球面,故能自动调心	圆锥滚子轴承(3)			内、外圈可分离,可同时承受较大的轴向和径向载荷,游隙可调整,常成对使用
调心滚子轴承(2)			径向承载能力比调心球轴承要大,也有自动调心功能	推力球轴承(5)			内、外圈、滚动体部件可分离,只能够承受轴向载荷,不允许有轴线角偏差和轴向位移

(续)

名称及代号	结构简图	承载方向	主要特性和应用	名称及代号	结构简图	承载方向	主要特性和应用
双向推力球轴承（5）			能承受双向轴向载荷，其余功能与推力球轴承相同	推力滚子轴承（8）			能承受较大的单向轴向载荷，极限转速较低
深沟球轴承（6）			主要承受径向载荷，也可承受较小的轴向载荷，极限转速高，制造成本较低	圆柱滚子轴承（N）			能承受较大的径向载荷，不能承受轴向载荷，内、外圈允许有少量的轴向偏移
角接触球轴承（7）			能同时承受径向和轴向载荷，接触角越大，承受轴向载荷的能力越强，成对使用能承受双向轴向载荷	滚针轴承（NA）			只能承受径向载荷，由于接触线较长，径向承载能力较高，径向尺寸小，一般无保持架

2）尺寸系列代号　尺寸系列是轴承的直径系列尺寸和宽（高）度系列尺寸的总称。其代号由轴承的直径系列代号（基本代号右起第三位数字）和宽（高）度系列代号（右起第四位数字）组合而成。直径系列代号表示同一类型内径相同的轴承有几个不同外径和宽度。宽度系列代号表示内、外径相同的同一类型轴承宽（或高）度的变化。

各类轴承对应的尺寸系列代号见表8-4。

表8-4　轴承宽（高）度系列和直径系列代号

直径系列代号	向心轴承							推力轴承			
	宽度系列代号							高度系列代号			
	8	0	1	2	3	4	5	6	7	9	1	2
	尺寸系列代号										
7	—	—	17	—	37	—	—	—	—	—	—	—
8	—	08	18	28	38	48	58	68	—	—	—	—
9	—	09	19	29	39	49	59	69	—	—	—	—
0	—	00	10	20	30	40	50	60	70	90	10	—
1	—	01	11	21	31	41	51	61	71	91	11	—
2	82	02	12	22	32	42	52	62	72	92	12	22
3	83	03	13	23	33	—	—	—	73	93	13	23
4	—	04	—	24	—	—	—	—	74	94	14	24
5	—	—	—	—	—	—	—	—	—	95	—	—

3）内径代号用两位数字来表示轴承的内径，见表 8-5。

表 8-5 滚动轴承的内径代号

内径代号	00	01	02	03	04~96	/22，/28，/32
轴承内径/mm	10	12	15	17	代号数×5	22，28，32

2. 前置代号

前置代号用字母表示，是用以说明成套轴承的分部件特点的补充代号。例如，K 表示滚子和保持架组件，L 表示可分离轴承的内圈或外圈。一般轴承无前置代号。需要时请查阅 GB/T 272—1993。

3. 后置代号

后置代号用字母或字母加数字的组合表示轴承的结构、公差以及材料特殊要求等。后置代号的内容很多，下面介绍几种常用的代号。

1）内部结构代号。内部结构代号表示同一类型轴承的不同内部结构，用字母在后置代号左起第一位表示。例如，角接触球轴承的公称接触角 α 有 15°、25°和 40°，分别用 C CA 和 B 表示；同一类型轴承的加强型用 E 表示。

2）公差等级代号。轴承的公差等级为 2 级、4 级、5 级、6 级、6x 级（仅适用于圆锥滚子轴承）和 0 级，其代号分别为/P2、/P4、/P5、/P6、/P6x、/P0，其精度等级依次降低。0 级为普通级，在轴承代号中不标注。

3）游隙代号。常用轴承径向游隙系列分为 1 组、2 组、0 组、3 组、4 组、5 组，径向游隙依次增大；其中 0 组为基本游隙组，在轴承代号中不标注，其余组别的代号分别为/C1、/C2、/C3、/C4、/C5。

后置代号中的其他内容不再介绍，可参见 GB/T 272—1993。

对于常用的、结构上没有特殊要求的轴承，轴承代号由类型代号、尺寸系列代号、内径代号和公差等级代号组成，并按上述顺序自左向右依次排列。

例 8-2 试说明代号为 6203、30310 的滚动轴承的意义。

解：

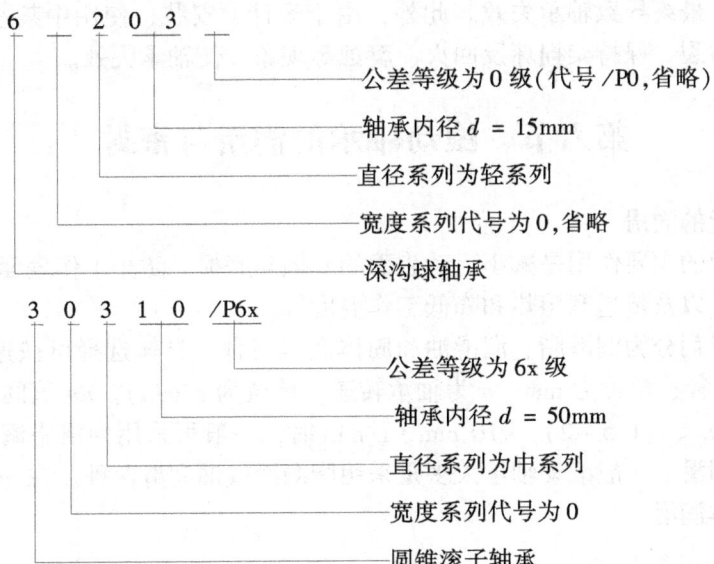

第五节 滚动轴承的受力分析和失效形式

一、滚动轴承元件受力情况分析

如图 8-23 所示的向心球轴承，在径向载荷 F_r 作用下，由于各接触点上产生弹性变形，使轴承内圈中心相对于外圈中心下沉一距离 δ_0。显然，上半圈滚动体不受载荷，下半圈滚动体各接触点所承受的载荷是不同的，处于 F_r 作用线最下方的滚动体受载荷最大（Q_{max}），而邻近的各滚动体受载逐渐减小。

轴承工作时，由于轴承承载区内各位置上滚动体承受的载荷大小是不同的，因而各位置的滚动体与内、外圈之间的接触应力是不同的。轴承在运转时，滚动体与内、外圈的相对位置也不断变化。实验证明，滚动轴承各元件受载后所产生的应力都是脉动循环变化的接触应力。

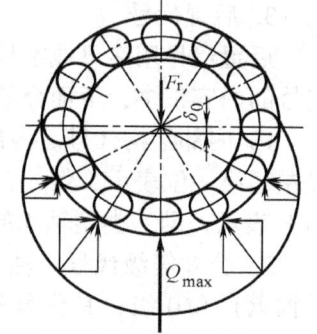

图 8-23 滚动轴承的受力分析

二、滚动轴承的失效形式

1. 疲劳点蚀

轴承运转时，在载荷作用下，经过长时间周期性脉动循环接触应力的作用，就会在内、外圈滚道表面上或滚动体表面上产生疲劳点蚀。从而引起噪声和振动，旋转精度明显降低，使轴承不能正常工作。

2. 塑性变形

对于转速很低或做间歇转动的轴承，在很大的静载荷或冲击载荷作用下，会使轴承的滚动体和滚道接触处的局部应力超过材料的屈服极限，使轴承元件表面出现塑性变形（凹坑），导致轴承丧失工作能力。

3. 磨损

润滑不良或杂物和灰尘的侵入都会引起轴承早期磨损，从而使轴承旋转精度降低、噪声增大、温度升高，最终导致轴承失效。此外，由于设计、安装、使用中某些非正常的原因，可能导致轴承的破裂、保持架损坏及回火、腐蚀等现象，使轴承失效。

第六节 滚动轴承的润滑与密封

一、滚动轴承的润滑

滚动轴承润滑的主要作用是减小运动表面的摩擦与磨损，防止工作表面锈蚀，减少工作时的振动和噪声，以及传递摩擦热和降低工作温度等。

滚动轴承润滑剂分为润滑脂、润滑油和固体润滑三种。具体选择可按速度因数 dn 值来确定（d 为轴承内径，单位为 mm；n 为轴承转速，单位为 r/min）。dn 值间接地反映了轴颈的圆周速度，当 $dn < (1.5 \sim 2) \times 10^5$ mm·r/min 时，一般可采用润滑脂润滑，超过这一范围宜采用润滑油润滑。一般滚动轴承大多是采用脂润滑或油润滑两种。在一些特殊条件下轴承近来还采用固体润滑。

1. 脂润滑

最常用的滚动轴承润滑剂为润滑脂。脂润滑方式的优点是结构简单，油膜强度高，不易流失，便于密封。缺点是润滑脂粘度大，高速时发热严重。

润滑脂主要性能指标为针入度（又称稠度）和滴点。轴承载荷大，dn 值小时，可选针入度小的润滑脂；反之，应选针入度较大的润滑脂。

润滑脂的填量一般不超过轴承空间的 $1/3 \sim 1/2$。装脂不足或过多，都会引起摩擦发热，影响轴承正常工作。

2. 油润滑

轴承在高速或高温下工作时，宜采用油润滑。油润滑方式的优点是润滑性能好、摩擦因数小、润滑可靠，具有冷却和良好的清洗作用，可用多种润滑方式以适应不同的工作条件。缺点是密封装置较为复杂。

润滑油主要性能指标是粘度。轴承所受载荷愈大，工作温度愈高，须选粘度愈大的润滑油。而轴承的转速愈高，dn 愈大，则应选用粘度低的油。

浸油润滑或飞溅润滑时油面不应高于最下方滚动体的中心，否则搅油能量损失较大，易引起轴承过热，这种润滑方式适用于减速器轴承的润滑。

二、密封装置

滚动轴承密封的主要作用是防止灰尘、水分、酸气和其他物质侵入轴承以及阻止润滑剂漏失。因此，必须设计出可靠的密封装置。滚动轴承密封装置的选择与润滑种类、工作环境和温度、密封表面的圆周速度等因素有关。常用的密封装置分为接触式和非接触式两类。各种密封装置的结构、特点及适用范围可参阅表8-6。

表8-6 滚动轴承的密封方法

密封方法	图例	说明
接触式密封	毛毡圈密封 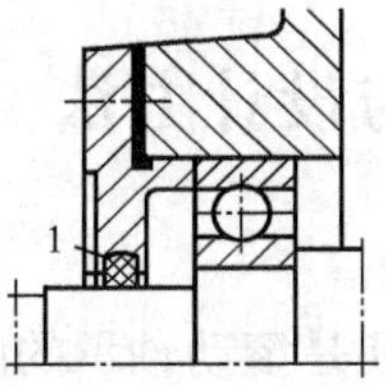	在轴承盖上开出梯形槽，将矩形剖面的毛毡圈放置在梯形槽中与轴接触，对轴产生一定的压力进行密封。这种密封结构简单，但摩擦较严重，主要用于 $v < 4 \sim 5 m/s$ 的脂润滑场合
	密封圈密封 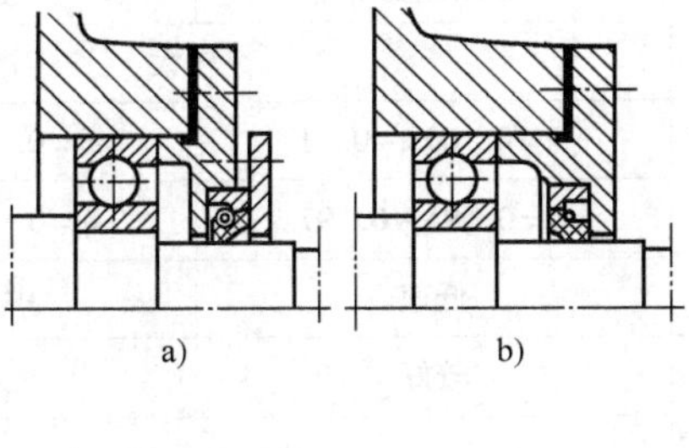 a) b)	在轴承盖上放置密封圈，密封圈用皮革、耐油橡胶等材料制成，有的带金属骨架，有的没有骨架。密封圈与轴紧密接触而起密封作用。图 a 密封唇朝里，目的是防漏油；图 b 密封唇朝外，目的是防灰尘、杂质进入

(续)

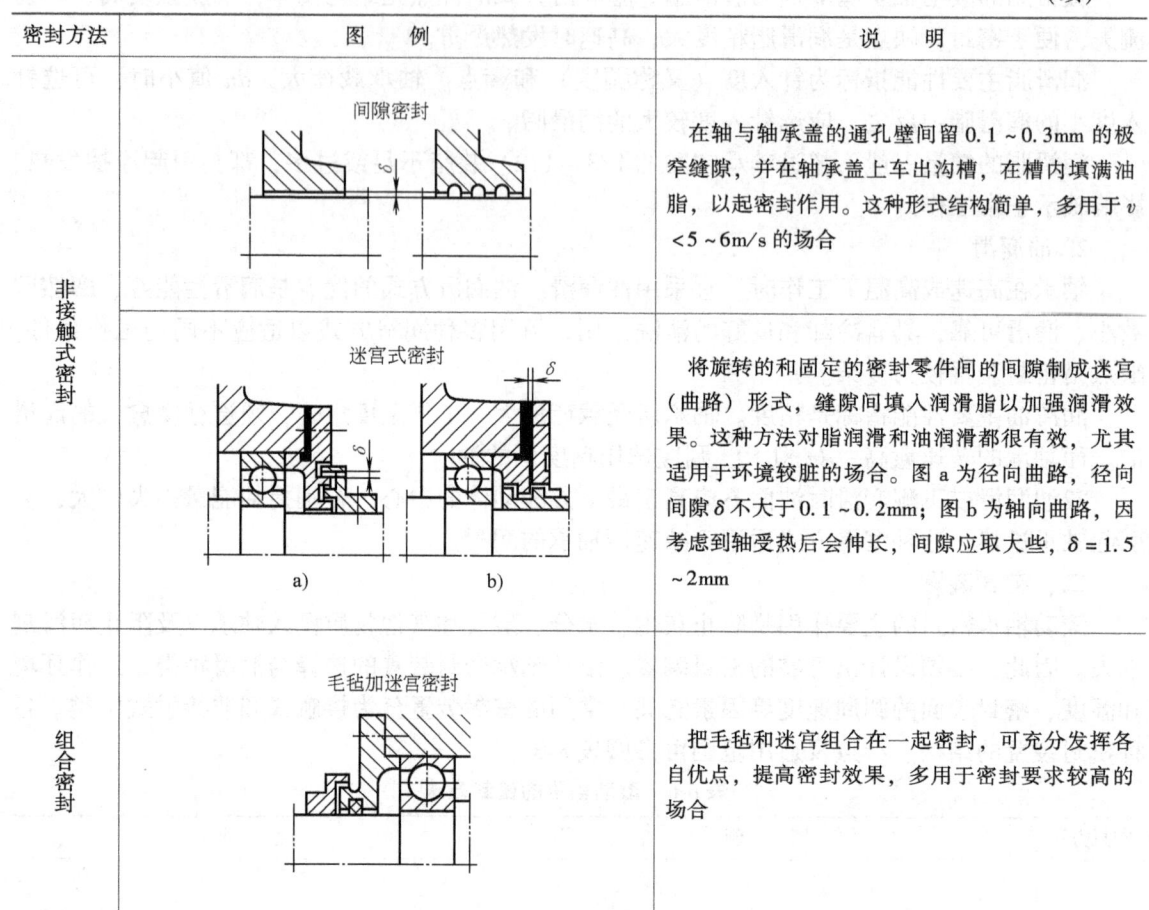

密封方法	图例	说明
非接触式密封	间隙密封	在轴与轴承盖的通孔壁间留 0.1~0.3mm 的极窄缝隙，并在轴承盖上车出沟槽，在槽内填满油脂，以起密封作用。这种形式结构简单，多用于 $v<5$~$6m/s$ 的场合
非接触式密封	迷宫式密封 a) b)	将旋转的和固定的密封零件间的间隙制成迷宫（曲路）形式，缝隙间填入润滑脂以加强润滑效果。这种方法对脂润滑和油润滑都很有效，尤其适用于环境较脏的场合。图 a 为径向曲路，径向间隙 δ 不大于 0.1~0.2mm；图 b 为轴向曲路，因考虑到轴受热后会伸长，间隙应取大些，$\delta=1.5$~2mm
组合密封	毛毡加迷宫密封	把毛毡和迷宫组合在一起密封，可充分发挥各自优点，提高密封效果，多用于密封要求较高的场合

第七节 轴承的选择与设计方法

一、轴承类型的选择

在设计轴承部件时，首先遇到的是采用滑动轴承还是滚动轴承的问题，因此全面比较两者的性能将有助于作出正确的选择。滑动轴承和滚动轴承的性能比较见表 8-7。

表 8-7 滑动轴承与滚动轴承的性能比较

比较项目	滚动轴承	滑动轴承	
		非液体轴承	液体轴承
起动时的摩擦力	很小	较大	
工作时的摩擦因数	$f=0.0015$~0.008	$f=0.008$~0.1	$f=0.001$~0.008
一对轴承的效率	$\eta=0.99$~0.999	$\eta=0.95$~0.97	$\eta=0.995$~0.999
工作速度	低速、中速	低速	中速、高速
承受振动的能力	较差	较好	好
外廓尺寸	径向大、轴向小	轴向大、径向小	

(续)

比较项目	滚动轴承	滑动轴承	
		非液体轴承	液体轴承
维护	需密封，润滑简单，不需经常照料，润滑剂消耗少	要求不高的场合不需密封，需润滑装置，要求经常照料，润滑剂消耗较多	
其他	不消耗有色金属	消耗有色金属，要自行加工	

从表中可以看出，滚动轴承和滑动轴承各有其适合的工作条件，设计时可根据具体情况适当选择。

二、滑动轴承的设计方法

非液体摩擦滑动轴承的有些结构尺寸已标准化，可直接外购。如果必需自己设计，应明确轴瓦的结构设计、材料选择以及制造质量是轴承能否正常工作的关键。非液体摩擦滑动轴承的设计，通常按以下步骤进行：

1) 根据工作状况和使用要求，选定轴承结构类型。
2) 根据选材原则和具体情况选择轴瓦材料，初定轴瓦结构尺寸。
3) 核验滑动轴承的工作能力，校核压强 P 值（$P < [P]$）和发热因素 pv 值（$pv < [pv]$），确定轴瓦结构尺寸。
4) 选择轴瓦与轴颈的配合。
5) 选择润滑剂、润滑方式和润滑装置。

三、滚动轴承类型的选择

轴承类型的正确选择是在了解各类轴承特点的基础上，综合考虑轴承的具体工作条件和使用要求进行的。

1. 滚动轴承类型的选择原则

选择滚动轴承类型时主要考虑如下原则。

1) 轴承所受的载荷。轴承所受载荷的大小、方向和性质是选择轴承类型的主要依据。轻载和中等载荷时应选用球轴承；重载或有冲击载荷时，应选用滚子轴承。纯径向载荷时，可选用深沟球轴承、圆柱滚子轴承或滚针轴承；纯轴向载荷时，可选用推力轴承；既有径向载荷又有轴向载荷时，若轴向载荷不太大时，可选用深沟球轴承或接触角较小的角接触球轴承、圆锥滚子轴承；若轴向载荷较大时，可选用推力轴承或接触角较大的滚动轴承；若轴向载荷很大，而径向载荷较小时，可选用推力角接触轴承，也可以采用向心轴承和推力轴承组合一起的支承结构。

2) 轴承的转速。高速时应优先选用球轴承。内径相同时，外径越小，离心力也越小。故在高速时，宜选用外径和宽度较小的球轴承。推力轴承的极限转速都很低，高速运转时，或轴向载荷不十分大时，可采用角接触球轴承或深沟球轴承来承受纯轴向力。

3) 轴承尺寸。当径向尺寸受到限制时，可选用推力轴承或滚针轴承或外径较小系列的轴承。轴向尺寸受限制时可选用宽度较小系列的轴承。

4) 轴承调心性能。由于制造和安装误差等因素致使轴的中心线与轴承中心线不重合时，或当轴受力弯曲造成轴承内外圈轴线发生偏斜时，宜选用调心球轴承或调心滚子轴承。

5) 轴承刚性。滚子轴承的刚性较好，而球轴承刚性较差。在轴承座不是剖分而必须沿轴向装拆轴承以及需要频繁装拆轴承的机械中，应优先选用外圈可分离的轴承（如3类，N类等）；当轴承在长轴上安装时，为便于装拆可选用内圈为圆锥孔的轴承（后置代号第2项为K）。

6）经济性。选择滚动轴承的类型时，在满足使用要求的条件下，还必须考虑其经济性，为了降低成本，应尽量选用球轴承和普通级（0级公差）的轴承。对于大多数机械而言，0级公差的轴承足以满足要求，但对于旋转精度有严格要求的机床主轴、精密机械、仪表以及高速旋转的轴，应选用高精度的轴承。

2. 选择滚动轴承类型时要注意的问题

选择轴承类型时，除了考虑前述的原则外，还应当注意以下三个问题。

1）成对使用圆锥滚子轴承（30000型）和角接触球轴承（70000型）。这两类轴承成对使用的目的是抵消轴承的部分内部轴向力。

2）成对使用自动调心轴承（10000型、20000型）。在轴的一个支点采用自动调心轴承，则在轴的另一个支点上也采用自动调心轴承，否则轴承就不能起调心作用。

3）多支点细长轴。对于多支点上的细长轴，各支点都应采用自动调心轴承。这主要是考虑轴的各支点上的轴承孔与轴的同轴度不易保证，否则轴容易被卡住。

四、滚动轴承的校核计算

滚动轴承的校核计算是以避免失效，保证轴承有足够的寿命为计算依据。通常用额定动载荷表示抗疲劳点蚀的承载能力，用额定静载荷表示抗过量塑性变形的承载能力。其计算已超出本书的范畴，故不作深入讨论。必要时可查阅"机械设计"教材或"机械设计手册"等。

*第八节　滚动轴承的组合结构设计

为了确保滚动轴承的正常工作，必须正确地进行轴承的组合结构设计，处理好轴承与其周围零件之间的关系。滚动轴承的组合结构设计内容包括轴承的定位、固定、调整、配合、装拆和预紧等，设计时应全面综合考虑。

一、滚动轴承的轴向定位

机器中的轴及某些轴上零件是由轴承支承的，轴承轴向位置是否确定，将直接影响轴及轴上零件在工作中的正确位置。因此，滚动轴承必须有可靠的轴向定位。滚动轴承常见的轴向定位方式有两端固定和一端固定、一端游动两种。

1. 两端固定

每个支点限制一个方向的轴向移动。如图8-24a所示，两个支点都利用轴肩顶住轴承的内圈，用轴承盖压住外圈，从而限制了轴承和轴的双向移动。可用调整垫片调整轴承盖与轴承座孔之间的游隙。

这种支承形式结构简单，适用于工作温度变化不大的短轴（跨距≤350mm）。考虑到轴受热后会伸长，一般在轴承端盖与轴承外圈端面间留有补偿间隙，其值 $a = 0.2 \sim 0.4$mm。也可由轴承游隙来补偿，如图8-24a下半部所示。当采用角接触球轴承或圆锥滚子轴承时，轴的热伸长量只能由轴承的游隙补偿。间隙 a 和轴承游隙的大小可用垫片或图8-24b中所示的调整螺钉等来调节。

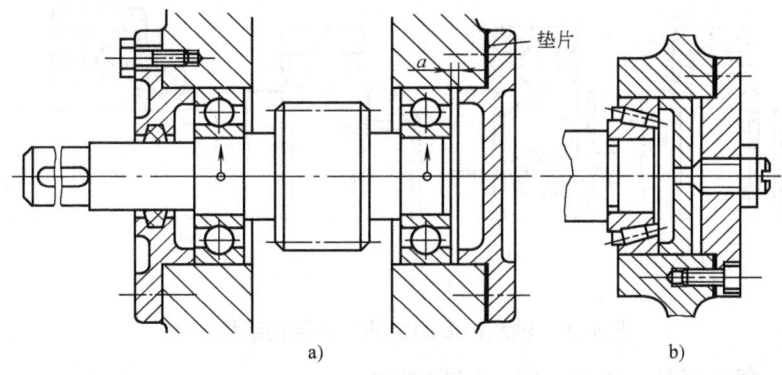

图 8-24 两端固定支承

2. 一端固定、一端游动

使一个支点的轴承双向定位来限制轴的双向移动，而另一个支点的轴承做成游动的，如图 8-25a 所示。这种方式适用于温度变化较大的环境中，当温度变化引起轴伸长量较大时，轴承可产生轴向移动，也用在长轴或多支点的轴上。

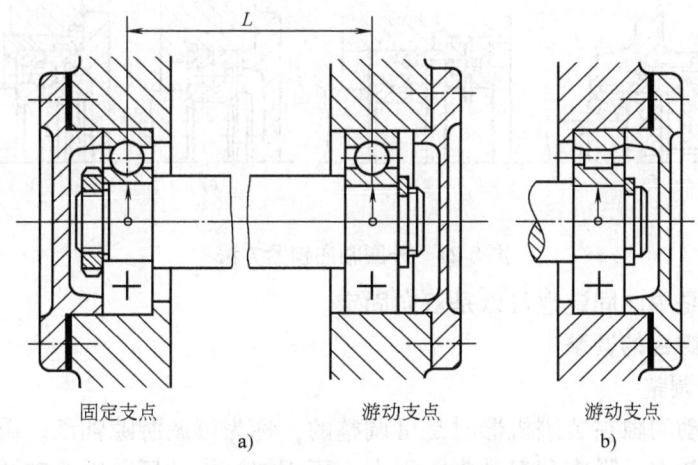

图 8-25 一端固定、一端游动支承

选用圆柱滚子轴承作为游动支承时（图 8-25b），依靠轴承本身具有内、外圈可分离的特性达到游动目的。这种固定方式适用于工作温度较高的长轴（跨距 $L>350\mathrm{mm}$）。

二、滚动轴承的轴向固定

1. 内圈固定

图 8-26 所示为轴承内圈轴向固定的常用方法。轴承内圈的一端常用轴肩定位固定，另一端则可采用轴用弹性挡圈（图 8-26a），轴端挡圈（图 8-26b），圆螺母和止动垫圈（图 8-26c），止动垫圈和圆螺母（图 8-26d）等定位形式。

为保证定位可靠，轴肩圆角半径必须小于轴承的圆角半径。

2. 外圈固定

图 8-27 所示为轴承外圈轴向固定的常用方法。外圈在轴承孔中的轴向位置常用座孔的台肩（图 8-27a）、轴承盖（图 8-27c）、止动环（图 8-27d）、孔用弹性挡圈（图 8-27e）、螺纹

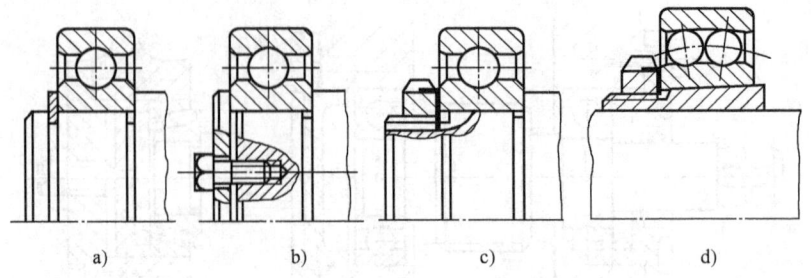

图 8-26 轴承内圈固定的几种常用结构形式

环（图 8-27g）、套杯套环（图 8-27i）等结构固定。

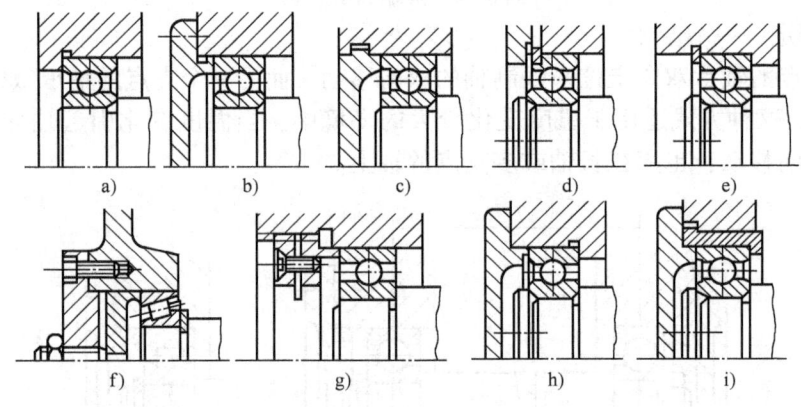

图 8-27 外圈轴向锁紧方法

轴向固定可以是单向固定也可以是双向固定。

三、滚动轴承组合的调整

1. 轴承游隙的调整

滚动轴承的游动间隙在装进机器时是可调整的，称为可调游隙轴承。游隙的大小对轴承旋转精度、寿命、效率、噪声和温升影响很大。可用螺钉推动压盖以调整游隙如图 8-28，或靠增减轴承盖与轴承座间的垫片以调整游隙。

2. 轴向组合位置的调整

有时为使轴上零件在安装时能得到准确位置，要求轴承及轴的轴向位置可以调整。例如为使两锥齿轮的锥顶重合于一点，要求它们必须能进行轴向调整。图 8-29 所示为小锥齿轮轴的调整结构，垫片组 1 就是用来调整滚动轴承及轴的轴向位置的，垫片组 2 是调整轴承游隙的。

3. 轴承的预紧

为了提高轴的旋转精度和刚度，对于游隙可调的轴承，在安装时将轴承的游隙消除并使其受到一定的轴向作用力，这种方法称为轴承的预紧。预紧方法很多，如通过夹紧一对磨窄了的轴承外圈来预紧，如图 8-30a 所示；在一对轴承中间装入长度不等的套筒进行预紧如图 8-30b 所示等。

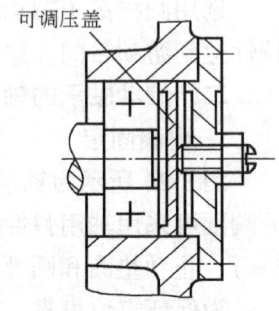

图 8-28 轴承间隙调整的结构

四、滚动轴承的配合

滚动轴承的配合是指轴承内圈与轴颈、轴承外圈与轴承座孔的配合。由于滚动轴承是标准件，选择配合时应以它为基准件，故内圈与轴颈的配合采用基孔制，外圈与轴承座孔的配合采用基轴制。工作时，通常内圈随轴一起转动，故其与轴颈的配合要紧，通常取偏紧的过渡配合。外圈不转动，其与轴承座孔的配合常采取较松的过渡配合，但具体需根据轴承工作载荷的大小、性质、转速高低等确定。滚动轴承配合的极限与配合可查阅有关手册。

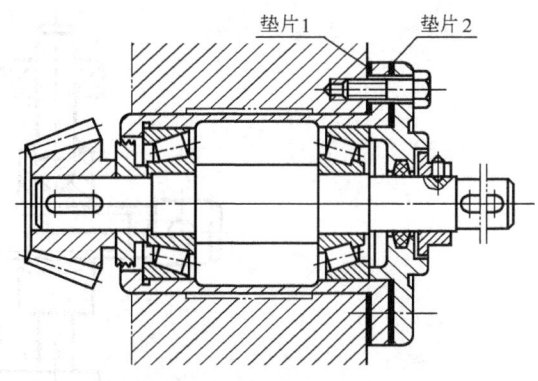

图 8-29　锥齿轮轴承组合轴向位置的调整

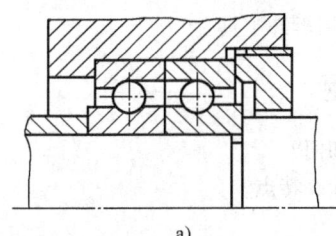
a)

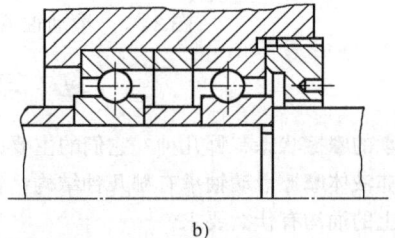
b)

图 8-30　轴承的预紧

五、滚动轴承的装拆

在轴承组合设计时，应考虑到轴承安装和拆卸的便利及在装拆过程中不损坏轴承。由于内圈与轴颈配合较紧，在安装时，对中、小型轴承常用冷压法，可在内、外圈端面加垫后用手锤轻轻打入，如图 8-31 所示；对尺寸较大的轴承可采用冷压法，用压力机压入，或用热套法，即把轴承放在油里加热至 80~100℃，然后取出套装在轴颈上。

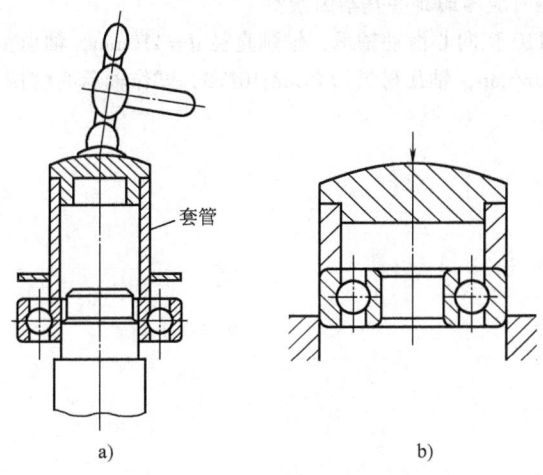

图 8-31　滚动轴承的冷压装配法

轴承的拆卸需用专用拆卸工具如图 8-32 所示。为使拆卸工具的钩头钩住内圈，应限制轴肩高度。

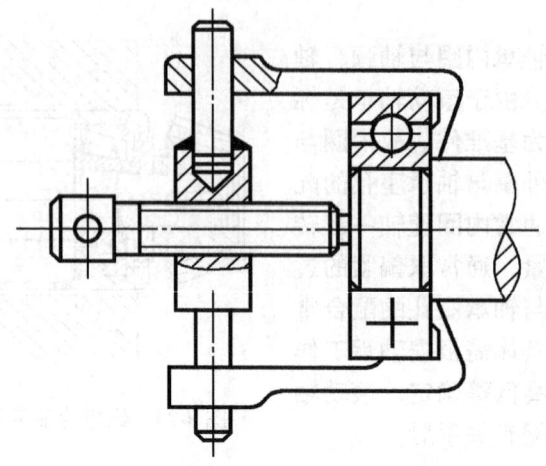

图 8-32 滚动轴承的专用拆卸工具

复 习 题

8-1 滑动轴承的摩擦状态有哪几种？它们的主要区别如何？

8-2 常用的非液体摩擦滑动轴承有哪几种结构？各有什么特点？

8-3 对轴瓦上的油沟有什么要求？

8-4 对轴瓦和轴承衬的材料有什么要求？

8-5 滑动轴承常用的润滑方式和装置有哪些？

8-6 滚动轴承的主要类型有哪几种？各有何特点？画出它们的结构简图。

*8-7 滚动轴承支承结构的基本型式有哪几种？各适用于何种场合？

8-8 根据下列滚动轴承的代号，指出其类型、尺寸系列、结构特点、公差等级：6005、N205/P6

8-9 进行滚动轴承组合设计时应考虑哪些主要问题？

8-10 滚动轴承与滑动轴承各有什么特点？

8-11 选择滚动轴承类型时应考虑哪些基本因素？

8-12 某一设备选用 H2110 型向心滑动轴承，轴颈直径 $d=110$mm，轴承宽度 $B=125$mm；径向载荷 $F=146000$N，轴的转速 $n=180$r/min，轴瓦材料为 ZCuAl10Fe3，试作轴承的校核计算。

第九章 其他常见的零、部件

机械设备中其他常见的零件和部件还有联轴器、离合器、制动器、销和弹簧等等。例如，起重机械是用来提升或在近距离内搬运重物而广泛应用的机械。如图9-1所示为某一台简单起重机械的机动示意图。原动机1通过联轴器2、减速器4及联轴器5驱动卷筒6作正反向转动，再过钢丝绳7和滑轮组（由定滑轮8和动滑轮9组成）带动吊钩10连同重物11，以一定的速度在高度H范围内升降。为了停止重物运动或降低其速度，设置了制动器3。

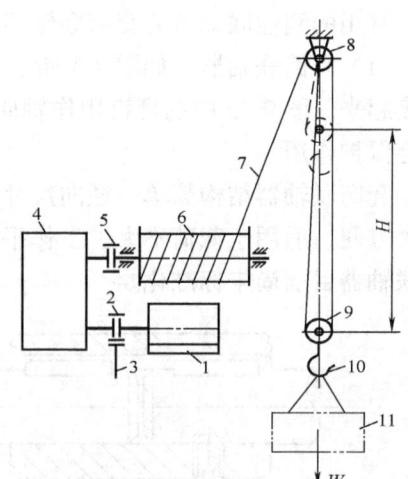

图9-1 简单起重机械的机动示意图

有的机械，在机器运转中根据工作需要能随时使两轴分离或接合（例如汽车变速箱中的轴），则要设置离合器。至于销和弹簧则是机器中常用的零件。本章主要介绍这些常见的零件和部件的类型、结构、特点、适用场合及选择方法，为今后选用类似部件提供基础。

第一节 联 轴 器

联轴器通常用来连接两轴并在其间传递运动和转矩。用联轴器连接轴时只有在机器停止运转，经过拆卸后才能使两轴分离。

联轴器所连接的两轴，由于制造及安装误差、承载后的变形以及温度变化的影响，往往存在着某种程度的相对位移及偏斜，如图9-2所示。因此，设计联轴器就要从结构上采取不同的措施，使联轴器具有补偿上述偏移量的性能，否则就会在轴、联轴器、轴承中引起附加载荷，导致工作情况的恶化。

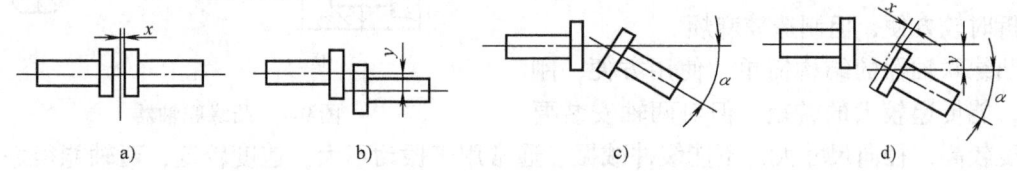

图9-2 两轴可能偏移的情况
a) 轴向位移 x　b) 径向位移 y　c) 偏角位移 α　d) 综合位移 x、y、α

根据联轴器补偿两轴相对位移能力的不同可将其分为两大类：刚性联轴器和挠性联轴器。前者要求在安装和运转时两轴线严格对中，而后者则允许两轴线间有一定的偏移，挠性联轴器又按是否具有弹性元件，可分为无弹性元件和有弹性元件两种。

下面介绍几种常用的联轴器。

一、常用联轴器的结构、特点和应用

1. 刚性联轴器

这种联轴器的零件是刚性地固联在一起的，联轴器零件间不能有相对运动，因此不能补偿两轴的相对位移。要求两轴有较大的刚度和准确安装，否则安装后或工作中的变形将使轴和轴承受到附加载荷的作用，因而用于两轴能严格对中并在工作中不发生相对位移的场合。

常用的刚性联轴器有套筒联轴器和凸缘联轴器等。

（1）套筒联轴器　如图9-3所示，套筒联轴器是利用套筒及连接零件（键或销）将两轴连接起来。图9-3a中的螺钉用作轴向固定，图9-3b中的锥销当轴超载时会被剪断，可起到安全保护作用。

套筒联轴器结构简单、径向尺寸小、容易制造，但缺点是装拆时因需作轴向移动而使用不太方便。适用于载荷不大、工作平稳、两轴严格对中并要求联轴器径向尺寸小的场合。此种联轴器目前尚未标准化。

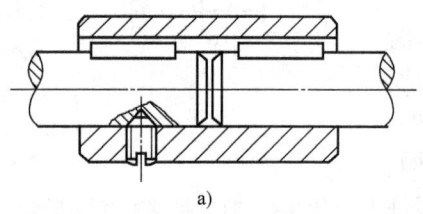
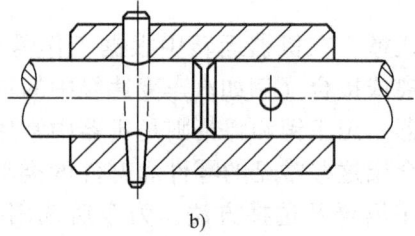

a)　　　　　　　　　　　　b)

图9-3　套筒联轴器

a）单键连接的套筒联轴器　b）销连接的套筒联轴器

（2）凸缘联轴器　凸缘联轴器是由两个半联轴器组成，如图9-4所示，它们分别用键和轴相连接，并用若干个螺栓联成一体。凸缘联轴器的结构已经标准化。

按对中方法不同，有两种结构。一种是利用两个半联轴器的凸肩与凹槽的相互配合来保证两轴同心（图9-4a）；一种则是用铰制孔螺栓对中（图9-4b）。前者对中精度高，但装拆时要使轴作轴向移动；后者当要求两轴结合或分离时，只要装上或卸下螺栓即可，故装拆时较方便，但制造较麻烦。

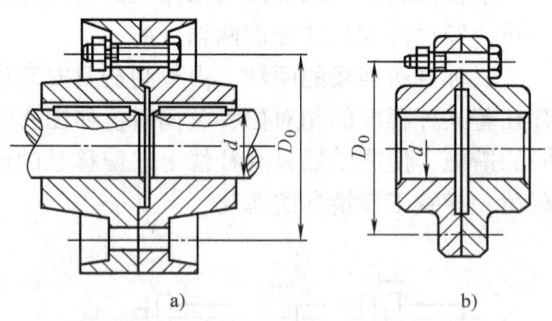

图9-4　凸缘联轴器

凸缘联轴器的结构简单，使用方便，刚性好，能传递较大的转矩，但对两轴安装要求精度较高，径向尺寸大，不能缓冲减振。通常用于振动不大，速度较低，两轴能很好对中的场合。

2. 挠性联轴器

（1）无弹性元件的挠性联轴器　常用的无弹性元件联轴器有：十字滑块联轴器、万向联轴器和齿式联轴器。

1）十字滑块联轴器。如图9-5所示，它由端面开有凹槽的两个半联轴器1、3和一个两

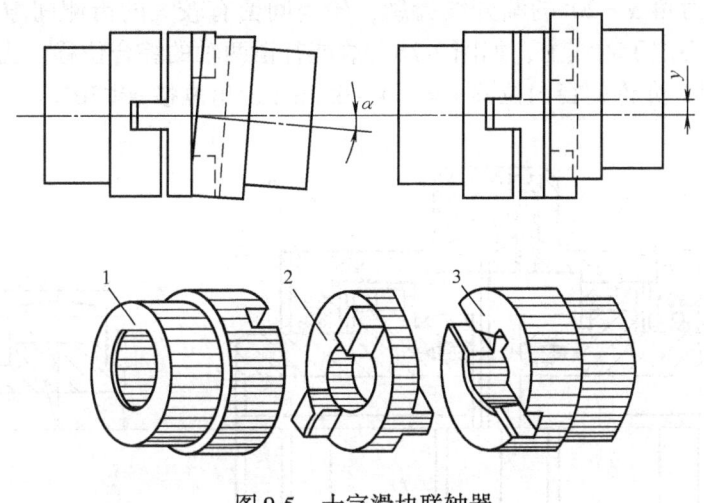

图 9-5 十字滑块联轴器

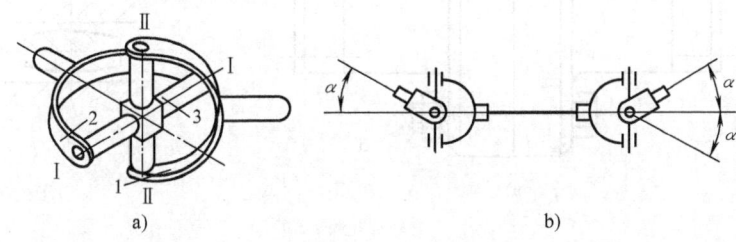

图 9-6 万向联轴器

端面均带有凸牙的中间圆盘 2 组成。中间圆盘两端的凸块相互垂直,并分别与两个半联轴器的凹槽互相嵌合,而凸块的中线通过圆盘中心。两个半联轴器分别装在主动轴和从动轴上。运转时,如果两轴线不同心或偏斜,中间圆盘的凸块将在半联轴器的凹槽内移动,以补偿两轴的相对位移。因此,凹槽和凸块的工作面要求有较高的硬度(46~50HRC)并加润滑剂。当转速较高时,中间圆盘的偏心将会产生较大的离心力,加速工作面的磨损,并给轴和轴承带来较大的附加载荷,故只适用于低速的场合。它允许的径向位移 $y \leq 0.04d$(d 为轴径),角位移 $\alpha \leq 30'$。

2)万向联轴器。图 9-6a 所示为万向轴联器的结构简图。它主要由两个分别固定在主、从动轴上的叉形接头Ⅰ、Ⅱ和一个十字形零件(称十字头)3 组成。这种联轴器允许两轴间有较大的夹角 α(最大可达 35°~45°),且机器工作时即使夹角发生改变仍可正常传动,但 α 过大会使传动效率显著降低。

这种联轴器的缺点是当主动轴角速度 ω_1 为常数,从动轴的角速度 ω_2 并不是常数,而是在一定范围内变化,这在传动中会引起附加载荷。所以常将两个万向联轴器成对使用,如图 9-6b 所示。但安装时应注意必须保证中间轴上两端的叉形接头在同一平面内,且应使主、从动轴与中间轴的夹角相等,这样才可以保证 $\omega_1 = \omega_2$。

3)齿式联轴器。齿式联轴器是无弹性元件联轴器中应用较广泛的一种,它是利用内外齿啮合来实现两半联轴器的连接。如图 9-7a 所示,它由两个具有内齿的外壳 2、3 和两个外齿的半联轴器 1、4 组成。2、3 间用螺栓 5 连成一体,两半联轴器分别装在主动轴和从动轴上,外壳与半联轴器通过内、外齿的相互啮合而相联。工作时,靠啮合的轮齿传递转矩,轮齿的齿廓常采用压力角 $\alpha = 20°$ 的渐开线齿廓，轮齿间留有较大的齿侧间隙，外齿轮的齿顶做成球面，球面中心位于轴线上，如图9-7b，故能补偿两轴的综合位移。当齿轮联轴器的轴径为 18~560mm 时，允许的径向位移 $y = 0.4~6.3$mm，角位移 $\alpha \leq 30'$。

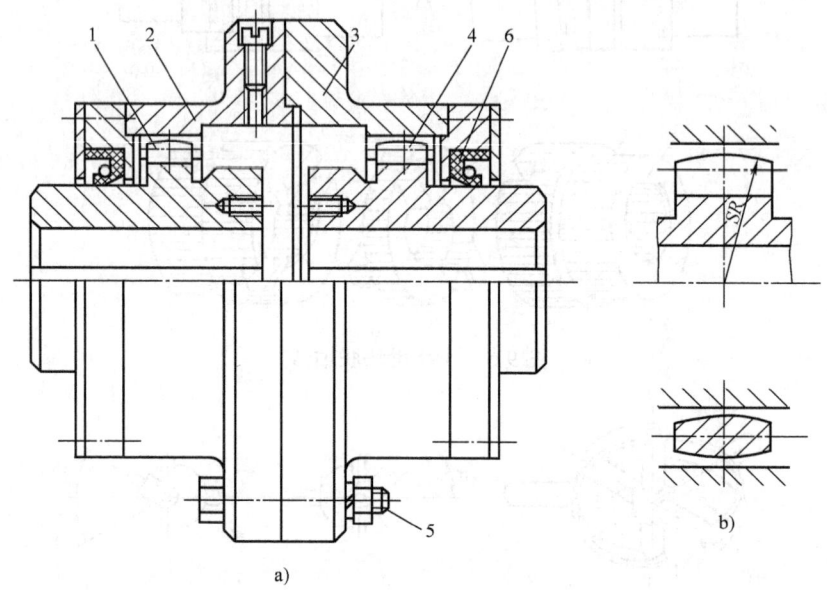

图9-7 齿式联轴器

这种联轴器能传递较大的转矩，但结构较复杂，制造较困难，在重型机器和起重设备中应用较广。

（2）有弹性元件的挠性联轴器

这类联轴器包含有弹性元件，能补偿两轴的相对位移，并具备吸收振动和缓冲冲击载荷的能力。

1）弹性圈柱销联轴器。如图9-8所示，它的结构与凸缘联轴器相似，只是用套有弹性圈的柱销代替了连接螺栓。这种联轴器能吸收振动和补偿较大的轴向位移，允许的角位移 $\alpha \leq 40'$，径向位移 $y \leq 0.14~0.20$mm。它多用于经常正反转、起动频繁、转速较高的场合。

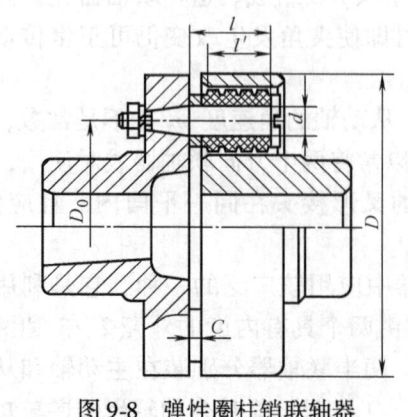 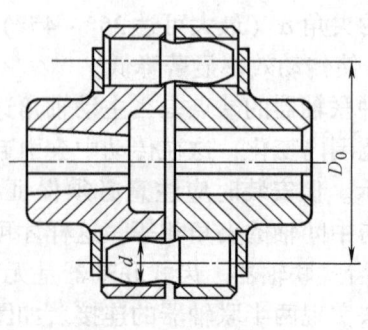

图9-8 弹性圈柱销联轴器　　　　图9-9 尼龙柱销联轴器

2) 尼龙柱销联轴器。如图 9-9 所示，这种联轴器可以看成为弹性圈柱销联轴器简化而成。即采用尼龙柱销代替弹性圈和金属柱销。为了防止柱销滑出，在柱销两端配置挡圈。这种联轴器结构简单，安装、制造方便，耐久性好，也有吸振和补偿轴向位移的功能。常用于轴向窜动量较大、经常正反转、起动频繁、转速较高的场合，可代替弹性圈柱销联轴器。

二、联轴器的选择

1. 类型选择

根据机器设备的工作条件和使用要求，首先选择联轴器的类型。表 9-1 可供选择类型时参考。

表 9-1　各种类型联轴器的特点

刚性联轴器	挠性联轴器	
	无弹性元件	有弹性元件
(1) 传递转矩大 (2) 运转可靠 (3) 工作寿命长 (4) 对冲击载荷敏感		(1) 具有缓冲性和吸振性，适于频繁启动和正反转的工作场合 (2) 弹性元件比较薄弱，不适于低速和大转矩 (3) 安装误差和相对位移会加快元件的损坏
要求安装精度和回转构件刚度高	能不同程度地补偿安装误差和相对位移	

2. 联轴器的型号选择

联轴器的类型确定后，应根据轴端直径、转矩大小、转速、空间尺寸等要求确定联轴器型号。具体步骤如下：

1) 计算名义转矩 T

$$T = 9550P/n$$

式中，P 为传递功率（kW）；n 为轴的转速（r/min）；T 为转矩的（N·m）。

2) 计算转矩 T_C

$$T_C = KT$$

式中，K 为工作情况系数，由表 9-2 查取。

表 9-2　联轴器和离合器的工作情况系数 K

原动机	工 作 机	K
电动机	(1) 带式运输机、鼓风机、连续运转的金属切削机床	1.25～1.5
	(2) 链式运输机、刮板运输机、螺旋运输机、离心泵、木工机床	1.5～2.0
	(3) 往复运动的金属切削机床	1.5～2.5
	(4) 往复式泵、往复式压缩机、球磨机、破碎机、冲剪机	2.0～3.0
	(5) 起重机、升降机、轧钢机	3.0～4.0
汽轮机	发电机、离心机、鼓风机	1.2～1.5
往复式发动机	发电机	1.5～2.0
	离心泵	3～4
	往复式工作机	4～5

3) 选择联轴器型号。根据轴端直径、转速 n、计算转矩 T_C 等参数，查手册标准，选择适当型号。所选型号应满足

$$T_C \leq [T] \tag{9-1}$$
$$n \leq [n] \tag{9-2}$$

式中，$[T]$ 为许用最大转矩（N·m）；$[n]$ 为许用最高转速（r/min）；$[T]$ 与 $[n]$ 由机械设计手册或标准中查得。

例 9-1 选择图 9-1 中减速器与电动机轴之间的联轴器。已知：电动机功率 $P=7.5$ kW，转速 $n_1 = 720$ r/min，电动机轴直径 $d_1 = 42$ mm。工作机为卷扬机。

解：1）选择 HL 型弹性柱销联轴器（GB/T 5014—1995）

2）由表 9-2，取工作情况系数 $K = 1.3$。

计算转矩 $T_C = KT = K \times 9\,550 P/n = 1.3 \times 9\,550 \times 7.5/720$ N·m $= 129.3$ N·m

3）根据电动机轴直径 $d_1 = 42$ mm，查标准，选用联轴器型号为 HL3。其许用最大转矩 $[T] = 630$ N·m，许用最高转速 $[n] = 5000$ r/min，均满足要求。

第二节 离 合 器

离合器用于各种机械的主、从动轴之间的接合和分离，并传递运动和动力。离合器除了用于机械的起动、停止换向和变速之外，还可用于对机械条件的过载保护。对离合器的基本要求是：分离和接合迅速、平稳，耐磨性好，散热性好，结构简单，调整维护方便，尺寸小。常用的离合器有牙嵌式和摩擦式两大类。

一、牙嵌式离合器

如图 9-10 所示，它由两个端面上带牙的半离合器组成，一个半离合器固定在主动轴上，另一个用导向键或花键与从动轴连接，通过操纵机构使其轴向移动，实现离合器的分离和接合。主动轴端的半离合器上固定一个对中环以实现两轴的对中，从动轴可以在环上自由转动。

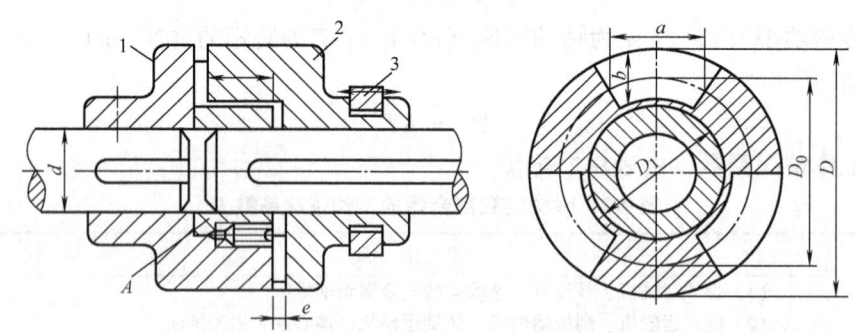

图 9-10 牙嵌式离合器

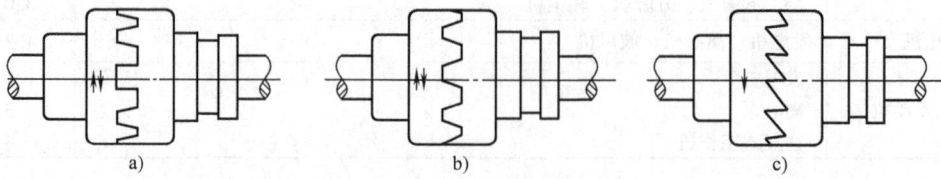

图 9-11 牙嵌离合器的牙形

牙嵌离合器依靠相互嵌合的牙来传递运动和转矩。常用的牙形有矩形、梯形、锯齿形、三角形等（图9-11a、b、c），其中梯形牙强度较高，传递转矩较大，离合较容易，并能自动补偿牙因磨损后产生的间隙而减小冲击，应用最广。

牙嵌离合器尚未标准化，但主要尺寸可从手册中查出，必要时可以进行牙的强度校核和耐磨性计算。

二、摩擦离合器

1. 单盘摩擦离合器

如图9-12所示，单盘摩擦离合器主要由主摩擦盘1和从摩擦盘2组成。依靠施加于操作环3上的外力F_Q使两盘之间产生摩擦力，从而传递转矩。这种离合器结构简单。传递转矩大时两盘直径很大，主要用于直径不便限制的地方。

2. 多片摩擦离合器

如图9-13所示，多片摩擦离合器有两组摩擦片，外片的外齿与主动轴鼓轮内齿相嵌合，孔壁不与任何零件接触，故外片可随主动轴一起转动，在轴向力作用下可以移动。内片的凹槽与从动轴上套筒外缘凸齿相接合，故内片可随从动轴一起转动，并可轴向移动。另外套筒上开有三个纵向槽用来安置可绕销轴转动的曲壁压杆。当滑环左移时，曲臂压杆通过压杆将所有内外片压紧在调节螺母下，离合器即进入接合状态。调节螺母调节摩擦片之间的压力。内片可以作成碟形（见图9-14），受压时可被压平而与外片贴紧；脱开时由于内片的弹力作用可以迅速与外片分离。

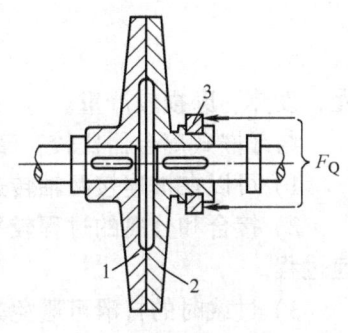

图9-12 单盘摩擦离合器

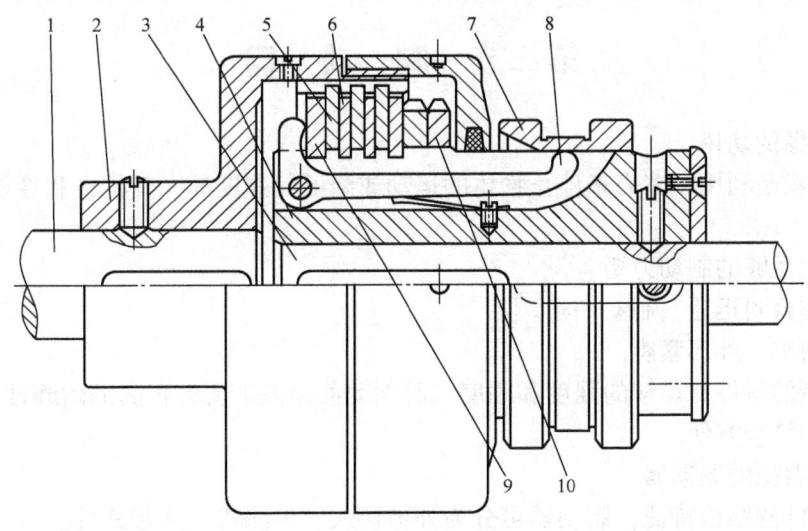

图9-13 多片摩擦离合器

1—主动轴 2—鼓轮 3—从动轴 4—套筒 5—外片
6—内片 7—滑环 8—曲臂压杆 9—压板 10—调节螺母

多盘式离合器的优点是结构紧凑，径向尺寸小而承载能力大，连接平稳，因此适用的载荷范围大，在机床和一些变速箱中得到广泛应用。其缺点是盘数多，结构复杂。离合动作缓

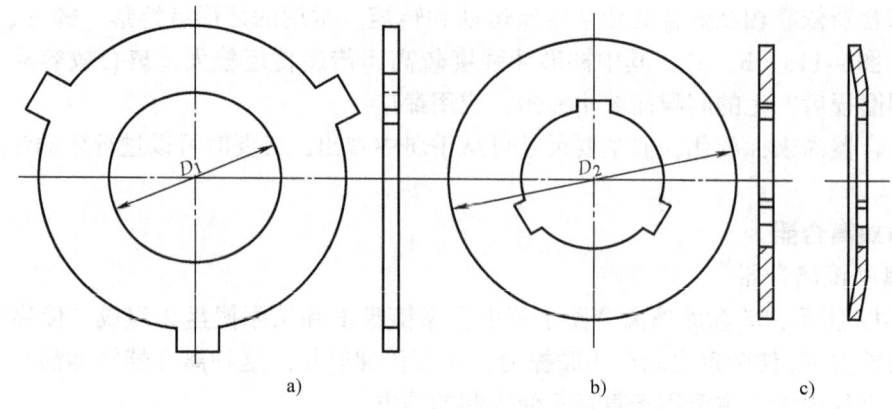

图 9-14　内外片结构
a）外片　b）内片　c）碟形内片

慢，发热、磨损较严重。

与牙嵌式离合器比较，摩擦离合器的优点是：

1）可以在被连接两轴转速相差较大时接合。

2）接合和分离的过程较平稳，可以用改变摩擦面上压紧力大小的方法调节从动轴的加速过程。

3）过载时的打滑可避免其他零件损坏。

其缺点是：

1）结构较复杂，成本较高。

2）当产生滑动时，不能保证被连接两轴精确地同步转动。

第三节　制　动　器

一、制动器的功用

制动器一般是利用摩擦力来停止物体的运动或降低其速度的，其构造和性能必须满足以下要求：

1）能产生足够的制动力矩。

2）松闸与合闸迅速，制动平稳。

3）构造简单，外形紧凑。

4）制动器的零件有足够的强度和刚度，而制动器摩擦带要有较高的耐磨性和耐热性。

5）调整和维修方便。

二、几种典型的制动器

按制动零件的结构特征，制动器可分为外抱块式、内涨式、闸带式等。

1. 外抱块式制动器

图 9-15 为外抱块式制动器示意图。主弹簧 3 通过制动臂 4 使闸瓦块 2 压紧在制动轮 1 上，使制动器经常处于闭合（制动）状态。当松闸器 6 通入电流时，利用电磁作用把顶柱顶起，通过推杆 5 推动制动臂 4，使闸瓦块 2 与制动器松脱。瓦块的材料可用铸铁，也可在铸铁上覆以皮革或石棉带。瓦块磨损时可调节推杆 5 的长度。

上述通电时松闸，断电时制动的制动器，称为常闭式。常闭式比较安全，因此在起重运输机械等设备中应用较广。松闸器亦可设计成通电时制动，断电时松闸，则成为常开式。常开式制动器适用于车辆的制动。电磁外抱式制动器制动和开启迅速，尺寸小，质量轻，易于调整瓦块间隙，更换瓦块和电磁铁也很方便。但制动时冲击大，电能消耗也大，不宜用于制动力矩大和需要频繁起动的场合。

电磁外抱式制动器已有标准，可按标准规定的方法选用。

2. 内涨式制动器

图 9-16 所示为内涨式制动器工作简图。两个制动蹄 2、7 分别通过两个销轴 1、8 与机架铰接，制动蹄表面装有摩擦片 3，制动轮 6 与需制动的轴固连。当压力油进入双向作用的泵 4 后，推动左右两个活塞，克服弹簧 5 的作用使制动蹄 2、7 压紧制动轮 6，从而使制动轮（或轴）制动。油路卸压后，弹簧 5 的拉力使两制动蹄与制动轮分离而松闸。这种制动器结构紧凑，广泛应用于各种车辆以及结构尺寸受限制的机械中。

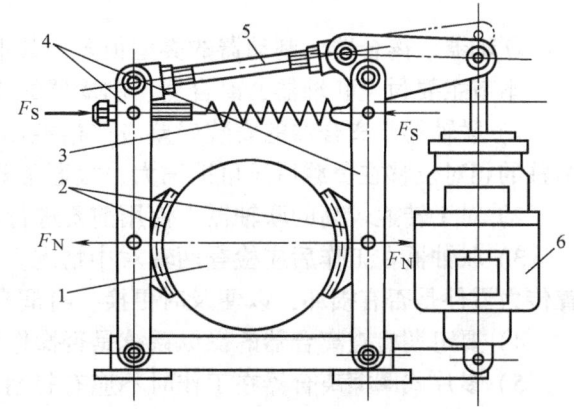

图 9-15 外抱块式制动器
1—制动轮 2—闸瓦块 3—主弹簧
4—制动臂 5—推杆 6—松闸器

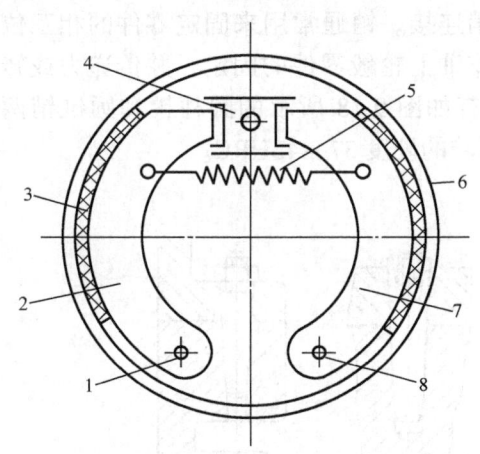

图 9-16 内涨式制动器
1、8—销轴 2、7—制动蹄 3—摩擦片
4—泵 5—弹簧 6—制动轮

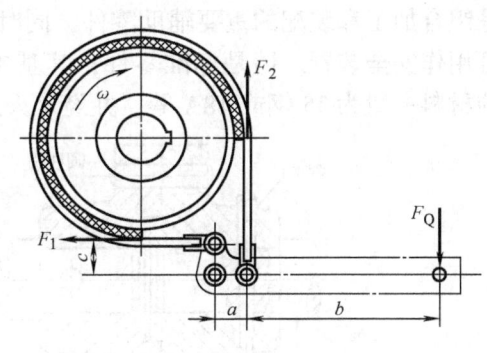

图 9-17 闸带式制动器

3. 闸带式制动器

这种制动器如图 9-17 所示。当力 F_Q 作用时，利用杠杆机构收紧闸带而抱住制动轮，靠带和轮间的摩擦力达到制动的目的。闸带制动器结构简单，径向尺寸小，但制动力矩不大。为了增加摩擦作用，闸带材料一般为钢带上覆以石棉或夹铁纱帆布。

第四节 联轴器、离合器、制动器的使用和维护

联轴器、离合器、制动器的类型很多,其中大多数已标准化,可供使用者选用。

本节主要讨论联轴器、离合器、制动器的使用和维护问题。

1)联轴器与离合器的安装误差应严格控制,对于刚性联轴器更应该注意。由于所连接两轴的相对位移在负载后还可能增大,故通常要求安装误差不大于许用补偿量的二分之一。

2)对于转速较高的联轴器,使用前要进行动平衡试验。

3)联轴器在工作后应检查两轴对中情况。其相对位移不应大于许用补偿量。要定期检查传力零件是否有损坏,以便及时更换。有润滑要求的,要定期检查润滑情况。

4)要定期检查离合器的操纵系统是否操作灵活,工作可靠。

5)多片式摩擦离合器在工作时不应有打滑或分离不彻底现象。要经常检查作用在摩擦片上的压力是否足够和摩擦片磨损情况,回位弹簧是否灵敏,主、从动片之间的侧隙要经常注意调整。

6)制动器往往是机械设备中重要的安全装置,与安全生产密切相关。要经常检查其工作状况,制动器全部传动系统的动作要灵敏,要按时向转动部件注油润滑,经常调整弹簧弹力、合理调整松开状态时制动瓦块与制动轮的间隙。

第五节 销 联 接

用销将两个零件连接在一起的连接方式称为销连接。销通常用来固定零件的相互位置,它是组合加工和装配的重要辅助零件,同时也可作轴上轮毂零件的固定,并传递力或转矩;也可用作安全装置。销是标准零件,其基本形式有如图9-18所示的圆柱销和圆锥销两种。销的材料一般为35钢或T8A等。并经淬火达到要求的硬度37~42HRC。

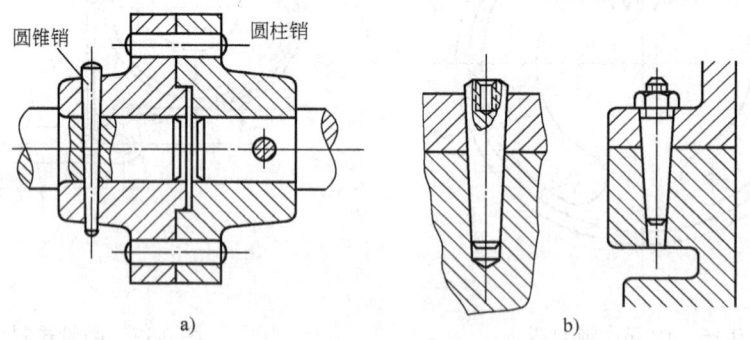

图9-18 销的基本形式
a) 圆柱销和圆锥销 b) 内螺纹圆锥销和螺尾圆锥销

销联接的应用如下。

1. 销连接用于定位

销在连接中作为定位零件,主要用于确定零件之间的相互位置,并构成可拆卸的销连接。这种销通常被称为定位销。

图 9-18a 所示为用圆锥销实现定位的示例。因圆锥销具有 1∶50 的锥度，所以有可靠的自锁性，对同一销孔，可以进行多次装拆而不影响被联接零件的相互位置精度。定位销一般不承受载荷或只承受很小的载荷。定位销的直径可按结构要求确定。在每一连接中，销使用的数目不得少于两个。销在每一被连接件内的长度约为销直径的 1~2 倍。

定位销也可以用圆柱销。圆柱销是靠过盈配合而固定在销孔中的，所以对同一销孔，如进行多次装拆，就会降低联接的可靠性和定位的精度。

对于销孔为不通孔的联接（或为了装拆方便而设置的通孔联接），则可以采用具有内螺纹圆锥销或螺尾圆锥销，如图 9-18b 所示。

2. 销联接用于传递横向力和转矩

销在联接中既是联接件又是传动件，用以进行零件之间力和转矩的传递。

图 9-19a 所示为用圆柱销实现横向力和转矩传递的示例。圆柱销与销孔是依靠过盈配合而连接固定的，销孔是需要铰制的。如图 9-19b 所示，也可采用圆锥销联接。

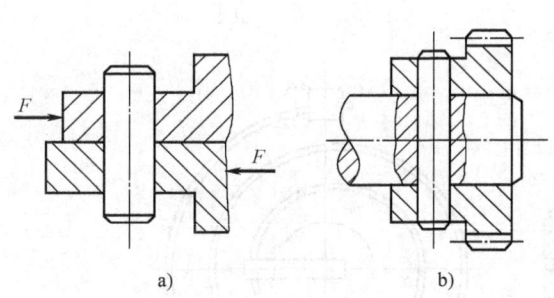
图 9-19　传递横向力和转矩

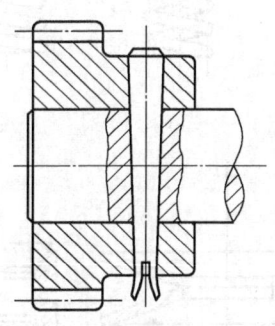
图 9-20　开尾圆锥销

3. 销联接用于安全装置

销是作为被切断零件设置在安全装置中的，如图 9-20 所示。在传递横向力和转矩过载时，销就会被切断，从而保护了连接件免受损坏。这种连接中的销称为安全销。安全销可用于传动装置的过载保护，如安全联轴器等。作为安全销，在必要时还可在销上切出槽口，如图 9-20 所示开尾圆锥销，并应考虑切断后易取出并易于更换。

第六节　弹　　簧

弹簧是一种弹性元件，它是利用材料的弹性和结构特点，通过变形和储存能量来进行工作的。与多数零件不同，对弹簧的主要要求是弹性好，能多次重复地随外载荷的大小作相应的弹性变形，卸载后又能恢复原状。

一、弹簧的功用

在很多机构和机器中都应用弹簧。弹簧的功用归纳起来主要有以下几点：

1) 控制运动，例如离合器的控制弹簧、内燃机的阀门弹簧等。
2) 缓和冲击和吸收振动，例如联轴器中的吸振弹簧和车辆中的缓冲弹簧等。
3) 测量力和力矩，例如测力器和弹簧秤中的弹簧等。

4) 储蓄能量，例如钟表弹簧和仪器仪表中的弹簧等。

二、弹簧的类型

弹簧的类型如图 9-21 所示。按其形状可分为螺旋弹簧（图 9-21a、b、c、d）、板弹簧（图 9-21e）、碟形弹簧（图 9-21f）、环形弹簧（图 9-21g）和平面蜗卷弹簧（图 9-21h）等。其中螺旋弹簧是用弹簧丝依螺旋线卷绕而成。由于制造简便，所以应用最为广泛。

螺旋弹簧按外形可分为圆柱形弹簧，如图 9-21a、b、d 所示，圆锥形弹簧（图 9-21c）等。按其受载情况又可分为拉伸弹簧（图 9-21a）、压缩弹簧（图 9-21b、c）和扭转弹簧（图 9-21d）。板弹簧（图 9-21e）是由许多长度不同的钢板迭合而成的，常用作车辆的减振装置。

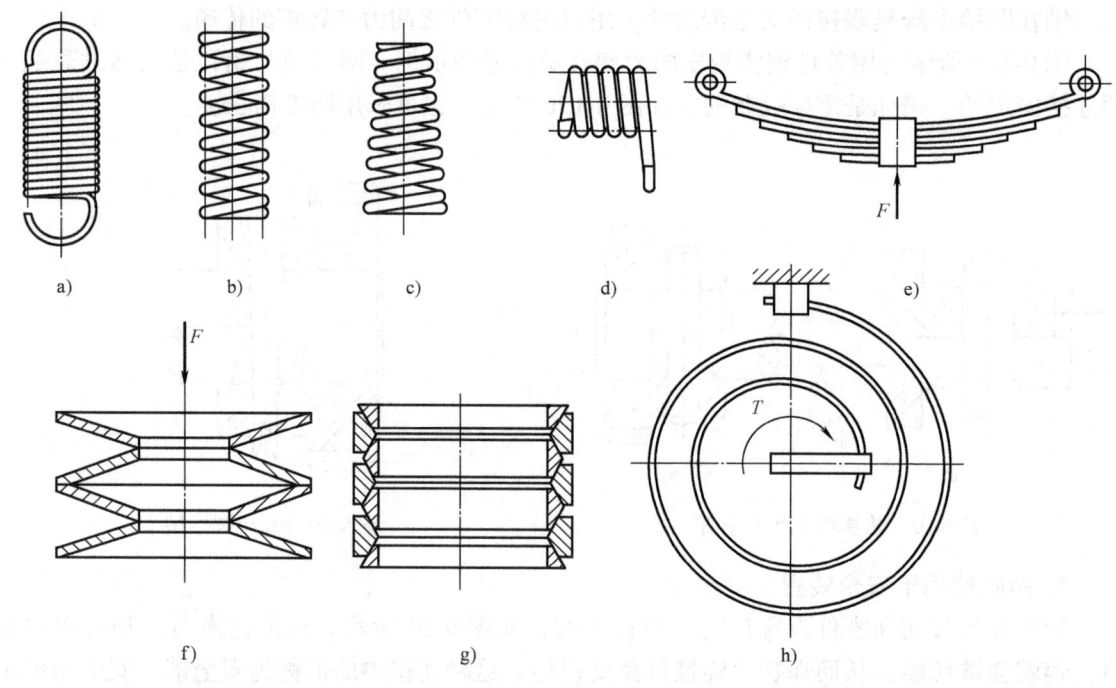

图 9-21 弹簧的类型

碟形弹簧和环形弹簧都是压缩弹簧，刚性大，能承受大的冲击载荷，并具有良好的吸振能力，常用作缓冲弹簧。

在一般机械设备中，最常用的是用圆截面金属丝绕成的圆柱螺旋压缩（拉伸）弹簧，故下面只讨论这种弹簧的特点、结构形式及常用材料。

三、圆柱螺旋弹簧的结构形式

如图 9-22 所示，弹簧的节距为 t；在自由状态下，各圈应有适当的间隙 δ，以便弹簧受压时，有产生相应变形的可能。为了使弹簧在压缩后仍能保持一定的弹性，设计时还应考虑在最大工作载荷的作用下，各圈之间仍需保留一定的余留间隙 δ_1，δ_1 的大小一般推荐为 $\delta_1 = 0.1d > 0.2$ mm（d 为弹簧丝的直径）。

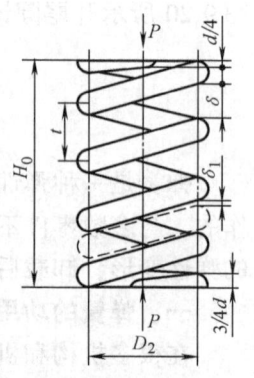

图 9-22 圆柱螺旋压缩弹簧

弹簧两端各有 3/4～5/4 圈与邻圈并紧，称为死圈，死圈不参加弹簧变形，其端面应垂直于弹簧轴线。常用的端部结构有并紧磨平的YⅠ型和并紧不磨平的YⅢ型两种，如图9-23所示。

在重要场合应采用YⅠ型，以保证两支撑端面与弹簧的轴线垂直，从而使弹簧受压时不致歪斜。端部磨平部分的长度不小于3/4圈，簧丝末端厚度一般为$d/4$。

拉伸弹簧的端部制有挂钩，以便安装和加载。常用的端部结构形式如图9-24所示。其中LⅠ型和LⅡ型制造方便，应用广泛，但因挂钩过渡处产生很大的弯曲应力，故只宜用于弹簧丝直径$d \leqslant 10mm$的弹簧。LⅦ挂钩受力情况较好，且可转向任何位置而便于安装。对受力较大的重要弹簧，最好采用LⅦ型挂钩，但其制造成本较高。

四、弹簧的常用材料

弹簧工作时常常承受交变或冲击载荷，为了使弹簧能够可靠地工作，弹簧材料必须具有较高的弹性极限和疲劳极限，足够的韧性和塑性，以及良好的热处理性能。弹簧的常用材料有碳素弹簧钢、合金弹簧钢、弹簧用不锈钢等。

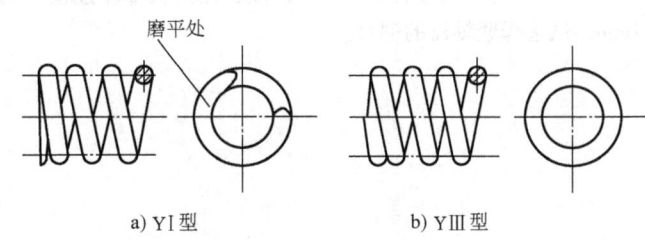

图9-23 圆柱螺旋压缩弹簧的端部形式

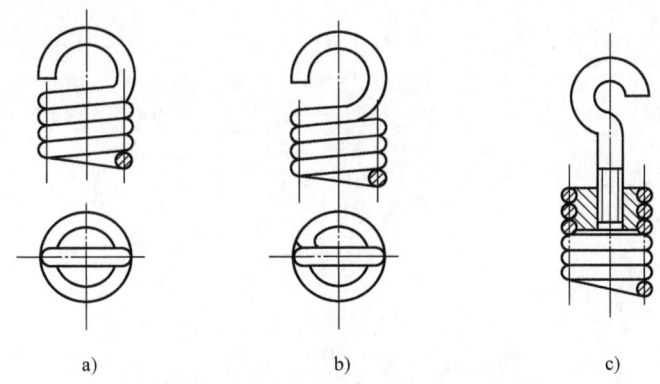

图9-24 圆柱螺旋拉伸弹簧的端部结构
a) 半圆钩环（LⅠ型） b) 圆钩环（LⅡ型） c) 可调式（LⅦ型）

碳素弹簧钢价格便宜，供应充足，应用最广，缺点是弹性极限低，多次重复变形后易失去弹性，不适合在高于120℃的温度下工作。弹簧丝直径大于12mm时，热处理中不易淬透，所以选择弹簧材料，应充分考虑弹簧的工作条件、功用、重要性和经济性等因素，一般优先采用碳素弹簧钢丝。

至于圆柱螺旋弹簧的设计计算，一般来说较为复杂，牵涉知识较多，需学习相关专著才能解决。

复 习 题

9-1 两轴轴线的偏移形式有哪几种。
9-2 联轴器和离合器的功用如何？联轴器和离合器的主要区别如何？
9-3 常用的联轴器有哪些类型？它们的特点和使用条件如何？列举你所知道的应用实例。
9-4 凸缘联轴器两种对中方法的特点各是什么？

9-5 无弹性元件联轴器与弹性联轴器在补偿位移的方式上有何不同？

9-6 常用的离合器有哪些类型？它们的特点和使用条件如何？列举你所知道的应用实例。

9-7 摩擦式离合器与牙嵌式离合器的工作原理有何不同？

9-8 牙嵌式离合器与牙嵌式安全离合器有何区别？

9-9 销有哪些功用？有哪些常见类型？适用于什么场合？

9-10 弹簧有哪些功用？有哪些常见类型？各适用于什么场合？

9-11 普通自行车上手闸、鞍座等处的弹簧各属于什么类型？其功用是什么？

9-12 圆柱螺旋弹簧的端部结构有何功用？

9-13 某电动机与油泵之间用弹性套柱销联轴器连接，功率 $P=75\text{kW}$，转速 970r/min，两轴直径均为 42mm，试选择联轴器的型号。

第二篇 液压与气压传动

液压与气压传动都是以有压流体（压力油或压缩空气）为工作介质，进行运动和动力传递的一种传动方式。

液压与气压传动技术广泛地应用于工业领域的各个方面。首先是在各类机械产品中得到广泛应用，目的在于增强产品的自动化程度、可靠性和动力性能，使操作灵活、方便、省力；其次是在各类企业生产设备中的应用：提高生产设备的效率与自动化水平，提高重复精度与生产质量。如金属切削机床；单机液压自动化设备；各类自动、半自动生产线；焊接、装配、数控设备等。

本篇分为四章，就液压传动与气压传动基础知识进行阐述。

第十章 液压传动基本知识

第一节 液压传动的基本概念

一、概述

液压传动与传统的机械传动有本质上的区别。为了从感性上认识液压传动，下面举几个常见的工程实例。

各种自卸载重汽车在卸货时，司机只要一按电钮，车厢就慢慢升动，货物一倒而空。举起沉重的车厢，靠的就是液压传动。万吨轮上的方向舵是掌握航向的部件，需要几百千牛米的操纵力矩才能转动它。依靠人力是办不到的，但舵手却轻而易举地转动舵轮，靠的也是液压传动。

万吨水压机之所以产生万吨压力，只能靠液压传动装置。飞机的方向舵、副翼、襟翼及起落架的操纵机构中都广泛采用液压传动。在生产自动线上，灵活的机械手不停地给料、下料，四面八方转动自如，按照人们的意志完成各种动作。使机械手自由行动的，也是靠液压传动。

这一切说明液压技术已作为一项成熟技术广泛地应用到生产、科研领域中。

液压传动经过 60 年的发展，技术已日臻完善，成为一门独立的技术学科，并有液压专业技术人员从事这项工作。作为一般的工程技术人员也应具备液压传动的基本知识，以便能正确地选择、使用和维护液压装置，并为深入研究液压传动奠定基础。

二、液压传动的工作过程

现以图 10-1 所示的液压千斤顶为例来说明液压传动的工作过程。从图中可以看出，千斤顶中大小两个液压缸 9 和 2 内分别装有活塞 10 和 3。活塞能在缸体内滑动，而且配合面间又能实现可靠的密封，液体不会产生泄漏，加之单向阀 4、5 和截止阀 8 的作用，便形成了两个密封容腔。当用手向上扳动杠杆 1 时，小活塞向上移动，于是小缸下腔 A 增大，形成部分真空，这时压油单向阀 4 关闭，大活塞 10 保持不动，而吸油单向阀 5 打开，油箱 7 内的油液就在大气压力 p_a 的作用下吸入小缸的下腔 A 并填满空间，由此便完成一次吸油动作。当压下杠杆，小活塞下移时，A 腔压力增大。此时，右面单向阀 5 关闭，防止油液向油箱倒流，而单向阀 4 被打开，A 腔的油液经管道 6 被压入大缸下腔 B，推动大活塞 10 向上移动，顶起重物 G（负载）。如此反复提、压杠杆 1，便可使重物不断地升高，达到起重的目的。适当地选择大小活塞面积和杠杆比，就可以用很小的外力 F 升起很重的负载 G。

千斤顶工作时，截止阀 8 关闭。当需要将大活塞（重物）放下时，打开截止阀 8，大缸中的油液在重力作用下经此阀流回油箱，大活塞下降到原位实现回程。

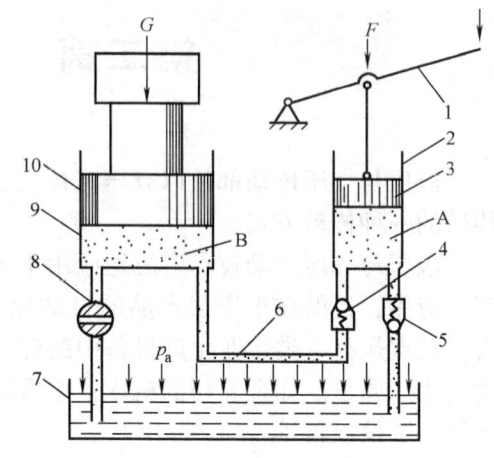

图 10-1　液压千斤顶工作原理图
1—杠杆　2、9—缸体　3—小活塞　4、5—单向阀
6—管道　7—油箱　8—截止阀　10—大活塞

三、液压传动装置的组成

上述液压千斤顶实质上就是一个简单的液压传动装置。由其工作过程可见，小缸、小活塞、单向阀 4、5 以及杠杆机构等组成手动液压泵，不断地从油箱吸油并将油液压入大缸，向大缸提供具有一定流量的压力油液。大活塞和大缸用以带动负载，使之获得所需要的运动，所以称为执行元件。此例是一个实现直线运动的液压缸，其活塞的运动速度由流入液压缸的流量决定。千斤顶工作过程中，运动方向不断发生变化，有时还需要改变重物升降速度，这就需要方向阀、调速阀等控制元件。此外，还必须有一些不可缺少的辅助元件，如油箱、管接头等，所以，一个完整的液压传动装置是由四部分组成的。

1）动力元件。液压泵，它给液压系统提供压力油，是将电动机输出的机械能转换为油液的液压能的元件。

2）执行元件。液压缸或液压马达，是将油液的液压能转换为驱动工作部件的机械能的元件。实现直线运动的执行元件叫做液压缸；实现旋转运动的执行元件叫做液压马达。

3）控制调节元件。各种控制阀，如方向控制阀、压力控制阀、流量控制阀等，用以控制调节液压系统油液的流动方向、压力和流量，以满足执行元件运动的要求。

4）辅助元件。辅助元件包括油箱、滤油器、蓄能器、热交换器、压力表、管件和密封装置等。

四、液压传动系统的图示方法

液压传动系统的图示方法有两种：一种是半结构式原理图，另一种是图形符号式原理图。如图 10-2a 所示，液压传动系统图中各元件的图形基本上表示了它的结构原理，故称为结构原理图。这种原理图直观性强，容易理解，但图形比较复杂，特别是当系统中元件较多时，绘制很不方便。为了简化原理图的绘制，液压系统图中各元件可采用图形符号来表示。一般液压系统图应按照国家标准所规定的液压图形符号来绘制。图 10-2a 所示的液压系统，若用图形符号绘制时，如图 10-2c 所示。利用图形符号可以使液压系统简单明了，便于绘制。换向阀换向后如图 10-2b 所示。

液压系统图中的图形符号只表示各元件的连接关系，而不表示系统管道布置的具体位置或元件在机器中的实际安装位置；液压系统图各元件的符号通常以元件的静止位置或零位置来表示。当无法用图形符号表示或者有必要特别说明系统中某一重要元件的结构及动作原理时，也允许局部采用结构原理图表示。关于各种元件的图形符号将在以后讲述元件时具体介绍。

五、液压传动的优缺点

1. 液压传动的优点

与机械传动、电气传动相比，液压传动的优点如下：

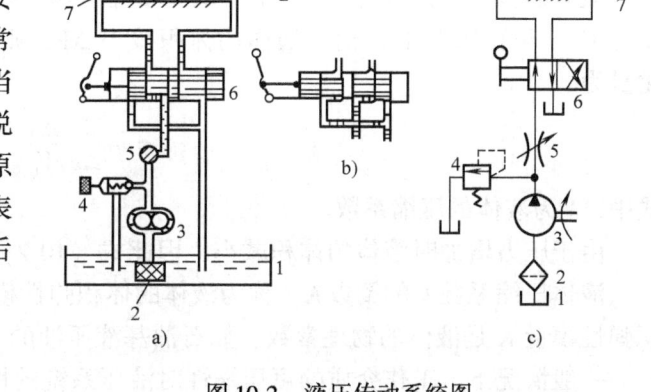

图 10-2 液压传动系统图
1—油箱 2—滤油器 3—液压泵 4—溢流阀
5—节流阀 6—换向阀 7—液压缸

1) 从结构上看，与机械传动相比，传递同样载荷，液压传动装置体积小，重量轻，结构简单，安装方便，便于和其他传动方式联用，易实现较远距离操纵和自动控制。

2) 从工作性能上看，速度、转矩、功率均可作无级调节，能迅速换向和变速，调速范围宽，动作快速性好。

3) 从使用维护上看，元件的自润滑性好，能实现系统的过载保护，使用寿命长；元件易实现系统化、标准化、通用化，便于设计、制造、维修和推广使用。

2. 液压传动的缺点

1) 由于存在油液的漏损和阻力损失，因此系统的效率较低。
2) 液压元件的加工和装配精度要求较高，成本较高。
3) 系统受温度的影响较大，故液压传动不宜在高温和低温的场合使用。
4) 系统的故障原因有时不易查明。

总之，液压传动的优点是比较突出的，而且随着科学技术的不断发展，某些缺点会逐步得到克服，因此液压传动在现代化生产中有广阔的发展前途。

第二节 液 压 油

液压传动是以油液作为工作介质的，为此必须了解液压油的物理性质，研究油液的运动规律。

一、液压油的物理性质

1. 液体的密度

单位体积液体内所含有的质量称为密度，用符号 ρ 表示，单位为 kg/m^3。

设有一均质液体的体积为 V，单位为 m^3；所含的质量为 m，单位为 kg，则其密度为

$$\rho = m/V \tag{10-1}$$

液体的密度随压力的升高而增大，随温度的升高而减小。但是由于压力和温度对密度变化的影响都极小，一般情况下可视液体的密度为一常数。矿物油的密度 $\rho = 850 \sim 960 \text{kg/m}^3$。

2. 液体的可压缩性

液体因所受压力增高而发生体积缩小的性质称为可压缩性。若压力为 p_0 时，液体的体积为 V_p，当压力增加 Δp 时，液体的体积减小 ΔV，则液体在单位压力变化下的体积相对变化量为

$$k = -\frac{1}{\Delta p}\frac{\Delta V}{V_0} \tag{10-2}$$

式中，k 为液体的压缩系数。

由于压力增加时液体的体积减小，因此式（10-2）的右边须加一负号，以使为正值。

液体压缩系数 k 的倒数 K，称为液体的体积弹性模量，即 $K = 1/k$，单位为 MPa。液体体积弹性模量 K 是液体的物理常数，如石油基液压油的 $K = (0.7 \sim 1.4) \times 10^3 \text{MPa}$。

一般情况下，工作介质的可压缩性对液压系统的性能影响不大，但在高压下或研究系统的动态性能时，则必须予以考虑。由于空气的可压缩性很大，所以当工作介质中有游离气泡时，K 值将大大减小。因此，应采取措施尽量减少液压系统工作介质中游离空气的含量。另外，在分析液压冲击时，液体的可压缩性也是一个重要的因素。

3. 液体的粘性

液体的粘性是指液体在外力作用下流动时，液体分子间的内聚力阻碍分子间的相对运动而产生内摩擦力。液体的这种性质，称为液体的粘性。液体只有在流动时表现出粘性，静止液体是不呈现粘性的。

液体的粘度是表示液体粘性大小的物理量，液压油的粘度大，粘性就大。粘度是选择液压油的重要依据，其大小直接影响液压系统的正常工作、工作效率和灵敏度。常用的粘度有三种：动力粘度、运动粘度和相对粘度。

1) 动力粘度。它是用液体流动时所产生的内摩擦力的大小来表示的粘度，用符号 μ 表示。它的物理意义是：面积各为 1cm^2，相距为 1cm 的两层液体，以 1cm/s 的速度相对运动，此时所产生的内摩擦力。μ 的单位在法定计量单位中，用"帕（斯卡）秒"表示，简称帕·秒（Pa·s）。

2) 运动粘度。在相同温度下，液体的动力粘度 μ 与它的密度 ρ 之比，称为运动粘度，用 ν 表示 即

$$\nu = \mu/\rho \tag{10-3}$$

ν 的法定计量单位是米²/秒（m^2/s），或毫米²/秒（mm^2/s）。

工程上，常用运动粘度表示油的牌号。液压油的牌号，是用它在某一温度下的运动粘度平均值来表示，例如 N32 号液压油，就是指这种油在 40℃ 时的运动粘度平均值为 $32 \text{mm}^2/\text{s}$。我国液压油牌号过去是按 50℃ 运动粘度来划分的。例如，旧牌号 20 号液压油，就是指它在 50℃ 时的运动粘度平均值为 $20 \text{mm}^2/\text{s}$。新牌号是按 40℃ 运动粘度划分，液压油新旧牌号（40℃ 与 50℃ 运动粘度等级）对照见表 10-1。例如，旧牌号是 10 号液压油，对应的新牌号是 N15 号液压油。

表 10-1　液压油新与旧牌号（40℃与50℃运动粘度等级）对照表

新牌号	N7	N10	N15	N22	N32	N46	N68	N100	N150
旧牌号	5	7	10	15	20	30	40	60	80

3）相对粘度。相对粘度又称条件粘度。我国用恩氏粘度计进行测量，故称恩氏粘度。

恩氏粘度的测定方法是：将被测的油放在一个特制的容器里（恩氏粘度计），加热至 t℃后，由容器底部一个直径 $d=2.8\text{mm}$ 的孔流出，测量出 200cm^3 体积的油液流尽所需时 $t_{油}$ 与流出同样体积的20℃的蒸馏水所需时间 $t_{水}$ 相比，其比值就是该油在温度 t℃时的恩氏粘度，用符号 ^0E_t 表示。

$$^0E_t = t_{油}/t_{水} \tag{10-4}$$

工程中常采用先测出液体的恩氏粘度，再根据关系式或用查表法，换算出动力粘度或运动粘度（见机械工业出版社出版的《机械设计手册》）。

油液的粘度对温度的变化极为敏感，温度升高，油的粘度下降。油的粘度随温度变化的性质称为油液的粘温特性。不同种类的液压油有不同的粘温特性，粘温特性较好的液压油，粘度随温度的变化较小，因而温度变化对液压系统性能的影响较小。油液的粘度与温度的关系如图 10-3 所示。

二、对液压油的基本要求及选用

1. 液压油的要求

液压油是液压系统的重要组成部分，它除了传递能量外，还起着润滑摩擦的作用，故要求液压油具有如下特性。

1）合适的粘度，良好的粘温特性（一般要求粘度指数值在 90 以上）。

2）良好的抗泡性和空气释放性，即要求油液在工作中产生的气泡少且气泡能很快破灭，或溶混于油中的微小气泡容易释放出来。

3）较低的凝点，即要求油液有良好的低温流动性。

4）良好的氧化安全性（抗氧化性）。

5）良好的抗磨性。

6）良好的防腐、防锈性。

2. 液压油的选用。

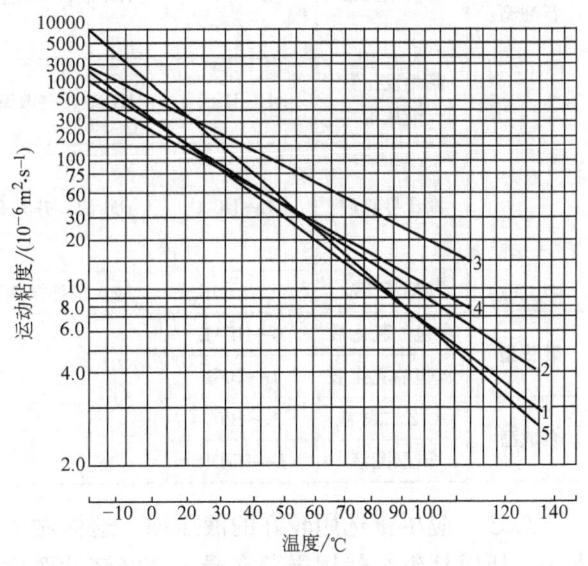

图 10-3　几种国产油液的粘温特性
1—石油型普通液压油　2—石油型高粘度指数液压油
3—水包油乳化液　4—水-乙二醇液　5—磷酸酯液

正确而合理地选用液压油，是保证液压设备高效率正常运转的前提。选择液压油时，可以根据液压元件生产厂的样本和说明书所推荐的品种和牌号来选用，或者根据液压系统的工作压力、工作温度、液压元件种类及经济性等因素全面考虑。一般是先确定使用的液压油品种，再选择合适的粘度，同时还要考虑液压系统工作条件的特殊要求，如在高压系统，要求油液抗磨性好；在寒冷地区工作的系统则要求油的粘度指数值高、凝固点低、低温流动性好等。

在选用油的品种时，一般要求不高的液压系统可选用润滑油、汽轮机油或普通液压油。对于要求条件较高或专用液压传动设备可选用各种专用液压油，如抗腐蚀液压油、低温液压油、航空液压油、稠化液压油等。这些油都加入了各种改善性能的添加剂而使其性能较好。现将几种主要品种液压油的特性和用途列于表10-2中，以供选用。

在选用液压油时，粘度是一个最重要的参数。粘度的高低将影响运动部件的润滑、缝隙的泄漏以及造成流动时的压力损失、系统的发热升温等。所以，在工作压力较高、环境温度较高或运动速度较低时，为减少泄漏，应选用粘度较高的液压油，否则相反。

表10-2　几种主要品种液压油的特性和用途（GB11118—89）

分类	名称	代号	组成和特性	应用
石油型	精制矿物油	L—HH	无抗氧剂	循环润滑油，低压液压系统
	普通液压油	L—HL	HH油，并改善其防锈和抗氧性	一般液压系统
	抗磨液压油	L—HM	HL油，并改善其抗磨性	低、中、高液压系统，特别适合于有防磨要求、且带叶片泵的液压系统
	低温液压油	L—HV	HM油，并改善其粘温特性	能在 -40～-20℃ 的低温环境中工作，用于户外工作的工程机械和船用设备的液压系统
	高粘度指数液压油	L—HR	HL油，并改善其粘温特性	粘温特性优于L—HV油，用于数控机床液压系统和伺服系统
	液压导轨油	L—HG	HM油，并具有粘-滑特性	适用于导轨和液压系统共用一种油品的机床，对导轨有良好的润滑性和防爬性
	其他液压油		加入多种添加剂	用于高品质的专用液压系统
乳化型	水包油乳化液	L—HFAE	需要难燃液的场合	
	水包油乳化液	L—HFB		
合成型	水-乙二醇液	L—HFC		
	磷酸酯液	L—HFDR		

总之，应尽量选用较好的液压油，这样做虽然初始成本较高，但由于寿命长，对元件损害小，所以从整个使用周期来看，其经济性要比选用劣质油好。

三、使用液压油的注意事项

1）应保持液压油的清洁，防止金属屑和纤维等杂物进入油中。换油时要彻底清洗油箱，加入新油时必须过滤。

2）油箱内壁不要涂刷油漆，以免油中产生沉淀物质。

3）为防止空气进入系统，回油管口应在油箱液面以下，并将管口切成斜面；液压泵的吸油管路应严格密封。

4）定期检查油液质量和油面高度。

5）应保证油箱的温升不超过液压油允许的范围，通常不超过60℃，否则应采取冷却措施。

四、识别油液品种的简易方法

在化验条件不具备的情况下,生产现场常常采用"看、嗅、摇、摸"简易鉴别法。识别工作介质的品种,可以有效地防止油品的错收、错发、错用、混装等事故发生。

(1) 看 由于不同种类的油液具有不同的颜色,有经验的人用肉眼即可鉴别出品质。通常,浅色的是蒸馏出的油及精制程度深的油;深色的是残渣油及精制程度浅的油。

(2) 嗅 工作介质的气味,一般分为酸味、香味、醚味及酒精味等。一般来说,普通液压油有酸味,合成磷酯有醚味,蓖麻油型制动液有酒精味。

(3) 摇 摇动装有油液的无色玻璃瓶,视油膜挂瓶状况及气泡的状态,可判定油液粘度。油膜挂瓶薄、气泡多、气泡直径小、上升快及消失快,这些特征都表明油液粘度小。

(4) 摸 通过摸的感觉可以区别矿物油型油品的精制程度。通常,精制程度高的油液,其光滑感强。

第三节 液压传动的基本参数及压力损失

一、液压传动中最基本的参数

液压传动中最基本的参数是流量和压力。

1. 流量

流量是指单位时间内流过管道或液压缸某一截面的油液体积,通常用 Q 表示。若在时间 t 内,流过管道或液压缸的油液体积为 V,则流量为

$$Q = V/t \tag{10-5}$$

流量 Q 的国际单位为 m^3/s(米^3/秒),它的工程使用单位 L/min(升/分)换算关系为

$$1 m^3/s = 6 \times 10^4 L/min$$

2. 额定流量

按试验标准规定,连续运转(工作)所必须保证的流量称为额定流量。它是液压元件的基本参数之一。额定流量应符合公称流量系列,如 1、1.6、2.5、4、6、50、63、80、100(单位为 L/min)等。

3. 平均流速 v

油液通过管道或液压缸的平均流速可用下式计算

$$v = Q/A \tag{10-6}$$

式是,v 为液流平均流速(m/s);Q 为流入液压缸或管道的流量(m^3/s);A 为活塞(或液压缸)的有效作用面积或管道的通流面积(m^2)。

由于油液与容器壁和油液之间的摩擦力大小不同,所以流动时,在同一截面上各点真实流速并不相等,但可以用平均流速这个概念作近似计算。

4. 活塞(或液压缸)运动速度与流速的关系

活塞(或缸)的运动是由于流入的油液迫使密封容器体积增大所导致的结果,显然活塞(或缸)的运动速度和所流入的流量有关。为了说明它们的关系,仍以千斤顶为例(图10-4)。在千斤顶压油过程中,假设在时间 t 内,活塞 2 移动的距离为 H_2,则密封容积和变化所需流入的油液体积为 $A_2 H_2$(A_2 为活塞 2 有效作用面积),流入的流量 Q_2 为

$$Q_2 = A_2 H_2 / t$$

$$H_2/t = Q_2/A_2$$

式中，H_2/t 为活塞（缸）运动速度（用 v 表示）；Q_2/A_2 为液压缸内油液的平均流速 v。

由以上分析可得：活塞（或缸）的运动速度等于液压缸内油液的平均流速。所以可以通过求平均流速的公式来求活塞（或缸）的运动速度。即

$$v = Q/A$$

式中，v 为活塞（或缸）的运动速度（m/s）；Q 为流入液压缸的流量（m³/s）；A 为活塞的有效作用面积（m²）。

上式表明：

1）活塞（或缸）的运动速度仅和活塞（或缸）的有效作用面积 A 及流入液压缸的流量 Q 两个因素有关，而与压力大小无关。因此，改变面积 A，可控制活塞（或缸）的移动速度。

2）当活塞（或缸）有效作用面积一定时，活塞（或缸）的运动速度与流入液压缸中的流量成正比，即速度取决于流量。

二、液流连续性原理

根据物质不灭定律，油液流动时既不能增多，也不会减少。而油液的可压缩性很小，故在一般的液压传动中视油液为"不可压缩的"。这样，油液流经无支管的管道时，每一横截面上通过的流量一定是相等的，此即液流连续性原理。如图 10-5 所示管道中，流过截面 1 和 2 的流量分别是 Q_1 和 Q_2 则

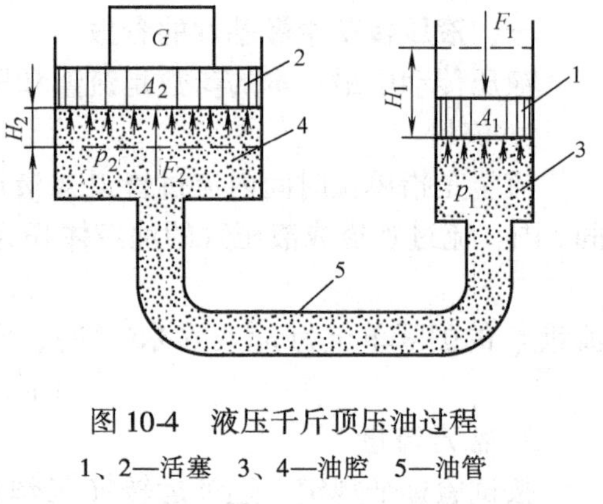

$$Q_1 = Q_2$$

用式（10-6）代入则为

$$A_1 v_1 = A_2 v_2 \qquad (10\text{-}7)$$

式中，A_1、A_2 为截面 1 和 2 的面积；v_1、v_2 为流体流过截面 1 和 2 时的平均速度。

显然，液体在无分支管道中流动时，通过管道不同截面的平均流速与截面大小成反比。即管径细的地方流速大，管径粗的地方流速小。

图 10-4 液压千斤顶压油过程
1、2—活塞 3、4—油腔 5—油管

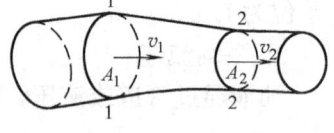

图 10-5 液流连续性原理

例 10-1 如图 10-4 所示液压千斤顶在压油过程中，已知小活塞的面积 $A_1 = 1.13 \times 10^{-4}$ m²，大活塞的面积 $A_2 = 9.62 \times 10^{-4}$ m²，管道 5 的截面积 $A_5 = 0.13 \times 10^{-4}$ m²。假定活塞 1 的下压速度为 0.2m/s。试求活塞 2 的上升速度和管道 5 内液体的平均流速。

解：1）由式（10-6）得活塞 1 所排出的流量 Q_1

$$Q_1 = A_1 v_1 = 1.13 \times 10^{-4} \times 0.2 \text{m}^3/\text{s} = 0.226 \times 10^{-4} \text{m}^3/\text{s}$$

2）根据液流连续性原理，推动活塞 2 上升的流量 $Q_2 = Q_1$。由式（10-6）可得活塞 2 的上升速度

$$v_2 = Q_2/A_2 = \frac{0.226 \times 10^{-4}}{9.62 \times 10^{-4}} \text{m/s} = 0.0235 \text{ (m/s)}$$

3）同理在管道 5 内流量 $Q_5 = Q_1 = Q_2$，所以

$$v_5 = Q_5/A_5 = \frac{0.226 \times 10^{-4}}{0.13 \times 10^{-4}} \text{m/s} = 1.74 \text{ （m/s）}$$

综上所述，液压传动是依靠密封容积的变化传递运动（速度或转速）的，而密封容积的变化所引起流量的变化要符合等量原则，所以液流连续性原理是液压传动的基本原理之一。

三、压力的建立与压力的传递

1. 压力的概念

油液中的压力主要是由油液自重和油液表面受外力作用而产生的。在液压传动中前者与后者相比数值很小，一般忽略不计。所以以后本书所说油液压力主要是指油液表面受外力（大气压力除外）作用所产生的压力。压力的概念可用图 10-6 来说明。

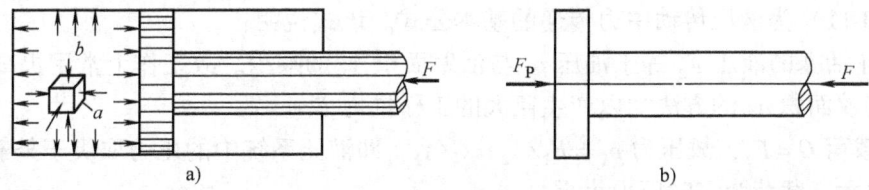

图 10-6 液体受外力作用形成的压力

油液充满于密闭液压缸的左腔，当面积为 A 的活塞上受到外力 F 作用，由于油液几乎不可压缩，密闭的油液又无去处，所以液压缸左腔的油液就处于被挤压状态。对活塞作用一个向右的力，使活塞处于平衡状态。这个作用力的大小可以通过对活塞受力的分析得到。忽略活塞本身的重量画出其受力图，如图 10-6b 所示，作用在活塞上的力有两个：一是外力 F，二是液体作用于活塞上的力 F_p。显然 $F_p = F$，所以油液作用在活塞单位面积上的力应为

$$F_p/A = p = F/A \tag{10-8}$$

式中，p 为油液的压力，单位为（N/m²）；F 为作用在油液表面上的外力（N）；A 为油液表面承压面积（m²）。

显然，压力为 p 的油液作用在面积为 A 的物体上，所产生的液压作用力 F_p 为

$$F_p = pA \tag{10-9}$$

式中，F_p 为液压作用力（N）；p 为油压力（Pa）；A 为油液表面承压面积（m²）。

压力的国际单位为 Pa（帕），$1\text{Pa} = 1\text{N/m}^2$，应用时常用 MPa（$1\text{MPa} = 10^6 \text{Pa}$），工程单位为 kgf/cm²（公斤力/厘米²）。两者的换算关系为

$$1\text{kgf/cm}^2 \approx 10^5 \text{Pa} = 0.1 \text{MPa} \tag{10-10}$$

液压传动中的压力按其大小分级，如表 10-3 所示。

表 10-3 压力分级

压力等级	低压	中压	中高压	高压	超高压
压力/MPa	≤2.5	>2.5~8	>8~16	>16~32	>32

2. 额定压力

在正常条件下，按试验标准规定连续运转（工作）的最高压力称为额定压力。液压元件大多数以此作为基本参数。

3. 静止油液中压力的特征

根据帕斯卡原理,在容器中的静止油液,当一处受到压力作用时,这个压力将通过油液等值地传递到任意点。因此密封容器内的平衡液体中,各点的压力相等。这个原理称为静压传递原理。

在图10-4,当活塞4顶起重物时,油腔是密闭容器。设在加压小活塞1的作用下,液体表面的压力为p_1,若忽略流速影响且不计液压损失,这一压力将等值地传递到工作活塞5的端面上,故

$$F_1/A_1 = p_1 = F_2/A_2$$
$$F_2 = p_1 A_2 = A_2 F_1/A_1 \tag{10-11}$$

式中,A_1和A_2分别为活塞1和4的有效工作面积;F_1和F_2分别为活塞1和4上液压作用力。

式(10-11)为液压传动中力传递的基本公式。该式说明:

1)工作活塞的液压F_2等于油压p_1与活塞面积A_2的乘积。故工作上常用提高压力p_1和加大活塞有效面积A_2的方法,以产生巨大的工作推力F_2。

2)因载荷$G=F_2$,故压力$p_1=F_2/A_2=G/A_2$,即液压系统中的压力取决于外载荷。载荷大时压力也大,载荷为零时压力为零。

例10-2 如图10-4液压千斤顶,已知$A_1=1.13\times10^{-4}\mathrm{m}^2$,$A_2=9.62\times10^{-4}\mathrm{m}^2$。假定施加在小活塞上的力$F_1=5.78\times10^3\mathrm{N}$。试问能顶起多重的重物?

解:(1)小液压缸内的压力
$$p_1 = F_1/A_1 = 5.78\times10^3/1.13\times10^{-4}\mathrm{Pa} = 512\times10^5\mathrm{Pa}$$

(2)大活塞向上的推力F_2 根据静压传递原理可知,$p_2=p_1$,则F_2为
$$F_2 = p_1 A_2 = 512\times10^5\times9.62\times10^{-4}\mathrm{N} = 4.9\times10^4\mathrm{N}$$

(3)能顶起重物的重量
$$G = F_2 = 4.9\times10^4\mathrm{N}$$

通过液体压力的传递,作用力放大了$F_2/F_1\approx8.5$倍。

综上所述,液压传动是依靠油液内部的压力来传递动力的,在密闭容器中压力是以等值传递。所以静压传递原理也是液压传动基本原理之一。

4. 液压传递系统中压力的建立

前面曾介绍在密闭容器内,静止液体受到外力挤压而产生压力。对于采用液压泵连续供油的液压传动系统,流动油液在某处的压力也是因为受到其后各种形式载荷的挤压而产生的。载荷的形式有工作阻力、摩擦力、弹簧力等。如图10-7所示的液压系统中,进入液压缸左腔的油液可能直接来自液压泵,也可能自液压泵输出后,中间经过许多液压阀后流来。不论哪种情况,分析得出的结论都是同样适用的。

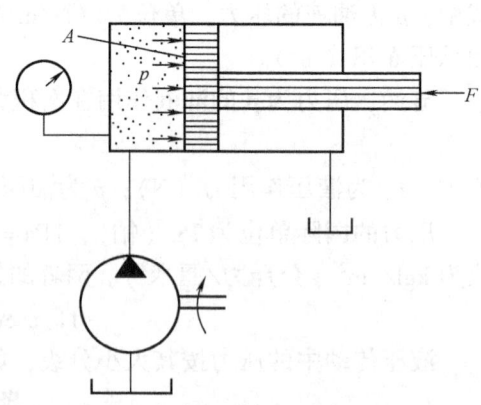

图10-7 液压系统中压力的形成

在图10-7中,假定负载阻力F为零,液压泵输入液压缸左腔的油液没有受到什么阻挡

就能推动活塞向右运动,这样该处的压力就建立不起来。

输入缸左腔的油液由于受到右面外载荷 F 的阻挡,不能立即推动活塞向右运动,但液压泵总是不断地供油,液压缸左腔中的油液必然受到挤压,这和图 10-4 中油液受到挤压情况相似。随着泵的不断供油,挤压作用不断加剧,油液压力由小到大迅速升高,作用在活塞有效面积 A 上的液压作用力 F_p 也迅速增大。当这个力足以克服外载荷时,液压泵输出的油液就迫使液压缸左腔的密封容积增大,从而推动活塞向右运动。一般情况下,活塞运动的速度是均匀的,作用在其上的力相互平衡,所以液压作用力 F_p 等于负载阻力 F,由此可知油液对活塞的压力,也就是油液所产生的压力为 $p = F/A$,和式(10-8)相同。如果活塞在运动过程中,载荷 F 保持不变,则油液就不再受更大的挤压,压力也就不会继续上升。所以液压系统中某处油液的压力是油液由于前面受载荷的阻挡,后面受到液压泵输出的油液推进,即所谓"前阻后推"的状态下产生的。

综上所述,液压系统中某处油液的压力是由于受到各种形式的载荷的挤压而产生的。压力的大小取决于负载,并随之而变化;压力建立的过程是从无到有,从小到大。

四、压力损失及其与流量的关系

当液体流过一段较长的管道或通过阀孔、弯管和管接头时,流动液体各质点之间及流体与管壁之间会产生摩擦和碰撞,从而引起能量损失,表现为压力损失(即压力降低,见图 10-8)。若以 Δp 表示压力损失,则 $\Delta p = p_1 - p_2$,且 Δp 与 Q 之间的关系为:

$$\Delta p = R_y Q^n$$

或
$$Q^n = \Delta p / R_y \qquad (10\text{-}12)$$

式中,Q 为通过管路的流量;R_y 为管路的液阻,是一个与管道截面形状、大小、管路长短及油液性质等因素有关的系数;n 为指数,由管道的结构形式决定,一般 $1 \leq n \leq 2$。

式(10-12)表达了在管路中流动液体的压力损失、流量与液阻三者之间的关系。若流量不变,液阻增大时,压力损失增大;若压力损失不变,液阻增大时,则流量减小。液压传动中常用改变液阻的办法来控制流量或压力(详见下一章)。

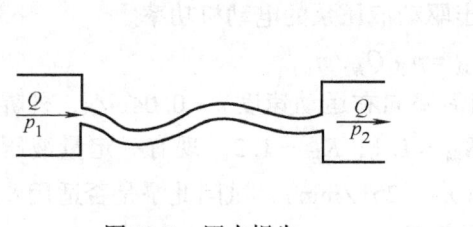

图 10-8　压力损失

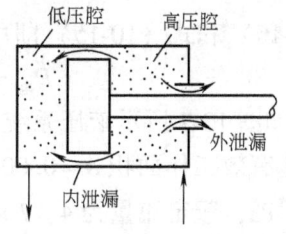

图 10-9　液压缸中的泄漏

五、泄漏和流量损失

从液压元件的密封间隙漏过少量油液的现象叫做泄漏。由于液压元件总存在着一些间隙,当间隙两端有压力差时,就会有油液从这些间隙中流出。所以液压元件中泄漏现象总是存在的。泄漏可分为内泄漏和外泄漏。内泄漏是元件内部高、低压腔间的泄漏。外泄漏是系统内部的油液漏到液压系统外部。图 10-9 表示了液压缸中的两种泄漏现象。

泄漏必然引起流量损失,使液压泵输出的油液不能全部流入液压缸等执行元件。工作中,一般对流量损失采用近似估算的方法,即

$$Q_{泵} = K_{漏} Q_{缸} \tag{10-13}$$

式中，$Q_{泵}$ 为液压泵输出的流量，$Q_{缸}$ 为液压缸的最大流量，$K_{漏}$ 为系统的泄漏系数。一般 $K_{漏} = 1.1 \sim 1.3$，系统复杂或管路较长时取大值，反之取小值。

六、液压传动功率的计算

功率就是单位时间内所作的功，用 P 表示。单位为 W（瓦）或 kW（千瓦）。

1. 液压缸的输出功率

因为功率等于力和速度的乘积，对于图 10-7 所示的液压缸，它的输出功率 P 就等于负载阻力 F 乘以活塞（缸）的运动速度 v。即

$$P = Fv$$

由于 $F = p_{缸} A$，$v = Q_{缸}/A$，所以液压缸输出功率 P 又可写为

$$P = p_{缸} Q_{缸} \tag{10-14}$$

式中，$p_{缸}$ 为液压缸的最高工作压力（Pa）；$Q_{缸}$ 为液压缸的最大流量（m^3/s）。

2. 液压泵的输出功率

输出功率为

$$P_{泵} = p_{泵} Q_{泵} \tag{10-15}$$

式中，$p_{泵}$ 为液压泵的最高工作压力（Pa）；$Q_{泵}$ 为液压泵输出的最大流量（m^3/s）。对输出流量为定值的定量泵来讲，即为该泵的额定流量。

3. 驱动液压泵的电动机功率的计算

由于泵在工作中存在着因泄漏和机械摩擦所造成的流量损失及机械损失，所以驱动液压泵的电动机所需的功率比液压泵输出功率要大，两者之比用 $\eta_{总}$ 表示，即

$$\eta_{总} = P_{泵}/P_{电} \tag{10-16}$$

式中，$\eta_{总}$ 为液压泵的总效率。一般计算时，外齿合齿轮泵的 $\eta_{总}$ 取 $0.63 \sim 0.9$，叶片泵取 $0.75 \sim 0.85$，柱塞泵取 $0.8 \sim 0.9$。$P_{泵}$ 为液压泵的输出功率。$P_{电}$ 为驱动液压泵的电动机功率。

由式（10-16）和式（10-15）即可计算出驱动液压泵的电动机功率。

$$P_{电} = P_{泵}/\eta_{总} = p_{泵} Q_{泵}/\eta_{总} \tag{10-17}$$

例 10-3 如图 10-7 所示液压系统，已知活塞向右运动速度 $v = 0.04 m/s$，外界负载荷 $F = 9720 N$，活塞有效工作面积 $A = 0.008 m^2$，$K_{漏} = 1.1$，$K_{压} = 1.3$。现有一定量液压泵的额定压力为 $25 \times 10^5 Pa$，额定流量为 $4.17 \times 10^{-4} m^3/s$（25L/min），试问此泵是否适用？如果泵的总效率为 0.8，驱动它的电动机功率应为多少千瓦？

解：（1）液压缸的输入流量

$$Q_{缸} = Av = 0.008 \times 0.04 m^3/s = 3.2 \times 10^{-4} m^3/s$$

（2）液压泵输出的流量

$$Q_{泵} = K_{漏} Q_{缸} = 1.1 \times 3.2 \times 10^{-4} m^3/s = 3.52 \times 10^{-4} m^3/s$$

（3）液压缸的工作压力为

$$p_{缸} = F/A = 9720/0.8 \times 10^{-2} Pa = 12.15 \times 10^5 Pa$$

（4）液压泵的最高工作压力为

$$p_{泵} = K_{压} p_{缸} = 1.3 \times 12.15 \times 10^5 \text{Pa} = 15.8 \times 10^5 \text{Pa}$$

(5) 因 $p_{泵} < p_{额}$，$Q_{泵} < Q_{额}$，所以此泵适用。

(6) 驱动液压泵电动机功率的计算

$$P_{电} = p_{额} Q_{额} / \eta_{总} = 25 \times 10^5 \times 4.17 \times 10^{-4} / 0.8 \text{W} = 1303 \text{W} \approx 1.3 \text{kW}$$

复 习 题

10-1 何谓液压传动？液压系统可分为哪些部分？它们的作用是什么？

10-2 液压传动的主要优缺点是什么？

10-3 液压传动中，活塞运动的速度是怎样计算的？有人说"作用在活塞上的推力越大，活塞运动速度就越快"，这种说法对吗？为什么？当活塞面积一定时要改变活塞运动速度应采用什么方法？

*10-4 什么是绝对压力、相对压力和真空度？它们之间有什么关系？

*10-5 某液压系统压力计的读数为 0.49MPa，这是什么压力？它的绝对压力是多少？若用油柱高度表示应是多少（油的密度 $\rho = 900 \text{kg/m}^3$）？

10-6 管路中的压力损失有哪几种？分别受哪些因素影响？

*10-7 如图 10-10 所示，直径为 d，质量为 G 的圆柱浸入液体中，并在外力 F 的作用下处于平衡状态。若液体的密度为 ρ，圆柱浸入深度为 h，求液体在测压管内上升的高度 x。

10-8 液压千斤顶的工作原理如图 10-11 所示。为什么小小液压千斤顶能够举起大的重物？在图示的情况下，小活塞的直径 $D_5 = 1.3$cm，大活塞（柱塞）的直径 $D_4 = 3.4$cm，$W = 4.9 \times 10^4$kN，问杠杆端应加力 F 为多大？

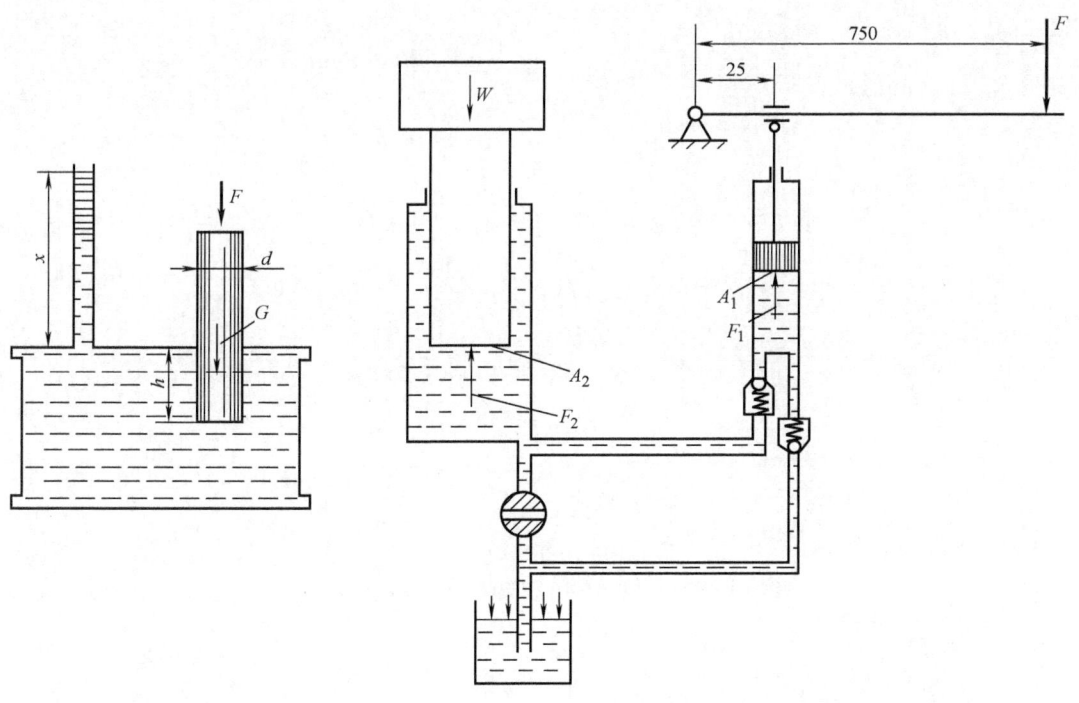

图 10-10 题 10-7 图　　　　图 10-11 题 10-8 图

*10-9 如图 10-12 所示，液压泵流量可变，当 $Q_1 = 417 \times 10^{-3} \text{m}^3/\text{s}$ 时，测得阻尼孔前的压力 $p_1 = 5 \times 10^5$MPa。如泵的流量 $Q_2 = 834 \times 10^{-3} \text{m}^3/\text{s}$ 时，求阻尼孔前的压力 p_2 等于多少？设阻尼孔分别以细长孔和薄壁孔进行计算。

*10-10 有一薄壁小孔，通过流量 $Q = 25\text{L/min}$，压力损失 $\Delta p = 0.3\text{MPa}$，试求节流阀孔的通流面积。设流量系数 $C_d = 0.62$，油的密度 $\rho = 900\text{kg/m}^3$。

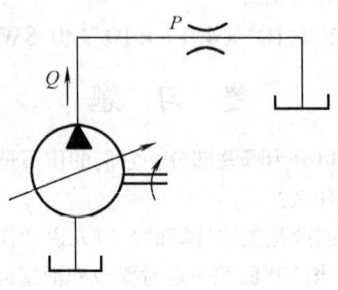

图 10-12　题 10-9 图

第十一章 液压元件

液压元件按其功用可分为动力元件（各类液压泵）、执行元件（液压马达与液压缸）、控制元件（各类液压阀）和辅助元件（油管、压力表等）。本章介绍常用液压元件的工作原理、特点和应用。

第一节 液 压 泵

液压泵是将电动机（或其他原动机）输入的机械能转换为液体压力能的能量转换元件。在液压系统中，液压泵是动力元件，作为动力源，向液压系统供给液压油，是液压系统的"心脏"，是液压系统重要的组成部分。

一、液压泵的工作原理及必备条件

1. 液压泵的工作原理

图 11-1 是一个简单的柱塞泵的工作原理图。柱塞 2 安装在泵体 3 内组成密封容积。柱塞在弹簧的作用下紧靠在偏心轮 1 的外圆表面上。在驱动轴的带动下，柱塞 2 作往复直线运动。当柱塞向下运动时，密封容腔的容积慢慢增大，油箱内的油液在大气压力作用下，经吸油管顶开吸油阀 6 进入密封容腔，实现吸油，此时排油阀 4 在弹簧作用下关闭；当柱塞向上运动时，密封容腔的容积慢慢减小，容腔内的油液受压，压力升高，将吸油阀关闭，同时压力油顶开排油阀流入系统，实现压油。原动机带动偏心轮连续旋转时，泵就能进行连续的吸、压油。

根据以上分析可以看出，具有周期性变化的密封容积是泵吸、压油的根本原因。这种靠容积变化原理来进行吸、压油的液压泵称为容积式液压泵。泵的输油量和密封容腔的数目、密封容积的变化量和变化的速度成正比。吸油阀 6、排油阀 4 是保证密封容腔交替实现吸、压油过程所必须的，称其为配流装置。此例为阀式配油。为保证泵正常吸油，油箱必须与大气相通。

2. 液压泵工作必备的条件

可以看出，液压泵是靠密封容积的变化来进行工作的，其工作的必备条件：

1）应具备密封容积，如图 11-1 中的油腔密封容积能交替变化。泵的输油量和密封容积变化的大小及单位时间变化次数成正比。

2）应有配流装置。它保证在吸油过程中密封容积与油箱相通，同时关闭供油通路；压油时，与供油管路相通而与油箱切断。吸油过程中，油箱必须和大气相通，这是吸油的必要

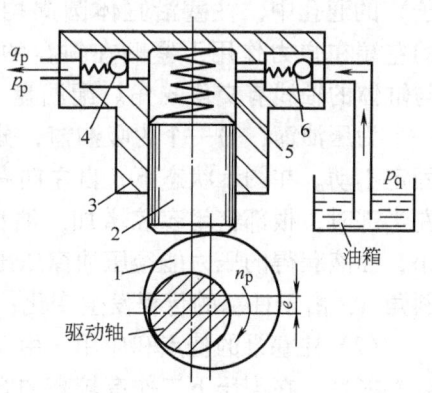

图 11-1 泵的工作原理图
1—偏心轮 2—柱塞 3—泵体
4—排油阀 5—弹簧 6—吸油阀

条件。压油过程中,实际油压决定于输出油路中所遇到的阻力,即决定于外界负载,这是形成油压的条件。

二、常用液压泵的种类

液压泵的种类很多,按其结构不同可分为柱塞泵、叶片泵、齿轮泵、螺杆泵及凸轮转子泵等;按输出的流量能否调节可分为定量泵和变量泵。按额定压力的高低又可分为低压泵、中压泵和高压泵。液压泵的图形符号见表11-1。

本节主要介绍常用的柱塞泵、叶片泵和齿轮泵的工作原理、特点、应用及选择等内容。

表11-1 液压泵的图形符号

特性 名称	单向定量	双向定量	单向变量	双向变量
液压泵	⊘⊨	⊘⊨	⌀	⌀

1. 压力最高的柱塞泵

柱塞泵是利用柱塞在有柱塞孔的缸体内作往复运动,使密封容积变化而吸油和压油的。在液压系统中所使用的柱塞泵大都是多柱塞泵,但工作原理与图11-1所示的泵相同。

按照柱塞的排列和运动方向可分为径向柱塞泵和轴向柱塞泵两大类。轴向柱塞泵按其结构可分为斜盘式和斜轴式。其中斜盘式轴向柱塞泵应用较广泛。

(1) 轴向柱塞泵工作原理 图11-2所示为斜盘式轴向柱塞泵的工作原理。将几个相同的柱塞(为简明起见,图中只画出二根)装在缸体(转子)的通孔中,柱塞沿缸体圆周均匀分布。柱塞的左端在弹力作用下紧贴在斜盘的端面上,斜盘与缸体的轴线有交角 α 角。配油盘上有两个窗口:

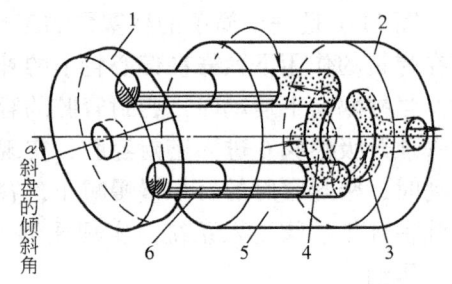

图11-2 斜盘式轴向柱塞泵的工作原理
1—斜盘 2—配油盘 3—压油窗
4—吸油窗 5—缸体 6—柱塞

一个为压油窗,另一个为吸油窗,分别与排油管和进油管相通。泵工作时,斜盘和配油盘均固定不动。在图示状态下,自左向右视可见右油窗通压油管,左油窗通吸油管。当柱塞转到左半部时,根部密闭容腔增加,油自吸油窗吸入。转到右半部时,柱塞根部的密闭容腔缩小,油液获得的压力能经压油窗压出。每转一周,柱塞完成吸压油一次。如果改变斜盘的倾斜角 α ,由于柱塞的行程发生变化,可使输油量改变。可见柱塞泵可作为变量泵。

(2) 柱塞泵的特点和应用 由于柱塞和柱塞孔均为圆柱面,容易得到高精度的配合,密封性能好,在高压下工作有较高的容积效率。同时,只要改变柱塞的工作行程就能改变泵的流量,故易于实现流量的调节及液流方向的改变。所以柱塞泵具有压力高、结构紧凑、效率高以及流量调节方便等优点。缺点是结构复杂,价格较高。柱塞泵用于需要高压、大流量和流量需要调节的液压系统中。国产CY型斜盘式液压泵的工作压力可达 $320 \times 10^5 \text{Pa}$ 。

2. 运转平稳的叶片泵

叶片泵也是一种容积泵。它是利用转子的转动和叶片在转子滑槽中的伸缩来完成密闭容积变化的。叶片泵分为单作用式和双作用式两种。

(1) 单作用式叶片泵 图 11-3 所示为单作用式叶片泵的工作原理图。它主要由传动轴 5、转子 1 和壳体（定子）2、叶片 4、配油盘 6 等零件组成。转子的径向开有均匀分布的狭槽，槽内装有可沿狭槽在转子内滑动的叶片。转子装在定子 2 内，但两者有一个偏心距 e，各叶片的顶端紧贴定子内表面，使得二叶片间形成一密闭容腔。当转子在传动轴带动下以逆时针方向转动时，这一密闭容腔就发生变化。当转至图 11-3 所示情况时，在右侧各相邻叶片之间的容积逐渐增大，形成真空，油从油箱经吸油管和配油盘的下油窗（吸油窗）吸入。在左半部分，各相邻叶片间的密闭容腔逐渐缩小，压迫油液，使其获得压力能，经配油盘的压油窗，压油管流向工作油路。改变偏心距 e 即可改变油泵的输油量，所以单作用式叶片泵是变量泵。这种泵左半部（压油区）为高压区，右半部（吸油区）为低压区，因此转子受到一径向不平衡力。所以这种泵的工作压力不能太高。为了改善受力情况，提高压力，可采用下面介绍的双作用叶片泵。

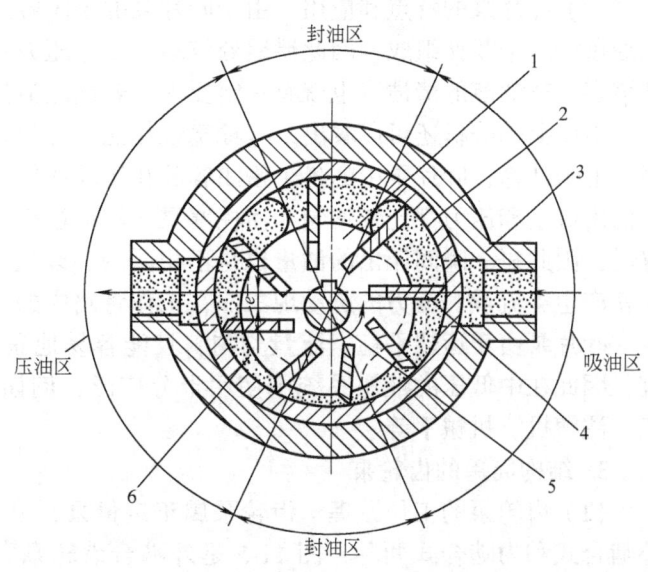

图 11-3 单作用式叶片泵的工作原理图
1—转子 2—定子 3—泵体 4—叶片 5—传动轴 6—配油盘

(2) 双作用叶片泵 图 11-4a 为双作用叶片泵工作原理图。定子内表面为腰鼓形，定子与转子是同心的。在定子的两端同样装有配油盘。与单作用式不同的是每一配油盘上对称地开有四个配油窗口，即二个吸油窗，二个压油窗。当转子转动时，相邻两叶片间容积随定子形状的改变而不断作周期性的变化。这样，每转一转，完成二次吸油和压油过程。双作用叶片泵由于转子受力平衡，所以泵的输出压力比单作用叶片泵高。目前一般可达到 7~10MPa。图 11-4b 是其结构示意图，而图 11-4c 是其职能符号。

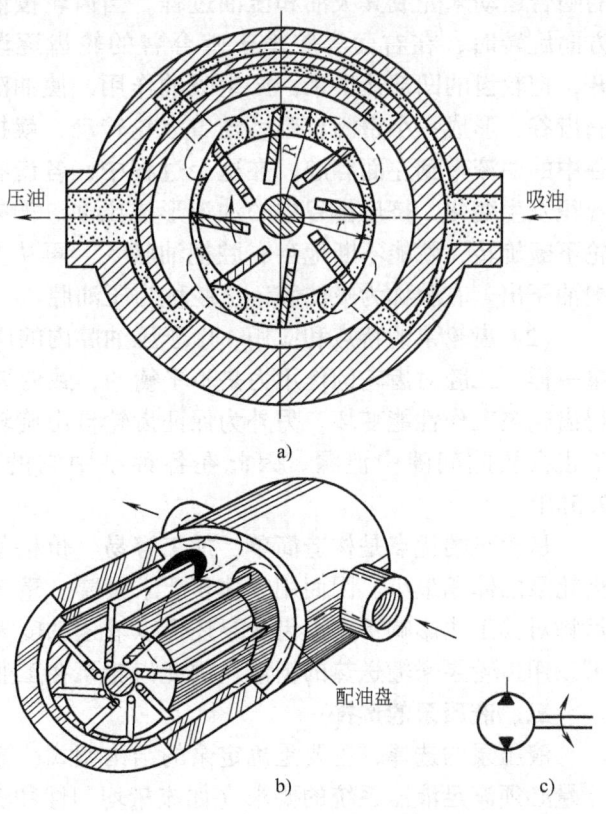

图 11-4 双作用叶片泵工作原理图

(3) 叶片泵的特点和应用　由于叶片泵的密闭容腔是由两个叶片、定子、转子和前后二配油盘等六个零件组成，因此泄漏处较多，工作压力不如柱塞泵高。而且由于相对滑动的零件增多，对油液的清洁度也就有一定要求。若油液清洁度低，就容易产生"咬煞"现象。

由以上的分析还可以看出，与柱塞泵相比，叶片泵有一个显著的优点就是运转平稳。从理论上来计算，叶片泵中的各个密闭容腔在转动的每一瞬间所压出的油量是基本相同的。所以输出流量和压力都比较均匀。而柱塞泵在转动过程中，柱塞的运动不是均匀的，而是忽快忽慢，因此每一瞬间压出的油量也是不相同的，以致泵的总输出流量和压力也是在变化的。这就产生了流量和压力的脉动现象。在工作管路中的油液就不均匀稳定。

叶片泵由于运转平稳、流量均匀，且能容易地获得较高的工作压力，价格比柱塞泵便宜，因此在中低压的液压系统中使用十分广泛，例如组合机床、磨床、液压车床、液压刨床、注塑机、机械手等。

3. 结构简单的齿轮泵

(1) 齿轮泵的工作原理　齿轮泵属于定量泵，分外啮合式和内啮合式两种，图11-5是外啮合齿轮泵。通常由壳体、齿轮以及端盖（图中未画出）等组成。齿轮的宽度比壳体稍薄，其两端面由端盖密封，齿顶由壳体的内圆柱面密封，齿轮的各个齿槽形成密封的工作容腔。齿轮泵的工作原理就是依靠一对相同齿轮的啮合运动来完成其吸油和压油过程。当齿轮按箭头方向旋转时，在右面容腔由于啮合着的轮齿逐渐脱开，把轮齿的凹部让出来，产生吸油作用，使油液填满齿谷，形成一小密闭容腔。随着齿轮转动，就把齿谷中的油液带到左面容腔。在这个过程中，各齿谷的容积发生变化，挤压齿谷中的油液形成压油。如果齿轮不断旋转，就能不断地自右腔把油吸入，再从左腔把油压出。右腔称为吸油腔，左腔称为压油腔。

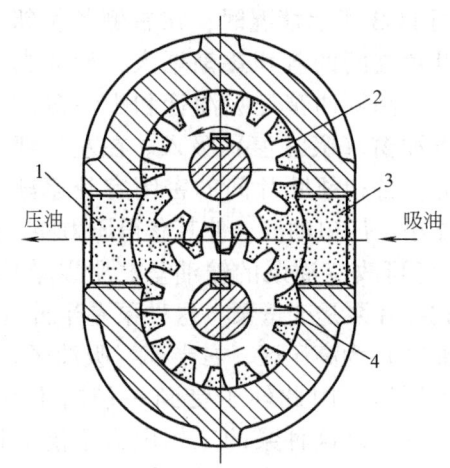

图11-5　齿轮泵的工作原理
1—压油腔　2—齿轮　3—吸油腔　4—齿轮

(2) 齿轮泵的特点和应用　由于压油腔内的压力大于吸油腔，因此齿轮泵和单作用叶片泵一样，二腔对齿轮的作用力是不平衡的，致使齿轮轴单边受力，轴承受力后产生变形，使得齿轮泵工作性能变坏。另外为保证齿轮自由旋转，在齿轮端面与端盖之间也存在着间隙，油也会从此间隙中泄漏。因此在各种泵中它的工作效率低。一般齿轮泵的输出压力为2.5MPa。

齿轮泵的优点是构造简单，加工容易，价格便宜，结构紧凑，在同样流量的各种泵中，齿轮泵的体积最小，因而用于体积要求紧凑、重量必须很轻的机器上（如飞机）。油液中的污物对其工作影响不大。齿轮泵还可以输送粘度大的油或稠度大的流体。例如在食品工业中可以用齿轮泵来输送热的糖液。因此齿轮泵在工业中用得十分广泛。

三、液压泵的选择

液压泵的选择，主要是确定泵的结构型式、输出流量和工作压力。液压泵的工作压力和流量必须满足液压系统的要求（如流量均匀性和流量是否需要调节等）。常用液压泵的性能比较见表11-2。

表 11-2 常用的液压泵性能比较

性能＼类型	外啮合齿轮泵	双作用叶片泵	限压式变量叶片泵	径向柱塞泵	轴向柱塞泵	螺杆泵
输出压力	低压	中压	中压	高压	高压	低压
流量调节	不能	不能	能	能	能	能
效率	低	较高	较高	高	高	较高
输出流量脉动	很大	很小	一般	一般	一般	最小
自吸特性	好	较差	较差	差	差	好
对油污染的敏感性	不敏感	较敏感	较敏感	很敏感	很敏感	不敏感
噪声	大	小	较大	大	大	最小

选择泵的大致步骤是：

1) 液压泵最高工作压力的选择。液压泵的最大工作压力 p_B 是由系统中执行元件的最高工作压力 p_1 来确定。可按下式计算

$$p_B \geq p_1 + \Sigma \Delta p \tag{11-1}$$

式中，p_1 为执行元件（如液压缸）的最大工作压力（进口处）；$\Sigma \Delta p$ 为执行元件进油路上的管路损失之和，初算时可按经验数据选取：管路简单时，取 $\Sigma \Delta p = (2 \sim 5) \times 10^5 \text{Pa}$，管路复杂、流速较大时，取 $\Sigma \Delta p = (5 \sim 15) \times 10^5 \text{Pa}$。

2) 液压泵最大流量的选择。液压泵的最大流量 Q_B 可根据液压系统中各回路实际所需要的最大流量，以及系统中的泄露情况来决定，通常可按下式计算

$$Q_B \geq K_v (\Sigma Q_{max}) \tag{11-2}$$

式中，K_v 为系统的泄漏系数，一般取 $K_v = 1.1 \sim 1.3$；ΣQ_{max} 为同时工作的各执行元件所需的最大流量之和。

3) 选择液压泵的规格。由上述计算结果，可选定泵的压力级别（低压、中压、中高压、高压、超高压），然后由产品目录或各生产厂产品样本中查找符合所需压力和流量的泵。所选泵的额定压力应比 p_B 高出 25% ~ 60%，因液压泵的额定压力（铭牌值），只表明泵结构强度所能允许的最大工作压力。流量可与系统所需的 Q_B 相当。

4) 确定泵用电动机功率。选好液压泵的型号和规格后，即可按下式确定拖动液压泵的电动机功率（单位：kW）

$$P_d = p_B Q_B / 612 \eta_B \times 10^{-5} \tag{11-3}$$

式中，p_B 为计算所得的液压泵最大工作压力（Pa）；Q_B 为在压力（p_B）下，泵的最大实际流量（L/min）；η_B 为泵的总效率（产品技术规格中标明）。所选电动机的转速应满足泵的要求。

四、使用液压泵的注意事项

实践证明，单靠液压泵产品自身的高质量还不能完全保证达到使用液压泵的满意效果，还必须正确地使用和维护。下面提出几条注意事项：

1) 液压泵的工作转速和压力都不能超过额定值。

2) 若泵有转向要求时，不得反向旋转。

3) 若泵入口规定有供油压力时，应当给予保证。

4) 要了解泵承受径向力的能力，不能承受径向力的泵，不得将带轮和齿轮等传动件直接装在泵的输出轴上。

5) 泵与电动机连接时，要保证同轴度，或采用挠性连接。

6) 停机较长的泵，不应满载启动，而应待空转一段时间后再进行正常使用。

7) 泵的吸油口一般应设置过滤器，但吸油阻力不能太大，否则不能正常工作。

8) 注意排除油液中的空气。油液中混有空气将使泵的排油量减小，也易使泵产生噪声。

9) 在使用中，保证液压油清洁，防止污染；一般情况下，工作油温不要超过50℃，最高不要超过65℃，短时间最高油温不要超过80~90℃。

*五、液压泵的故障分析与排除

液压泵产生的故障原因是多种多样的，但总的来看，有如下两方面。

1) 由液压泵本身引起的故障。如泵的零件加工精度不高、表面粗糙、配合间隙不适当、形位误差等不符合技术要求。特别是泵经过一段时间的使用，有些质量问题将暴露出来，突出的现象是达不到规定的技术要求。

2) 由外界因素引起故障。包括操作者对液压传动缺少应有的知识；没有严格遵守泵的使用操作规程；液油粘度过高或过低；环境不清洁等等。

液压泵在维护时应注意的要点见表11-3。

对一台新的液压泵或使用时间较短的液压泵，最好先不要怀疑泵本身的原因。因为随着对生产质量的要求越来越高，制造厂是尽量精益求精的。同时，即使有这方面的问题，对于一般用户来说，也是不易排除的。因此在进行液压泵故障分析时，通常要把这个原因放在最后来考虑。尤其是在未明确故障原因时，若轻易拆泵，反而会带来隐患。

表11-3 液压泵在维修时应注意的要点

检查内容	容易引起的故障
吸入阻力	1. 使用比设计粘度要求高的工作油，将导致加速轴、油封、轴承的磨损 2. 使用比设计粘度要求低的工作油，会从轴头吸入空气 3. 过滤器容量使用情况有误（容量太小，网目过细），会发生气穴、效率低、噪声 4. 工作油污染严重（吸入过滤器中附着很多杂物）会引起腐蚀 5. 管路口径太小、流速太快或从液面到吸入口高度差过大会引起振动 6. 吸入管路中有截止阀、单向阀等阻力的阀存在，会造成不出油
空气混入	1. 油箱中的气泡没有很好分离而吸入泵中，以致叶片、定子磨损和气蚀，以及油的压缩性增大，压力传递速度迟缓 2. 油箱油量少及从吸油过滤器吸入空气，会使液压缸液压马达等的动作不正确，灵敏度差 3. 泵的油封不良且轴被磨损 4. 泵的盖密封不好 5. 吸入管接头不好、松动 6. 在线吸油过滤器的壳中吸入空气 7. 吸入阻力增大引起油溶解中空气的分离

(续)

检查内容	容易引起的故障
发生气穴	1. 吸入阻力如果太大，溶解在油中的空气分离出来形成气泡会使效率降低，排油中含有气泡 2. 油中混入水份时，温度增高，吸入阻力增大，水气蒸发形成空间，会引起振动 3. 由于油箱中工作油含有气泡，且在吸入侧有很多气泡，以及由于从管路中或泵轴部分混入空气而形成气泡造成噪声很大，金属腐蚀
效率降低	1. 使用粘度过低的油，且在高温下工作，会使油封变形，向外泄漏 2. 发生气穴使液压缸、液压马达速度下降 3. 泵的端盖未紧固好，严重时压力下降（不能维持调定压力） 4. 内部零件磨损严重，使用润滑性的油，使叶片、定子、转子等润滑不好 5. 油的粘度低，且在高温、高压下使用，效率下降，寿命降低

当所有的外界因素都已排除，仍然解决不了问题时，再考虑泵本身是否有问题。但不宜轻易拆泵，有试验台的用户可以做试验检查，或换另一台新泵试车，这样做可以帮助确定故障来自处。

第二节　液压缸和液压马达

液压缸和液压马达的作用与液压泵正好相反，它是将液压能转变为机械能的转换元件，在液压传动系统中属于执行元件。

一、液压缸

液压缸是液压系统中应用最为广泛的执行元件。按照液压缸的结构形式，可分为活塞式、柱塞式和摆动液压缸。按照液压缸的驱动方式，可分为单作用液压缸和双作用液压缸两大类。单作用液压缸仅向活塞的一侧供压力油，因此只能靠压力油实现液压缸的单向动作，而反行程只能利用外力（如自重、负荷或弹簧力）的作用来完成，它有节约动力的优点。双作用液压缸的活塞两侧可分别承受液压，往复运动均靠压力油液来推动，能实现各种复杂运动，故应用甚广。液压缸的类型、图形符号和工作特点见表11-4所示。

表11-4　液压缸的类型、图形符号和工作特点

	名　称	图形符号	工作特点
推力液压缸 单作用液压缸	活塞液压缸		活塞仅单向运动，由外力使活塞反向运动
	柱塞液压缸		柱塞仅单向运动，由外力使柱塞反向运动
	伸缩液压缸		有多个互相联动的活塞，其行程可较长，由外力使活塞返回

(续)

名　称			图形符号	工作特点
推力液压缸	双作用液压缸	单活塞杆 液压缸	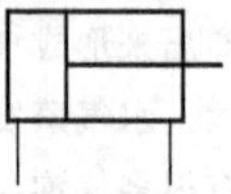	活塞双向运动，行程终了时不减速
		带不可调缓冲式液压缸	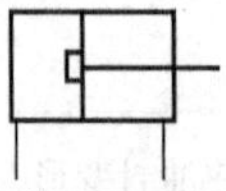	活塞终了时减速制动，减速值不变
		带可调缓冲式液压缸	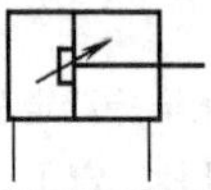	活塞终了时减速制动，但减速值可调节
		差动液压缸	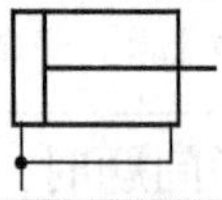	液压缸有杆腔的回油与液压泵输出油液一起进入无杆腔，能提高运动速度
	双活塞杆	等行程、等速度液压缸	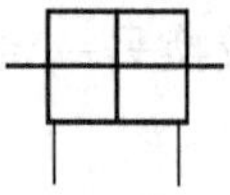	活塞左右移动速度和行程皆相等
		双向液压缸	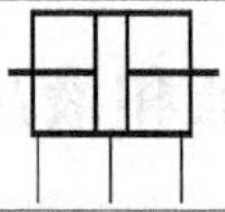	两个活塞同时向相反方向运动
	伸缩套筒式液压缸		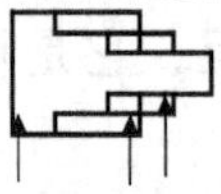	有多个互相联动的活塞，活塞可双向运动。在相同轴向尺寸下，可增加行程
	弹簧复位液压缸		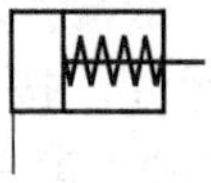	活塞单向作用，由弹簧使活塞复位
摆动液压缸	单叶片摆动液压缸			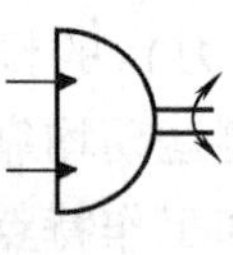 摆动液压缸也叫摆动马达，把液压能变为回转的机械能，输出轴只能做小于360°的摆动
	双叶片摆动液压缸			摆动液压缸也叫做摆动马达，把液压能转变为回转的机械能，输出轴只能做小于180°的摆动

以下讨论几种应用较广泛的液压缸。

1. 活塞式液压缸

活塞式液压缸按结构可以分为单活塞杆液压缸和双活塞杆液压缸两种形式。

1）双活塞杆液压缸。双活塞杆液压缸又分实心双杆和空心双杆两种。图11-6a所示为实心双活塞杆液压缸的结构图。它由导向套3、缸筒6、活塞5、活塞杆7、支架8、密封圈2、密封纸垫4、法兰盖1等组成。缸筒固定在床身上，活塞杆和工作台通过支架连接在一起。压力油经孔进入液压缸左腔或右腔，推动活塞带动工作台往复运动。图11-6b为双杆液压缸的图形符号。从图11-7可以看出，双杆液压缸的特点是：液压缸两腔的活塞杆直径和活塞有效作用面积相等。因此，当液压缸两腔的流量相同时，活塞（或缸）往复运动的速度相等。由式（10-6）可求得活塞的移动速度

$$v = Q/A \tag{11-4}$$

式中，A 为活塞有效面积，$A = \pi(D^2 - d^2)/4$。

在供油压力相等的条件下活塞两个方向所产生的推力也相同，可求得

$$F_1 = F_2 = (p_1 - p_2)A = (p_1 - p_2)\pi(D^2 - d^2)/4 \tag{11-5}$$

$$v_1 = v_2 = 4q_v/\pi(D^2 - d^2) \tag{11-6}$$

式中，F_1、F_2 分别为活塞上的作用力，其方向见图 11-7a；p_1、p_2 分别为液压缸进、出口压力；v_1、v_2 分别为活塞的运动速度，其方向见图 11-7a；A 为活塞有效面积；D 为活塞直径；d 为活塞杆直径。

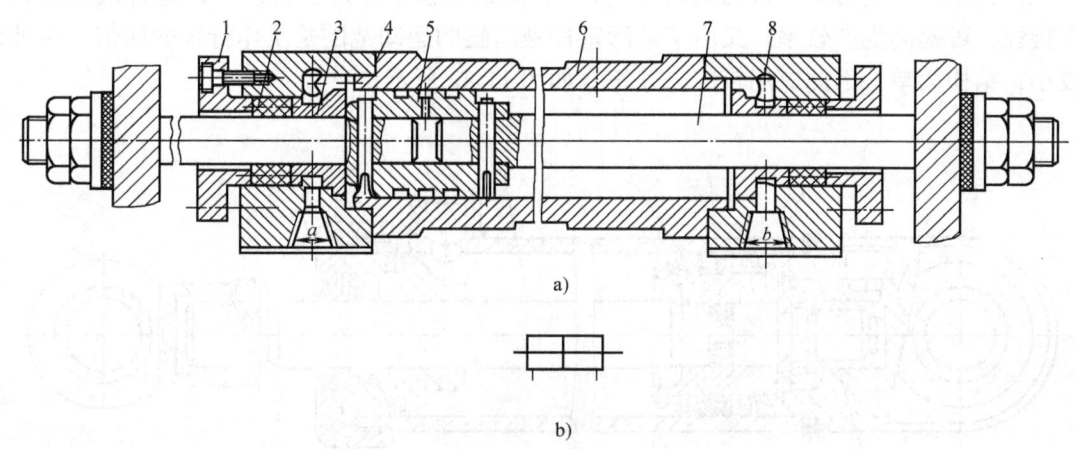

图 11-6 实心双杆液压缸结构图
1—法兰盖 2—密封圈 3—导向套 4—密封纸垫 5—活塞
6—缸筒 7—活塞杆 8—支架

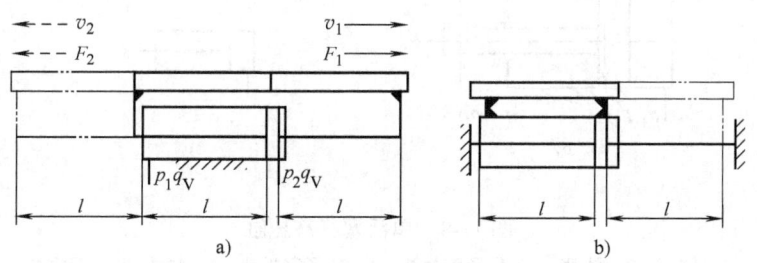

图 11-7 实心双杆液压缸
a) 缸体固定 b) 活塞杆固定

若将缸体固定在床身上，活塞杆和工作台相连，缸的左腔进油，推动活塞向右运动；反之，缸的右腔进油，推动活塞向左运动。其运动范围为活塞有效行程的三倍，见图 11-7a。这种连接占地较大，一般适用于中、小型设备。若将活塞杆固定在床身上，缸体与工作台相连时，其运动范围为液压缸有效行程的二倍，见图 11-7b。这种连接占地小，常用于大、中型设备。

2) 单活塞杆液压缸。其结构如图 11-8a 所示，由于仅在缸的一端有活塞杆，所以活塞两边有效面积不等，因此在流量 Q 相同的情况下，活塞往复移动的速度不等。其向右和向左的移动速度 v_1 和 v_2 分别为

$$v_1 = \frac{Q}{A_1} \quad v_2 = \frac{Q}{A_2}$$

式中，A_1 为无活塞杆一边的活塞有效面积，$A_1 = \dfrac{\pi D^2}{4}$；A_2 为有活塞杆一边的活塞有效面积，$A_2 = \dfrac{\pi(D^2 - d^2)}{4}$。

因为活塞的有效面积 $A_1 > A_2$，所以 $v_1 < v_2$（图 11-8b）。若活塞向右带动工作台向右运动为工作行程，向左为工作台的回程（空程），则回程快于工作行程。所以这种液压缸具有急回特性，可提高生产效率。又由于单活塞杆液压缸的运动范围是工作行程的两倍，占地面积较小，结构简单，因此应用较广。其符号如图 11-8c 所示。

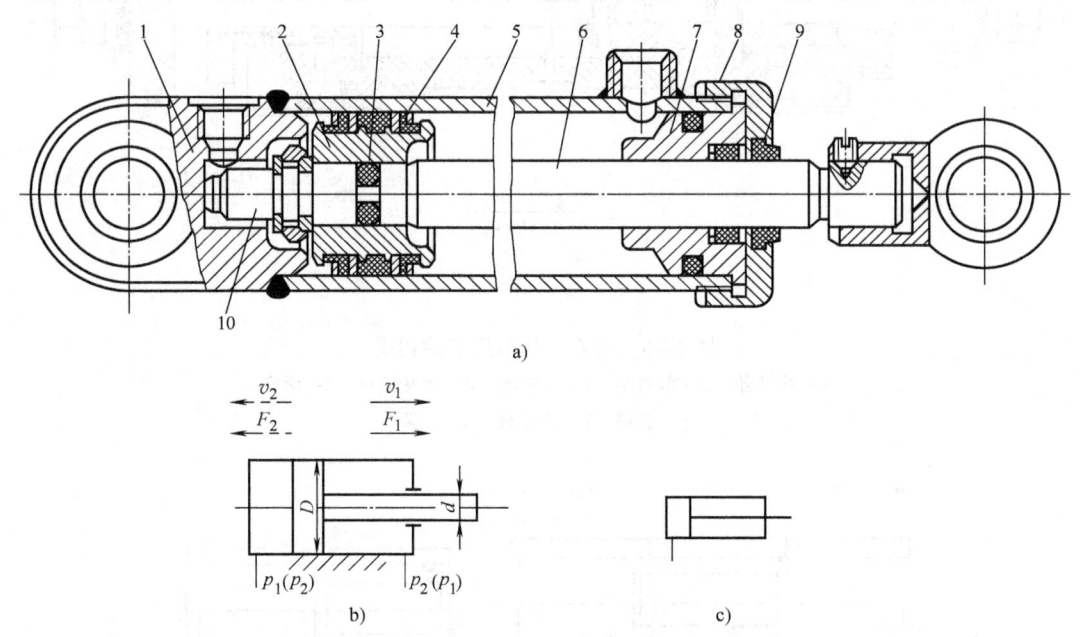

图 11-8 单活塞杆液压缸
1—缸底 2—活塞 3—O 形密封圈 4—Y 形密封圈 5—缸体 6—活塞杆
7—导向套 8—缸盖 9—防尘圈 10—缓冲柱塞

3）差动液压缸。如果单活塞杆液压缸的左右两腔同时通进压力油（图 11-9），由于活塞两侧有效作用面积 A_1 和 A_2 不相等，推力就不等，产生推力差，在此推力差的作用下，使活塞向右移动。此时，从缸右腔排出的油液也进入左腔，使活塞实现快速运动。这种联接方式称为差动联接。这种两腔同时通压力油，利用活塞两侧有效作用面积差进行工作的单活塞杆液压缸称为差动液压缸。

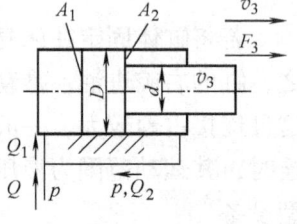

图 11-9 差动液压缸

由图可知，进入液压缸左腔的流量 Q_1 除泵所供给的流量 Q 外，还有来自右腔的流量 Q_2，这时活塞的移动速度可按如下方法计算

$$Q_1 = Q + Q_2$$
$$Q = Q_1 - Q_2 = A_1 v_3 - A_2 v_3 = A_3 v_3 = v_3 \pi d^2/4$$

式中，A_4 为活塞杆的面积。活塞的运动速度 v_3 为

$$v_3 = (4Q/\pi)d^2 \tag{11-7}$$

式中，v_3 为差动连接时，活塞的运动速度（m/s）；d 为活塞杆直径（m）；Q 为泵的输出流量（m³/s）。

比较式（11-4）和式（11-7）可知：同样大小的液压缸当差动连接后，活塞的运动速度大于非差动连接时的速度，因而可以获得快速运动。在实际生产中（如组合机床），常采用液压缸差动连接形式来实现快进、工进、快退运动。若想使快速进退速度相等，可使活塞无杆腔有效作用面积为活塞杆面积的两倍，也就是 $D \approx 1.4d$。差动连接的推力可按如下公式计算

$$F_3 = A_3 p = (\pi d^2/4)p \tag{11-8}$$

式中，F_3 为差动连接的推力（N）；d 为活塞杆的直径（m）；p 为工作压力（Pa）。

2. 柱塞式液压缸

活塞式液压缸中，缸的内孔与活塞有配合要求，所以对其精度要求较高，当缸体较长时，加工就很困难。遇到这种情况，可以采用柱塞式液压缸，其结构如图 11-10 所示。

柱塞缸的缸筒与柱塞没有配合要求，缸筒内孔不需要精加工，它适用于导程很长的场合。为了减轻柱塞的重量和柱塞的弯曲变形，柱塞常做成空心的。图 11-10a 所示为单缸固定式柱塞缸，柱塞的返回要靠外力。图 11-10b 为液压缸的图形符号。柱塞式液压缸成对安装使用（图 11-10c）时，可实现柱塞的返回。

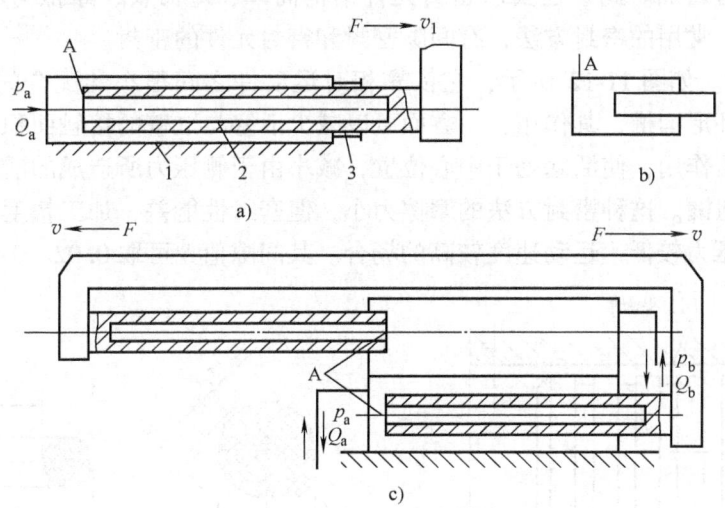

图 11-10 柱塞式液压缸结构图
1—缸筒 2—柱塞 3—导向套和端盖

*3. 摆动式液压缸

摆动式液压缸是一种输出转矩并实现往复摆动的液压执行元件，又称为摆动式液压马达。摆动式液压缸常有单叶片式和双叶片式两种形式，图 11-11a 所示结构为单叶片式。它由叶片轴、缸体、定子和回转叶片等零件组成，定子固定在缸体上，叶片和叶片轴（转子）连接

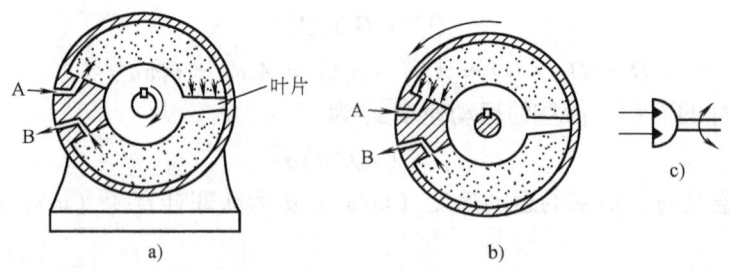

图 11-11 摆动式液压缸结构图
a) 叶片摆动液压缸 b) 由壳体摆动的摆动液压缸

在一起,当油口 A 和 B 交替输入压力油时,叶片带动叶片轴作往复摆动,输出转矩和角度。如果转子固定不动,也可让壳体摆动,其进、出油的原理是一样的(图 11-11b)。单叶片缸输出轴的摆动角小于 310°,双叶片缸输出轴的摆动角小于 150°,但输出转矩是单叶片缸的两倍。图 11-11c 摆动式液压缸的图形符号。

摆动式液压缸输出转矩大、结构紧凑,但密封性较差,一般只用于机床和工夹具的夹紧装置,转位装置、送料装置,以及工程机械中。

二、液压缸的密封、排气和缓冲

1. 液压缸的密封

液压缸密封是指活塞、活塞杆和端盖等处的密封,用来防止液压缸内部和外部泄漏。其性能的好坏直接影响液压缸的工作性能和效率。因此要求液压缸所选用的密封元件在一定工作压力下要具有良好的密封性能,并且,密封性能应随着压力升高而自动提高,使泄漏不致因压力升高而显著增加。此外还要求密封元件结构简单、寿命长、摩擦力小,不致产生卡死、爬行等现象。常用的密封方法,有间隙密封和密封元件的密封。

1) 间隙密封。如图 11-12 所示,它依靠相对运动件之间很小的配合间隙来保证密封。活塞上开有几个环形沟槽,其作用,一方面可以减少活塞与缸壁的接触面积,另一方面,由于环形槽中的油压作用,使活塞处于中心位置,减小由于侧压力所造成的活塞与缸壁之间的摩擦,并可减少泄漏。这种密封方法的摩擦力小,但密封性能差,加工精度要求较高,只适用于尺寸较小、压力较低、运动速度较高的场合。其间隙值 δ 可取 0.02~0.05mm。

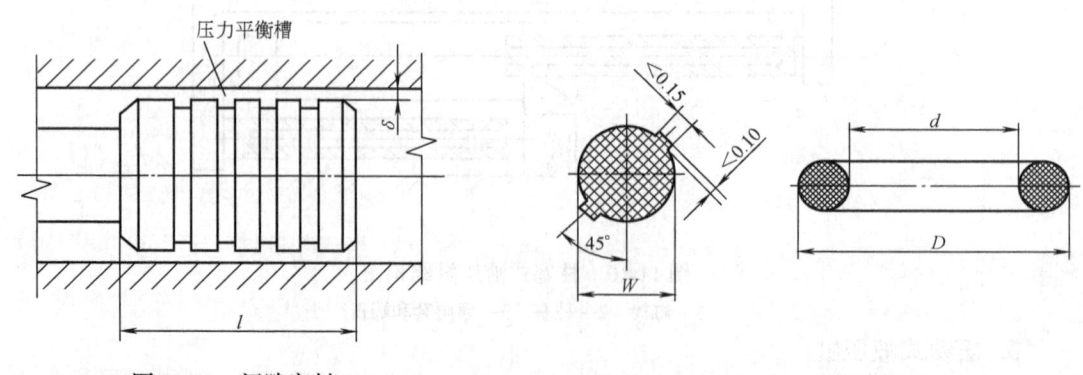

图 11-12 间隙密封   图 11-13 O 形密封圈

2) 密封圈密封。它是液压系统中应用最广泛的一种密封方法。密封圈是用耐油橡胶、尼龙等制成。其截面通常做成 O 形、Y 形、V 形、U 形、L 形、J 形等。它具有制造容易、使用方便、密封可靠、能在各种压力下可靠工作等一系列优点。下面简介几种常见的密封圈。O形密封圈是一种断面形状为圆形的密封元件，如图11-13所示。它应用较广，可用于固定件的密封，亦可用于运动件的密封。O形密封圈结构简单，密封性好，有自动提高密封效果的作用。缺点是当用于运动件密封时，若缸内压力 p 大于10MPa，密封圈容易被挤出（图11-14a）而造成剧烈磨损，此时应加挡圈。单向受压时加一挡圈（图11-14b），双向受压时，两侧都加挡圈（图11-14c）。在运动速度较高的液压缸中，可采用Y形或V形密封圈。Y形密封圈适应性强，可用于液压缸和活塞密封，以及活塞杆的密封中，其结构如图11-15所示。

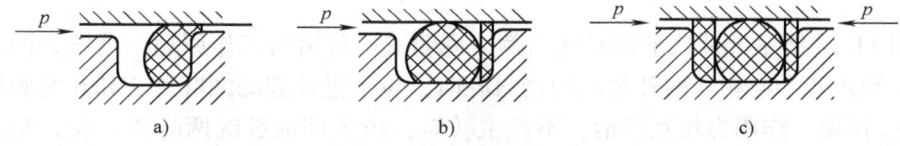

图 11-14　O形密封圈的正确使用
a) 密封圈被挤出　b) 单侧放置　c) 两侧放置

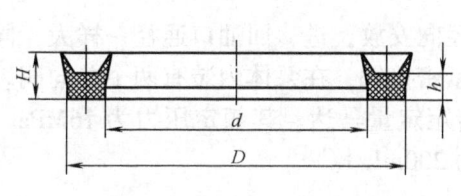

图 11-15　Y形密封圈

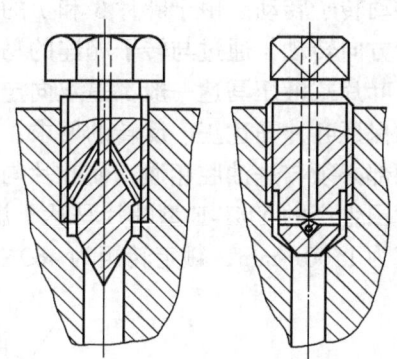

图 11-16　液压缸的排气塞

*2. 液压缸的排气

液压系统中渗入空气后，会影响运动的平稳性，引起活塞低速运动时的爬行和换向精度下降等，甚至在开车时，会产生运动部件突然冲击现象。为了便于排除积留在液压缸内的空气，油液最好从液压缸的最高点进入和引出。对运动平稳性要求较高的液压缸常在两端装有排气塞。图11-16为液压缸的排气塞。工作前拧开排气塞，使活塞全行程空载往复数次，空气即可通过排气塞排出。空气排净后，需把排气塞关闭再进行工作。

3. 液压缸的缓冲

当运动部件质量较大，运动速度较高时，为避免活塞在运动到缸筒的终端撞击缸盖，产生噪声，影响工作精度以至损坏机件，一般在大型、高速和高精度的液压设备的缸端面设置缓冲装置。

缓冲原理是活塞在接近缸盖时，增大回油阻力，以降低活塞的运动速度，从而避免活塞撞击缸盖。其常用缓冲结构如图11-17所示。它是由活塞凸台（圆锥或带槽圆柱）和缸盖凹槽圆柱面）构成。当活塞移近缸盖时，凸台逐渐进入凹槽，将凹槽内的油液经凸台和凹槽的缝隙挤出，增大回油阻力，产生差动作用，从而实现缓冲。

*三、液压马达

液压马达的结构与液压泵基本相同，但其所起的作用则与液压泵相反，它输入的是液压能，而转换输出的是旋转形式的机械能，因此在液压传动系统中也是属于执行元件。

液压马达通常也有三种类型，即齿轮式、柱塞式（也有轴向和径向之分）和叶片式。齿轮式、叶片式和轴向柱塞式液压马达均为高速小转矩马达，而径向柱塞式马达则为低速大转矩马达。

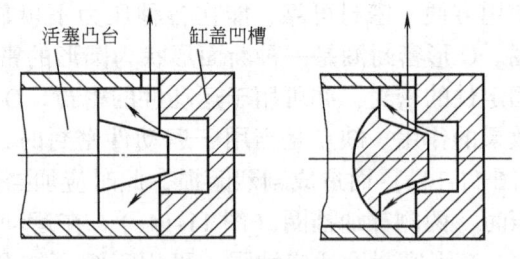

图 11-17　液压缸的缓冲结构

现以图 11-18 所示叶片式液压马达为例，说明液压马达的工作原理。当压力油从进油口配油窗口 a 输入转子与相邻两叶片间的密封腔时，位于进油腔的两叶片 2 和 6 两侧均受到进油口压力 p_D 作用，作用力相互抵消，不产生转矩；位于回油腔的两叶片 4 和 8 两侧均受到回油压力作用，也不产生转矩。位于封油区的叶片 3、7 和 1、5，一面受进油腔压力 p_D 的作用，另一面通过配油窗口 b 与回油口相通，受低压油作用，叶片两侧所受作用力不平衡，故叶片推动转子转动。由于叶片 3 和 7 的伸出长度比叶片 1 和 5 大，即作用面积大，转子产生顺时针方向转动，通过与转子相连的马达轴输出转矩和转速。当改变输油方向时，液压马达反转。叶片式液压马达一般都是双向定量液压马达。

为保证叶片马达正、反转的要求，叶片沿转子径向安放，进、回油口通径一样大，同时叶片根部必须与进油腔相通，使叶片与定子内表面紧密接触，在泵体内装有两个单向阀。

我国生产的 YMF-E 型叶片马达，属于高速小转矩定量马达。其额定压力为 16MPa，额定转速为 1500r/min，额定转矩为 460N·m，排量为 200mL/r。

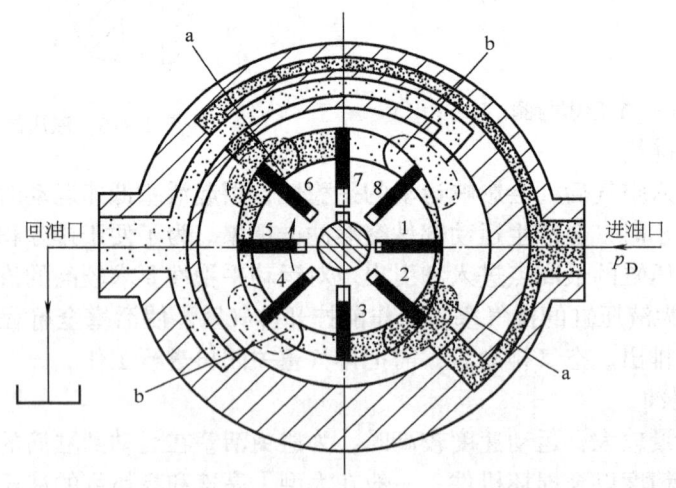

图 11-18　叶片马达工作原理图

叶片式液压马达体积小、惯性小、动作灵敏，但容积效率低、泄漏量较大，适用于定转速、低转矩而又要求换向频繁的场合。

液压马达每转所排出的油量称为排量。常用的叶片马达都是双作用式定量马达，其排量不变。若将液压马达做成可以改变排量的结构（如柱塞式液压马达），就得到变量马达。

若忽略一切功率损失，液压马达的输出转速 n 与输出转矩 M 的计算公式可以写成

$$n = \frac{Q}{q} \tag{11-9}$$

$$M = pq/(2\pi) \tag{11-10}$$

式中，Q 为马达的输入流量（m^3/s）；q 为马达的排量（m^3/r）；p 为马达的工作压力（Pa）。

对于定量液压马达，排量 q 为定值，在流量 Q 和压力 p 不变时，其输出转速 n 和转矩 M 均为常数；对于变量液压马达，排量 q 的大小可以调节，因而其输出转速 n 和转矩 M 可以改变。流量和压力不变时，若排量增大，则转速降低，转矩增大。

应当注意，液压泵和液压马达的能量转换是互逆的，故理论上液压泵和液压马达可以互相通用。但实际上由于两者作用与要求不同，故在结构上也有若干不同之处，不能任意换用。

*四、液压缸的故障分析与排除

液压缸的常见故障分析及排除方法见表 11-5。

表 11-5　液压缸常见故障的分析和排除方法

故障现象	故 障 原 因	排 除 方 法
运动部件速度达不到或不运动	装配精度或安装精度超差	检查、保证达到规定的安装精度
	活塞密封圈损坏，缸内泄漏严重	更换密封圈
	间隙密封的活塞、缸壁磨损过大，内泄漏多	修研缸内孔，重配新活塞
	缸盖处密封圈摩擦力过大	适当调松压盖螺钉
	活塞杆处密封圈磨损严重或损坏	调紧压盖螺钉或更换密封圈
运动部件产生爬行	活塞式液压缸端盖密封圈压得太死	调整压盖螺钉（不漏油即可）
	液压缸中进入空气未排净	利用排气装置排气，无排气装置可在空载下反复动作若干次（应将油口向上布置安装）
运动部件换向有冲击	活塞杆与运动部件连接不牢固	检查并紧固连接螺栓
	不在缸端部换向，缓冲装置不起作用	在油路上设背压阀
冲击声	液压缸缓冲装置失灵	进行检修和调整

第三节　液压控制阀

液压机械在工作时，工作机构经常需要起动、换向和停止，各工作机构所承受的负载又经常变化，工作机构运动速度需要进行调节。为了满足这些要求，一套完整的液压系统除了具有动力元件、执行元件外，还必须有控制调节液压系统的压力、流量和液流方向的元件，从而保证液压工作机构有准确的动作和完善的性能。这些控制调节装置一般统称为液压控制阀，简称液压阀。

液压阀的种类很多，根据其工作特点和用途的不同可以分为三大类：
1）方向控制阀，如单向阀、换向阀等。
2）压力控制阀，如溢流阀、顺序阀、减压阀等。
3）流量控制阀，如节流阀、调速阀等。

根据安装连接方式的不同，液压阀又可分为管式连接（螺纹连接）和板式连接两种结构。

一、方向阀

方向阀用来控制油液的定向、换向和闭锁等，它包括单向阀和换向阀。

1. 单向阀

单向阀的作用是使油液只能沿一个方向流动，因此亦称逆止阀。有普通单向阀和液控单向阀之分。

1) 普通单向阀。图 11-19 所示为普通单向阀的结构。当油液作用力大于弹簧力时，压力油顶开阀心，自进油口 P_1 流向出油口 P_2。油液倒流时，液压作用力使阀心压紧在阀体上，阀口关闭，油路不通。常用的单向阀有直通式（图 11-19a）和直角式（图 11-19b）两种。图 11-19c 为普通单向阀的图形符号。

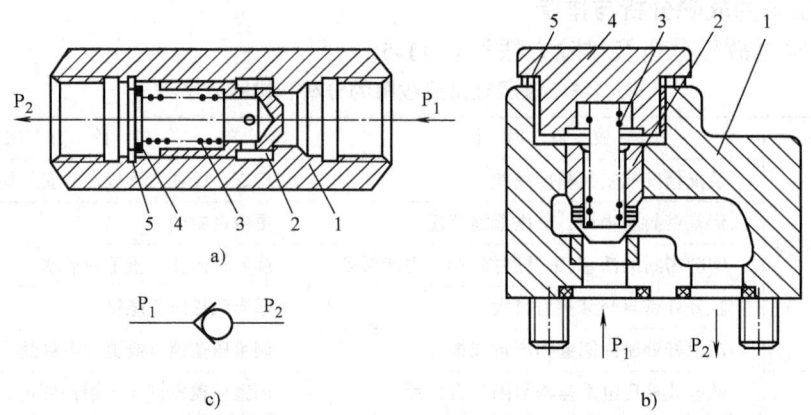

图 11-19 单向阀
a) 直通式 b) 直角式 c) 图形符号
1—阀体 2—阀心 3—弹簧 4—盖 5—垫圈

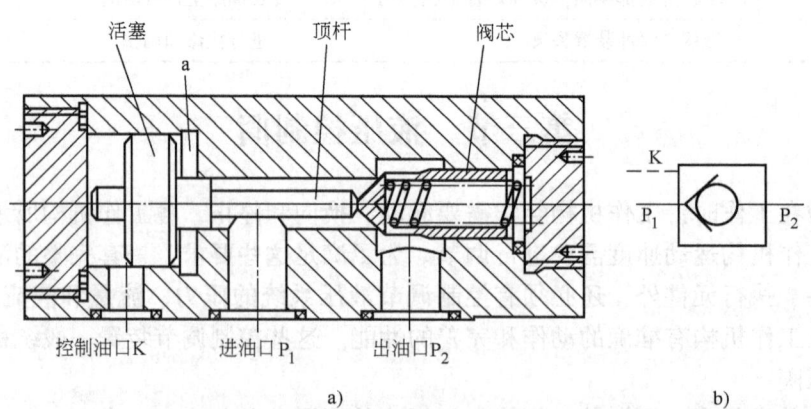

图 11-20 液控单向阀典型结构图
a) 结构图 b) 图形符号

2) 液控单向阀。其结构如图 11-20a 所示。它与普通单向阀的不同之处在于多了一条控制油路（K 为控制油口。在职能符号中用虚线表示控制油路，实线代表主油路）。一般情况下，只允许油液自进油口 P_1 流向出油口 P_2，不能反向流动。只有当接通控制油路，压力油通入控制油口 K，推动控制活塞，并通过顶杆将单向阀阀心顶起后，P_1 与 P_2 相通，油液才可以反向流动。注意控制压力油与进油口 P_1 或出油口 P_2 是始终不通的。当控制油路切断后，油液仍只能单向流动。图形符号如图 11-20b 所示。

2. 换向阀

换向阀的作用是通过阀心的运动，变换油流方向或截断油路来对油流进行方向控制，是油路的"指挥者"。换向阀的用途十分广泛，种类很多。换向阀的分类见表 11-6，分述如下。

表 11-6 换向阀的分类

分类方式	型 式
按阀心运动方式	滑阀、转阀
按阀的位置数和通路数	二位二通、三位四通、三位五通等
按阀的操纵方式	手动、机动、电磁、液动、电液动
按阀的安装方式	管式、板式、法兰式

1) 按阀心运动方式分类。滑阀式换向阀最为常见，其结构如图 11-21 所示，主要由阀体和阀心及控制运动的元件等构成。阀体内圆孔加工有若干条沉割槽，每条沉割槽都通过相应的孔道与外部相通。滑阀阀心是一个具有多段环形槽的圆柱体（图示阀心有三个台肩，阀体孔内有五个沉割槽）。每条槽都通过相应的孔道与外部相通，其中 P 口为进油口，T 口为回油口，A 口和 B 口通执行元件。阀心上加工几个台肩与之相配合。保证阀心在阀体内作轴向移动时，使阀体上的通道有一些连通，而有一些封闭。

当阀心处于图 11-21b 工作位置时，四个油口互不相通，液压缸两腔不通压力油，处于停机状态。若使换向阀的阀心右移，如图 11-21a 所示，阀体上的油口 P 和 A 相通，B 和 T 相通，压力油经 P、A 油口进入液压缸左腔，活塞右移，右腔油液经 B、T 油口回油箱；反之，若使阀心左移，如图 11-21c 所示，则 P 和 B 相通，A 和 T 相通，活塞便左移。

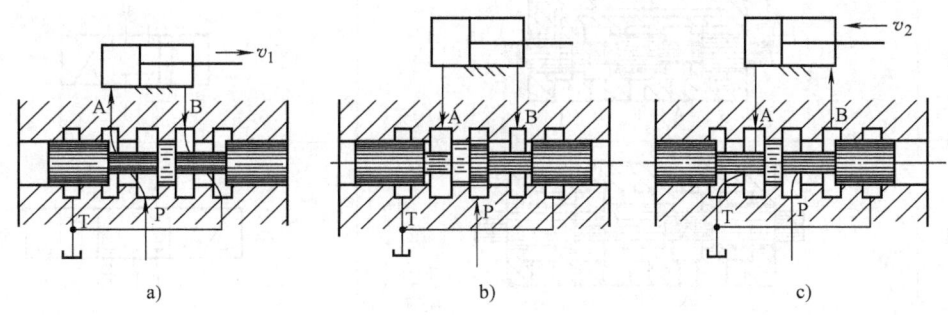

图 11-21 滑阀式换向阀换向原理

2) 按阀心在阀体内的工作位置数和换向阀所控制的油口通路数分类。换向阀有二位二通、二位三通、二位四通、二位五通等类型。不同的位数和通路数是由阀体上的沉割槽和阀心上台肩的不同组合形成的。将五通的两个回油口 T_1 和 T_2 沟通成一个油口 T，便成为四通阀。

换向阀要用规定的符号表示。表 11-7 列出了几种常用的滑阀式换向阀的结构原理图以及与之对应的图形符号。现对换向阀的符号作如下说明。

① 方框表示阀的工作位置，换向阀有几个工作位置就相应有几个方框，即位数，二位

即二个方框。

② 方框内的箭头表示在这一位置上油路处于接通状态，符号"⊥"或"⊤"（见表 11-7）表示阀内通道被阀心封住。

表 11-7　常用换向阀的结构原理和图形符号

位和通	结构原理图	图形符号
二位二通	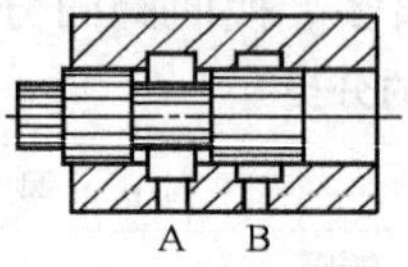	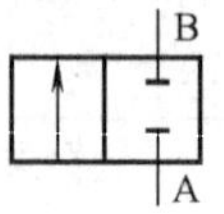
二位三通	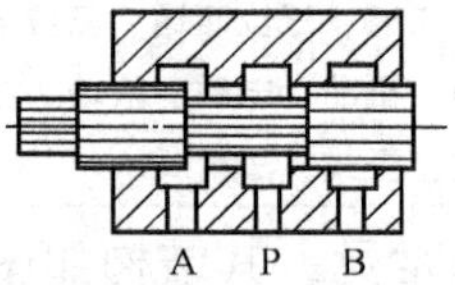	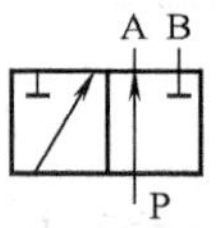
二位四通	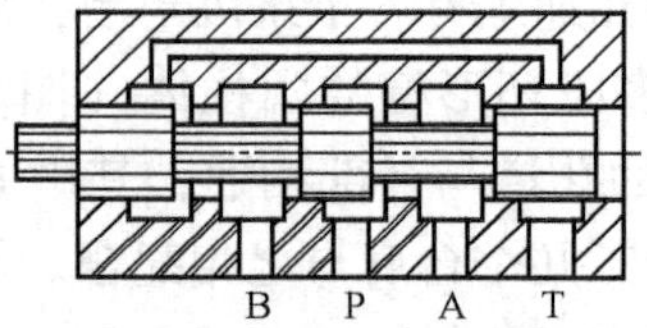	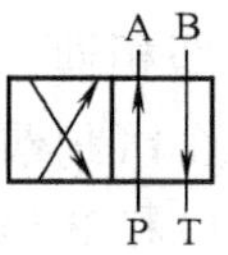
二位五通	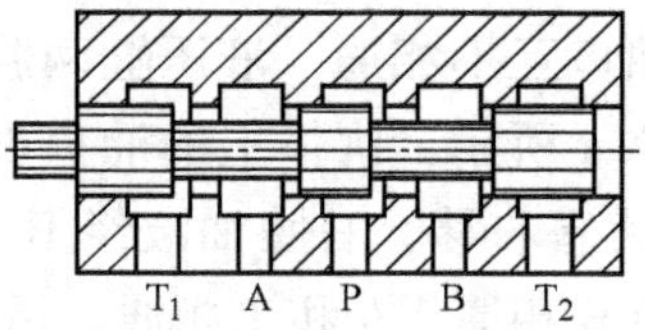	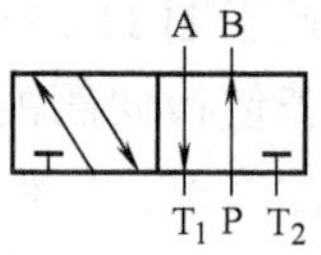
三位四通	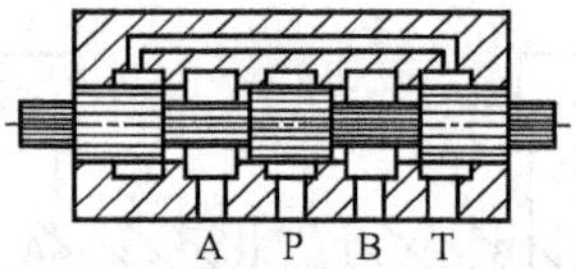	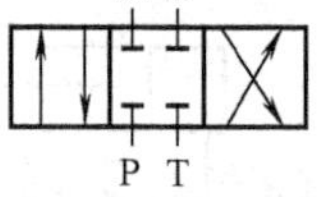
三位五通	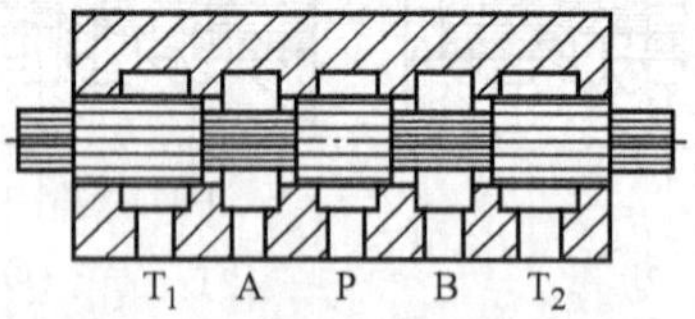	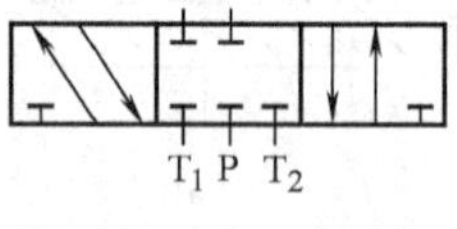

③ P 表示进油口，T 表示通油箱的回油口，A 和 B 表示连接其他两个工作油路的油口。

④ 控制方式和复位弹簧的符号画在方格的两侧。

⑤ 二位阀靠有弹簧的那一位为常态位。二位二通阀有常开型和常闭型两种，前者的常态位连通，用代号 H 表示，后者则不通，不标注代号。在液压系统图中，换向阀的符号与油路的连接应画在常态位上。

3) 按阀心换位的控制方式分类。换向阀有手动、机动、电磁、液动和电液动阀等类型。以下介绍两种典型的换向阀。

二位四通电磁换向阀：电磁换向阀用电磁铁推动滑阀移动来实现油路的切换。采用此阀，可以提高液压系统的自动化程度，在机床及其他液压装置中应用很广。

二位四通电磁阀的结构原理和图形符号如图 11-22 所示。滑阀有两个工作位置（称位——二位），阀体上有四个接出的通道（称通——四通），它的记号为：P 为进油口，O 为回油口，A、B 为通往液压缸两腔的油口。

当电磁铁的线圈断电时（常态），由图 11-22a 可见弹簧将阀心推向左端位置，压力油从液压泵→P→B→液压缸左腔，推动活塞右移；回油从液压缸右腔→A→O→油箱。图 11-22c 为这种阀的职能符号，图中方格数目即位数，格内箭头表示阀内油液流向，方格上下的短线表示外接油路，方格左边的符号表示电磁铁驱动，右边为复位弹簧。当线圈通电时（图 11-22b），衔铁被吸合，阀心移至右端位置，压力油由液压泵→P→A→液压缸右腔，推动活塞左移；回油则由液压缸左腔→B→O→油箱。图 11-22c 为通电时阀的图形符号。由于阀心的状态是由电磁铁控制的，所以也叫做电磁换向阀。二位四通换向阀是最常用的。此外，尚有二位五通（表示滑阀有两有二个位置，阀体上有五个通口，以下类推）、二位三通、二位二通、三位四通等，可以根据油路需要参考液压技术手册选用。

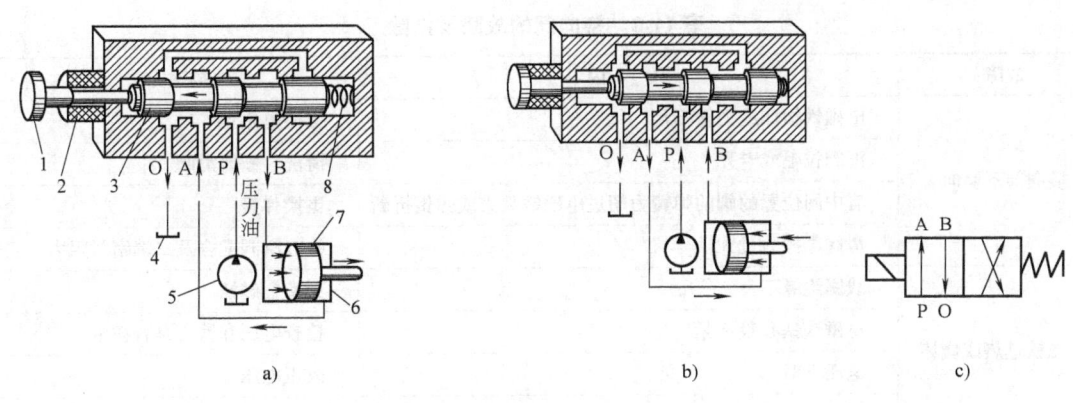

图 11-22 电磁换向阀

a）电磁铁不吸 b）电磁铁吸合 c）图形符号

  阀心左移   阀心右移

  B 口进压力油 A 口进压力油

  A 口接回油路 B 口接回油路

  活塞前进   活塞后退

1—衔铁 2—电磁铁线圈 3—滑阀 4—油箱 5—泵 6—液压缸 7—活塞 8—弹簧

液动换向阀：当流量较大时，作用在阀心上的摩擦力和液动力也很大，若用电磁铁来推动阀心，电磁铁尺寸势必十分庞大，有时甚至不能实现。所以在油路中的工作流量较大时，常利用液压力产生很大的推力，来推动阀心移动实现换向。所以在液压系统中，当流量较大（$10.5 \times 10^{-4} m^3/s$）、高压、阀心行程长时常用这种换向阀，称为液动换向阀。图 11-23 所示为三位四通弹簧对中式液动换向阀结构图。当两个控制油口 X 和 Y 都不通压力油时，阀心 2 在两端弹簧 4 的作用下处于中位。当控制压力油从 X 流入阀心左端油腔时，阀心被推至右端，油口 P 和 B 相通，A 和 T 相通；当控制压力油从 Y 流入阀心右端油腔时，阀心被推至左端，油口 P 和 A 相通，B 和 T 相通，实现液流反向。

换向阀常见故障及排除方法见表 11-8。

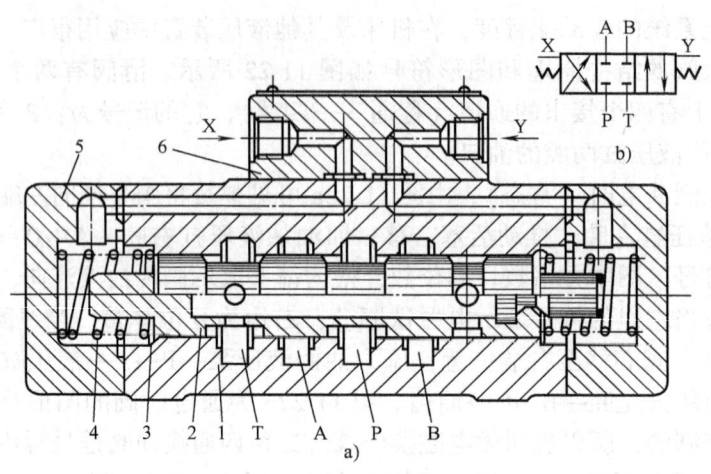

图 11-23 三位四通弹簧对中式液动换向阀结
a) 结构图　b) 图形符号
1—阀体　2—阀心　3—垫圈　4—弹簧　5—阀盖

表 11-8　换向阀的故障及排除

故障	原因	排除方法
换向阀不换向	电磁铁损坏或力量不足	更换电磁铁
	滑阀拉毛或卡死	清洗、修研滑阀
	有中间位置的阀的弹簧力超过电磁铁吸力或弹簧折断	更换弹簧
	滑阀摩擦力过大	检查滑阀配合及二端密封阻力
电磁铁过热或烧坏	线圈绝缘不良	更换电磁铁
	电磁铁铁心吸不紧	检查电压和铁心是否被卡
	电压不对	改正电压
	电极焊接不好	重新焊接

二、压力阀

压力阀用来控制液压系统中的压力，以实现恒压、限压、减压或稳压，或利用系统中压力的变化来控制某些液压元件的动作。压力阀是利用阀心所受的液压作用力和弹簧力的平衡关系来进行工作的。

压力阀按用途可分为溢流阀、减压阀、顺序阀和压力继电器等。

1. 溢流阀

家用的压力锅上有一只安全阀门。当锅内的蒸汽压力达到一定值后，它就自动冲开阀门，把蒸汽泄放出来使锅内气压下降，避免锅爆炸。工业用的蒸汽锅炉也都要装有安全阀门等。液压系统也同样必须有类似的阀门。

前面已经谈到，液压系统的工作压力不是由液压泵的标定值决定，而是决定于工作负载。负载愈重则压力愈高。例如，有些机床上的液压拖板的位置是由定位挡块来决定的。当碰到定位挡块后，由于活塞推不动挡块，不能继续前进。但由于不断压油，因此缸内的压力就会不断升高，也就使整个液压管路内的压力不断升高，直到系统中某一环节破损、泄漏后才能使压力下降。为了避免这种情况出现，就要在管路中装接溢流阀，也就是安全阀。图 11-24 是溢流阀工作原理图。当活塞碰到挡块,压力上升,当压力增大到足以顶开钢球并使油液自溢流阀溢出时,油压就不再继续升高。这样就可以使系统压力维持在一定数值附近。这个一定数值决定于调压弹簧对钢球的顶力。当调节螺钉向外拧出时,弹簧松开,压住钢球的力量减少,这时,溢流阀所保持的系统压力就降低。因此,让调节螺钉进退就可调整系统压力。

溢流阀不仅能起到保护液压系统的作用,而且能够控制液压系统的压力,使它维持在所需要的数值上,也就是起溢流稳压作用。

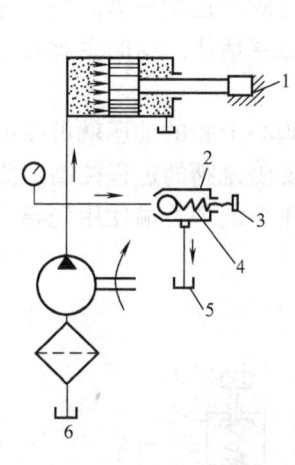
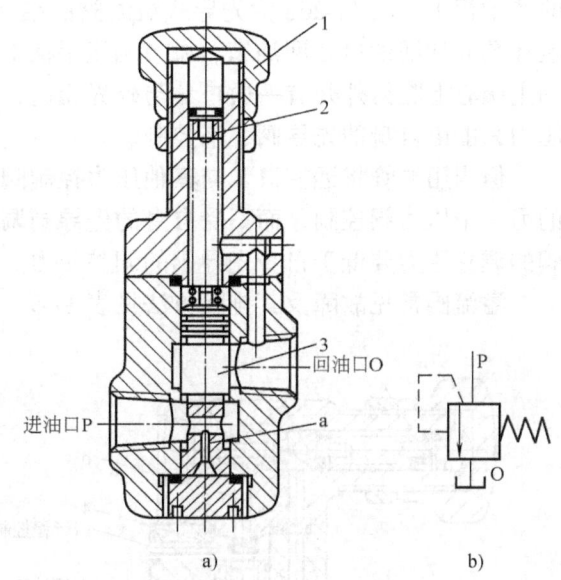

图 11-24 溢流阀工作示意图
1—定位挡块 2—溢流阀
3—调节螺钉 4—调压弹簧
5、6—油箱

图 11-25 直动式溢流阀结构
a) 结构图 b) 图形符号
1—调压螺母 2—弹簧 3—阀心

由上述可见:溢流阀应用很广,是一种最基本的压力阀,特别是在定量泵的液压系统中,没有溢流阀几乎无法工作。它的作用主要有两方面:一是起溢流稳压作用,二是起限压保护作用(安全阀)。溢流阀一般接在液压泵出口的油路上,由于结构不同可分为直动式和先导式两类。

1) 直动式溢流阀。直动式溢流阀是使作用在阀心上的进油压力直接与弹簧力相平衡。

图 11-25a 是直动式溢流阀的结构图。P 是进油口,O 是回油口,进口压力油经阀心 3 中间小孔 a 作用在阀心的底部端面上。当进油压力较小时,阀心在弹簧 2 的作用下处于下端位置,将 P 和 O 两油口隔开。当进口压力升高,在阀心下端所产生的作用力超过弹簧压力 F_H 时,阀心上升,阀口被打开,将多余的油排回油箱,保持进口压力近于恒定。小孔 a 用来避免阀心动作过快而造成振动,以提高阀的工作平稳性。调整螺母 1 可以改变弹簧力 F_H,也就调整了溢流阀的进口压力 p。

直动式溢流阀结构简单,但弹簧刚度大,不仅调压不轻便,性能也不易保证,而且随着溢流流量的变化而有较大的变化,稳定性差,故只适用于低压系统中,其额定压力为 2.5MPa。图 11-25b 为溢流阀的图形符号。

*2) 先导式溢流阀。先导式溢流阀由先导阀与主阀两部分组成。图 11-26b 为先导式溢流阀的工作原理图。压力油经 P 口进入,并经孔 g 进入阀心下腔;同时经阻尼孔 e 进入阀心

上腔；而主阀心上腔压力由直动式锥形溢流阀来调整并控制。当系统压力低于调定值时，锥阀关闭，经孔 e 的油液不流动，孔 e 前后压力相同，因主阀心上下端有效作用面积相同，所以主阀心在弹簧 4 作用下使阀口关闭，不溢流。当系统压力达到调定值时，锥阀打开，且保持压力不变。经孔 e 的油液因流动产生压降，当主阀心上下腔压差作用力大于弹簧 4 的作用力 F_{s2} 时，主阀心抬起，实现溢流定压。由于主阀心开度是靠上下面压差形成的液压力与弹簧力相互作用来调节，所以弹簧 4 的刚度很小。这样在阀口开度随溢流量发生变化时，压力的波动很小。图 11-26a 为先导式溢流阀的结构。图 11-26c 为图形符号。锥阀 3 打开后，油液经孔 h 和回油口 d 回油箱。调节调压手柄 1 可以调节溢流阀的控制压力。在先导式溢流阀的主阀心上腔另外开有一通口 k 与外界相通，不用时可用螺塞堵住。这时主阀心上腔的油液压力只能由自身的先导阀 3 来控制。

但当用油管将远控口 k 与其他压力控制阀相连时，主阀心上腔的油压就可以由设在别处的另一个压力阀控制，而不受自身的先导阀调控，从而实现溢流阀的远程控制。此时，远控阀的调整压力要低于自身先导阀的调整压力。在中压和高压系统中普遍使用先导式溢流阀。

溢流阀常见故障及其排除方法见表 11-9。

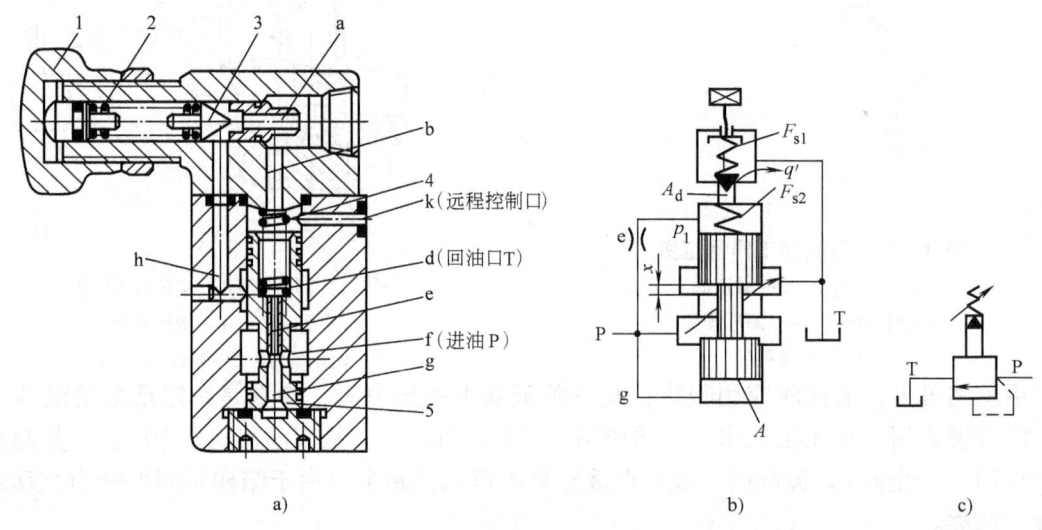

图 11-26 先导式溢流阀
1—调压手柄 2—调压弹簧 3—锥阀 4—主阀弹簧 5—主阀心

表 11-9 溢流阀的故障及排除

故　障	原　因	排除方法
压力不稳定	弹簧弯曲、弹簧太软	更换弹簧
	锥阀（球阀）与阀座接触不好	修研磨阀座或更换锥阀
	滑阀拉毛或弯曲变形	修研磨滑阀或更换滑阀
	油液不清洁，堵塞阻尼孔	清洗滑阀
溢流阀振动	螺母松动	拧紧螺母
	压力弹簧变形	更换弹簧
	滑阀配合过紧	修研磨滑阀

(续)

故障	原因	排除方法
调整无效	弹簧断裂或漏装	更换弹簧或补装
	滑阀卡死	检查、修研磨
	锥阀漏装	检查补装
	阻尼孔堵塞	检查清洗
	进出油口接反	检查更正

2. 减压阀

减压阀顾名思义是用于减低液压系统中某一部分压力。当压力油经过有较大阻力的缝隙小孔时，必然要消耗部分油液压力能，而使压力下降。这就是减压阀减压的原理（图11-27）。由于减压阀中缝隙的大小可根据所需压力的大小而自行调节，因而能保持稳定的出口压力。减压阀的结构与溢流阀十分相似，但它控制阀心移动的油压来自减压后的油路。调节调压弹簧可以控制减压的大小。当减压后的出口压力小于调定值时，阀心在弹簧力作用下处于下端位置，H 处的开口最大。在出口油压超过调定压力时，油液自出口油路流入 b 腔，再经阀心阻尼孔从泄油口流入油箱。由于阻尼孔的降压作用，使阀前后造成压力差 $p_2 > p_1$。阀心就向上移动，以致减小阀体与阀心间缝隙 H 的开口度。当 H 减小后，液体阻力增加，压力能损耗增加，从而使出口压力降低。当出口压力一降低，阀心又至新的平衡位置。

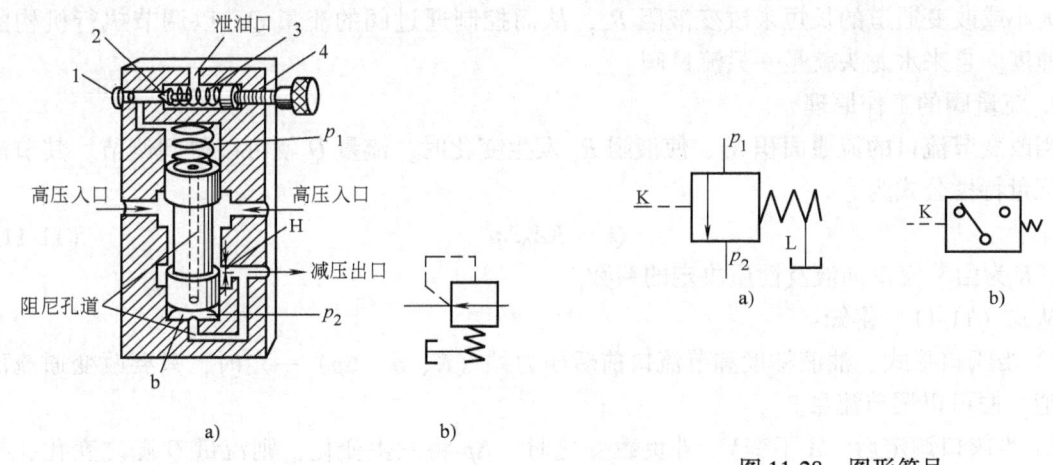

图 11-27　减压阀原理图　　　　　图 11-28　图形符号

1—遥控口　2—提动阀门　3—调压弹簧　4—调压螺钉

阀体一端的遥控口如接通油箱时，大量油液自 b 腔经遥控口流入油箱。此时阀心前后压力差值最大。阀心上移到最上位置，缝隙 H 关闭。出口无油液流出。如果在遥控口接一类似自来水龙头般的节流阀，在节流阀逐渐关小而使流出油液减少时，阀心前后的压力差也就相应地减小，阀心也就逐渐下降，也即使 H 的开口度逐渐增大，使出口压力逐渐增加。所以可以用手动调节与遥控口相通的节流阀来达到调节减压阀的出口压力。当应用调压弹簧阀门自动减压时，应将遥控口堵死，否则减压阀就不能工作，其原理与溢流阀相同。

图 11-27b 表示减压阀的图形符号。可以看出，减压阀的控制油路（虚线）是从出口油路中引来。箭头与油路线成一直线，表示阀心在不工作时移在下端而使开口全开，主油路全

通。弹簧处引出泄油到油箱，表示减压阀为外泄，也反映了减压阀的工作特点。

减压阀因具有自动稳定出口压力的性能，所以也用在需要稳定压力的场合。减压阀有直动式和先导式两类。一般采用先导式。先导式减压阀常用于中、低压液压系统。

减压阀与溢流阀的区别在于：

1) 阀不工作时阀口常开（为最大开口）。

2) 控制阀口开闭的油液来自出油口。

3) 因进、出油口均有压力，故泄漏的油液从外部单独排回油箱。应用减压阀时，应使它的泄油口直接接回油箱，并保证油路通畅。

3. 顺序阀

顺序阀是用系统中的压力作为控制信号，利用压力变化来控制油路的通断，从而实现两个或两个以上执行元件的顺序动作。其图形符号如图 11-28a 所示。

4. 压力继电器

压力继电器是利用系统中油液的压力变化转变为电信号的转换装置。它的作用是当液压系统的压力升高到一定值后自动接通或断开有关电磁开关，以实现程序控制或安全保护作用。其图形符号如图 11-28b 所示。

三、流量控制阀

在液压系统中，调节流量的阀称为流量控制阀，简称为流量阀。它是通过改变阀口通流面积大小或改变通道的长短来改变液阻 R_y，从而控制通过阀的流量 Q，以调节执行机构的运动速度。自来水龙头就是一只流量阀。

1. 流量阀的工作原理

当改变节流口的流通面积 A_0，使液阻 R_y 发生变化时，流量 Q 就可以得到调节。其节流口的流量特性公式为

$$Q = KA_0 \Delta p^n \tag{11-11}$$

式中，K 为由节流口油液及性质决定的系数。

从式 (11-11) 得知：

1) 当阀口形式、油液粘度和节流口前后压力差（K、n、Δp）一定时，只要改变通流面积 A 值，便可以调节流量。

2) 当阀口调定后（A 不变），外负载变化时，Δp 将发生变化，则流量 Q 随之变化，导致液压缸运动速度不稳定。因此，在实际工作中，只用节流阀进行调速，会使执行元件的运动速度随着负载的变化而波动。

3) 节流口的形式很多，图 11-29 所示是几种常用的节流口。图 11-29a 为针阀式节流口，针阀作轴向移动，调节环形通道的大小便可调节流量。图 11-29b 是偏心式，在阀心上开了一个截面为三角形或矩形的偏心槽，当转动阀心时，就可以调节通道的大小以调节流量。图 11-29c 是轴向三角槽式，在阀心端部开有一个或两个斜的三角槽，轴向移动阀心时，就可以改变三角槽通流截面的大小。

2. 常用的流量阀

1) 节流阀。图 11-30 表示节流阀的结构原理和图形符号。在图 11-30a 中，压力油从进油口 P_1 进入，经阀心 1 的三角形沟槽后从出油口 P_2 流出。旋转调节手柄 3，使推杆 2 向右移

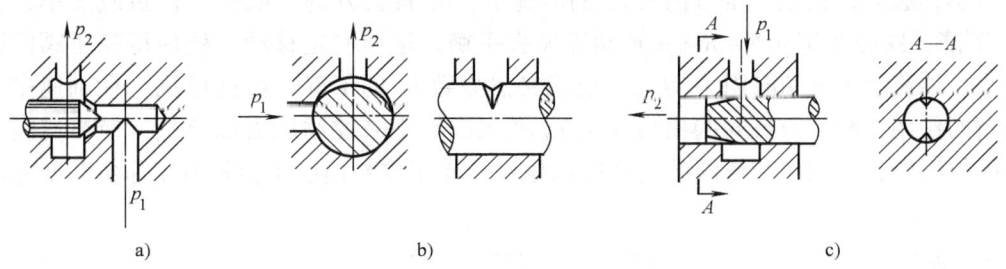

图 11-29 几种常用的节流口
a）针式节流口 b）偏心式 c）轴向三角槽式

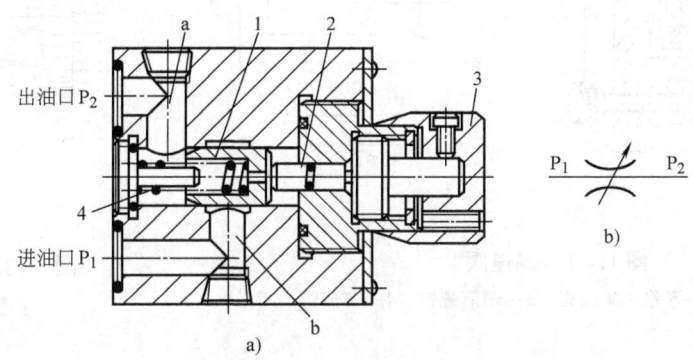

图 11-30 节流阀
a）节流阀结构 b）节流阀图形符号
1—阀心 2—推杆 3—调节手柄 4—复位弹簧

动，即可使阀心也向右移动，从而改变阀口的通流截面积，使通过的流量得到调节。

前面说过，节流阀前后压力差 Δp 是随工作负载变化而变化的，节流阀的流量也是变化着的。所以工作台（液压缸）的移动速度就随着工作负载的变化而变化，这样势必引起冲击、振冲，影响加工质量。当工作负载变化不大（如磨削加工）或速度稳定性要求不高，可以用节流阀来调速。当要求工作速度平稳性较高，节流阀就不能胜任了。这就必须求助于不受工作负载变化影响的调速阀。

2）调速阀。调速阀是由节流阀和减压阀组成（调速阀 = 节流阀 + 减压阀）。调速阀能够不受负载变化的影响，这是因为减压阀的作用就在于使节流阀前后的压力差值在负载变化时仍保持恒定，从而使节流阀的流量稳定。从图 11-31 可知，当压力为 p_1 的压力油自进油口经过减压阀的缝隙后便减压为 p_2。p_2 压力油又分成三路，其中二路均去压住减压阀的阀心右端面，产生使阀心左移的液压力。另一路流向节流阀，经节流开口 b 后，压力变为 p_3。p_3 压力油一路自出油口流出，进入工作缸，另一路流向减压阀阀心左端面。这样，在阀心左右端面均受油压。设左端面的面积为 F，作用在它上面的油压为 p_3F。右端面则由圆面积和环形面积组成，其总面积也为 F，故右端面上的液压力为 p_2F。阀心左端面上尚承受弹簧力 R。在正常情况下阀心处于平衡状态，故 $p_3F + R = p_2F$（见图 11-32）。当工作负载增加，以致 p_3 增大时，阀心左端的作用力 $p_3F + R$ 就大于 p_2F。阀心失去平衡，逐渐向右移动。阀心一向右移动，势必使减压阀的进口缝隙增大。使流经缝隙的阻力减少，也就是油液的压力损失减小，这样，在进口压力仍为 p_1 的情况下，p_3 就会升高。如果工作负载减小，就必然使 p_3 下降，阀心由于 $p_3F+R<p_2F$ 同样失去平衡。逐渐向左移动，就使得减压阀的进口缝隙减小，油流经过缝隙时阻力增大，也就必然导致 p_3 的下降。由此可见，在调速中，由于减压阀的作用，利用节流阀的出口压力 p_3 增大或减小来控制压力油流量，使节流阀前后压力差保持稳定，从而使节流阀的流量得以稳定，使工作台速度不会随着工作负载变化而变化。

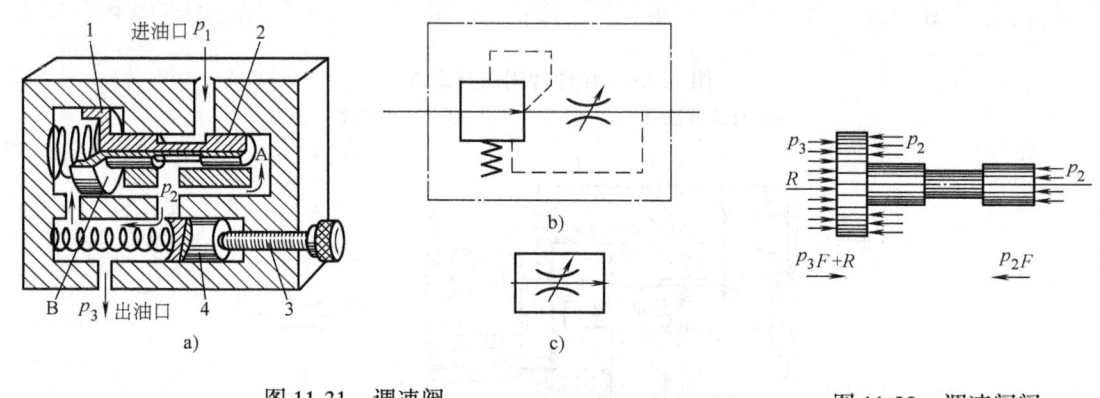

图 11-31　调速阀
1—滑阀　2—等差式减压阀　3—调节螺钉　4—节流阀

图 11-32　调速阀阀心受力情况

第四节　液压辅助元件

液压系统中的辅助元件包括蓄能器、滤油器、油箱、密封件、油管、管接头和压力表等，它们对系统的工作能力也有着重要影响。各种辅助元件在液压系统图中的图形符号可查阅液压手册。以下只对油箱、滤油器、蓄能器作一简介。

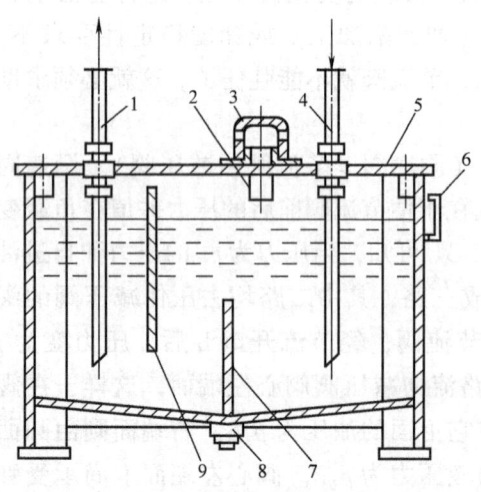

图 11-33　油箱简图
1—吸油管　2—滤网　3—盖　4—回油管
5—盖板　6—油标　7、9—隔板　8—放油塞

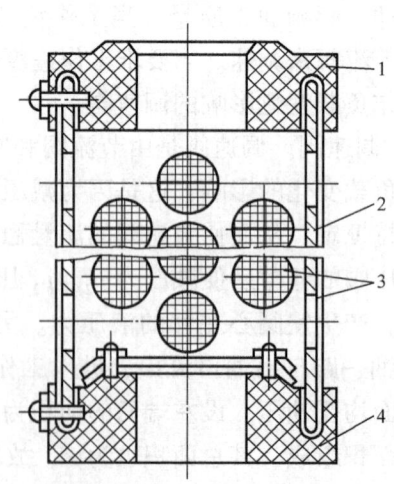

图 11-34　网式滤油器
1、4—端盖　2—骨架　3—滤网

1. 油箱

油箱用来储油、散热、分离油中空气和杂质。在液压系统中，可以利用床身或底座内的空间作油箱，也可以采用单独油箱。利用底座作油箱时，结构比较紧凑，回收漏油比较方便。但油温变化时容易引起热变形，液压泵装置的振动也要影响机械装置的工作性能，所以精密机械多采用单独油箱。

油箱结构如图 11-33 所示。吸油侧和回油侧之间焊有高度为 $3h/4$（h 为油面高度）的隔板 7 和 9，将回油区和吸油区分开。吸油管 1 和回油管 4 的距离力求远些，但距箱边应大于管径的三倍，管口离箱底大于管径的二倍并切成 45°角，吸油口处安装粗滤油网。油箱底面有适当的斜度，设有放油塞 8。油箱侧面设有油标 6，以指示油位。盖板 5 上设有灌油口，口上有盖 3，盖上设有通气孔，通气孔下的滤网 2 兼有防尘作用。油箱四周密封。

2. 滤油器

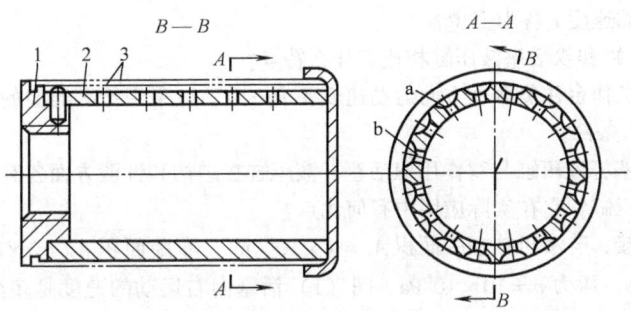

图 11-35　缝隙式滤油器

1—端盖　2—骨架　3—线圈

滤油器的作用是将液压系统中的杂质等滤掉，以防引起阀孔的堵塞及运动部件的拉伤或卡死。滤油器有粗、精之分。常用的滤油器有网式（图 11-34）和缝隙式。图 11-35 是一种缝隙式滤油器，滤心是用铝线依次排列，绕在筒形芯架上，依靠线间的缝隙过滤油液。这种滤油器结构简单，效果好，通油性能好。缺点是不易清洗。

滤油器可装在泵的吸油管路和输出管路中，或装在重要元件（如节流阀和伺服阀）的前面。通常，在泵的吸油口前装粗滤油器，在泵的输出管路中及重要元件之前装精滤油器。

3. 蓄能器

蓄能器是一种能量储存元件，它将系统中的压力油液储存起来，需用时放出，以补偿泄漏和保持系统压力，并能消除压力脉动和缓和液压冲击。应用较多的是活塞式蓄能器（图 11-36a 活塞 2 把上腔的压缩空气与下腔油液隔开）和气囊式蓄能器（图 11-36b 气囊 6 隔开气体与油）。

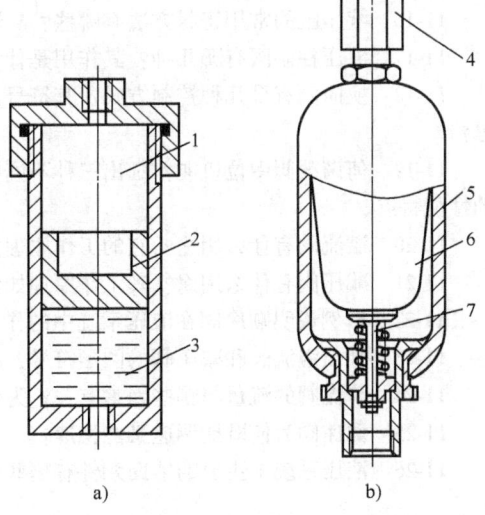

图 11-36　蓄能器

1—气体　2—活塞　3—液压油　4—充气阀
5—壳体　6—气囊　7—菌形阀

复 习 题

11-1 试从能量转换的角度说明液压泵、液压马达和液压缸的作用。

11-2 液压泵的基本工作原理是什么？正常工作必须具备什么条件？常用的液压泵有哪几种？

11-3 哪些液压泵可以做成变量泵？试以单作用叶片泵和双作用叶片泵为例，说明变量泵和定量泵的区别。

11-4 容积式液压泵为什么能压油？泵的工作压力决定于什么？

11-5 叙述柱塞泵的应用特点及适用场合。

*11-6 为什么液压泵的输出流量和输出压力必须比系统需要的 $Q_{最大}$ 和 $p_{最大}$ 要大？

*11-7 某液压系统有两个液压缸 A、B，其最大流量分别为 $3.33 \times 10^{-4} \mathrm{m}^3/\mathrm{s}$ 和 $3 \times 10^{-4} \mathrm{m}^3/\mathrm{s}$；最高工作压力分别为 $28 \times 10^5 \mathrm{Pa}$ 和 $32 \times 10^5 \mathrm{Pa}$，系统管路较长并有较小的冲击。试求系统所需 $Q_泵$、$p_泵$。

11-8 双活塞杆液压缸，活塞直径 $D = 18\mathrm{m}$，活塞杆直径 $d = 0.04\mathrm{m}$。当进入液压缸的流量 $Q = 4.16 \times 10^{-4} \mathrm{m}^3/\mathrm{s}$ 时，问往复运动速度 v 各为多少？

11-9 单活塞杆液压缸和双活塞液压缸相比有什么特点？

11-10 一台机床，工作台往复两个方向运动速度要求一致，应采用什么类型的液压缸？采用单活塞杆液压缸能实现吗？有什么条件？

*11-11 双作用单活塞杆液压缸与双作用双活塞杆液压缸在结构和性能方面各有何特点？

11-12 何谓差动液压缸？它在实际应用中有何优点？

11-13 有一差动连接，若液压缸左腔面积 $A_1 = 4 \times 10^{-3} \mathrm{m}^2$，右腔面积 $A_2 = 2 \times 10^{-3} \mathrm{m}^2$，输入压力油的流量 $Q = 4.16 \times 10^{-4} \mathrm{m}^3/\mathrm{s}$，压力 $p = 10 \times 10^5 \mathrm{Pa}$，问（1）活塞向右运动的速度是多少？（2）能克服多大阻力？

11-14 某一液压系统的执行元件为单活塞杆液压缸，工作压力 $p = 35 \times 10^5 \mathrm{Pa}$，活塞直径 $D = 90\mathrm{mm}$，活塞杆直径 $d = 40\mathrm{mm}$，问能克服多少阻力？

11-15 对液压缸的密封元件有什么要求？

11-16 液压缸的常用密封方法有哪些？V 形密封圈在液压系统中是怎样实现密封作用的？

11-17 液压控制阀有哪几种？其作用是什么？

11-18 换向阀有哪几种控制方式？其符号是什么？换向阀的"位"表示什么意思？"通"表示什么意思？

11-19 何谓滑阀中位机能？画出三种不同中位机能的三位四通换向阀符号，并说明当阀心处于中位时的性能特点。

11-20 溢流阀有什么用途？它的工作原理如何？

11-21 减压阀有什么用途？其工作原理如何？它与溢流阀有哪些不同？

*11-22 举例说明顺序阀在液压系统中的作用。

11-23 画出溢流阀和减压阀的图形符号，并比较之。

11-24 节流阀的流量与哪些因素有关？为什么节流阀的流量不稳定？

11-25 调速阀为何既能调速又能稳速？

11-26 液压系统中主要的辅助元件有哪些？各起什么作用？

第十二章 液压基本回路及液压系统

一套液压装置不管多么复杂，它总是由许多基本回路所组成。所谓基本回路就是由有关液压元件组成的、用来完成特定功能的回路。按不同的功能，基本回路可分为压力控制回路、速度控制回路、方向控制回路和多缸动作回路等四大类。熟悉这些基本回路，对分析整个液压系统，维护和修理及设计新的液压系统，都是十分重要的。本章将扼要介绍各类基本回路中最常见、最典型的几种，此外还简介了两个液压传动系统的实例以及液压设备的维护保养知识。

第一节 液压基本回路

一、方向控制回路

在液压系统中，起控制执行元件的起动、停止（包括锁紧）及换向作用的回路，称为方向控制回路。

1. 换向回路

运动部件的换向，一般可采用各种换向阀来实现。如图12-1所示的换向回路。根据执行元件换向的要求可以采用二位四通或五通、人工、机械、液压和电气等各种控制类型的换向阀。其中电磁换向阀换向回路应用较多，特别是在自动化程度要求高的组合机床液压系统中应用最为广泛。

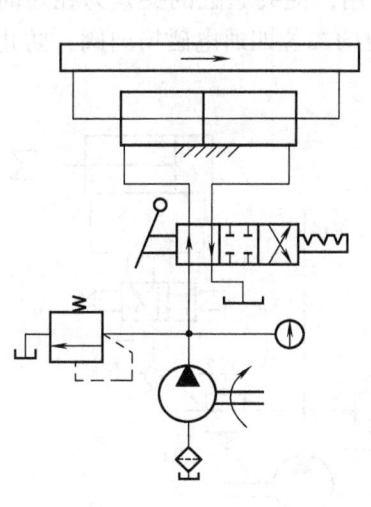

图 12-1 用换向阀的换向回路

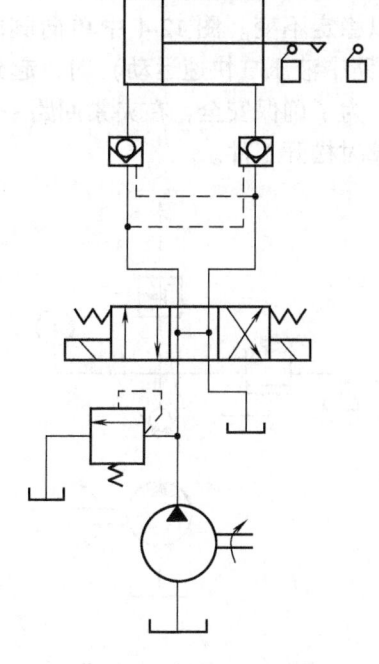

图 12-2 液控单向阀锁紧回路

2. 闭锁回路

为了使执行元件在任意位置上停止及防止停止后漂移或窜动，可采用闭锁回路。图 12-2 是采用液控单向阀的锁紧回路。在液压缸进、回油路中都串接液控单向阀（又称液压锁），活塞可以在行程的任何位置锁紧。其锁紧精度只受液压缸内少量的内泄漏所影响，因此锁紧精度较高。

二、压力控制回路

压力控制回路中，利用压力控制阀来调节系统或系统某一部分的压力，可以实现调压、减压、增压、卸载等控制，分别称为调压回路、减压回路、增压回路和卸载回路。下面介绍常见几种压力控制回路。

1. 调压回路

很多液压传动机械在工作时，要求系统的压力能够调节，以便与负载相适应，这样才能节省动力损耗，减少系统发热。还要求整个系统或系统中某一部分的压力保持恒定，或者限定其最高数值，这就需要应用主要由溢流阀组成的调压回路。

在定量泵系统中，常用图 12-3 所示的单级调压回路来调节与恒定系统压力。其工作原理在介绍溢流阀时已有详述。由溢流阀工作原理可知，为了使系统压力近于恒定，液压泵输出的油液除满足系统用油和补偿系统泄漏外，还必须保证有油液经溢流阀流向油箱。所以，这种回路效率较低，一般用于流量不大的情况。

2. 减压回路

在液压系统中，由一个液压泵向多个液压缸供油时，溢流阀按主系统的工作压力进行调定。但控制系统需要的工作压力较低。如图 12-4 所示是夹紧机构中常用的减压回路，在夹紧缸中串接一个减压阀使夹紧缸能获得较低而又稳定的夹紧力。减压阀的出口压力可以从 0.5MPa 至溢流阀的调定压力范围内调节。当系统压力有波动或负载有变化时，减压阀出口压力可以稳定不变。图 12-4 中单向阀的作用是当主系统压力下降到低于减压阀调定压力（如主油路中液压缸快速运动）时，起到短时间保压作用，使夹紧缸的夹紧力在短时间内保持不变。为了确保安全，在夹紧回路中往往采用带定位的二位四通电磁换向阀，防止在电气发生故障时松开工件。

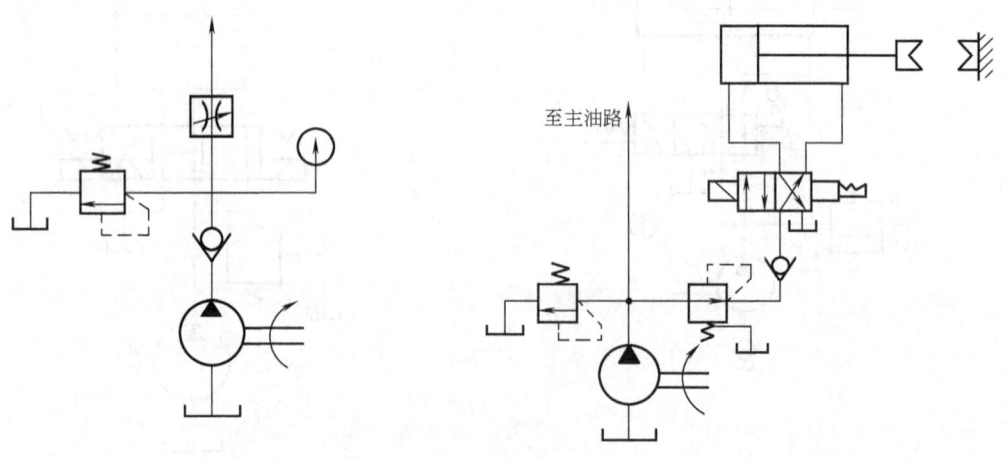

图 12-3　单级调压回路　　　　　图 12-4　用减压阀的减压回路

3. 卸荷回路

当液压系统中的执行元件停止工作时，应使液压泵卸荷。卸荷回路可以使液压泵输出的油液以最小的压力直接流回油箱，这样就可节省驱动液压泵电动机的动力消耗，减小系统发热，并可延长液压泵的使用寿命。卸荷回路有很多方式，下面介绍常见的用三位换向阀的卸荷回路（图 12-5）。其三位换向阀的滑阀机能应为 M、H 等类型。当换向阀处于中位时，液压泵输出的油液可以经换向阀中间通道直接流回油箱，实现液压泵卸荷。

三、速度控制回路

控制调节执行元件运动速度的回路，称为速度控制回路，一般是采用改变进入执行元件的流量来实现的。

速度控制回路包括调节工作行程速度的调速回路和使不同速度相互转换的速度换接回路。调速回路主要有定量泵的节流调速，变量泵的容积调速和容积节流复合调速等三种方式。

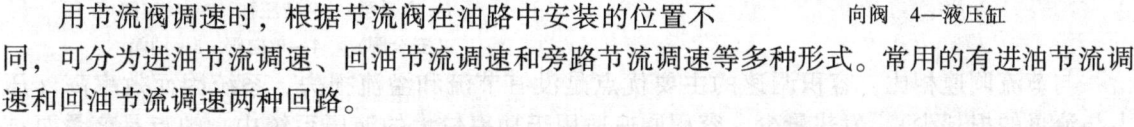

图 12-5　用三位换向阀的卸载回路
1—定量泵　2—溢流阀　3—三位换向阀　4—液压缸

1. 节流调速回路

用节流阀调速时，根据节流阀在油路中安装的位置不同，可分为进油节流调速、回油节流调速和旁路节流调速等多种形式。常用的有进油节流调速和回油节流调速两种回路。

1) 进油节流调速回路。把节流阀串联在液压泵和执行元件之间，称为进油节流调速回路，如图 12-6 所示。通过调节节流阀的流通面积而改变进入液压缸的流量，从而调节执行元件的运动速度。多余油液经溢流阀流回油箱，这样，液压泵工作压力 p_B 就恒定在溢流阀所调定的压力上。

进油节流调速回路结构简单，使用方便，但速度稳定性差，低速低载时系统效率低，且运动平稳性能差。一般应用在功率较小、负载变化不大的液压系统中。

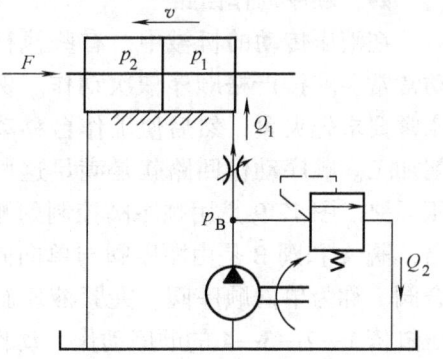

2) 回油节流调速回路。图 12-7 为回油节流调速回路，它是将节流阀串联在液压缸与油箱之间，调节节流阀的流通面积，可以改变从执行元件流回油箱的流量，从而达到调节液压缸运动速度的目的，

图 12-6　进油节流调速回路

运动平稳性比前一种要好。此外，回油节流调速回路中，经节流阀而发热的油液随即流回油箱，容易散热。而进油节流调速回路经节流阀而发热的油液直接进入液压缸，回路热量增多，油液粘度下降，泄漏增加。

综上所述，回油节流调速回路广泛用于功率不大、负载变化较大或运动平稳性要求较高的液压系统中。在回路中接入调速阀代替节流阀。

2. 容积调速回路

容积调速是依靠改变液压泵或液压马达的流量，来调节执行元件速度的回路。

图 12-8 所示为容积调速回路中的一种，称为变量泵调速回路。液压泵输出的压力油全部进入执行元件，推动活塞运动。调节变量泵转子和定子间的偏心量（单作用叶片泵或径向柱塞泵）或倾斜角（轴向柱塞泵），改变输出油量的大小，就可改变活塞运动的速度。图中 3 是溢流阀，起安全保护作用。该阀平时不打开，在系统过载时才打开溢流，从而限定了系统的最高压力。

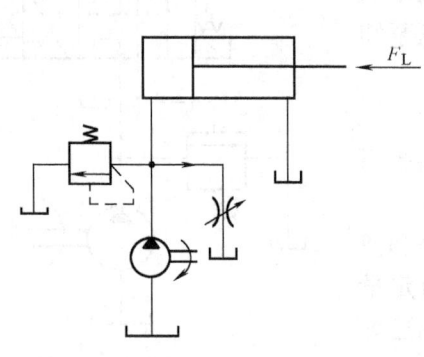

图 12-7 回油节流调速回路

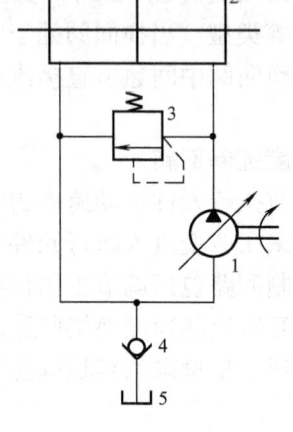

图 12-8 变量泵调速回路
1—变量泵 2—液压缸 3—溢流阀
（安全阀） 4—单向阀 5—油箱

与节流调速相比，容积调速的主要优点是没有节流和溢流损失，系统因而效率高（压力与流量的损耗少），发热量少。容积调速适用于功率较大的液压系统中。缺点是变量泵结构较复杂，价格较高。

四、顺序动作回路

在液压传动的机械中，有些执行元件的运动常常要求按严格顺序依次动作。例如液压机床常要求先夹紧，然后使工作台移动以进行切削加工。顺序动作回路就是满足这些要求的液压回路。图 12-9 是用顺序阀控制的顺序动作回路，阀 A 和阀 B 是由顺序阀与单向阀构成的组合阀，称为单向顺序阀。夹紧液压缸与钻孔液压缸依 1—2—3—4 的顺序动作。动作开始时扳动二位四通换向阀，使其左位接入系统，压力油只能进入夹紧液压缸的左腔，回油经阀 B 中的单向阀流回油箱，实现动作 1。活塞右行到达终点后，夹紧工件，系统压力升高，打开阀 A 中的顺序阀，压力油进入钻孔液压缸左腔，回油经换向阀流回油箱，实现动作 2。钻孔完毕以后，松开手柄，扳动换向阀换向，使回路处于图示状态，压力油先进入钻孔液压缸右腔，

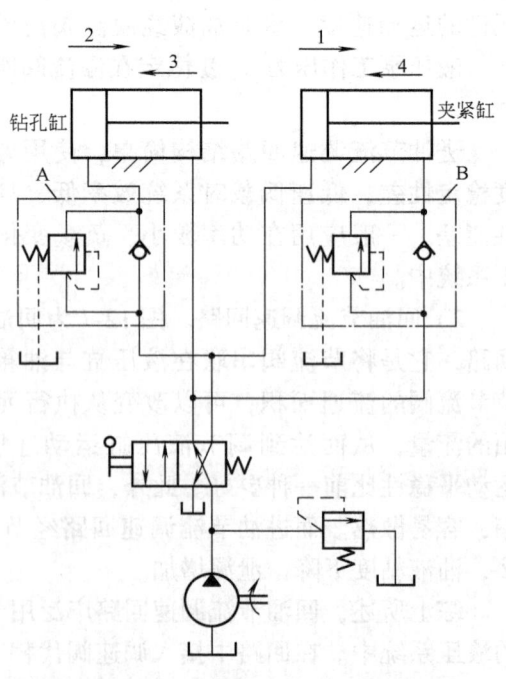

图 12-9 用顺序阀控制的顺序动作回路

回油经阀 A 中的单向阀及手动换向阀回油箱，实现动作 3，钻头退回。左行到达终点后，油压升高，打开阀 B 中的顺序阀，压力油进入夹紧液压缸右腔，回油经换向阀回油箱，实现动作 4，至此完成一个工作循环。

这种顺序动作回路的可靠性在很大程度上取决于顺序阀的性能和压力调定值。为了保证严格的动作顺序，应使顺序阀的调定压力大于先动作的液压缸的最高工作压力，一般应大于 $(8\sim10)\times10^5$Pa。否则顺序阀可能在压力波动下先行打开，使钻孔液压缸产生先动现象（也就是工件未夹紧就钻孔），影响工作的可靠性。此回路适用于液压缸数目不多，阻力变化不大的场合。

第二节 液压传动系统应用实例

一、机械手液压传动系统

图 12-10 所示为机械手液压传动系统。电动机 9 使液压泵 2 通过滤油器 1 供油。单向阀

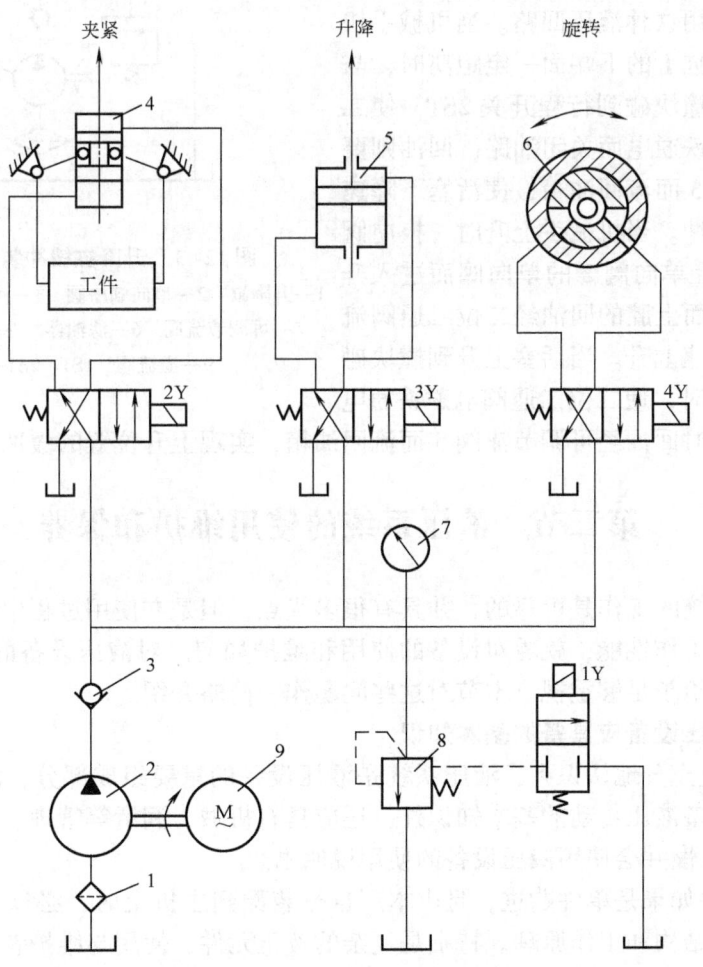

图 12-10 机械手液压传动系统
1—滤油器 2—液压泵 3—单向阀 4—夹紧液压缸 5—升降液压缸
6—回转液压缸 7—压力表 8—溢流阀 9—电动机

3 用来防止回油进入液压泵，防止电动机停止工作时，系统中的油液倒流回油箱，空气进入系统，影响运动的平稳性。电磁铁 2Y 控制二位四通换向阀，使夹紧液压缸 4 能够完成手指的夹紧和松开（工作）的动作。电磁铁 3Y 控制二位四通换向阀，使升降液压缸 5 能够完成手臂的上升或下降动作。电磁铁 4Y 控制二位四通换向阀，使回转液压缸 6 能够完成手臂的回转动作。溢流阀 8 是用来保持液压系统的压力为一定值，压力值可由压力表 7 观察。电磁铁 1Y 控制的二位二通阀用来作为液压系统的开关，当 1Y 通电时则液压系统卸荷，机械手停止工作。

二、升降缸缓冲装置的液压系统

图 12-11 所示为应用二位二通阀 4 与可调节流阀 5 并联的缓冲液压回路。一般机械手升降缸缓冲装置常用这种液压回路。当机械手快速下降到离升降缸 1 的下端面一定距离时，与活塞杆相连接的撞块碰到行程开关 2ST，使二位二通阀 4 电磁铁通电而关闭油路，回油则要经过可调节流阀 5 而流回油箱，使活塞下降速度减慢而达到缓冲。当机械手上升时，换向阀 3 换向，压力油经单向阀 2 的单向阀而进入升降缸 1 的下腔，而上腔的回油经二位二通阀流入油箱，实现快速上升。当活塞上升到撞块碰到行程开关 1ST 时，使二位二通阀电磁铁通电而关闭油路，此时回油经可调节流阀 5 而流回油箱，实现上升位置的缓冲。

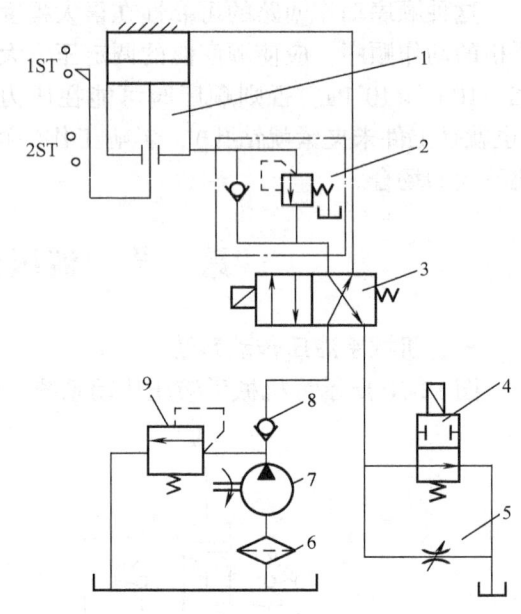

图 12-11 升降缸缓冲装置的液压系统
1—升降缸 2—单向顺序阀 3—换向阀 4—二位二通阀
5—可调节流阀 6—滤油器 7—液压泵 8—单向阀
9—溢流阀 1ST、2ST—行程开关

第三节 液压系统的使用维护和保养

液压传动系统的工作是可靠的，并具有很多优点，但是在使用过程中一台液压设备能否长期保持良好的工作性能，就看对设备的使用和维护如何。对液压设备的液压系统的使用、维护和保养，应给予足够重视。本节对这些问题作一简略介绍。

一、使用液压设备应具备的基本知识

1) 使用者应充分地认识到，液压系统是液压设备的重要组成部分，因此要正确使用液压设备，除了具备液压传动的基本知识外，还应具有机械、润滑等管理、维修和检查知识。

2) 了解、看懂并会使用液压设备的使用说明书。

3) 液压元件如果是单件购进，且由本厂自行装配到主机上时，必须了解其结构，以便弄清液压元件的结构和工作原理。特别是复杂的液压元件，使用与维护者最好能直接接受使用培训，并学习使用、维护说明书，以便在操作、拆装时正确使用。

4) 掌握易发生故障的部位和故障现象。

5) 确立检查第一的思想，按时重点地进行检查，力争早期发现异常状态。对于大型的液压设备应作检查日记，记录异常情况、修理、换油等内容以备查；对于新安装的液压设备，至少在运转 6 个月后详细记录维护日记，对运转状态、必须检查的部分和检查周期进行研究或确定；对于重要的、长期使用的液压设备，一年中应请专家诊断一二次，同时接受专家关于操作的适当指导并解决疑问。

二、液压系统的维护保养

必须建立健全有关维护保养的规章制度，保证液压设备的正常工作。

1. 加强对液压油的管理

油液中若存在污染物，将导致液压系统出现很多故障。据资料统计，液压系统中的故障有 75% 是由油液污染而造成的。这些故障轻则导致系统机件失灵，重则使机件损坏。为了控制液压系统中油液的清洁度，必须做到以下几点。

1）控制液压系统运转中油液内的污染物不超过规定的数量；定期检查、添加和更换液压油，一般半年到一年换油一次，在多粉尘、潮湿、高温场合下连续工作的系统，要缩短换油周期。

2）经常检查滤油器，正常工作情况下工作 500 小时左右更换滤芯。

3）注意系统中的油液温度，油温高导致油液老化，一般液压油的温度应控制在 35～60℃ 范围内比较合适。

2. 排除系统中的气体

空气进入系统和气穴现象都会在油液中形成气泡，并引起噪声、振动和爬行等。另外，油液中混入一定量空气后，油液容易变质，以致不能使用。系统中有气体的原因主要是管接头、液压泵、控制元件、蓄能器和液压缸等密封不好及油箱中有气泡或油液质量差（消泡性能不好）等因素所引起。防止空气混入的方法是：及时更换不良的密封元件，降低液压泵的高度，正确选择工作油液等，并随时注意各连接处的密封情况。液压系统应设立排气装置。

复 习 题

12-1 什么是液压基本回路？常用的基本回路按其功能可分为哪几类？

12-2 试述调压回路、减压回路的功用。

12-3 调速回路主要有哪些调速方式？

12-4 节流调速回路有哪几种形式？

*12-5 进油节流调速回路有哪些特性？主要应用在什么场合？

*12-6 回油节流调速回路有哪些特性？主要应用在什么场合？

*12-7 顺序动作回路的功能是什么？

12-8 如何对液压设备进行维护保养？

*第十三章 气压传动

气压传动系统是以压缩空气为工作介质实现动力传递和工程控制的系统,与机械、电气、液压传动相比,由于气压传动的工作介质是空气,因此具有来源方便、不污染环境、节能、高效、动作迅速、维护简单等优点,此外,气动元件结构简单、成本低、寿命长,使得气压传动近年来发展迅速,在机械、轻工、航空、交通运输等行业中得到广泛应用。

第一节 气压传动基本知识

一、空气的主要物理性质

1) 空气的组成。自然界的空气是由很多气体混合而成的,其主要成分有氮和氧,其他气体占的比例极小。此外,空气中常含有一定量的水蒸气。含有水蒸气的空气称为湿空气,大气中的空气基本上都是湿空气;不含水蒸气的空气称为干空气。在一定的温度和压力下,含水蒸气量达到最大限度的湿空气,称为饱和湿空气。反之称为未饱和湿空气。一般的湿空气都处于未饱和状态。标准状态下(温度 $t=0$℃,大气压力 $p=0.1013$MPa),干空气的组成见表13-1。

表13-1 干空气的组成

成 分	氮 N_2	氧 O_2	氩 Ar	二氧化碳 CO_2	其他气体
体积(%)	78.03	20.93	0.93	0.03	0.078
重量(%)	75.50	23.10	1.28	0.045	0.075

2) 空气的压力。湿空气的压力 p 应为干空气的分压力 p_g 和水蒸气的分压力 p_s 之和,即

$$p = p_g + p_s \tag{13-1}$$

所谓分压力,是指湿空气中的各组成分,当它具有与湿空气相同体积和温度时的压力。在大气中,湿空气的压力就是大气压力。

3) 空气的密度。空气具有一定质量,空气的密度是指单位体积内空气的质量,密度用 ρ 表示,单位是 kg/m^3,即

$$\rho = m/V \tag{13-2}$$

式中,m 为空气的质量(kg);V 为空气的体积(m^3)。

空气的密度与温度、压力有关。

4) 粘度。气流在流动中产生内摩擦力的性质称为粘性,气体粘性的大小用粘度表示。空气粘度的变化只受温度变化的影响,温度升高后,空气内分子运动加剧,使分子之间碰撞增多,粘度增大。空气的运动粘度随温度的变化如表13-2所示。而压力的变化对粘度的影响很小,可忽略不计。

表 13-2 湿空气的运动粘度与温度的关系

$t/℃$	0	5	10	20	30	40	60	80	100
$v/(m^2/s)$	$0.133×10^4$	$0.142×10^4$	$0.147×10^4$	$0.157×10^4$	$0.166×10^4$	$0.176×10^4$	$0.196×10^4$	$0.21×10^4$	$0.238×10^4$

5）压缩性和膨胀性，由于气体分子间的距离大，内聚力小，故分子可自由运动，因此气体的体积容易随压力和温度的变化而变化。气体体积随压力增大而减小的性质称为压缩性，气体体积随温度升高而增大的性质称为膨胀性。气体的压缩性和膨胀性都远大于液体的压缩性和膨胀性，故研究气压传动时，应予以考虑。气体体积随压力和温度的变化规律服从气体状态方程。

6）湿度　湿空气所含水分的程度用湿度（含湿量）来表示。湿度的表示方法有绝对湿度和相对湿度。

绝对湿度指单位体积（1m³）的湿空气中，所含水蒸气的质量，用 X 表示，单位为 kg/m³，即

$$X = m_s/V \tag{13-3}$$

式中，m_s 为湿空气中水蒸气的质量（kg）；V 为湿空气的体积（m³）。

相对湿度表示空气中含有水分的程度，为空气中实际所含水蒸气密度与同温下饱和水蒸气密度的百分比值，即

$$\phi = (\rho_s/\rho_b)×100\% \tag{13-4}$$

式中，ρ_s 为水蒸气的密度（亦称绝对湿度）；ρ_b 为饱和水蒸气的密度。

相对湿度表明了湿空气中水蒸气含量达到饱和的程度。当 $\phi = 0$ 时，即 $\rho_s = 0$，空气绝对干燥；当 $\phi = 100\%$ 时，即 $\rho_s = \rho_b$，空气中水蒸气达到饱和，其吸收水蒸气的能力为零。通常情况下，空气的相对湿度在 60%～70% 范围内人体感觉舒适。气动技术条件中规定，各种阀工作介质的相对湿度不得大于 90%。

二、气压传动系统的工作原理

为了对气压传动系统（简称气动系统）有一个概括了解，现以气动剪切机为例，介绍气动系统的工作原理。图 13-1 为气动剪切机的工作原理图，图示位置为剪切前的预备状态。空气压缩机 1 产生的压缩空气，经过冷却器 2、油水

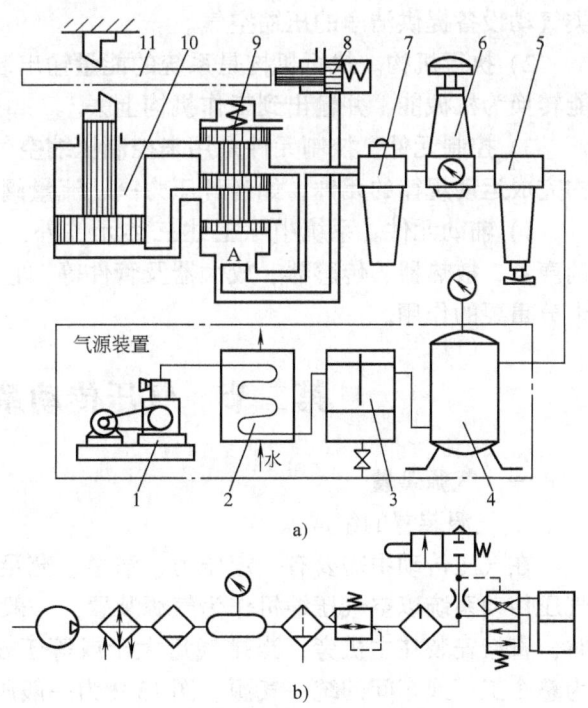

图 13-1　气动剪切机的工作原理图
a）结构原理图　b）图形符号图
1—空气压缩机　2—冷却器　3—油水分离器　4—储气罐
5—分水滤气器　6—减压阀　7—油雾器　8—行程阀
9—气控换向阀　10—气缸　11—工料

分离器 3 进行降温及初步净化后，送入储气罐 4 备用；压缩空气从储气罐引出先经过分水滤气器 5 再次净化，然后经减压阀 6、油雾器 7 和气控换向阀 9 到达气缸 10。此时换向阀 A 腔

的压缩空气将阀心推到上位，使气缸腔充压，活塞处于下位，剪切机的剪口张开，处于预备工作状态。当送料机构将工料 11 送入剪切机并到达规定位置时，工料将行程阀 8 的阀心向右推动，行程阀将换向阀 9 的 A 腔与大气连通。换向阀的阀心在弹簧的作用下移到下位，将气缸上腔与大气连通，下腔与压缩空气连通。压缩空气推动活塞带动剪刀快速向上运动将工料切下。工料被切下后即与行程阀脱开，行程阀阀心在弹簧作用下复位，将排气通道封闭。换向阀 A 腔压力上升，阀心移至上位，使气路换向。气缸下腔排气，上腔进入压缩空气，推动活塞带动剪刀向下运动，系统又恢复到图示的预备状态，待第二次进料剪切。气路中行程阀的安装位置可以根据工料的长度进行左右调整。换向阀是根据行程阀的指令来改变压缩空气的通道使气缸活塞实现往复运动。气缸下腔进入压缩空气时，活塞向上运动将压缩空气的压力能转换为机械能使剪切机构切断工料。此外，还可根据实际需要，在气路中加入流量控制阀，控制剪切机构的运动速度。

三、气压传动系统的组成

由图 13-1 可见，完整的气压传动系统由以下四部分组成。

1) 气源装置。气源装置即压缩空气的发生装置，其主体部分是空气压缩机（简称空压机）。它将原动机（如电动机）供给的机械能转换为空气的压力能并经净化设备净化，为各类气动设备提供洁净的压缩空气。

2) 执行机构。执行机构是系统的能量输出装置，如气缸和气马达，它们将气体的压力能转换为机械能，并输出到工作机构上去。

3) 控制元件。控制元件是用来控制压缩空气的压力、流量和流动方向，以便使执行机构完成运动规律的元件，如各种压力阀、流量阀、方向阀和逻辑元件等。

4) 辅助元件。系统中除上述三类元件外，其余元件称辅助元件，如过滤器、油雾器、消声器、散热器、传感器、放大器及管件等。它们对保证系统可靠、稳定和持久地工作起着十分重要的作用。

第二节　气压传动系统的元件及装置

一、气源装置

1. 气源装置的组成

在气压传动中需要有一定压力、洁净、充足流量的压缩空气，作为执行元件的动力源。气压传动系统以空气压缩机作为气源装置，一般规定，当空气压缩机的排气量小于 $6m^3/min$ 时，直接安装在主机旁；当排气量大于或等于 $6m^3/min$ 时，就应独立设置压缩空气站，作为整个工厂或车间的统一气源。图 13-2 为一般压缩空气站的设备组成和布置示意图。

图中空压机 1 （一般由电动机带动）产生压缩空气，其进气口装有简易空气过滤器（图中未画出），过滤掉空气中的一些灰尘、杂质。冷却器 2 用以降温、冷却压缩空气，使气化的水、油凝结出来。除油器 3 使降温冷凝出来的水滴、油滴、杂质从压缩空气中分离出来，再从排油水口排出。储气罐 4 用以储存压缩空气，稳定压缩空气的压力，并除去其中的油和水等杂质。上述初步净化系统通常都设置在空压站内。此时输出的压缩空气可用于一般要求的气压传动系统。对于要求较高的气动系统（如气动仪表及射流元件组成的控制回路），还必须进行二次或多次净化处理，即将初步净化的压缩空气送进干燥器 5 进一步吸收和排除压

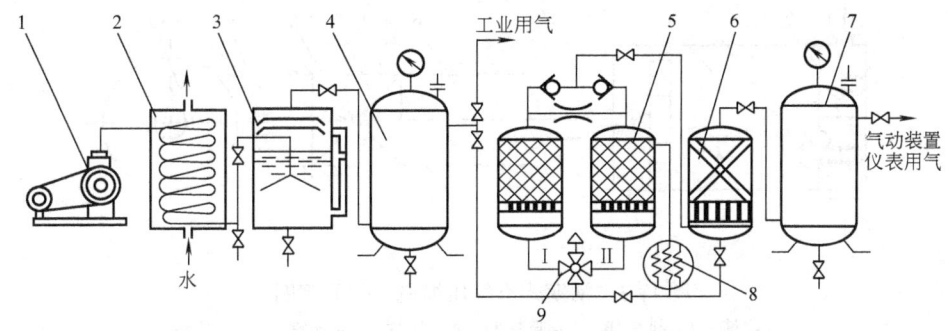

图 13-2 气源净化过程示意图
1—空气压缩机 2—后冷却器 3—除油器 4、7—储气罐
5—干燥器 6—过滤器 8—加热器 9—四通阀

缩空气中的水分及油分。系统中的两个干燥器Ⅰ和Ⅱ通过四通阀9的转换而交替使用,其中一个工作,另一个则利用加热器8吹入热空气,进行吸附剂的再生,以备接替使用。过滤器6的作用是进一步清除压缩空气中的灰尘、杂质和一部分油气、水气。经过这样处理的气体送入储气罐7,以便供给高要求的气动装置应用。

根据具体情况,压缩空气的二次净化可设在空压站内,也可设在用气车间。为了满足对压缩空气质量更高的要求,常需在用气车间或用气设备附近,设置进一步净化空气的装置。上述空压站的构成方式为目前多数工厂所采用。此种形式的缺点是空压站占地面积大、噪声大,因此多将空压站建在厂区的边缘。

从空气压缩机出来的压缩气体中含有一定的灰尘、水分、污物等,不能直接送到执行机构,必须在气源系统中设置净化装置,用以清除压缩气体中的灰尘、油分、水分、污物等。下面介绍常用的空气压缩机及气源净化装置。

2. 空气压缩机

空气压缩机是一种提高气体压力的机器,是将原动机供给的机械能转化成气体压力能的一种转换装置,是气压传动的心脏。空气压缩机种类很多,目前应用较广的是往复活塞式空气压缩机。

1) 活塞式空气压缩机的工作原理。图13-3为活塞式空气压缩机的工作原理图。它主要由曲轴10、活塞杆6、气缸4、活塞5、吸气阀3、排气阀2、弹簧1等元件组成。图中曲柄作回转运动,通过连杆、活塞杆带动气缸活塞作直线往复运动。当活塞向右运动时,气缸腔内形成局部真空,吸气阀打开,空气在大气压作用下进入气缸腔内,此过程为吸气过程。当活塞向左运动时,吸气阀关闭,这时气缸内的空气被活塞压缩,当气缸内被压缩空气的压力高于排气管内压力时,排气阀即被打开,压缩空气进入排气管内,此过程为排气过程。曲轴带动活塞继续转动,空气压缩机则周而复始地进行工作,生产出压缩空气。图13-3中仅表示了一个活塞和一个气缸的空气压缩机。大多数空气压缩机是多缸多活塞的组合。

2) 空气压缩机的选择。空气压缩机按输出压力大小可分为:低压空压机(0.2~1MPa)、中压空压机(1.0~10MPa)、高压空压机(10~100MPa)和超高压空压机(>100MPa);按输出流量(排量)可分为:微型(<1m³/min)、小型(1~10m³/min)、中型(10~100m³/min)和大型(>100m³/min)空气压缩机。

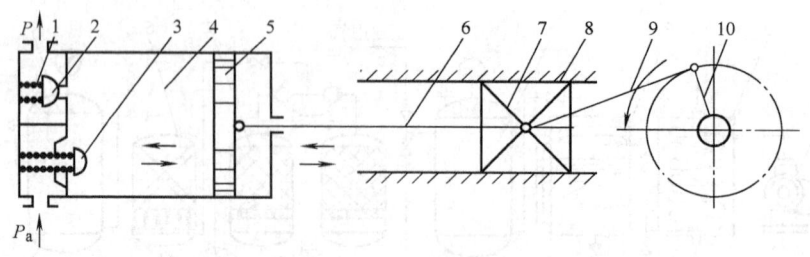

图 13-3 活塞式空气压缩机工作原理图
1—弹簧 2—排气阀 3—吸气阀 4—气缸 5—活塞 6—活塞杆
7—十字头滑块 8—滑道 9—连杆 10—曲柄

多数气动装置是断续工作的，而且其负载波动也较大，因此选择空气压缩机的根据主要是系统所需的工作压力和流量这两个参数。

输出压力选择：若整个气动系统中，各装置对压缩空气的工作压力有不同的要求，则应按其中最高压力考虑。若气动系统中某些气动装置的工作压力要求较低，则可采用减压阀减压的方式供气。设计气源压力时，应考虑供气系统管道的压力损失（沿程损失和局部损失），气源压力应高于设备中最高压力的 20% 左右，并以此压力选择空气压缩机。一般气压传动系统工作压力为 0.5~0.6MPa，选用额定输出压力 0.7~0.8MPa 的低压空气压缩机。特殊需要也选用中压、高压或超高压的空气压缩机。空压机标牌上的排气量是自由空气（标准大气压下）排气量，选用时可参考有关文献。

输出流量选择：以各气动装置对压缩空气需要的理论最大耗气量（此耗气量必须转换为自由空气流量）之和为基础，并考虑各气动装置是否同时连续供气，管路系统的泄漏量等因素。同时必须进一步考虑待用的气动装置和设备的耗气量，在上述估算耗气量之和的基础上再加上一定的备用供气余量，以此作为选择空气压缩机容量的依据。

3. 气源装置的配件

与气源装置相配合使用的设备、器件称为气源装置配件。分为气源净化装置和其他配件两大类。

气源净化装置：由前面的介绍可见，在气压传动系统中设置除水、除油、除尘和干燥等气源净化装置是十分必要的。常见的气源净化装置包括：

1) 后冷却器。其作用是将高温压缩空气冷却到 40~50℃，使压缩空气中含有的油气和水气达到饱和，大部分析出并凝结成油滴和水滴，以便经油水分离器排出。

2) 油水分离器。其作用是分离并排除压缩空气中凝聚的水分、油分和灰尘等杂质。

3) 储气罐。其作用是为了调节空气压缩机的输出气量和各用户的耗气量的不平衡，消除压力波动，保证输出气流的连续性。

4) 干燥器。其作用是对经过初步净化的压缩空气做进一步干燥处理。

其他辅助元件：根据气动设备的具体情况，有时还需要安装一些专用元件，以解决润滑、噪声等问题。同时组成系统也需要管道及各种管接头来连接。本节只介绍油雾器和消声器两种辅助元件。

1) 油雾器。油雾器是给气动装置润滑部分供油的一种特殊的注油装置，其作用是以压缩空气为动力把润滑油雾化以后注入气流中，并随气流进入需要润滑的部件，达到润滑的目的。图 13-4 为一次油雾器的结构图。压缩空气由输入口 1 进入，一小部分由小孔 2 进入阀座 10 的内腔，此时特殊单向阀的钢球在压缩空气和弹簧作用下处于中间位置，如图 13-4b 所示。因此，气体经单向阀 10 进入储油杯 5 的上腔 A，油面受压，油液经吸油管 11 上升，顶开单向阀 6，因钢球上部管口有一边长小于钢球直径的四方孔，所以钢球不可能封死上部管口，故油液能不断经调节阀 7 流入视油器 8 内，再滴入喷嘴小孔 3 中，被主管道中的气流从小孔 3 引射出来，雾化后随气流从输出口 4 输出，送入气动系统。油雾器应尽量安装在需润滑的元件旁。

2）消声器。在气动系统中，通过换向阀等排气口排出大量的空气，由于空气急速膨胀和压力变化而发出噪声，其音量一般在 80~100dB。为了降低排气噪声，可以在排气口安装消声器。气动元件的排气噪声大多属于高频声，因此，一般使用阻尼型和吸声型消声器，其工作原理如图 13-5 所示。阻尼型是使声音通过多孔元件的小孔时受阻，降低噪声；吸声型是使用各种吸声材料来吸收声音的。

二、气动执行元件

气动执行元件是将压缩空气的压力能转化为机械能的能量转换装置，包括气缸和气马达。气缸用于实现直线往复运动，气马达用于实现旋转运动。

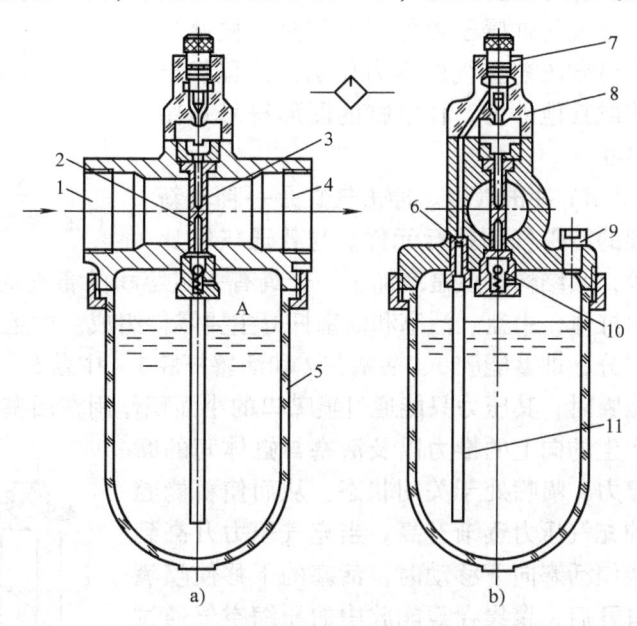

图 13-4　一次油雾器结构图

1—输入口　2、3—小孔　4—输出口　5—储油杯　6、10—单向阀
7—调节阀　8—视油器　9—螺钉　11—吸油管

1. 气缸

气缸的优点是结构简单、成本低、工作可靠；在有可能发生火灾和爆炸的危险场合，使用安全；气缸的运动速度可达到 1~3m/s，这在自动化生产线中缩短辅助动作（例如传输、压紧等）的时间，提高劳动生产率，具有十分重要的意义。气缸的缺点，主要是由于空气的压缩性使速度和位置控制的精度不高，输出功率小。

气缸的分类有多种，按压缩空气对活塞的作用力的方向分为单作用式和双作用式；按气缸的结构特征分为活塞式、薄膜式和柱塞式；按气缸的功能分为普通气缸（包括单作用式和双作用式气缸）、薄膜气缸、冲击气缸、气-液阻尼缸、缓冲气缸和摆动气缸等。

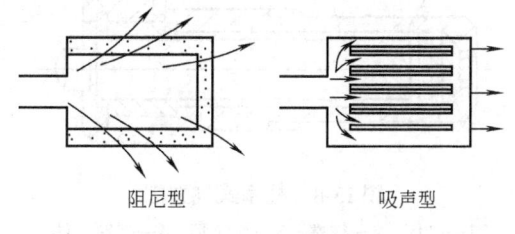

图 13-5　消声器原理

1）单杆单作用气缸。压缩空气作用在活塞端面上，推动活塞运动，而活塞的反向运动依靠复位弹簧力、重力或其他外力，这类气缸称为单作用气缸。图 13-6 所示为弹簧复位的单作用气缸，压缩空气由端盖上的 P 孔进入无杆腔，推动活塞向右运动；活塞退回由复位弹

簧实现。气缸右腔通过 O 孔始终与大气相通。这种气缸在夹紧装置中应用较多。

2) 单杆双作用气缸。活塞在两个方向上的运动都是依靠压缩空气的作用而实现的，这类气缸称为双作用气缸，其结构如图 13-7 所示。

3) 柱塞式气缸。如图 13-8 所示，柱塞式气缸属于单作用式气缸。柱塞的伸出靠压缩空气的压力作功，回程靠自重或其他外力。柱塞缸的图形符号见图 13-9。

4) 冲击气缸。冲击气缸是一种较新型的特殊气动执行元件。与普通气缸比

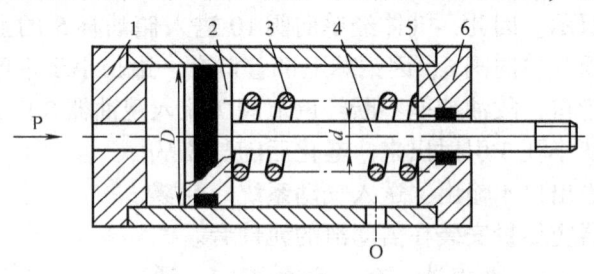

图 13-6　弹簧复位式单杆单作用气缸
1、6—端盖　2—活塞　3—弹簧　4—活塞杆　5—密封圈

较，其结构特点是增加了一个具有一定容积的蓄能腔和喷嘴，其工作原理如图 13-10 所示。由缸体、中盖、活塞和活塞杆等主要零件组成。中盖与缸体固定，它和活塞把气缸分隔成三部分，即蓄能腔 3、活塞腔 2 和活塞杆腔 1。中盖 5 的中心开有喷嘴口 4。当压缩空气进入蓄能腔时，其压力只能通过喷嘴口的小面积作用在活塞上，还不能克服活塞杆腔的排气压力所产生的向上的推力以及活塞与缸体间的摩擦力，喷嘴处于关闭状态，从而使蓄能腔的充气压力逐渐升高。当充气压力升高到能使活塞向下移动时，活塞的下移使喷嘴口开启，聚集在蓄能腔中的压缩空气通过喷嘴口突然作用于活塞的全面积上。喷嘴口处的气流速度可达声速，高速气流进入活塞腔进一步膨胀并产生冲击波，波的阵面压力可高达气源压力的几倍到几十倍，给予活塞很大的向下的推力。此时活塞杆

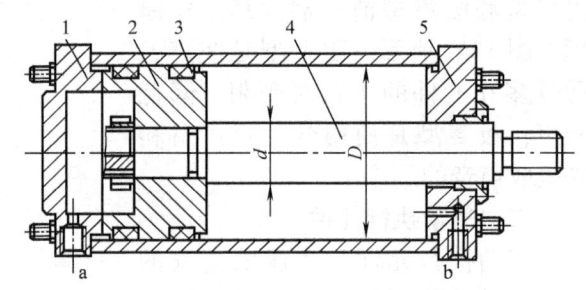

图 13-7　单杆双作用气缸
1、5—端盖　2—活塞　3—密封圈　4—活塞杆

腔内的压力很低，活塞在很大的压差作用下迅速加速，加速度可达 1000m/s^2 以上，在很短的时间内（0.25～1.25s）以极高的速度（平均速度可达 8m/s）向下冲击，从而获得很大的动能。

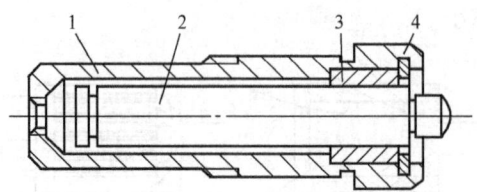

图 13-8　柱塞式气缸图
1—缸体　2—柱塞　3—导向套　4—弹簧卡圈

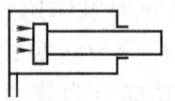

图 13-9　柱塞式气缸的图形符号

2. 气动马达

气动马达是将压缩空气的压力能转换成机械能的能量转换装置，输出转速和转矩，驱动机构作旋转运动，与液压马达或电动机的作用类似。在气压传动中使用最广泛的是叶片式和活塞式气动马达。本书仅介绍前一种。

叶片式气动马达有 3~10 个叶片安装在一个偏心转子的径向沟槽中，如图 13-11 所示。其工作原理与液压马达相同，当压缩空气从进气口 A 进入气室后立即喷向叶片 1、4，作用在叶片的外伸部分，通过叶片带动转子 2 作逆时针转动，输出转矩和转速，做完功的气体从排气口 C 排出，残余气体则经 B 排出（二次排气）；若进、排气口互换，则转子反转，输出相反方向的转矩和转速。转子转动的离心力和叶片底部的气压力、弹簧力使得叶片紧密地与定子 3 的内壁相接触，以保证可靠密封，提高容积效率。叶片式气动马达主要用于风动工具如风扳手、风砂轮、风钻、高速旋转机械中。

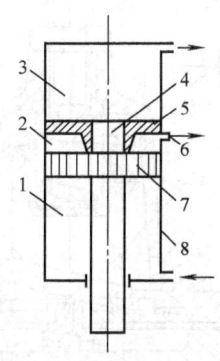

图 13-10 冲击气缸的工作原理
1—活塞杆腔 2—活塞腔 3—蓄能腔 4—喷嘴口
5—中盖 6—泄气口 7—活塞 8—缸体

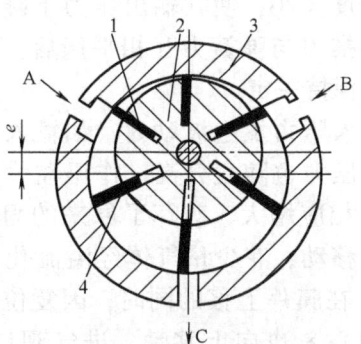

图 13-11 叶片式气动马达

气动马达的特点如下：

优点：

1) 可以无级调速。只要控制进气量，就能够调节马达的功率和转速。

2) 过载时马达只是降低转速或停转，一旦载荷正常时，立即重新正常运转不会产生故障，具有过载保护作用。

3) 在易燃、易爆、潮湿、高温、多尘环境下能安全可靠地工作。

4) 具有较高的启动力矩，可以直接带动载荷启动。

5) 可以双向回转。换向时冲击小，能瞬时反转和升速。

6) 操纵、维修简单。

缺点：

1) 运行效率较低。输出功率相对较小，耗气量大，排气噪声大，容易产生振动。

2) 转速稳定性较差。载荷变化时，转速难以保持恒定。

3) 低温环境下使用时，压缩空气的湿气容易在排气口凝聚结冰，因而背压增加，减低输出功率。

气动马达对矿山、化工、船舶等行业要求防爆的场合是必备的动力装置。

三、气动控制元件

气动控制元件是指在气动系统中，控制压缩空气的压力、流量和方向等的各类控制阀。它包括压力控制阀、流量控制阀和方向控制阀以及具有一定逻辑功能的气动逻辑元件。其作用是保证气动执行元件具有一定的力（或力矩）和速度，并按预定程序正常地进行工作。

1. 压力控制阀

压力控制阀主要有减压阀、溢流阀、顺序阀。本书仅介绍减压阀的工作原理。

减压阀是把来自气源的较高输入压力减小为较低的输出压力。可调节并保持输出压力值的稳定，使它不受流量、负载和进气压力变化的影响。图13-12为QTY型直动式减压阀的结构图。其工作原理是：当阀处于工作状态时，调节旋钮1，压缩弹簧2、3及膜片5使阀芯8下移，进气阀口10被打开，有压力流从左端输入，经阀口10节流减压后从右端输出。输出气流的一部分，由阻尼管7进入膜片气室6，在膜片5的下面产生一个向上的推力，这个推力总是企图把阀口开度关小，使其输出压力下降。当作用在膜片上的推力与弹簧力互相平衡后，减压阀的输出压力便保持一定。

当输入压力发生波动时，如输入压力瞬时升高，输出压力也随之升高，作用在膜片5上的气体推力也相应增大，破坏了原来的力平衡，使膜片5向上移动，有少量气体经溢流孔12、排气孔11排出。在膜片上移的同时，因复位弹簧9的作用，使阀心8也向上移动，进气阀口开度减小，节流作用增大，使输出压力下降，直到新的平衡为止。重新平衡后的输出压力又基本上恢复至原值。反之，输入压力瞬时下降，输出压力相应下降，膜片下移，进气阀口开度增大，节流作用减小，输出压力又基本上回升至原值。

调节旋钮1，使弹簧2、3恢复自由状态，输出压力降至零，阀心8在复位弹簧9的作用下，关闭进气阀口10，这样，减压阀便处于截止状态，无气流输出。

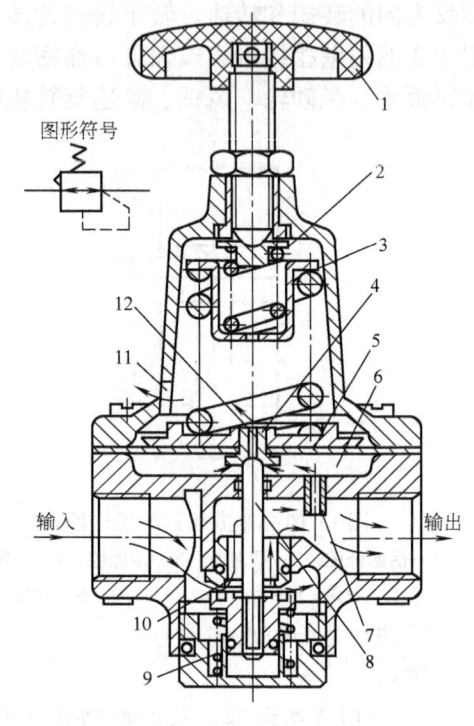

图13-12 QTY型直动式减压阀构造图
1—调节旋钮 2、3—弹簧 4—溢流阀座 5—膜片
6—膜片气室 7—阻尼管 8—阀心 9—复位弹簧
10—进气阀口 11—排气孔 12—溢流孔

2. 流量控制阀

流量控制阀就是通过改变阀的通流面积来实现流量控制，从而达到控制执行机构运动速度的阀类。此类阀种类很多，主要包括节流阀、单向节流阀、排气节流阀和行程节流阀等。由于各种流量控制阀的工作原理基本相同，本节只简单介绍节流阀的工作原理。

图13-13所示为圆柱斜切式节流阀的结构。压缩空气从P口进入，经过节流后从A口输出。通过调节螺杆使阀心上、下移动，改变节流口的流通面积，从而调节压缩空气的流量。这种节流阀的结构简单、体积小，故应用广泛。

3. 方向控制阀

方向控制阀在气动回路中是对气体的流动方向和气流的通断进行控制的气动元件。与液压方向控制阀相同，气动方向控制阀也分为单向阀和换向阀。按结构不同分为滑阀式、截止式、平面式和旋塞式等；按控制方式可分为电磁控制、气压控制、机械控制和手动控制；按动作方式划分，有直动式与先导式；按切换位置划分有二位阀、三位阀；按切换通路数目划分有二通阀、三通阀、四通阀、五通阀等等。所以，方向控制阀种类很多，用途很广泛。以下介绍几种典型的方向控制阀。

1) 单向阀。单向阀是一种只能使气流朝一个方向流动，而反向截止的阀，又称止回阀。单向阀常与节流阀组合来控制执行元件的运动速度，称单向节流阀。图 13-14 是几种不同阀心的单向阀。锥形和球形阀心的单向阀空气流阻小，但制造比平面阀心困难。为了减小流阻，大流量单向阀常不用弹簧，使用时应垂直安装，阀座在下面，以缩短阀的关闭时间，提高其密封性。

2) 梭阀（又称或门）。由两个单向阀组合而成，其工作原理如图 13-15 所示。主要由阀心 1、阀套 2、阀体 3 和阀盖 4 组成。阀体上开有 A、B 两个输入口，一个输出口 C。

当 A 口进气时，阀心推向右边，B 口被封闭，A 口与 C 口接通。当 B 口进气时，阀心推向左边，A 口被封闭，B 口与 C 口接通。当 A 口、B 口均无气流输入时，则 C 无输出。此阀动作时冲击力大，设计、使用时应充分注意。

3) 双压阀。双压阀又称与门，它有两个输入口 A 和 B，一输出口 C，如图 13-16 所示。当 A 或 B 输入口一侧有气流输入时，则输出口 C 被封闭而无输出。只有当 A 口与 B 口两侧均有气流输入时，C 口才有输出。

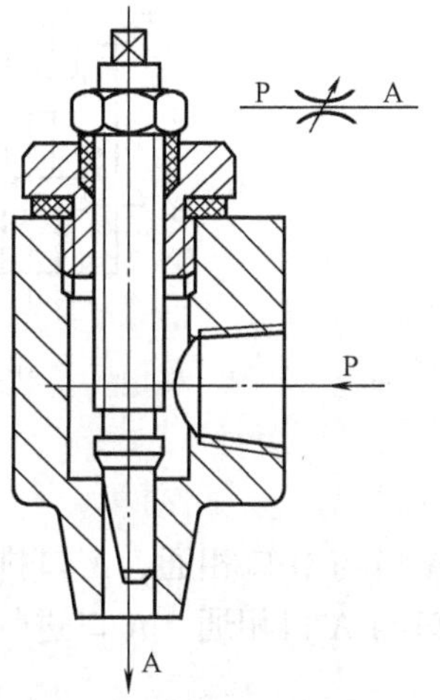

图 13-13 节流阀结构图

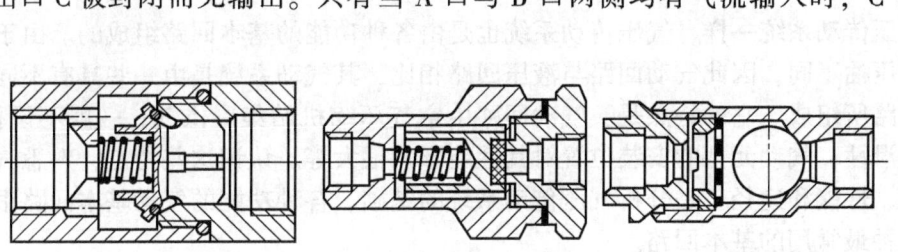

图 13-14 单向阀的结构
a) 锥形阀心　b) 平面阀心　c) 球形阀心

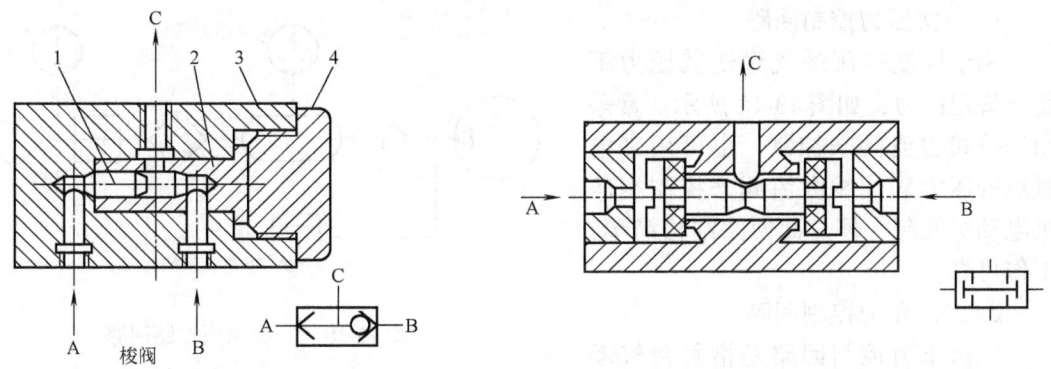

图 13-15 梭阀工作原理　　　　　图 13-16 双压阀工作原理

4) 换向阀。换向阀的种类与液压控制中的方向控制阀有许多相同处，在此仅以图 13-17 所示的直动式单电控电磁控制阀为例，介绍工作原理。它只有一个电磁铁。图 13-17a 为常态时的状况，即励磁线圈不通电，此时阀在复位弹簧的作用下处于上端位置，其通路状态为

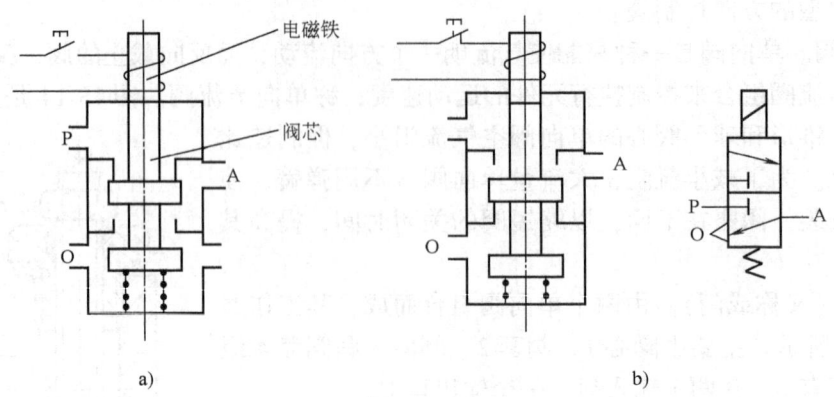

图 13-17 直动式单电控电磁控制阀工作原理图
a) 常态状况 b) 通电状况

A 口与 O 口相通，A 口排气。通电时，电磁铁推动阀心向下移，气路换向，其通路状态为 P 口与 A 口相通，A 口进气如图 13-17b 所示。

第三节 气压传动基本回路

和液压传动系统一样，气压传动系统也是由各种功能的基本回路组成的。由于工作介质空气和液压油不同，因此气动回路与液压回路相比，其气动系统是由一些具有不同功能的气动基本回路所组成。它的特点是：气动回路由空气压缩机站集中供气；一般不设排气管道；空气无润滑性；气动元件的安装位置对其性能影响很大等。认识这些特点，熟悉气动基本回路的组成、性能和途径，是分析气压传动系统的基础。各种功能的气动基本回路很多，本节只介绍几种最常用的基本回路。

一、压力控制回路

压力控制回路的作用是控制调节系统的压力，使回路中的压力保持在一定范围内或使回路得到高、低不同压力的基本回路。

1. 一次压力控制回路

用于控制空压站气罐使其压力不超过规定压力，如图 13-18 所示。常采用外控式溢流阀来控制，也可用带电触点的压力表代替溢流阀来控制空压机电动机的起、停。此回路结构简单，工作可靠。

2. 二次压力控制回路

二次压力控制回路是指每台气动

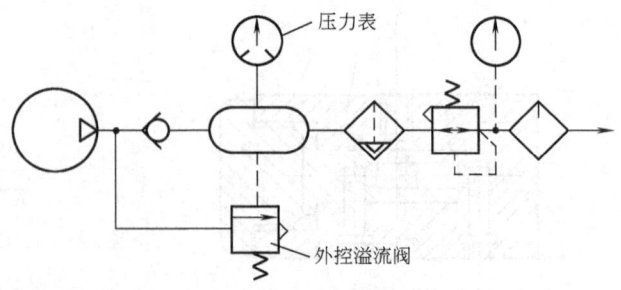

图 13-18 一次压力控制回路

设备的气源进口处的压力调节回路。如图 13-19 所示，主要采用溢流式减压阀来调整压力。通常把分水滤气器、减压阀和油雾器称为气动三大件（可做成联件形式）。如气动系统中不需要润滑，则可不用油雾器。

二、换向回路

换向回路是利用方向控制阀使执行元件（气缸或气动马达）改变运动方向的控制回路。

1. 单作用气缸的换向回路

图 13-20a 为二位三通电磁阀控制回路，通电时靠气压使活塞杆上升，断电时靠弹簧作用下降。图 13-20b 为三位五通阀控制回路，该回路能使活塞在任意位置停止运动。

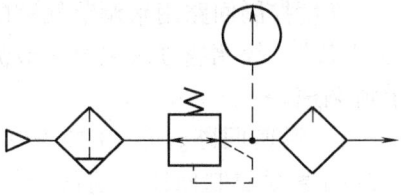

图 13-19　二次压力控制回路

2. 双作用气缸的换向回路

图 13-21a 为小通径的手动阀控制二位五通主阀控制气缸换向的回路。图 13-21b 为二位五通双电控阀控制双作用气缸的换向回路。图 13-21c 为两个小通径的手动阀与二位五通主阀控制气缸换向的回路。图 13-21d 为先导式双电控三位五通阀控制的换向回路。双作用气缸的换向回路可以控制中停位置，但要求元件密封性能好，用于定位要求不高的场合。

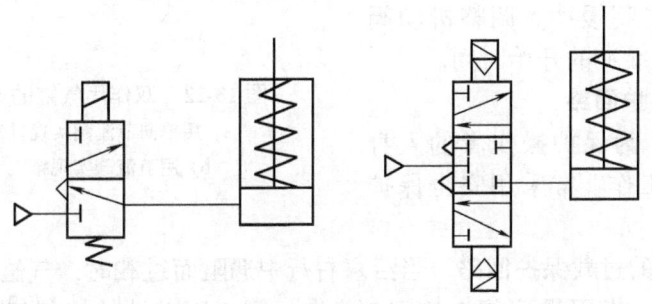

图 13-20　单作用气缸的换向回路
a) 二位三通电磁阀控制回路　b) 三位五通阀控制回路

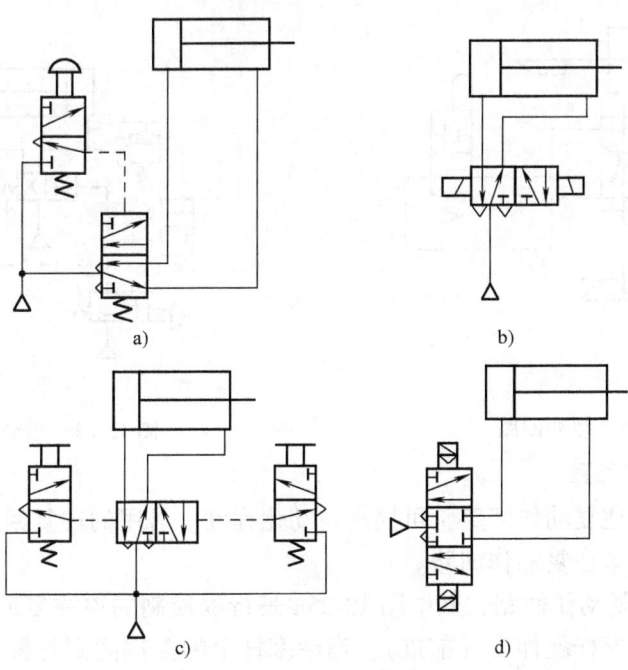

图 13-21　双作用气缸的换向回路

三、速度控制回路

速度控制回路用来调节气缸的运动速度或实现气缸的缓冲等。由于目前使用的气动系统功率较小，故调速方法主要是节流调速。气缸活塞的速度控制可以采用进气节流调速和排气节流调速。

1）调速回路。图 13-22 所示为双作用气缸的速度控制回路。这两个回路均采用出口节流调速，运动平稳性较进口节流调速好，能承受负值载荷。

2）缓冲回路。图 13-23 所示为缓冲回路。当活塞向右运动时，缸右腔的气体经机动控制阀及三位五通阀排掉；当活塞运动到末端碰到机动阀时，气体经节流阀排掉，活塞运动速度得到缓冲。调整机动阀的安装位置就可改变缓冲的开始时间。

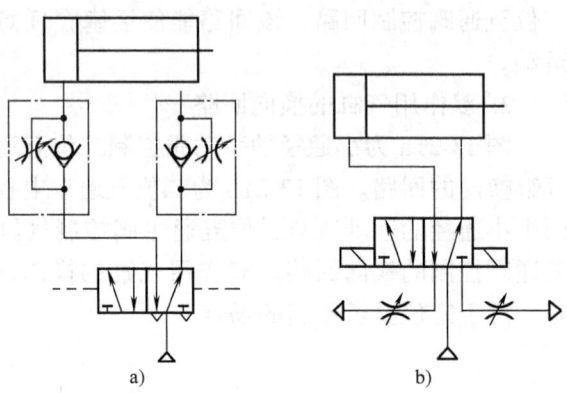

图 13-22　双作用气缸的速度控制回路
a）用单向节流阀实现排气节流调速
b）用节流阀实现排气节流调速

四、过载安全保护回路

在生产过程中，为保护操作者的人身安全和设备的正常工作，常采用安全保护回路。

图 13-24 是典型的过载保护回路。当活塞右行中遇阻而过载时，气缸左腔压力因外力而升高，超过调定值后，打开顺序阀 3 使阀 2 换向，阀 4 因左端的控制气体由阀 2 排出而复位，从而使气缸左腔排气，活塞自动向左返回。这样可使气缸进气腔的压力不会因为过载而超过允许值，起到过载保护作用。

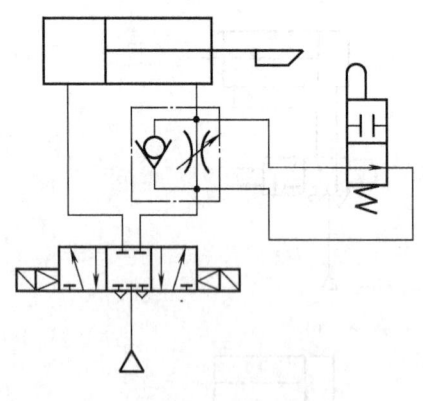

图 13-23　缓冲回路

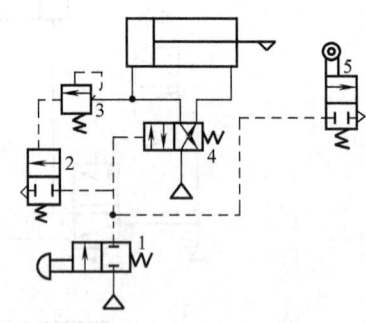

图 13-24　过载保护回路

**五、往复动作回路

气动系统中采用往复动作回路，可提高自动化程度。常用的往复回路有单往复和连续往复两种。下面仅介绍单往复动作回路。

图 13-25 为单往复动作回路，其中图 13-25a 是行程控制的单往复回路。当按下阀 1 后，阀 2 切换至左位，活塞杆就伸出（前进）；当活塞杆上的挡铁碰到行程阀 3 时，阀 2 又被切换至右位，活塞就返回。每按下一次按钮，则完成一次往复动作。图 13-25b 是压力控制的

单往复回路。当按下阀 1 后，阀 2 被切换至左位，这时压缩空气进入气缸的无杆腔，使活塞杆伸出（右行），同时气压还作用在顺序阀 4 上；当活塞到达终点后，无杆腔压力升高并打开顺序阀，使阀 2 切换至右位，活塞杆就缩回（左行）。

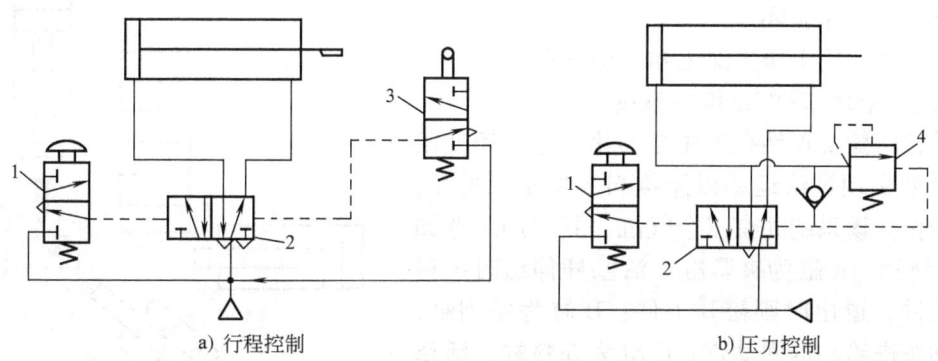

图 13-25　单往复动作回路
a) 行程控制　b) 压力控制
1—手动阀　2—换向阀　3—行程阀　4—顺序阀

第四节　气动系统实例

气压传动技术的应用日趋普遍，本书仅介绍几个较简单的气动系统。

一、气动夹紧系统

机床夹具的气动系统在机械加工中得到普遍、广泛的应用。其动作循环是：垂直缸活塞杆下降将工件压紧，两侧的水平气缸活塞杆再同时前进，对工件进行两侧夹紧，然后进行钻削加工，最后各夹紧缸退回，松开工件。图 13-26 是回路图，其工作原理如下所述。

用脚踏阀 1，空气进入缸 A 的无杆腔，夹紧头下降与机动行程阀 2 接触后发出信号，空气经单向节流阀 6 进入二位三通气控换向阀 4（调节节流阀开度可以控制阀 4 的延时接通时间）。因此，压缩空气通过主阀 3 进入两侧气缸 B 和 C 的无杆腔，使活塞杆前进而夹紧工件，钻头开始钻孔。与此同时，流过主阀 3 的一部分压缩空气经过单向节流阀 5 进入主阀 3 右端，经过一段时间（由节流阀控制）后主阀 3 右位接通，两侧气缸后退到原来位置。同时，一部分空气作为信号进入脚踏阀 1 的右端，使阀 1 右位接通，压缩空气进入缸 A 的下腔，夹紧头退回原位。

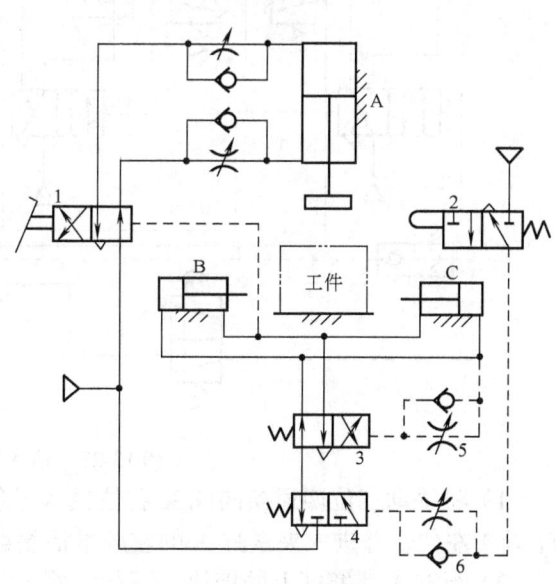

图 13-26　气动夹紧系统
1—脚踏阀　2—机动行程阀　3—主阀　4—二位三通气控换向阀　5、6—单向节流阀

夹紧头上升的同时使机动行程阀 2 复位，使空气换向阀 4 也复位（此时主阀 3 右位接通），由于气缸 B、C 的无杆腔通过阀 3、阀 4 排气，主阀 3 自动复位到左端接入工作状态，完成一个工作循环。此回路只有再踏下脚踏阀 1 才能开始下一个工作循环。

此回路还可用于压力加工和剪切下料。

**二、气动钻床气动控制系统

气动钻床能实现钻孔工序自动化，它利用气压传动控制来实现进给运动以及推料、夹紧、松开、卸料等动作。该系统共有三个气缸，其布局示意如图 13-27 所示。A 缸为夹紧缸，活塞杆伸出时推料并夹紧工件，退出时则松开工件；B 缸为钻削缸，可实现钻头进给和退回动作；C 缸为卸料缸，活塞杆伸出时实现卸料动作；D 是吹气喷嘴。要求的工作循环是：推料并夹紧工件—钻孔—钻头退回—松开工件—卸料和吹气。

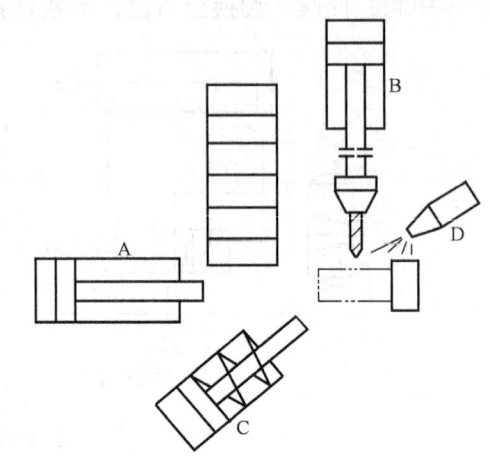

图 13-27　气动钻床气缸布局示意图

图 13-28 为钻床气动系统的工作原理图。现对该系统的工作循环分析如下：

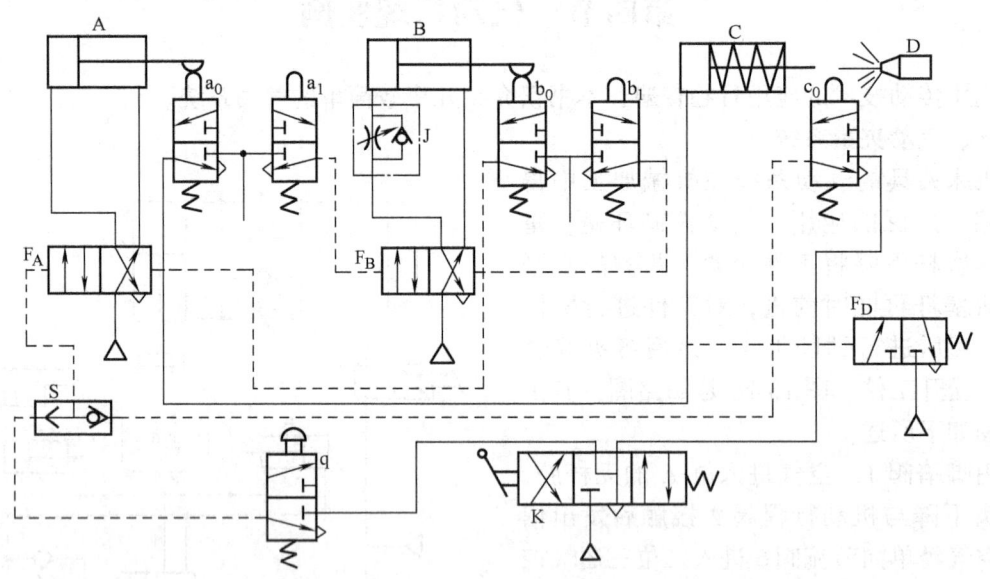

图 13-28　钻床气动系统原理图

1) 将手动三位四通换向阀 K 右位接入系统并按下启动阀 q，压缩空气经梭阀 S 而使阀 F_A 处于左位，并进入夹紧缸 A 的左腔推活塞前进，把工件推入加工位置并完成夹紧动作。

2) 当缸 A 活塞杆上的挡块压下行程阀 a_1，压缩空气使阀 F_B 处于左位，并经单向节流阀 J 进入钻削缸 B 的左腔，推动活塞杆前进并钻削工件。

3) 钻孔完成后，缸 B 活塞杆上的挡块压下行程阀 b_1，压缩空气使阀 F_B 处于右位，并进入缸 B 的右腔，活塞杆带动钻头返回原位。

4) 当缸 B 活塞杆上的挡块压下行程阀 b_0 时，压缩空气使阀 F_A 处于右位，并进入缸 A

右腔，从而使夹紧活塞退回并松开工件。

5）当缸 A 活塞杆上的挡块压下行程阀 a_0 时，压缩空气进入单作用卸料缸 C。通过活塞杆将工件推出加工位置。与此同时，压缩空气使阀 F_D 处于左位，并通过喷嘴吹气清理切屑，保持工作位置清洁，从而完成一个工作循环。

为了实现自动工作循环，可将手动三位四通换向阀 K 处于左位并按下启动阀 q。这样完成一个工作循环后，缸 C 活塞杆上的挡块压下行程 c_0 时，压缩空气可自动经阀 K 依次进入各控制元件和执行元件，重复上述工作循环。

三、拉门自动开闭系统

该装置是通过连杆机构将气缸活塞杆的直线运动转换成拉门的开闭运动，利用超低压气动阀来检测行人的踏板动作。其气动回路如图 13-29 所示。在拉门内、外装有踏板 6 和 11，踏板下方装有完全封闭的橡胶管，管的一端与超低压气动阀 7 和 12 的控制口连接。当人站在踏板上时，橡胶管内压力上升，超低压气动阀动作。

首先使手动阀 1 上位接入工作状态，空气通过气动换向阀 2、单向节流阀 3 进入气缸的无杆腔，将活塞杆推出（门关闭）。当人站在踏板 6 上后，气动控制阀 7 动作，空气通过梭阀 8、单向节流阀 9 和气罐 10 使气动换向阀 2 换向，压缩空气进入气缸 4 的有杆腔，活塞杆退回（门打开）。当行人经过门后踏上踏板 11 时，气动控制阀 12 动作，使梭阀 8 上面的通口关闭，下面的通口接通（此时由于人已离开踏板 6，阀 7 已复位），气罐 10 中的空气经单向节流阀 9、梭阀 8 和阀 12 放气（人离开踏板 11 后，阀 12 已复位），经过延时（由节流阀控制）后阀 2 复位，气缸 4 的无杆腔进气，活塞杆伸出（关闭拉门）。行人从门的哪一边进出

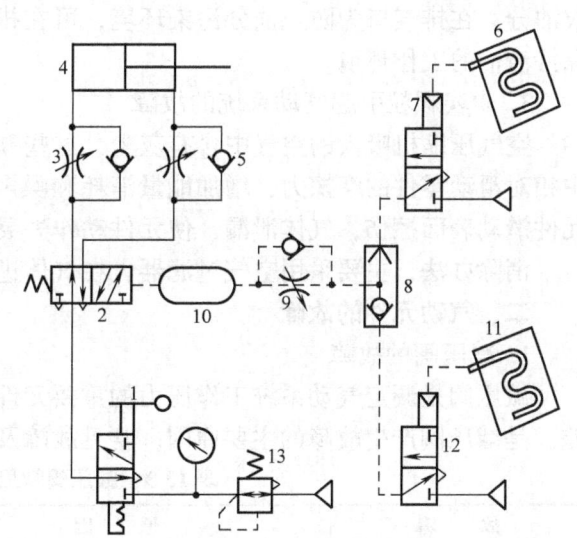

图 13-29　拉门自动开闭系统
1—手动阀　2—气动换向阀　3、9—单向节流阀　4—气缸　5—单向阀　6、16—踏板　7、12—气动阀　8—梭阀　10—气罐　13—减压阀

均可。减压阀 13 可使关门的力自由调节，十分便利。该回路比较简单，很少产生失误动作，故应用较普遍。如将手动阀复位，则可变为手动门。

第五节　气动系统的故障分析与排除

一、压缩空气中的杂质引起气动系统的故障

压缩空气中的杂质是指气体中所含的水分、油分和灰尘颗粒等。气体的净化是气动系统正常工作的必要条件。

1. 水分造成的故障

水分是空气压缩机吸入周围环境的湿空气所含有的。压缩空气冷却后便会有水滴生成。水分会使管路、气动元件、辅件和执行元件氧化锈蚀，影响元件的正常工作，缩短了元件的

使用寿命，造成系统的故障。

为排除水分对气动系统的不利影响，必须对压缩空气进行干燥处理。采取的措施有：将空气压缩机排气管与后冷却器相连，通过冷却器使压缩空气冷却，析出水滴；安装管道时沿气流方向有一定的向下倾斜度，并在末端设置冷凝水集水罐；支管应在主管道上部采用大角度拐弯后向下引出；压缩空气进入气动系统前，先进入滤气器，清除水分；根据气动系统对压缩空气要求不同，还可进一步清除水分，如采用冷冻式干燥器或吸附式干燥器等。

2. 油分引起气动系统的故障

由于使用了油润滑型空气压缩机，使一部分润滑油呈雾状混入压缩空气中。由于压缩空气的高温，使油受热气化随压缩空气一起输出。这时的油分和水分及尘埃中的固体颗粒混杂在一起，常引起气动系统的故障。

为消除油分造成的系统故障，可在系统中安装除油过滤器、离心式过滤器，用活性炭吸收油分。在排气口为防止油分污染环境，可在排气口安装排气洁净器，以消除油分和噪声，保持清洁的工作环境。

3. 尘埃颗粒引起气动系统的故障

空气压缩机吸入的空气中含有灰尘，这些颗粒杂质随压缩空气进入气动系统会增加元件中相对滑动零件的摩擦力，增加能量消耗和噪声，同时引起摩擦副损坏，引起密封件磨损，元件滑动表面擦伤，气体泄漏，使元件动作失灵和执行元件输出力减小等后果。

消除办法，主要采用空气过滤器，在气体进入气动系统前还应设置过滤器进一步过滤。

二、气动元件的故障

1. 减压阀的故障

减压阀是调定气动系统工作压力的重要元件。元件本身机能不良和工作介质净化程度较差，是减压阀产生故障的主要原因。常见故障及排除方法见表 13-3。

表 13-3　减压阀常见故障及排除方法

故障	原因	排除方法
压力降很大（流量不足）	阀口径小	使用口径大的减压阀
	阀下部积存冷凝水；阀内混入异物	清洗、检查滤清器
向外漏气（阀的溢流孔处泄漏）	溢流阀座有伤痕（溢流式）	更换溢流阀座
	膜片破裂	更换膜片
	二次侧背压增加	检查二次侧的装置、回路
阀体泄漏	密封件损伤	更换密封件
	弹簧松弛	张紧弹簧
异常振动	弹簧的弹力减弱或弹簧错位	把弹簧调整到正常位置，更换弹力减弱的弹簧
	阀体的中心、阀杆的中心错位	检查并调整位置偏差
	因空气消耗量周期变化使阀不断开启、关闭，与减压阀引起共振	和制造厂协商
虽已松开手柄，二次侧空气也不溢流	溢流阀座孔堵塞	清洗并检查滤清器
	使用非溢流式调压阀	非溢流式调压阀松开手柄也不溢流。因此需要在二次侧安装高压溢流阀

2. 溢流阀的故障

溢流阀是使系统中一次压力稳定的安全保护装置，一旦产生故障应立即排除。常见故障及排除方法见表13-4。

表13-4 溢流阀常见故障及排除方法

故障	原因	排除方法
压力虽已上升，但不溢流	阀内部孔堵塞	清洗
	阀心导向部分进入异物	清洗
压力虽没有超过设定值，但在二次侧却溢出空气	阀内进入异物	清洗
	阀座损伤	更换阀座
	调压弹簧损坏	更换调压弹簧
溢流时发生振动（主要发生在膜片式阀，其启闭压力差较小）	压力上升速度很慢，溢流阀放出流量多，引起阀振动	二次侧安装针阀微调溢流量，使其与压力上升量匹配
	因从压力上升源到溢流阀之间被节流，阀前部压力上升慢而引起振动	增大压力上升源到溢流阀的管道口径
从阀体和阀盖向外漏气	膜片破裂（膜片式）	更换膜片
	密封件损伤	更换密封件

3. 方向阀的故障

方向阀的故障会使执行元件动作失灵，换向动作无法实现。主要原因是气体泄漏，压缩空气中有冷凝水，润滑不良，混入杂质，制造质量不佳等。方向阀的常见故障和排除方法见表13-5。

表13-5 方向阀常见故障及排除方法

故障	原因	排除方法
不能换向	阀的滑动阻力大，润滑不良	进行润滑
	O形密封圈变形	更换密封圈
	粉尘卡住滑动部分	清除粉尘
	弹簧损坏	更换弹簧
	阀操纵力小	检查阀操纵部分
	活塞密封圈磨损	更换密封圈
	膜片破裂	更换膜片
阀产生振动	空气压力低（先导式）	提高操纵压力，采取直动式
	电源电压低（电磁阀）	提高电源压力，使用低电压线圈
切断电源，活动铁心不能退回	粉尘夹住活动铁心滑动部分	清除粉尘

4. 执行元件的故障

执行元件中应用最广泛的一种是气缸，它是依往复直线运动对外做功。引起故障的原因，既有制造质量方面的原因，又有安装不合理，工作介质净化程度不够，操作不合理，维护保养不够等原因。气缸的常见故障及排除方法见表13-6。

表 13-6 气缸常见故障及排除方法

故　　障	原　　因	排除方法
外泄漏 （1）活塞杆与密封衬套间漏气 （2）气缸体与端盖间漏气 （3）从缓冲装置的调节螺钉处漏气	衬套密封圈磨损，润滑油不足	更换衬套密封圈
	活塞杆偏心	重新安装，使活塞杆不受偏心负荷
	活塞杆有伤痕	更换活塞杆
	活塞杆与密封衬套的配合面内有杂质	除去杂质、安装防尘盖
	密封圈损坏	更换密封圈
内泄漏 活塞两端串气	活塞密封圈损坏	更换活塞密封圈
	润滑不良 活塞被卡住	重新安装，使活塞杆不受偏心负荷
	活塞配合面有缺陷，杂质挤入密封圈	缺陷严重者更换零件，除去杂质
输出力不足，动作不平稳	润滑不良	调节或更换油雾器
	活塞或活塞杆卡住	检查安装情况，消除偏心
	气缸体内表面有锈蚀或缺陷	视缺陷大小再决定排除故障办法
	进入了冷凝水，杂质	加强对分水滤气器和油水分离器的管理，定期排放污水
缓冲效果不好	缓冲部分的密封圈密封性能差	更换密封圈
	调节螺钉损坏	更换调节螺钉
	气缸速度太快	研究缓冲机构的结构是否合适
损伤 （1）活塞杆折断 （2）端盖损坏	有偏心载荷	调整安装位置，消除偏心，使轴销摆角一致
	摆动气缸安装轴销的摆动面与载荷摆动面不一致；摆动轴销的摆动角过大，载荷很大，摆动速度又快，有冲击装置的冲击加到活塞杆上；活塞杆承受载荷的冲击；气缸的速度太快	确定合理的摆动速度 冲击不得加在活塞杆上，设置缓冲装置
	缓冲机构不起作用	在外部或回路中设置缓冲机构

复　习　题

13-1　气压传动系统由哪几部分组成？与液压传动相比有何异同？

13-2　气源装置包括哪些设备？它们各起什么作用？

13-3　空气压缩机有哪些类型？常用的空气压缩机是哪些？

*13-4　气压传动系统对压缩空气都有哪些要求？对压缩空气为什么必须进行净化处理？

13-5　油雾器使油雾化的原理是什么？油雾器用于什么场合？在安装油雾器时应注意哪些事项？

13-6　气压传动系统在什么部位易发生噪声？消声器有几种类型？其消声原理是什么？各有何特点？

*13-7　说明后冷却器的作用。

13-8　在压缩空气站中，为什么既有除油器，又有油雾器？

13-9　气缸有哪些类型？与液压缸相比较，气缸有哪些特点？

*13-10　已知单杆双作用气缸内径 $D=80$ mm，活塞杆直径 $d=25$ mm，工作行程 $L=400$ mm，工作压力为

0.5MPa，气缸的负载效率为50%，求气缸的推力和拉力，以及活塞一个往复运动所消耗的自由空气量？

13-11 选择气缸的原则和根据是什么？气缸有哪些使用要求？

13-12 气压传动的流量控制阀有几种？与液压传动的流量控制阀相比在原理、结构、种类及应用上有何异同？

*13-13 一次压力控制回路和二次压力控制回路有何不同？各用于什么场合？

*13-14 梭阀和双压阀的结构原理是什么？用于什么场合？

*13-15 气动换向阀与液压换向阀有什么区别？

13-16 说明减压阀的作用与工作原理。

*13-17 教材中介绍的气动夹紧系统（图13-26）的夹紧力大小是否可调，如何调整？

13-18 气缸的常见故障及排除方法是什么？

参考文献

1 陈立德主编. 机械设计基础. 北京：高等教育出版社，2003
2 杨可桢主编. 机械设计基础. 第4版. 北京：高等教育出版社，1999
3 黄平主编. 机械设计基础. 广州：华南理工大学出版社，2003
4 李秀珍主编. 机械设计基础. 北京：机械工业出版社，1998
5 喻怀正主编. 机械设计基础. 第2版. 北京：高等教育出版社，1985
6 周家泽主编. 机械设计基础. 北京：邮电出版社，2003
7 陈国桓主编. 机械基础. 北京：化学工业出版社，2001
8 周福义主编. 机械基础. 北京：中国纺织工业出版社，2001
9 陈长生主编. 机械基础. 北京：机械工业出版社，2003
10 张恩泽主编. 机械基础. 北京：化学工业出版社，2004
11 曾宗福主编. 机械基础. 北京：化学工业出版社，2003
12 左健民主编. 液压与气压传动. 北京：机械工业出版社，2004
13 中国机械教育协会组编. 液压与气压传动. 北京：机械工业出版社，2001
14 李芝主编. 液压与气压传动. 北京：机械工业出版社，2004
15 徐灏主编. 机械设计手册：第4卷，第5卷. 第2版. 北京：机械工业出版社，2000

《机械基础》下册
(机械传动与液压、气压传动)

(王文中　杨洪林　袁国兴　编)

信息反馈表

尊敬的老师：

　　您好！感谢您多年来对机械工业出版社的支持和厚爱！为了进一步提高我社教材的出版质量，更好地为我国高等教育发展服务，欢迎您对我社的教材多提宝贵意见和建议。另外，如果您在教学中选用了本书，欢迎您对本书提出修改建议和意见。

一、基本信息

姓名：_____　　性别：_____　　职称：_____　　职务：_____
邮编：_____　　地址：_____
任教课程：_____　　电话：_____—_____（H）_____（O）
电子邮件：_____　　手机：_____

二、您对本书的意见和建议
　　　　（欢迎您指出本书的疏误之处）

三、您对我们的其他意见和建议

请与我们联系：

100037　机械工业出版社·高教分社　刘小慧收
Tel：010—88379712，88379715，68994030（Fax）
E-mail：lxh@ mail. machineinfo. gov. cn